애국의 길 36년
이 어마어마하게 엄청난 그 큰일의 진면목

양천규 자서전

애국의 길 36년
이 어마어마하게 엄청난 그 큰일의 진면목

초판 1쇄 발행 2025년 3월 12일

지은이 양천규
펴낸이 장길수
펴낸곳 지식과감성⁺
출판등록 제2012-000081호

주소 서울시 금천구 벚꽃로298 대륭포스트타워6차 1212호
전화 070-4651-3730~4
팩스 070-4325-7006
이메일 ksbookup@naver.com
홈페이지 www.knsbookup.com

ISBN 979-11-392-2476-4(03810)
값 19,880원

• 이 책의 판권은 지은이에게 있습니다.
• 이 책 내용의 전부 또는 일부를 재사용하려면 반드시 지은이의 서면 동의를 받아야 합니다.
• 잘못된 책은 구입하신 곳에서 바꾸어 드립니다.

지식과감성⁺
홈페이지 바로가기

애국의 길 36년
이 어마어마하게 엄청난 그 큰일의 진면목

양천규 자서전

국가 상징 국민 헌장(앞)
(국가 상징 국민 헌장 양면 인쇄로 무상 배포한 것임)

국가 상징 국민 헌장(뒤)

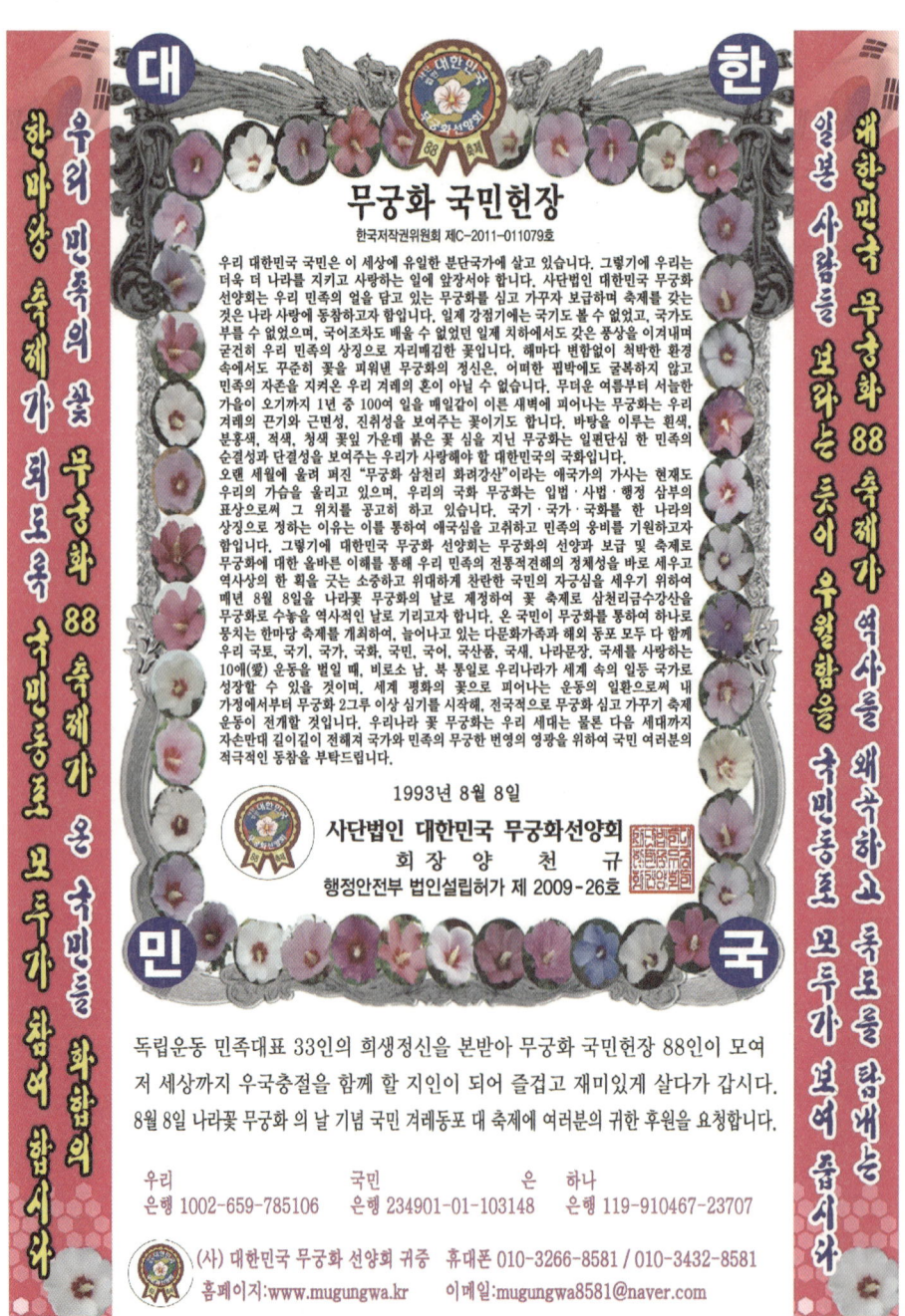

무궁화 국민 헌장(앞)
(무궁화 국민 헌장 양면 인쇄로 무상 배포한 것임)

제28회 국가상징(나라꽃 무궁화)의 날 기념 무궁화 국민 대축제

- 일시 : 2020년 8월 8일 10시
- 장소 : 여의도공원 광장 10시~11시, 15일 까지, 서울 광화문 광장 09~12시.
- 주최 : 사단법인 대한민국 무궁화 선양회
- 15일 천안 독립기념관 정문 09시~11시
- 후원 : 행정안전부   협찬 : 국민 생활 체육회   협찬 : 그룹, 그룹, 그룹, 전국지방자치뉴스, 시사인신문 (주) 화분문 맞춤

사랑하고 존경하는 국민과 해외 동포여러분께 호소합니다!

대한민국 건국 이래 최초 로 국가상징 (무궁화)의 날 국민 대 축제로 무궁화 국민 헌장 국가상징 국민헌장 제정 선포식은 민족의 전통성과 정체성을 바로 세우자는 역사상의 한 획을 긋는 소중하고 위대하게 찬란한 행사개최를 1993년 8월 8일, 제1회부터 국가나 기업에 도움 없이 개인 사비로 시작한지가 2020년까지 28년이 되었습니다. 일제 만행과 6·25로 '내가 죽는 한이 있어도 내 조국 대한민국을 지킨다'는 애국의 일념은 우리 국민의 중대한 정신적 유산이 되어야 합니다.

우리는 이 세상에 유일한 분단국가에 살면서 '나라 지킴이' 최우선이기에 사회의 윤리 도덕과 경로효친, 예의 범절, 충효실천은 나 자신의 인격과 자존이고. 사람이 살아가며 기본과 원칙, 법과 질서를 잘 지키며, 권리 주장은 의무를 다 한 뒤 찾는 것이 국민의 도리요 "긍지와 자부심으로 살아가자"고 호소하는 바입니다.

8월 8일 나라꽃 무궁화 의 날. 88.축제가. 더 빛나는 대한민국을 만들다.

대한민국 우리나라가 해방 된지 50여년이 되어가도 타 나라의 국화 벚꽃 축제는 진해 군항제를 필두로 들립. 철쭉꽃, 장미꽃 축제 등은 전국 시도에서 개최하여. 온 국민이 참가하며 즐거웠으나, 정작 우리나라 국화인 무궁화는 곳도 미흡하며 꽃 축제가 없음을 안타깝게 여겨오다가. 1988년 제24회 서울올림픽대회 9월17일부터 10월 2일까지 개최하는 국토순례 성화 봉송 21박 22일간에 전 세계로 생중계하는 이 마당에 .무궁화 꽃이 피워 있을 시기에다 세계적 홍보로는 절호에 기회인 우리 민족의 꽃 내나라 국화꽃이요 라며. 자랑할 장소 단 한곳이 없음에 안타까움이 커서 그해 9월 10일 무궁화씨앗을 채취하여 남의 토지도 임대하여 1989년 3월 말경 종자를 파종하여 성장의 노력을 다하여. 우리민족의 꽃 나라꽃 무궁화를 전국에 널리 보급과 꽃 축제를 갖는다는 부푼 마음으로 1992년까지 남다른 고생으로 성장시켜. 1993년 대한민국 건국 이래 최초로 개인이 무궁화에 대한 올바른 이해와 민족의 전통성과 정체성을 바로세우고 역사상의 한 획을 긋는 소중하고 위대하게 찬란한 국민 겨레 동포의 자긍심을 세우기 위하여. 국가상징 5개 실체 (국가. 국화. 국새. 나라문장.) 중 국가. 국새. 나라문장. 4종은 계절에 무관하나. 국화(무궁화)는 8월 8일이면 꽃으로 의. 최고의 자태를 자랑하는 시기에다 88 축제가 1945년 8월 15일 광복 기름의 8자와 1988년 제24회 88 서울올림픽대회를 분단국가인 나라에서 "화합" "전진"의 가치 아래, 전 세계 160개국이 참가해 올림픽사상 최대 성공적 개최 기념으로 8자를 따온 광복의 8과 올림픽 셩공의 8이 합친 해우의 88이 우리나라 대한민국 국가상징 의 날으는 최고로 좋고 일지 무학 역사에 길이길이 빛날 길운의 날이며. 이 계기로 남. 북 통일을 이루고 세계 평화의 문이 활짝 열려 경제 강국으로 큰 뜻의 목표를 이루자는. 국가상징 의 날이 되도록 우리 국민 겨레동포 모두가 합심하자는 뜻 념으로 1993년 8월 8일 제1회 국가상징 (나라꽃 무궁화) 의 날 제정. 무궁화 국민 헌장. 국가상징 국민헌장 선포식에. 온 국민 겨레동포 화합의 단결로 무궁화 꽃 대 축제 행사 개최는 세계인들 문화의 모범이 되고 아직도 역사를 왜곡하고 독도를 탐내는 일본인들 보라는 듯이 개최하자 함이다.   1993년 8월 8일

- 1996년 서울시청 사회단체 제1365호로 무궁화 국민 수련회 등록필
- 2005년 경기도청 민간 사회단체 제 718호로 대한민국 무궁화 축제 참여회 등록필
- 2009년 행정안전부 사단법인 허가증 (제2009-26호) 대한민국 무궁화 선양회

대한민국의 어린이들이여! 올바른 생활로 나 자신의 장래를 생각하고 나라와 역사에 큰 인물이 됩시다! 아무리 세상이 때 묻고 녹슬었다고 하지만, 그래도 진심은 어디에서나 통하는 것이니 "뿌린 대로 거두는 게 인생길 이라 죠. 우리가 세상을 살아가며 물이 흐르듯이, 바람에 구름이 가듯이, 이치에 어긋남이 없이 자연의 순리대로, 성실하고 정직하게 정의를 구현하며, 평화롭고 온유한 세상을 정정당당히, 사람답게, 바른 양심과 아름다운 사랑의 진실로. 열심히 노력하여 풍성하고 행복하게 부귀영화를 누리며, 삶을 공유하며 살아가는 것이 인간의 기본 도리입니다.

우리 인생살이가 예습이나 복습, 후반전이나 연장전, 재탕이나 왕복권, 스페어나, 두 번 다시가 있나. 딱 한 번 가면 그만인 인생, 한평생(8~9십년)을 빈손으로 왔다 빈손으로 가는 공수래공수거 무상화이니, 아등바등하지 말고, 가치 있고 멋있게, 즐겁고 재미있게, 좋은 일 많이 하며 맛있는 음식 먹으며, 가진 것 베풀어 가면서 의미 있게 살다 멋지게 갑시다! "영원한 저-어 세상으로" 시간은 눈 깜짝할 사이 흘러갑니다. 우리는 인생에 주어진 시간을 헛되이 사용하지 말고 후대에 평안한 가정, 건강한 사회, 부강한 나라를 만드는데 충실하게 헌신해야 합니다. 감사합니다.

홈페이지 : www.mugungwa.kr   이메일 : mugungwa8581@naver.com

(사)대한민국 무궁화 선양회 회장 양천규 작성 휴대폰 010-3266-8581. 010-3432-8581

무궁화 국민 헌장(뒤)

프롤로그

　1988년 제24회 서울 올림픽 대회를 앞두고 전국 순회 성화 봉송을 21박 22일 동안 했다. 전 세계로 생중계가 나가는데, 우리 민족의 꽃이며 대한민국 국화(國花)인 무궁화 꽃길이 단 한 곳도 조성되어 있지 않았다. 안타까움과 실망감에 우리 민족의 꽃인 무궁화를 알려야 한다는 일념으로 '사단법인 대한민국 무궁화 선양회'를 만들어 본격적으로 무궁화 선양을 시작했다.

　무궁화는 우리 민족이 숨죽이며 살던 일제강점기 때, 독립군들이 일본에 저항할 때, 마음이 흩어지지 않고 정체성을 잃지 않도록 해 줬다. 올곧이 한국인의 정신이 담긴 자부심의 상징이다. 그런 귀한 꽃이기에 무궁화꽃을 널리 알려야 한다는 책임 의식과 굳건한 소명으로 1988년 가을 무궁화 씨앗 종자를 채취해 1989년 4월 초, 무궁화 씨앗을 파종했다.

　그 기쁨과 성취감은, 드높은 하늘과 너른 땅을 다 가진 것처럼 뿌듯했다. 애국의 일념으로 '국가 상징 5개 실체'와 온 국민의 '애국10애(愛) 운동'을 하면서 나라와 사회에 도움이 되고자 최선을 다했다.

　필자의 무궁화 선양은 무궁화꽃처럼 고귀했고, 일편단심이었다. 무궁무진하게 피는 무궁화의 영원함, 영원히 피고 또 피어서 지지 않는 꽃을 널리 알리고 싶었다. 애국가에 나오는 "무궁화 삼천리 화려강산"처럼 무궁화꽃이 전국의 금수강산에서 활짝 피어나길 원했다.

　백지장도 맞들면 낫다고 했다. 개인의 애국심만으로 무궁화꽃을 알리는 것은 사실 힘에 벅찬 일이었다. 무궁화 선양을 하면서 김영삼, 김대중, 노무현, 이명박, 박근혜, 문재인 등 전직 대통령과 현재 윤석열 대통령을 포함해 모두 일곱 정권을 맞이했다. 그동안 너무 힘들어서 전직 대통령을 비롯해 국회의장, 정권 관계자들에게 도움을 요청했지만, 매번 묵살되었다.

무궁화는 그저 상징성에 불과한 것인가! 산림청이 실시한 '2022년 무궁화 국민인식도 조사'에서 1위 벚나무(18.1%), 2위 장미, 3위 라일락보다 선호도가 낮은 무궁화는 8위(5.7%)에 그쳤다. '나라꽃(무궁화)'의 유래와 역사의 인지도에서도 응답자의 41.8%가 '모른다', 절반 이상(54%)이 '흔히 볼 수 없다'라고 답했다. 그나마 78.7%가 '무궁화 역사 교육'이 필요하다고 해서 위안이 된다. 정권마다 무궁화나무를 심자고 무궁화를 법제화하자고 그렇게 공문을 보내도 소귀에 경 읽기 식이었다.

애국가 부를 때도 무궁화 삼천리 화려강산이 나오지만, 말만 그렇다. 입법·사법·행정 삼부 정부 부처 로고, 국기 깃봉, 도의원, 지방의원, 국회의원 배지, 대한민국 여권, 국가 훈장, 대통령 표창도 무궁화 문양을 사용하지만, 법제화가 안 되고 있을뿐더러 우리의 생활 반경에서 무궁화를 거의 볼 수 없는 게 현실이다. 무궁화로 권위를 나타낼 때는 좋아도 키우고, 가꾸고, 보급하는 건 싫은 거다. 참 속 보이는 처사다.

세상사 마음대로 된다면, 무슨 근심·걱정이 있겠는가. 1988년부터 강산이 세 번이나 바뀌도록 무궁화 알리기에 전념했지만, 정권마다 별 관심을 보이지 않았다. 고대 시대부터 우리나라를 대표했던 무궁화가 온 국민의 사랑받는 국화(國花)가 되길 바랐지만, 화사한 벚꽃과 달리 36년을 오로지 무궁화꽃 알리기에 전념하면서 애국의 길을 걸었어도 여전히 관심과 사랑을 못 받고 있다.

무궁화 산악회도 조직해 '민족의 꽃, 나라꽃 무궁화 견학'이라는 명분 아래 춘하추동, 월 2회씩 전국의 유명한 산과 명승고적을 다녔다. 무궁화가 자라고 꽃이 피는 장소 몇 곳을 이동하며 견학하면서 회원들의 격려와 칭찬, 열렬한 응원의 박수갈채를 받기도 했다. 지금도 고마웠던 회원들을 생각하며 가슴 벅찬 시절을 잊지 않고 있다. 세월이 유수 같다더니 고인이 된 회원들도 있고 필자 또한 인생의 끝자락에서 서 있다.

'무궁화꽃 대통령'으로서 무궁화 선양을 하며 회원들 덕분에 감개무량한 시간도 보냈지만, 대부분 사비(私費)로 비용을 충당하다 보니, 늘 빠듯한 가운데 심적으로도 굉장히 위축되었다. 한때 격려와 칭찬을 받았지만, 갈수록 피폐해졌고 더는 지속할 수 없는 상황이 되었다.

서러워서 밤잠을 설쳤던 세월, 견디다 못해 밤잠을 이루려 정신과에서 처방받은 약으로 지탱하는 현실을 어디에 하소연하겠는가. 정부도, 지자체도, 학교도, 기업들도 무궁화꽃에 전혀 관심을 주지 않았다. 홀로 전전긍긍하며 애태웠던 나날들, 사랑하는 회원들과 친구들, 각계 인사들 덕분에 힘을 얻고 부족하나마 오늘날까지 협회를 이끌어 올 수 있었다. 그 고마운 마음을 담아 그동안 발자취를 남기고자 자서전을 작성한다.

부디 넓은 마음으로 부족했던 점을 널리 헤아려 주시길 바라며, 국민이 그토록 열광하고 즐겨 찾는 벚꽃처럼, 무궁화꽃도 온 국민의 관심 속에 사랑받는 아름다운 대한민국의 국화(國花)가 되길 기원하며.

이 세상에 유일한 분단국가인 나라에서, 나라를 지킴이 최우선인 나라에서 살아가는 우리 국민입니다. 남북 간의 평화통일이 완성되기를 염원하며 애국의 일념으로 국가와 민족의 미래 지향적인 방향 제시이니 이를 삶의 목표로 삼아 살아갑시다. 행정부 수장 윤석열 대통령님과 입법부 수장 우원식 국회의장님 법원수장 조희대 대법원장님의 지시로 국가 상징 주무관청인 행정안전부 산림청은 법제화를 하지 못하고 그냥 사용함을 부끄러움으로 알고 지위의 본분과 책임을 다한다는 신념으로 2025년 내로 완수하기 바라며 완성하지 못할 시에는 자격 미달로 자진사퇴를 촉구하며 우리나라 국화 무궁화는 법제화를 하지 않고 사용만 한다는 것이 후진국에서나 볼 수 있는 짓을 법치국가 대한민국에서 있을 수 있는가를 돌이켜 보시고 헌법재판소에 제소하니 사용만 하는 무궁화를 대한민국 국화로 법제화 한다, 라는 승소 판결로 정의와 사회를 구현하는 명판사 9분의 대법관님들께서 역사에 길이 남으실 일을 하여달라 호소하며 국가 상징 국민 헌장과 무궁화 국민 헌장, 8월 8일 국가 상징(국기, 태극기, 국가, 애국가, 국화, 무궁화, 국새, 나라 도장, 문장, 나라 문장)의 날을 초등학교 3~4학년 교과서에 등록하여 청소년들에게 애국애족의 정신 함양과 장래 진로 선정 향방에 도움을 주고 성인은 가정이나 사회생활에 한 단어라도 숙지하여 머리에 남는다면 하는 바람으로 작성하여 이규호 교육부 장관님과 예하 담당 관계 부처에 알리ㅣ검토 후 해결 바라며, 협조하는 온 국민께서는 본회의 회원이 되어 주시어 국가 상징 국민 헌장과 무궁화 국민 헌장 88축제 국가 상징의 날 행사 개최를 응원해 주십시오. 회원가입 비용은 월 2천 원입니다. 국가 상징 국민 헌장, 무궁화 국민 헌장 하단의 은행 계좌로 입금 후 대표 번호 010-3266-8581로 연락 주시고, 연 납입자는 본 자서전 1권을 증정하며 다 같이 국민헌장의 동반자라는 자부심과 긍지로 사회단체의 일원으로 품격 있게 멋있고 아름답게 공동체로 운영합시다.

2024년 10월 29일
양천규

건강 친목 화합 목표 달성 발전 기원 고사

차례

프롤로그　　　　　　　　　　　　　　　　　　　　　　　　　　8

The 1st Stage
내 의지와 상관없이 주어진 삶

천혜의 자연 품은 고향 "나는 천운아이다"	20
세상에서 가장 아름다운 이름, 아버지·어머니	22
형이 깡패와 어울려 탕진한 중학교 등록 월사금 2천 100환	24
가족 친인척과 함께한 동쪽 하늘 아래, 멋진 고향	30
제2차 세계대전 이어 세계 전쟁 될 뻔한 6·25	47
전쟁에 인생 나락의 길로 들어선 사람들 즐비	50
진학 포기하고 아버지 돕던 농사일, 힘겹고 버거워	53
고단한 시절, 만병통치약 약장수 언변에 울고 웃어	58
닭서리 한 번 들킨 후, 상상외로 비싼 닭값 물어내	61

The 2nd Stage
준비된 사람만이 삶을 바꿀 수 있다

일찍 떠난 자식들 가슴에 묻고 사신 장인·장모님	66
연예인 꿈 포기 못 해 집 마당서 콩쿠르 대회 개최	70
김신조 청와대 습격, 험한 세상 뼈저리게 실감한 군대	74
부모님 주신 5만 원, 서울 상경 월세 2천 원 단칸방 동거	78
고생 끝에 낙이 온다는 것도 잠시	81
상가 불타 망하고 자식 위해 8학군 강남으로	85
선릉 공원 조기회 썸씽, 본분 망각하고 혼외 딸 낳아	92
큰아들 연대 합격, 등록금 모금한 조기회·배드민턴클럽	95
국회의원 공천도 주겠다던 시절	100

The 3rd Stage
세계에 민족 꽃 알리려던 책임 의식, 굳건한 소명

서울 아시안게임 일주일 앞 터진 폭탄, 5명 사망	104
성화봉송로, 무궁화 없는 안타까움에 무궁화나무 보급	107
대한민국 건국 이래 최초, 무궁화 국민 헌장 제정 선포식	111
사단법인 대한민국 무궁화 선양회 주요 사업	118
세계의 꽃 무궁화 노래	121
1993년 8월 8일 제1회 나라꽃 무궁화의 날 선포식에서 개회사	124
8월 8일 제2회~10회 나라꽃 무궁화의 날 기념행사	135
부동산 동업 친구에게 사기당하고 안산 이사	186

낯선 안산에서 만난 새 인연의 고마움	192
8월 8일 제12~17회 나라꽃 무궁화의 날 기념행사	196
2010년 8월 8일 제18회 나라꽃 무궁화의 날 기념행사	232
8월 8일 제19~20회 나라꽃 무궁화의 날 기념행사	240
- 제20회 행사에서 책을 펴내면서『무궁화 꽃사랑 영원히 빛나리』머리말	244
- 2012년 제20회 기념사	247
순식간에 이런 비극이 벌어지다니!	252
문재인 못 지킨 약속은 스물아홉 개, 지킨 건 딱 하나	257
뇌물수수·횡령 등으로 형사 처벌된 대통령	261
이명박 대통령님께 냈던 민원	265
존경하는 이명박 대통령님께 드리는 진정서	267
존경하는 이명박 대통령님께 건의합니다	271
박근혜 대통령님께 낸 민원	278
2014년 2월 12일 박근혜 대통령님, 강창희 국회의장님께 민원	284
대한민국 무궁화 평화대상 시상식	290
2014년 8월 8일 제22회 나라꽃 무궁화의 날 기념행사	293
- 2014년 안산에서 경북 구미시로 이사를 하게 된 화근	293
축사자 여러분의 대표적 축사 모음	304
사단법인 대한민국 무궁화 선양회 임원진	307
8월 8일 제23~25회 나라꽃 무궁화의 날 기념행사	311
문재인 대통령께 낸 민원	312
제1회 나라꽃 무궁화 심포지엄	320
문재인 대통령께 드리는 민원	328
2020 경자년 새해 문재인 대통령님 내외분!	332
문재인 대통령께 드리는 민원2	334

'무궁화꽃'은 나라 사랑, 언론 선도로 바른길 인도 시급	337
8월 8일 제26~28회 나라꽃 무궁화의 날 기념행사	342
탄생 축하 성공 우승기	344
인생길 탄생 축하 성공 우승기 제작 내용	350
대한민국 국민 여러분께	353
2022년 8월 8일 제30회 나라꽃 무궁화의 날 기념행사	356
윤석열 대통령님께 청원	357
- 윤석열 대통령님께 드리는 민원	360
8월 8일 제31~32회 나라꽃 무궁화의 날 기념행사	364

The 4th Stage
국회의원, 장·차관, 국가 상징 국민 헌장 받고 끝

태극기, 네 가지 색 의미와 태극·건·곤·감·리 뜻	372
국민의 국가 상징기, 국가 상징 국민 헌장, 제작 요점	375
국민의 국가 상징기	376
애국심 고취하는 대한민국 무궁화 선양회	378
삶의 초석·디딤돌 되었건만 사기 세 번과 사업 망하자 '언제 봤냐' 안면몰수	380
복잡다단한 세상에 무엇을 바라겠는가!	383
장손 탈취 종중 싸움 끼어들고 싶지 않다던 판사·변호사	385
인생에 가장 소중하고 필요한 것은 배려와 사랑	387
가요 500곡	390
여러분에게 전하는 편지	401
세월이 지나도 변하지 않는 진정한 친구들	405

세상의 기준 선한 양심, 도움 되는 사람 되자	410
입법·사법·행정 풍전등화(風前燈火)의 대한민국	412
범법자 욱실거리는 입법부, 신이 내린 직업 국회의원	414
제22대 국회에서 주택 개혁을 강행하여서	419
상훈 원칙과 기준	425
한숨 나오는 대한민국 세태 속에서 찾는 희망	432

The 5th Stage
사단법인 대한민국 무궁화 선양회

장래의 꿈을 펼칠 여러분	440
아름다운 훌륭한 삶	442
자서전 마무리 단계에서 엄청난 사건	445
2025년 대한민국 국경일·기념일·추모일, 24절기, 일정표	447
대한민국 무궁화 평화대상	451
나라꽃 무궁화의 날 기념 무궁화 국민 대축제	454
우리 민족의 꽃 나라꽃 무궁화 품종명	459
8월 8일 국가 상징의 날 (사)대한민국 무궁화 선양회 경과보고	481
국민의 국가 상징기	485
언론 보도	486
- TV 채널 999번 HCN 새로넷 방송국에서 제13회 출연 인생 영상자서전에서	488
에필로그	491

The 1st Stage
내 의지와 상관없이
주어진 삶

행복과 불행이 공존하는 세상사

우연의 기적으로 태어난 우리는 운명으로 맺어진 가족, 친족, 친구와 인연이 되어 작은 사회의 공동체인 가정에서 인생의 기초를 다지고, 더 큰 사회로 나와 사람들과 교류한다. 인간(人間)은 상호작용을 통해 관계를 맺고, 그 관계에 따라 삶의 모양도 달라진다. 두 사람이 기대어 있는 '人'의 모양, 문틈으로 비친 햇살 모양의 '間'에서도 볼 수 있듯이 인간은 협력과 상생으로 미래의 성장 동력을 만든다. 좋은 세상, 풍요로운 인생은 함께 만들어 가는 것이지만, 한사람이 욕심을 부리면 잘되던 일도 틀어지고 온갖 고난이 시작된다.

 천혜의 자연 품은 고향 "나는 천운아이다"

나는 행운을 굳게 믿는 사람이며,
내가 더 열심히 일할수록 더 많은 행운이 따르곤 한다.
_Thomas Jefferson

아침마다 희망의 태양이 솟아오르는 동쪽 하늘 아래, 팔성산(경기 이천 충북 음성) 경계에 정기를 품고 쭈욱 뻗어 내린 산기슭, 필자는 산이 삼면으로 병풍같이 둘러싸여 아늑하고 조용한, 아름다운 자연의 환경과 함께 경치가 뛰어난 두뫼산골 40여 호가 옹기종기 모여 사는 시골 초가집에서 태어났는데, 아버지·어머니 슬하에 아들 5형제, 누이동생 4자매, 9남매 중 넷째다.

홀할아버지와 할머니는 얼굴조차 모를 정도로 일찍이 돌아가셨고, 아버지 4형제분, 고모 4자매분에 8남매였다. 필자 위로 누님, 두 분 형 1명, 밑으로는 남, 여, 남, 남, 여, 집안에는 늘 열두세 명씩 대가족을 이루어 한집에 살았다. 삼시 세끼와 기역자 구옥(舊屋) 초가집에 안방, 윗방, 건넛방의 방 세 칸과 자그마한 마루에 나누어 잠을 자며, 식사 때는 밥상 두 곳에서 북적북적 다복하게 지냈다.

식구가 많아 생활이 불편하니까 필자가 대여섯 살 때, 바깥마당에 일자로 큰 사랑방, 옆 대문 칸에는 큰 가마솥을 걸어 두고, 콩을 끓여 메주도 만들고 보리 개떡과 술빵, 감자, 고구마, 옥수수 등 간식을 만들어 지나가는 동네 사람들과 나누어 먹기도 했다.

대식구여서 빨래도 삶고 아침저녁으로 소죽도 끓였다. 소 기르는 외양간 옆에는 곡식 등을 저장하는 창고 광을 지었고 옆에는 화장실 두 칸이 있었다. 바깥 화장실은 남자가 사용하고 안에는 여자 화장실로 사용했다. 또 닭장과 돼지울간을 지어 소, 돼지, 닭, 오리도 키우며 열심히 편하게 살았다. 홀할아버지, 아버지, 어머니와 결혼 전 삼촌, 고모님들은 여기저기 떨어진 전답에서 농작물 생산을 위해 일터로 가서 모두 힘을 쓰셨다.

일제 강점기 때는 셋째 삼촌만 보통학교 다니느라 고생했다. 궂은 날씨도 마다하지 않고 머나먼 삼십 리 길을 매일 하루도 결석하지 않았다. 도보로 다니신 국민 보통학교 5학년을 우수한 성적으로 졸업 후 6·25전쟁으로 입대, 상병으로 무사히 복무 마치시고 초등학교 선생님이 되어 근무하러 가시는 모습이 멋져 보이셨다.

넷째 삼촌도 궂은날 가리지 않고 그 먼 삼십 리 길을 하루도 결근 없이 초등학교와 중학교를 나와 청주 사범 고등학교를 졸업하고 정식 교사가 되셨다. 막내 고모님과 누님 두 분은 집안일 하시느라 학교 문턱도 못 가 보셨고, 형은 1949년에 초등학교에 다녔다.

우리의 삶은 한순간에 좋아지지 않는다. 큰 노력이 밑받침되어 조그마한 결과들이 모여 드디어 빛을 발한다. 일확천금을 노리고 헛되이 사는 삶보다 값진 노력으로 귀한 인생을 사는 것이 제일이라 생각한다.

대한민국 지도와 같지요

세상에서 가장 아름다운 이름, 아버지·어머니

> 자식을 기르는 부모야말로
> 미래를 돌보는 사람이라는 것을
> 가슴속 깊이 새겨야 한다.
> _Immanuel Kant

선조들은 "자식 입에 밥 들어가는 것과 내 논에 물들어 가는 것만큼 기쁜 것이 없다"라고 말했다. 옛말에 틀린 말 하나도 없다. 녹록하지 않은 소작 농가에서 대식구를 거느리는 아버지, 어머니는 9남매 키우시느라 많은 고생을 하셨다.

늘 어르신들께 아침저녁으로는 공손한 인사와 함께 "진지 잡수셨어요?"라고 말하던 시절, 고개를 숙이며 인사에 말대답하면 '못된 놈'이라고 욕먹던 시절이었건만, 요즘은 "담배 줘. 야~ 이 꼰대야!" 하면서 대든다. 오히려 두들겨 맞지 않는 것만도 다행이다. 흘러가는 세월과 함께 어른들 존경하는 마음이 사라지고 있다.

부모가 자식을 낳으면 먹이고 입히고 기르고 가르치고 성장시켜 짝 채워 살게끔 뒷바라지하는 '동방예의지국'의 나라였건만, 오늘날 예의는 찾아 보기 힘들어졌다.

요즘의 핵가족 시대와 달리 필자는 어린 시절 할아버지, 아버지, 어머니, 삼촌, 숙모, 고모, 고모부, 사촌, 고종사촌, 외할아버지, 외할머니, 외삼촌, 외숙모, 이모, 이모부, 외사촌 형, 형수 동생, 이종사촌 형 동생 등 많은 친인척과 교류하면서 정을 나누며 살았다.

부모님은 금실이 좋았고 장손으로 기제사만 일 년에 일곱 분을 비롯해 설·추석에도 모셨다. 친인척이 임종하시면 어김없이 장례식장을 찾아 예를 갖추셨는데, 어머니 고생이 얼마나 많으셨을까 생각하면 존경심이 절로 우러난다.

"고난이 있을지라도 아름다운 이 세상, 인생사 소풍 여행 가는 것처럼, 언제나 떳떳하고 정정당당하게, 한 치의 부끄러움 없는 양심을 가지고, 기본의 법과 원칙, 공중 윤리·도덕을 지키며, 후회 없는 인생을 살아가야 한다"라고 생각한다.

백발노인이 되어도 잊을 수 없는 것은 그리운 부모·형제와 고향이다. 필자는 어린 시절 그리 넉넉하지는 않았지만, 풍광이 아름다운 자연 속에서 부모·형제를 비롯한 친인척들의 사랑을 받으며 자랐다. 예로부터 사랑을 받지 못하고 자라면, 커서도 사랑 베푸는 것에 인색한 때도 있는데 필자는 그런 걸 자주 봐 왔다.

우리는 태어나면서 무엇 하나 선택할 수 없다. 좋은 집안의 좋은 부모님, 살기 좋은 나라 등등 나의 환경은 선택과 무관하게 주어진다. 그러나 비록 큰 부자는 아니어도, 그리 넉넉하지 않더라도 먹을 것 하나라도 나눠 먹으면서 기쁨과 슬픔을 같이 공유하고 해결책을 찾으면 어려웠던 가정도 함박꽃처럼 활짝 펴진다.

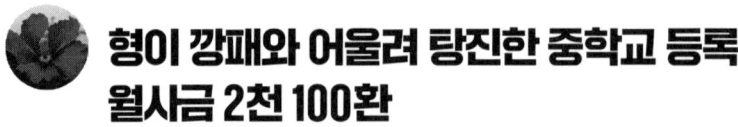 형이 깡패와 어울려 탕진한 중학교 등록 월사금 2천 100환

> 고난은 사람의 참된
> 값어치를 시험하는 시금석이다.
> _Francis Beaumont

1951년도 국민학교 입학해 처음 만난 담임은 필자의 셋째 삼촌이었던 故 양희창 선생님이었다. 담임선생님은 부모님을 떠나온 초년생들을 마치 자기 아들 대하듯, 세심하게 신경 쓰시면서 잘해 주셨다. 좁은 동네여서 인연이 겹겹 맺어졌다. 2학년 때 담임은 동창 박돈하의 이모였던 한주영 선생님이셨다.

율면 국민학교 교가

홍익인간에 거룩하신 뜻 받들어 우리 역사 생겼네
이날을 이어 어이 나랏일을 내 일같이
우리도 역사 위해 나라 이름 빛내세 배우세 기르세
우리 혼 우리 힘 충성을 다하여서 나라 이름 빛내세

풍금을 잘 쳐서 모두 음악 시간을 손꼽아 기다렸는데, 풍금의 선율은 가난으로 위축된 마음을 잠시나마 평온하게 해 줬다.

3학년 때 박병효 담임선생님은 동창인 박병일의 형님이셨다. 입이 앞으로 많이 튀어나와서 철없던 시절, 학생들끼리 "돼지, 도야지, 꿀꿀"이라고 별명을 붙여 부르기도 했다. 그때를 생각하면 굉장히 미안해진다.

4학년 때 이세영 담임선생님은 일반 고등학교를 막 졸업하고 처음 부임해 오신 분이다. 추후 경찰대학교에 입학하고, 졸업 후 경위로 종로 경찰서와 청와대에서 근무하셨다. 그리고 서교동 동사무소 동장님으로 일하시다가 정년퇴직 후 퇴직금으로 생활하신다.

동창들이 이세영 담임선생님을 처음 초청해서 식사도 하고, 종로 2가에 있는 국일관의 8층 대형 노래방에서 열댓 명이 즐겁게 보냈다. 그리고 한 달 좀 지나서 강남역 사거리에 있는 뷔페식당에서 30여 명이 식사하면서 지난날들을 회상하며 저마다 이야기꽃을 피웠다. 그 후 세 번째 모임도 했는데, 동창인 김칠웅 친구의 주선으로 동서울터미널 부근 야간업소를 예약해서 점심과 음주·가무를 즐기며 4시간 정도 시간을 보냈다.

91세의 연세에도 제자들과 카톡을 하시는 참으로 인자하신 분이신데, 지금은 필자와만 한다고 하셨다. 때로 동창생의 동향을 물으시면 주로 죽은 동창생 얘기만 하면서 문안드린다.

어린 시절 마을에 엿장수가 지게에 엿판을 지고 "헌 고무신이나 헌 양은 냄비 못 쓰는 헌 물건 삽니다" 하면서 가위를 두드리면 집에 가서 이것저것 6·25 전쟁으로 들판, 냇가 등에서 주워 모은 탄피 등 고물들 주워다 주고 엿과 바꾸어 먹던 시절이 어렴풋이 생각난다.

국민학교 3학년 때 소풍은 학교 뒷산에 가서 도시락을 열면 거의 까만 보리밥에 반찬은 고추장에 짠지가 뒤범벅되어 부끄럽기도 했지만, 언제 부끄러웠나 싶을 정도로 서로 지껄이며 맛있게도 먹었다. 4, 5학년 때는 조금 먼 산으로, 6학년 때는 일박으로 안성시 죽산면 칠장리에 있는 칠장사(七長寺, 사찰)로 갔다. 우리는 절밥으로 저녁을 먹고 모두가 빙 둘러앉아 손에 손잡고, 1932년 홍난파(洪蘭坡)가 이은상(李殷相)의 시조시를 가사로 작곡한 가곡 「성불사의 밤」을 불렀다. 이 곡은 홍난파가 미국 유학 시절 이은상 시가 마음에 들어 작곡한 것으로, 1933년 홍난파 가곡 작품들을 묶은 『조선가요작품집』을 통해 발표되었는데, 깊은 밤 산사(山寺)의 고독감과 부처님의 가르침을 상징적으로 잘 표현한 이 곡을 부른 것이 초등학교 소풍의 마지막이었다.

성불사 깊은 밤에 그윽한 풍경 소리
주승은 잠이 들고 객이 홀로 듣는구나
저 손아 마저 잠들어 혼자 울게 하여라

뎅그렁 울릴 제면 더 울릴까 맘 조리고
끊일 젠 또 들리나 소리 나기 기다려져
새도록 풍경 소리 데리고 잠 못 이뤄 하노라

5, 6학년 때 김시중 담임선생님은 필자 마을에서 전답이 가장 많았다. 부자 선생님은 교단에 몽둥이를 들고 와서 놓고 엄포를 놓다가 때로는 엎드려 뻗치게 해 놓고 숫자를 세라면서 가혹한 매를 가하기도 했다. 엄한 선생님으로 평이 나 있어서 가깝게 지낼 수 없는 불편한 사이였다. 여러 선생님을 거치며 한글과 구구단육하원칙 나라사랑의 기초를 배우면서 졸업했는데, 그때 그 시절이 그립기도 하다.

필자가 5학년이고 남동생이 3학년일 때 셋째 삼촌께서 결혼하시어 윗방에 살았다. 그래서 조카 형제에게 저녁 7시부터 공부(과외)를 가르쳐 줬다. 아침은 몹시 바빴다. 과외가 끝나면 세 명이 800여 미터 되는 거리를 조깅하고, 세수 후에 아침을 먹었다. 그렇게 1년을 지내니 심신(心身)이 좋아져 머리 회전도 잘되고 셈이 빨라져 산수를 잘하게 되었다.

일요일은 학교도 안 가고 노는 날이어서 좋기는 했다. 아이들은 실컷 놀아야 한다. 옛날 어려웠던 시절엔 농사일을 비롯해 할아버지와 아버지, 어머니께서 이런저런 심부름을 시키셔서 몸이 힘들었다. 지금 아이들은 온갖 학원 다니느라고 마음마저 피폐해지고, 키즈카페 같은 곳에 가서 놀기 위해 돈까지 내야 하니 한편으로는 씁쓸한 마음도 든다.

그 시절 노는 데는 돈 들어갈 일이 없있다. 골목에서 딱지치기, 자치기, 팽이 돌리기를 했다. 딱지는 져서 뺏기면 무슨 책인지도 모르고 찢어서 접어 만들기를 반복했다. 자치기 팽이는 나무로 만들었는데, 연장을 식칼 자구로 만들다 보니 고장 내기 일쑤여서 부모님께 꾸지람도 듣고 혼나기도 했다. 마을 친구들과 함께 공터에서 편 갈라 공차기할 때면 마치 우두머리가 된 것처럼 힘이 생겼다.

마을에서 돼지를 잡으면 오줌보에 바람을 불어넣은 후, 볏짚으로 새끼를 꼬고 지푸라기를 뭉쳐 둘둘 말아 차면서 다녔다. 야구 글러브는 구하기 힘들어 송판 쪽으로 치며 놀던 시절, 재미에 흠뻑 빠져 시간 가는 줄 모르고 뛰어놀았다. 마라톤한다고 마을 몇 바퀴를 뛴 뒤 언덕에 피어 있는 아카시아꽃과 진달래꽃 따 먹고 칡뿌리도 캐 먹었다.

자유당 시절 대통령은 이승만, 부대통령은 이기붕이었다. 선거 때가 되면 이장 댁 마당에 마을 분들이 모두 모여 검정 고무신을 쌓아 놓고 막걸리 드시면서 윷놀이를 했다. 모가 나오면 어깨춤 추면서 "이승만이다"라고 했고, 윷이 나오면 어깨춤 추면서 "이기붕이다"라고 했다. 어깨춤 추었던 시절의 추억은 나이가 들어서도 여전히 마음 한구석에 남아 있다.

어느덧 초등학교 6년의 수업을 끝으로 중학교 진학 시험을 보았다. 60명 모집에 필자가 9등을 해 우수한 성적으로 합격했다는 소식에 다들 기뻐했다. 그러나 57년 봄에 빛나는 졸업장을 가슴에 안고 졸업했지만, 중학교에 진학하지 못하는 비운이 닥쳤다.

청주의 다섯째 외삼촌 댁에 얹혀 공부하러 간 형이 깡패들과 얽혀 아버지가 보내 준 월사금을 탕진했다. 장남에게 보내 준 돈이 없어졌으니 어쩌겠는가. 없는 돈을 어디서 빌려 올 수도 없고 집안이 발칵 뒤집어졌다.

품 안의 자식이라는 말이 있다. 친구들과 밖에서 무슨 일을 하고 다니는지 알 수 없는 노릇이다. 일일이 따라다닐 수도 없고, 참으로 기가 막힐 노릇이다. 그 시절에는 어느 가정이든 장남을 집안의 기둥으로 생각했었다.

아버지는 "중학교 입학을 내년으로 미루어 보자"라고 하셨다. 필자는 어린 나이에 그런 비운을 헤쳐 나갈 만한 능력을 갖추지 못했다. 눈앞이 캄캄해졌다. 공부를 열심히 해서 새로운 것을 배우고 더 좋은 길을 찾아야 하는데, 어린 나이에 그런 앞길이 막혀 버리다니 얼마나 비참한 일인가.

우리는 부모, 형제, 친구를 비롯해 여러 사람 사이에서 좋건 나쁘건 간에 다양한 형태(삶)의 앞날로 이끌려 나간다. 그래서 우리는 다양한 장애물을 넘은 후에나 성공의 길로 들어설 수 있다.

당시는 돈이 귀한 시절이었다. 전쟁으로 폐허가 된 나라에서 굶어 죽지 않고 근근이 먹고사는 것만도 천만다행이었다. 경제적 안정을 기대하기 어려운 시절이었다. 1940년에서 1950년대는 필자뿐만 아니라 국민학교 졸업자의 반도 중학교 진학을 못 했을 정도로 암울했다.

애국가

1절 동해물과 백두산이 마르고 닳도록
     하느님이 보우하사 우리나라 만세

2절 남산 위에 저 소나무 철갑을 두른 듯
     바람 서리 불변함은 우리 기상일세

3절 가을 하늘 공활한데 높고 구름 없이
     밝은 달은 우리 가슴 일편단심일세

4절 이 기상과 이 맘으로 충성을 다하여
     괴로우나 즐거우나 나라 사랑하세

(후렴) 무궁화 삼천리 화려 강산
      대한 사람 대한으로 길이 보전하세

광복절 기념식에서

 가족 친인척과 함께한 동쪽 하늘 아래, 멋진 고향

> 모든 행복한 가족들은 서로 닮은 데가 많다.
> 그러나 모든 불행한 가족은 그 자신의 독특한 방법으로 불행하다.
> _Leo Tolstoy

1940년대 시절, 1950년대 시절, 1960년대 시절, 1970년대 시절, 1980년대 시절의 부모, 삼촌, 숙모, 고모, 고모부, 외삼촌, 외숙모, 이모, 이모부님은 시대가 변해도 한결같이 모두 소중한 분들이다.

아버지 8남매분 태어나신 순서대로 누님, 아버지, 남동생, 여, 여, 남, 여, 남, 큰고모님 순서로 소개하고 싶다. 큰고모님은 충북 음성에 최씨 가문으로 시집가서 2남 2녀를 두셨다. 장남은 음성읍에서 결혼해 3남을 낳고 문화동 시장통에서 기성복 가게를 운영하셨다. 차남도 결혼해 2남을 두고 기성복 장사를 하셨다. 장녀는 괴산으로 출가해 1남 2녀를 낳아 잘 기르고 가르쳐 결혼시킨 후, 농업에 종사한다. 차녀도 음성으로 출가해 3녀를 낳아 잘 기르고 가르쳐 결혼시킨 후, 서울 강남구 개포동에서 철물점을 운영한다.

필자의 아버지는 충북 음성 생극에 거주하던 여흥 민씨 가문의 어머니를 만나셨다. 어머니는 양친 슬하에 오라버니 두 분, 언니 한 분, 남동생 세 분 등 7남매의 다복한 가정에서 지내셨다. 아버지는 그런 어머니와 결혼해 5남 4녀를 낳으셨다.

장녀는 경기 이천 설성면 전주 이씨 가문으로 시집가서 3남 1녀를 낳으셨다. 장남은 고향에서 초등학교 6학년, 중학교 3년까지 전교 1등이란 우수한 성적으로 졸업했지만, 서울에서 전기에 응시했던 용산고등학교에 떨어지고 후기 대광고등학교도 떨어졌다. 그 후 필자의 집에서 10여 개월 조석으로 밥 먹으며 밤잠 설치면서 공부해 검정고시로 1년도 안 되어 고등학교를 졸업했다.

필자는 "너희 부모님 소작 농업 하면서 너 대학교, 너희 동생 셋을 중고교 못 보낸다"라면서 "대학교 국비로 하는 육군사관학교에 합격해 4년간 교육 잘 받으면 졸업 시 소위로 임관하고, 사고만 없으면 진급도 잘되니 육군사관학교 시험을 보라"라고 했다.

그런 일이 있고 나서 장남은 답답했던지 일주일간 여행 간다고 나갔다가 돌아왔다. 그렇게 며칠이 지나자, 육군사관학교에서 합격증이 날아와 입소하고 4년 교육을 무사히 마쳤다. 그 후 소위로 임관해 중위 때 중고등학교 교사와 결혼해 1남 1녀 남매를 두었다. 그동안 대위·소령·중령·대령으로 군부대 여러 곳을 두루 거쳐서 근무했는데, 별을 못 달고 대령으로 예편해 사회생활을 하고 있다.

딸은 고등학교를 졸업하고 2년 선배와 결혼해 2남을 두었다. 차남은 동국대학교를 졸업하고 대기업에 취직한 후 한의원에서 일하던 간호사와 결혼해 2녀를 두었는데, 두 자매가 머리가 명석하고 똑똑해 우등생으로 학업에 열중한다는 소식을 접했다.

삼남은 장가도 안 가고, 동대문 종합시장에 있는 셋째 외삼촌 가게에서 점원으로 근무하다가 가게를 인수해 상업에 종사한다. 안타까운 일인즉 큰누님이 2023년 11월 당년 90세 노령으로 영면하셔서 1992년에 59세로 먼저 가신 남편이 잠든 이천시 설성면 공원묘지에서 합장하였다.

둘째 차녀는 충북 음성 삼성면 안동 권씨 가문으로 시집가서 2남 3녀를 낳아 장남은 결혼하지 않고 부모님 모시고 대리운전하며 살고 있다.

차남은 1남 1녀를 낳아 내외가 옷 제품 봉제 작업을 하며 살고 있다. 장녀는 경북 울진이 고향인 총각과 결혼해 1남 2녀를 두었다. 차녀는 충북 음성이 고향인 총각과 결혼해 1남 2녀를 두었고 도배업에 종사한다. 막내 겸 셋째 딸은 전남에서 차량 정비업을 하는 사람과 결혼해 1남 1녀를 낳고 잘들 살고 있다.

장남은 초·중·고교를 졸업하고 공군 시험에 합격해 입대해 3년 근무하고 제대한 후, 면사무소에 근무하다가 서울에서 염직 공장을 운영하는 친구네 공장으로 옮겼으나 침식할 장소가 없어서 필자가 동거하는 옆방으로 이주해 살았는데, 필자의 처삼촌이 집에 놀러 오셨다가 장가도 못 가고 동생 집에 얹혀사는 모습을 보고 마을 이웃집에 사는 아가씨를 중매했고 충북 괴산 이씨와 결혼할 적에 신부 금반지 목걸이와 형 양복 한 벌을 필자가 해 주고 필자 결혼식 때 그대로 받았다. 결혼해 1남 1녀를 두었다. 자식들은 대학까지 가르쳤고 장남은 석씨 가문과 결혼해 무자식으로 청주 양씨 26대 장손의 손이 끊긴 상태다. 딸은 맞선을 봐도 결혼 못 하고 부모와 같이 살고 있는데, 그 성격으로 사회생활을 어찌하는지 두루 궁금하며 팔십이 넘어서도 경비원으로 근무하며 생활하고 있다.

필자의 어린 시절, 그때는 대부분 풍족하지 못했다. 지금이야 나라의 발전과 함께 가정마다 형편이 나아졌지만, 예전엔 굶어 죽지 않기 위해 농사를 지었다. 학교 다니는 것도 막막해서 못 다니는 경우도 부지기수였는데, 필자도 어린 나이에 국민학교만 나오고 고향 땅에서 8년간을 아버지 농사 일을 돕다가 군 영장이 나와 육군으로 복무하다가 병장으로 무사히 1968

년 10월에 제대해 연애 중이던 현 부인과 1968년도 12월 5일 서울 월곡동에서 아버지 어머니께서 8년간 새경으로 주신 5만 원을 가지고 보증금 3만 원에 월세 2천 원 내는 조건으로 방을 얻어 동거를 시작했다.

그나마 같은 동네에서 아내를 만나게 되어 큰 위안이 되었다. 돈이 없으니, 결혼식은 엄두도 못 내고 겨우 방 한 칸 얻어 변변한 살림살이도 없이 사과 궤짝을 싱크대로 놓고 살았다.

서울에 올라와 지푸라기라도 잡아야 할 처지에서 운 좋게 일자리를 얻어 가정을 꾸릴 수 있었다. 친인척도 없고, 인맥도 없는 서울에서 월급을 받으며 일한다는 건 정말 대단한 일이었다. 다행히 1969년 1월에 동일상역 주식회사에 근무하면서 여유가 좀 생겨서 40만 원에 방 두 칸짜리 집으로 이사한 후, 그다음 보증금 80만 원에 안채로 이사했다.

당시 형이 갈 곳이 없어 필자 집에 얹혀살았는데, 형과 필자의 직장이 홍은동과 천연동이어서 외사촌 故 민홍기 형님의 소개로 서울 상경 3년 만에 불광동에 150만 원으로 처음 주택을 구입했다. 필자가 살던 전세 80만 원 중 이사 경비 등을 제외한 70만 원과 고향 친구 故 김경제에게 50만 원을 차용해 방 두 개 전세 30만 원 도합 150만 원에 구입했는데, 서울 상경 3년 만에 이룬 성과였다.

1969년 큰아들을 낳고, 2년 후인 1971년 4월 11일을 결혼 날짜로 잡았다. 그날은 뜻깊은 대한민국 임시정부 수립일이자 남쪽 나라로 강남 갔던 제비가 찾아온다는 삼월 삼짇날이었다. 가족, 친지, 동창, 직장 동료 등 약 200여 하객의 축복 속에 서울 서대문 사거리에 있는 제일 예식장에서 이종국 국장님의 주례로 백년가약(百年佳約)을 맺었다. 형편이 여의찮아서 미루다가 한 결혼식이지만, 고향마을 친구이자 동창생인 이상국의 사회로 성대하게 거행했다. 고진감래(苦盡甘來)라고 하더니 많은 분이 오셔서 절로 힘이 났다.

어린 시절부터 농사지으면서 힘겹게 살아왔고, 그 어려움을 극복하면서 결혼식까지 하게 되었으니 얼마나 감개무량(感慨無量)하던지, 그런 영광스러운 자리에서 큰 축복을 받으니 지난날 어려웠던 긴긴 시간이 마치 영화의 한 장면처럼 빠르게 스쳐 지나갔다. 뭔가 좋은 일이 있을 것 같은 희망에 부풀어 기쁨과 감동으로 벅찬 가슴을 안고 결혼식에 참석해 주신 분들에게 고마운 마음을 전하기 위해 피로연 선물로 하이타이 1상자씩 나누어 드리고 예식을 끝냈다. 십시일반으로 모인 축의금은 생활하는 데 큰 힘이 되었다. 지금도 그 고마움을 잊지 않고 마음 한편에 간직한 채 살고 있다.

결혼식이 끝나자, 뒤풀이가 이어졌다. 고향 친구 4명과 동창생 4명이 안채 마루에서 새신랑 달림을 하는 바람에 혼이 났다.
"야! 이 도둑놈아, 어디서 저 예쁜 신부를 훔쳐 왔느냐?"
풍습에 따라 신랑을 다루는 것에 즐거움을 느끼는 친구들 때문에 곤욕을 치렀다. 술잔을 기울이며 짓궂은 친구들 덕에 거나하게 취해 즐겁고 재미있게 상다리를 두드리며 유행가 한 곡씩 불렀다. 그렇게 하루를 정답고 뜻깊게 보냈다.
다음 날 신혼여행은 택시를 타고 북악산 스카이웨이로 갔다. 산자락을 끼고 수많은 집과 빌딩 사이로 해가 뜨고 지는 것처럼, 하루하루 얼마나 바쁘게들 살고 있는지 세상이 하루도 멈추지 않고 돌아가는 게 신기했다.
차 한 잔 마시면서 지난날들의 추억을 돌이켜 보며 앞날에 관해 얘기하다가 택시를 타고 남산 케이블카 타는 곳으로 이동해 남산 정상에 올랐다. 서울시가 어쩌면 그렇게 한눈에 들어오는지, 만감이 교차하는 시내 경치에 감탄사가 절로 나왔다. 나름 서울의 상징인 남산에서 조촐하게 신혼여행이라도 했으니 기분 전환이 되었다. 귀한 아들 낳고도 결혼식을 못 올려 주었던 미안한 마음도 조금 만회가 되는 듯해서 그런대로 좋았다.

 재미있는 시간을 보내고 돈가스 잘하기로 유명하다는 남산 아래서 난생처음 아내와 단둘이 돈가스로 점심을 해결했다. 묵직하게 씹히는 아삭한 맛에 한국의 식문화도 세월과 함께 변한다는 생각이 들었지만, 아내가 맛있게 먹어서 기분이 좋았다.

 둘이 오붓한 시간을 보내고 불광동 집으로 향했다. 집에 도착했더니 어떻게 그렇게 귀가 시간을 잘 아는지 기다렸다는 듯 시간에 딱 맞춰 동창 박승구와 故 이명식, 박정태가 집으로 찾아왔다. 친구들의 성화에 4홉짜리 소주 4병을 마셨는데, 자꾸 한 병만 더 하자고 해서 안 된다고 딱 잘라 버렸.

 그토록 친하게 지냈던 친구 이명식은 뭐가 그리 바쁜지 저세상으로 먼지 갔다. 지금까지 만나는 친구는 박승구와 박정태인데, 너무 바빠서 박정태 승구의 아들딸 결혼식에 참석도 못 하고 축의금만 보냈다. 그래도 그 친구의 부인이 동수원 갈빗집에서 칠순 잔치를 한다고 해서 축사를 해 줬다. 지금도 여전히 만나고 카톡도 매일 하는 친구다.

 난생처음으로 장만한 집을 명의 이전할 비용이 없어서 이전도 못 하고 약 6개월간 살다가 지불한 금액 150만 원을 되돌려받아 30만 원은 세입자 그대로 인계인수로 120만 원을 수령, 50만 원은 고향 친구 故 김경제에게 빌려 온 걸 갚고 70만 원은 35만 원씩 형제간 옹졸이와 나누고 헤어졌다.

 1972년생 듬직하고 잘생긴 차남을 낳아 새로운 식구로 맞이한 것은 큰 축복이고 가정의 보물이었다. 가정을 잘 돌보면서 오늘보다 더 나은 내일의 희망을 안고 갈현동으로 이사해 갈현시장 내 식품 가게를 얻어 부인과 함께 일했다. 그러던 중 갈현동에서 1974년 9월에 또 아리땁고 어여쁜 귀염둥이 딸을 낳아 가족이 다섯 명이 되었다.

필자 바로 아래 남동생은 국민학교를 졸업하고는 2킬로 정도 떨어진 충북 음성 삼성면 내 글방(한문 가르쳐 주는 곳)에 한 6년을 다니다가 육군에 입대했다. 그리고 육군에서 병장 만기제대 후, 필자 네 집에서 4개월간 가게를 돌보며 같이 살다가 동대문 종합시장에서 점원으로 일하면서 성실과 정직하다는 평을 받았다. 그 덕에 가게도 장만하고 경북 김천에 살던 한씨 가문에 아가씨와 결혼해 1남 1녀를 두었다. 아들딸 남매를 대학까지 졸업시켰고 남매는 결혼해 잘들 살고 있다.

9남매가 있어도 필자가 사기를 당하고 실업자로 방황하던 시절, 이 동생한테만 3남의 중·고등학교 등록금 2회 납부를 의뢰했을 때 쌀 10킬로와 함께 처음 도움을 받았다. 지금은 동생도 여든 줄에 들면서 어려서 배운 서예 대회를 발판으로 여러 대회에 출전해 상도 받으며 재미있게 지내고 있다.

여섯째 여동생은 필자가 사회 친구로 어울리던 경기도 파주가 고향인 박씨와 이야기 끝에 가족 이야기를 하다가 누이동생이 있다고 말했더니 "형! 선 좀 봅시다!" 해서 선을 보게 되었다. 마음에 쏙 드는 여동생이어도 어찌 되었든 아는 동생에게 소개하는 것이고 서로 인연이 안 될 수도 있어서 "서로 형·아우로 지내는 사이여도 선을 보고 냉정하게 판단하라"고 말해 줬다.

날짜를 잡고 둘이 선을 봐야 하는데, 동생이 시골에서 급히 올라와 마땅히 입을 옷도 없고 해서 필자 부인의 한복을 입고 맞선을 보러 나갔다가 다행히 마음에 들어 결혼식을 올렸다. 한편으로는 친구요, 매제가 되니 기성

복으로 양복 한 벌과 코트를 사 주었다.

당시 여동생은 아버지를 통해 농사짓는 농부와 중매가 오갔었고 시골로 시집가면 평생 땡볕에서 고생하며 농사지어야 하지만, 오빠 덕분에 서울로 시집가게 되어 평생 잊지 않고 잘하겠다고 했다.

여동생은 화목한 가정을 이루고 1남 1녀를 낳았고 아들은 결혼해 1남 1녀를 두었다. 딸도 결혼해 자식 없이 식당을 하는데, 신랑은 몇 년 전 이 세상을 떠나 경기 이천시 설성면에 위치한 국립 이천 호국원에 잠들어 있다.

일곱째 남동생은 성질이 조금 급한 데다 국민학교 6년을 간신히 졸업하고 아버지 농사일을 도와주다가 필자가 빌려드린 돈으로 구매한 소의 눈을 멀게 한 장본인이다. 집에서나 군대 가서도 필자 마음속을 제일 많이 썩인 동생인데, 목청이 좋아서 노래 하나는 잘했다. 지나가던 사람들도 멈추어서 감상할 정도로 가요나 소리 가락도 뛰어나고, 노래로는 소질이 다분한 사람이 군 복무를 힘들게 마치고 가락시장에서 2톤짜리 트럭을 구입해 과일 장사를 잘하다가 갑작스레 세상을 떠나고 말았다. 애석하게도 9남매 중 젊은 나이에 아름다운 세상을 일찍이 하직해 마음을 아프게 했다.

여덟째 남동생은 태어나면서부터 순했다. 젖만 먹으면 혼자서 둥글둥글 놀아서 이름을 '둥글이'라 했다. 당시는 사랑방 큰 가마솥에서 빨래를 삶았는데, 둥글이가 돌이 막 되었을 무렵 사랑방 큰 가마솥에서 빨래 삶을 때 사용하려고 부뚜막에 둔 양잿물 그릇에 입을 대는 사고가 터졌다.

입가에 피가 흐르자 소스라치게 놀란 둥글이가 울기 시작했고 우리는 어떻게 해야 할지 몰라 허둥대기 시작했다. 그 모습을 보고 놀란 마을 어른들도 살아 있는 오리 피를 먹이면 낫는다고 했다. 동생을 살리기 위해 마침 집에서 기르던 오리 두 마리중 한 마리를 잡아 칼로 목을 자르고 피를 먹였다. 당시 필자 나이가 고작 11살이었지만, 그 긴박했던 순간을 지금도 잊을 수가 없다.

유별나게도 자식 사랑이 지극하셨던 부모님은 들에 다녀오신 후, 누님 두 분에게 "쟤 둥글이, 잘못되면 느덜도 혼날 줄 알아!" 하시면서 야단치셨다. 그러던 꼬마가 국민학교를 졸업하고 증평에서 방을 얻어 셋째 누이가 밥과 빨래를 해 주면서 돌봐 준 덕에 중고등학교를 무사히 졸업했다. 후일 청주상고에서 축구선수로 와 달라는 연락이 오기도 했고 면내에 축구 대회에서는 뛰어난 선수로 알아준다는 걸 필자 친구들이 말해 줘서 알게 되었다.

동생은 마을 옆 동네 충북 음성군 생극면 내 간씨 성을 가진 아가씨와 연애하다가 결혼해 1남 1녀를 낳았는데, 장녀는 결혼해 1남 1녀를 두었고 아들은 1남 1녀를 낳아 청주 양씨 27대손을 유일하게 후대를 이어 가고 있다.

사기그릇과 여자는 내돌리면 사달(깨진다는 속담)이 나서 식당과 커피집을 한다고 바깥일을 하다가 어느 남자와의 눈이 맞아 집안 논밭 다 넘어가는 안타깝고도 상상하기조차 싫은 비극이 발생했다. 결국 재산과 사람 잃고 이혼까지 하는 최악의 사태를 맞았다.

논밭전지 명의가 돌아가신 아버지 앞으로 되어 있는데, 명의를 이전하여 달라고 찾아갔으면 자초지종을 확인하고 인감을 떼어 줬어야지 사건이 벌어진 후에야 후회한들 때는 이미 늦은 거다. 그 때문에 조상 위 터로 한다는 계획이 물거품이 되고 말았다.

아홉째 여동생은 막내라 귀여움을 독차지했다. 이쁘기도 하지만 여성스럽게, 애교에 지혜롭기까지 해서 남들에게도 귀여움을 독차지할 정도로 사랑을 많이 받고 자랐다. 국민·중·고교를 졸업하고 직장에서 경기도 광주시가 고향인 방 씨와 결혼해 1남 1녀를 두었다. 1남은 7급 공무원으로 합격해 근무하고 있으며, 1녀도 결혼해 아들딸을 낳고 잘 살고 있다.

아버지, 어머니가 9남매를 낳으시고 먹이고 키우시느라 소작 농가에서 자식들을 많이는 못 가르쳤지만, 살면서 고생을 많이 하셨다.

둘째 삼촌은 충북 음성 백야리에 곽씨 가문의 숙모님과 결혼하셔서 2남 1녀를 두시고 충북 증평읍 단군전 옆 자택에서 오일장을 다니면서 상업에 종사했다. 2남을 청주대학교까지 졸업시켰다. 장남은 대기업에 취직하고 결혼해 1남 1녀를 낳아 둘 다 대학까지 졸업시키고 결혼까지 시켰다. 차남은 초등학교 교사와 결혼해 2녀를 낳아 대학교까지 졸업시키고 둘 다 결혼을 시켰다. 장녀는 초등학교를 졸업히고 미용 기술을 배워서 미장원을 경영하다가 국민학교 교사와 결혼해 1남 2녀를 대학교까지 졸업시키고, 딸이 치대를 나와 치과 의사로 근무하며 다들 잘 살고 있다.

둘째 고모님은 음성 생극면 내 풍양 조씨와 결혼하셔서 슬하에 3남 3녀를 낳아 고등학교까지 모두 졸업시키시고 농업에 종사하시며 6남매 모두 결혼시켰다. 장남은 풍양 조씨 종친회 사무실에서 근무하며, 경기 이천시에 풍양 조씨 가족묘를 조성해 잘 운영하면서 모두 각자도생으로 잘들 살고 있다.

셋째 고모님은 경기 안성 일죽에 김씨 가문으로 시집가셔서 4남 2녀를 낳으시고, 강원도 원주시 학성동에서 가계가 딸린 주택으로 이사해 쌀 가게를 운영하면서 아들딸 고등학교까지 다 졸업시키신 후 결혼까지 시키셨다. 장남은 아들 두 명을 낳고 먹이고 기르고 가르쳐 결혼까지 시키고는 상처하고 지금도 혼자서 가계를 한다. 차남이 서울 필자 집에 놀러 왔다가 마침 처음 놀러 온 집사람 친구와 밤새도록 이야기를 나누다가 정이 들어 결혼한 장본인이다. 삼남은 마도로스 생활을 했고, 사남은 학교 교사로 근무하면서 결혼해 아들딸 낳아 기르며 먹이고 가르쳐 결혼시키고 노년은 각자도생으로 잘들 살고 있다. 두 명의 딸도 짝을 만나 결혼했고 내외가 아들딸 남매를 낳아 먹이고 기르며 가르쳤다. 장녀는 아쉽게도 세상을 떠났지만, 각자도생으로 잘들 산다.

셋째 삼촌은 충북에 살던 청원 장 씨와 결혼해 국민학교 교사 생활을 하시다가 경기도에서 충북으로 전근해 필자 집 윗방에서 사시다가 충북 증평읍에 주택을 장만하고 3남 1녀를 낳으셨는데, 장남이 불미스러운 사고로 세상을 하직했다. 차남은 고려대학교를 졸업하고 고교 교사로 근무하다가 음성 금왕읍에 사는 성 씨와 결혼해 2남을 낳아 대학교를 졸업시키고 군 복무도 무사히 마치고 직장 생활을 하고 있다. 차남은 증평 고등학교 졸업 후, 대기업에 취직해 결혼하고 2남을 두었다. 2남 모두 대학교를 졸업시키고 군 복무도 무사히 마치고 직장 생활을 한다. 차녀는 청주교대를 나와 교사로 근무하다가 동료 교사와 결혼해 1남 1녀를 두고 가정을 돌보고 있다. 셋째 삼촌은 일제 강점기 때 보통 초등학교 5년으로 졸업 후, 국민학교 교사 발령을 받고 충북 일대에서 다복하게 생활하셨고, 청주 양씨 종친회 회장직도 맡아 하셨다. 불의를 못 보는 정의에 불타는 분이셨는데, 지금 내외분은 경북 영천 호국원 묘지에 잠들어 계신다.

넷째 고모님은 음성 금왕읍에 거주하는 김씨 가문으로 시집가셔서 4남 3녀를 낳으시고 서울로 이사해 94세 연세에도 생존해 계신다. 4남 3녀 모두 결혼시켰고 행복하게 지내고 있다. 이 집 장남은 필자의 처 친구들 친목회 회원 중 제과점 운영하는 사장이 있어 그곳에 취직시켜 줬더니, 성실하고 정직하게 기술을 연마해 동생들에게도 제과를 가르쳐 세 명 모두 제과점 사장이 되었다. 다들 필자 덕분이라고 자랑한다.

넷째 삼촌은 금왕읍에서 중학교를 졸업하고 청주 사범학교를 졸업해 충북 도내 국민학교 교사가 되었는데, 음성 생극 국민학교에 처음 교사로 일하시다가 증평에 살던 연씨 가문의 아가씨와 결혼해 1남 4녀를 두었다. 5자매 모두 대학까지 가르쳐 결혼시키고 각자도생으로 학교 교감·교장까지 승진하며 근무하다가 정년퇴직했다. 지금도 91세로 건강하게 생존해 계신다. 아버지 형제분, 자매분은 여기까지 하고 이제 어머니 편 외가댁에 대해 말씀드리고자 한다.

어머니 외가댁은 충북 음성군 생극면이다. 외할아버지 외할머니 슬하에 5남 2녀가 있다. 큰외삼촌은 음성에 사시는 외숙모님(남 씨)과 결혼해 2남 5녀를 두었고 대농(大農)으로 큰 소와 일꾼을 두고 농업에 종사한다. 장남은 청주에 충북대학교 농과 대학을 졸업하고 마을에서 국민학교만 졸업한 2살 연상의 심 씨와 결혼했는데, 외할아버지께서 이미 점찍어 놓은 아가씨였다.
장남은 대학까지 나온 데다 키가 180센티 될 정도로 훤칠하고 인자하고 인정이 많은 미남형이어서 많은 여성에게 동경의 모델이 되기도 했다. 마을 처녀들은 두 살이나 어린 연하 총각과 결혼한 것에 대해 부러워하기도 하고 샘들이 나서 수군거리기도 했다.
민윤홍 그 형님은 필자와는 4살 터울인데, 위인 대표로 동생이 꼭 참석하여 달라고 하여 둘째 외삼촌, 셋째 외사촌 민관홍 형과 이종사촌, 셋째 故 김운묵 형 등 아삼육이 모여서 그 마을 몇 명의 친구들과 결혼식 거행 후, 신혼방에서 짓궂은 장난을 치곤 했다. 추후 형수님께 들은 얘기인데, 친구들 외에 아는 사람 모두에게 평생 잘하며 잘 살라는 충고와 함께 땡잡았다는 놀림을 많이 받았다고 한다.

외할아버지와 외할머니는 살아오신 연륜 덕에 장손으로서 모두를 이끌어 갈 면모를 보이셨던 터라 큰외삼촌, 외숙모님도 대찬성으로 이루어 낸 작품이 아니었는지 느끼게 되었다. 자택에서 출퇴근하는 초등학교 교사로 근무하면서 4대가 같이 살면서 모두의 부러움을 사는 집안이었다.

자녀로는 2남 3녀를 두어 대학까지 졸업시키고, 5남매가 모두 교사로 근무하고 있다. 박사 학위를 가진 차남은 경북 대학교 교수로 근무하기도 하면서 음성 망태동 여흥 민씨 가족묘를 잘 조성하고 종친회 회장직을 모범적으로 운영하고 계시며 애석하게도 형수님이 몇 년 전 작고하시어 가족 묘지로 가셨으며 홀로 교사로 정년퇴직 후 마을 앞 골프장에서 회원들과 즐겁게 여생을 지내신다.

필자는 20여 년에 걸쳐 임야를 구입하려고 전국을 헤매고 다녔다. 그러던 차에 힘겹게 충북 영동군에 임야를 구입할 수 있었다. 땅의 위치 못지않게 그 경치가 좋기로 유명한 곳이다. 밤하늘에 달님도 쉬어 간다는 그 유명한 월류봉 뒤편으로 남향 방면에 있는 마산리 임야 12만 2천 평이다. 형님(큰외삼촌 장남)은 그곳에 무궁화 국민 수련장을 설립되면 총괄 부원장 직책을 맡기로 언약하고 서류도 작성했다. 형님이 다녔던 농대는 필자가 설립하려는 무궁화 꽃동산 자연학습장이 조성되는 과정도 배우고 동시에 실수업도 필요로 했다. 늙어서 내·외·이·고종·사촌끼리 모여서 여생을 즐기려는 포부와 함께 여러 의논이 오갔던 곳으로 지금도 그때의 야심과 희망찼던 계획이 새록새록 떠오른다.

임야를 구입할 때 경기도 수원시 농촌진흥청 농업과학기술원 연구관이었던 조인상 박사의 조언이 컸다. 그는 다섯째 외삼촌 장녀의 남편이다. 조 박사로부터 토양특성과 토지이용, 적성 등급 및 관리 방법 등 다양한 검증 단계를 거치면서 나무 심는 곳으로는 상급이라는 결론이 나왔다. 조 박사는 그렇게 여러 도움을 줬고 1993년 제1회 국가 상징(나라꽃 무궁화)의 날 행사장에도 참석해 자리를 빛내 줬다.

차남은 경기도 부천시에서 직장 생활하다가 배필을 만나 결혼했다. 2남을 낳아 대학까지 가르치고 결혼시켰는데, 다들 잘 살고 있다.

장녀는 음성 삼성면에 사는 정씨 가문으로 시집가서 2남 3녀를 두었다. 행복한 가정을 이루면서 남매를 잘 가르쳐 결혼까지 시켰고 노후에 즐거움을 만끽하면서 지내신다.

차녀도 의왕시에서 기품 있는 김씨 가문으로 시집가 딸만 둘을 낳아 잘 가르쳐서 결혼시켜 부모로서 훌륭하게 책임을 완수했다.

셋째 딸은 충주시에 사는 멋진 사람과 사귀다가 연분이 닿아 결혼을 잘했다. 정답게 살면서 아들딸 낳아 잘 가르치고 자녀들도 모두 결혼해 부모가 그랬던 것처럼 화목하게들 살고 있다.

넷째 딸은 서울에 사는 사람을 만나서 결혼했다. 남편은 청계천 3가의 상가에서 상업하면서 아들딸 낳아 잘 키우고 행복하게들 살고 있다. 다섯째 딸 막내는 생극 고등학교를 졸업하고 역시 서울에 사는 사람과 결혼해 자식들을 잘 키워서 결혼시켰다.

바로 옆집에 살던 둘째 외삼촌은 음성에 사는 신씨 가문의 여성과 결혼해 5남 1녀를 낳으셨다. 장남은 농업을 하면서 결혼해 2남 3녀를 낳았다. 차남은 서울에서 전파사를 운영하며 결혼해 2남 1녀를 두었다. 삼남은 청주의 다섯째 막내 외삼촌 댁에서 큰외삼촌 댁 큰형님, 우리 집 옹졸이, 그렇게 셋이 얹혀서 고등학교를 졸업했다. 그 후 서울 금천구에서 전파사를 운영하며 목소리가 특이하게 좋고 재치가 있어 생극면 내 콩쿠르 대회에 사회자로 뽑혀 다녔다.

셋째 외삼촌은 외숙모(마나님)가 두 분이셨다. 첫 번째 외숙모는 아들 한 명을 낳으시고 서울 길음동에서 구멍가게를 하며 살았다. 아들은 대학 졸업 후 부천에서 초등학교 교사로 근무했다.
작은외숙모는 2남 1녀를 낳으시고 자녀들을 경북 포항에 있는 학교로 보냈다. 졸업 후 모두 직장에 다녔다. 내외분은 노후에 경기도 연천에서 농사지으며 사시다가 고인이 되어 충북 음성 망태동 여흥 민씨 가족묘에 안장되었다.

넷째 외삼촌은 외숙모와 결혼하신 후 4남 1녀를 낳으시고 내외분은 망태동의 부모님 곁에 살면서 농업에 종사하시면서 자식 2명 모두 대학까지 마치도록 뒷바라지했다. 장남 내외는 둘 다 교사가 되어 교감·교장까지 승진했고 정년퇴직 후 연금으로 생활한다.
차남은 서울에서 전기공사 자격증을 취득한 후, 기업 등 여러 곳에서 전기공사를 하면서 돈을 많이 벌어 부모님께 효도했다. 그리고 아들딸 남매를 낳아 결혼까지 시키고 잘살고 있었는데, 애석하게도 부인이 사망해 혼자 살고 있다.

셋째는 부모님 모시고 농사지으면서 마을 이장을 20여 년 했다. 아들딸 남매 출가시키고 타의 모범이 될 정도로 내외가 오붓하게 지낸다. 사남은 강원도 원주에 있는 직장을 다니면서 배필을 만나 결혼했다. 화목한 가정에서 다정하게 자랐던 남매는 모두 결혼해 사랑이 넘치는 가정에서 잘 살고 있는데, 딸은 마을 총각과 연애해 아들딸 낳고 가까이 살고 있다. 내외도 자녀들이 별 탈 없이 잘 커서 감사한 마음으로 노후를 보내고 있다.

넷째 외삼촌은 경기도 여주 세계 도자기 대공연장에서 제17회 국가 상징 (나라꽃 무궁화)의 날 기념 축제를 개최할 당시 마을 분 30여 명을 모시고 자가용 8대에 나누어 타고 찾아 주셨다. 고마운 마음에 식사라도 하시라고 고마운 마음을 표시해 드렸다.

다섯째 막내 외삼촌은 청주 내덕동에 자택을 장만해 결혼했다. 집 근처에 있는 연초 공장에서 근무하면서 3남 2녀를 낳으셨다. 장남은 초등학교 교사 생활을 하며 동료 교사와 결혼해 아들딸 남매를 낳고 보람 있게 살고 있다.

차남과 삼남은 학교 졸업 후 대기업에 취직해 결혼하고 아들딸 낳아 행복하게들 살고 있다. 농촌 진흥공사에 근무하는 조 박사와 결혼한 장녀는 수원에서 살고 슬하의 2남 1녀는 다들 초등학교 교사가 되었다. 지금도 고마운 것은 당시 조 박사가 토질과 암석을 분석해 준 덕에 대한민국 무궁화 수련원을 설립하려고 안전하게 임야 12만 2천 평을 구매했던 일이다.

차녀는 충북대학교 서무과에 근무하는 사람과 결혼해 2녀를 낳았다. 딸들도 모두 성실한 사람과 결혼해 한결같이 잘살고 있다. 외사촌 형제들 8명이 초등학교 교사로 근무했고 교장 선생님으로 정년퇴직한 사람이 4명이나 된다. 어려서 8킬로가 넘는 외가댁을 걸어 다닐 정도로 외가와 친하게 지냈다. 외할아버지와 외할머니 댁 바로 아랫집은 한 분밖에 없는 이모님 댁이다.

이모님은 안동 김씨인 이모부님과 결혼해서 4남 2녀를 낳으셨다. 장남은 어린 시절 장난으로 다쳐서 장애인이 되었고 차남은 건장해 사남을 두었다. 삼남은 필자와 친해서 많이 몰려다니기도 했는데, 2남 1녀를 두었다. 사남은 잘생긴 얼굴에 건강해서 결혼 후, 2남을 두었으나 안타깝게도 젊은 나이에 세상을 떠났다.

장녀는 여주 가남면에 사는 송씨 가문으로 시집가서 1남 1녀를 낳아 농업에 종사하며 성실한 사회 구성으로서 뿌듯하게 잘살고 있다. 차녀는 이천 설성면에 사는 남씨 가문으로 시집가서 젖소 농장을 하며 1남 1녀를 낳았다. 자손들 역시 책임감을 가지고 열심히 일하면서 사회에 이바지하고 있다.

충북 음성의 망태동에 가을이 되면 탐스러운 홍시가 집안 울타리를 멋진 그림처럼 장식했고 밭둑에도 주렁주렁 먹음직한 감이 많이도 열렸었다. 그 시절이 두 번 다시는 오지 않겠지만, 나이가 들어도 잊히지 않는 곳이다. 아침마다 희망의 태양이 솟아오르는 동쪽 하늘 아래의 멋진 외가댁 이름만 들어도 정겨운 곳이다.

가을이면 풍요로운 홍시 감

 제2차 세계대전 이어 세계 전쟁 될 뻔한 6·25

> 인류는 반드시 전쟁을 멈춰야 한다.
> 그렇지 않으면 전쟁이 인류를 끝장낼 것이다.
> _John F. Kennedy

전쟁이란 겪어 보지 않은 사람들에게는 이상하게 들릴지 모르지만, 지금도 전쟁 중인 러시아와 우크라이나의 전쟁으로 영토 증간, 병력 손실, 민간인 사망, 경제성장률이 하락하고 있다. 유럽은 황폐해지고 공산주의가 확대되지 않도록 최선을 다하고 있다

1950년 6월 25일 일요일 아침은 여느 때처럼 평온했지만, 1951년 1·14 후퇴에 북한군이 총칼을 들고 쳐들어와 학살을 일삼았다. 북한군의 기습 남침으로 고향마을은 한순간에 지옥이 됐다. 전쟁과 함께 불행이 시작되었다.
 전쟁 통에 사흘 굶으면 도둑 안 될 사람이 누가 있겠는가. 마을에 인민군들이 쳐들어와 막막하게 된 우리는 먹을 만한 것들을 모두 다 뒤지며 쌀자루와 밀가루를 훔쳐서 밥과 빵은 쪄 달라고 해서 먹어 치우고 남은 것은 배낭에 넣고 허겁지겁 충북 생극 방면으로 도망쳤다.
 전쟁은 그야말로 모든 걸 아수라장으로 만들었고 몇 시간 뒤에 바로 유엔군이 들이닥쳐 색시들을 강탈했다. 마을 젊은 여인네와 처녀들은 피할 수 있는 장소로 모두 피신하고 노인들만 동네를 지켰다. 유엔군은 마을에 난생처음 보는 지프차를 몰고 와 피난들 가라고 논바닥에 수류탄을 수십 발씩

'꽝! 꽝!' 터트렸다.

우리 집은 할아버지께서 집을 지키기로 하고 할아버지 형제분 중, 충북 음성 백야리 벽촌의 둘째 할아버지 댁이 있는 곳으로 피난살이를 떠났다. 머리에 이고 지고 몇십 리를 걸어서 도착했더니 우리 집보다도 일가친척 두 집이 먼저 와 있었다. 그렇게 북적거리면서 네 집 식구들이 피난살이를 하게 되었다. 갑작스레 네 집 식구들이 한집에 사니 너무 비좁아 고생이 말이 아니었다.

밥도 우리 집에서 먹던 쌀·보리밥이 아니었다. 조밥을 손바닥에 올려놓고 입으로 후하고 불면 날아갈 정도의 강조밥을 주었는데, 너무 깔깔하고 맛이 없어 사흘 후에는 우리 집에서 먹던 쌀·보리밥 달라고 종조할머니에게 조르기도 했다.

하루빨리 전쟁이 끝나야 하는데, 등잔불도 못 켜고 조용조용 속삭이듯 말해서 어른들의 이야기는 정확하게 들리지도 않고 귓가에 맴돌기만 했다.

10여 일 후 아버지께서 말씀하시길 "여러 집이 모여 살아서 방, 마루, 부엌, 뜰, 외양간 처마 밑에서 밤잠을 설치며 먹는 둥 마는 둥 사는 것보다, 차라리 집에 가서 살다가 죽는 게 낫겠다"라고 하셨다.

또 이고 지고 집에 도착하니 할아버지께서 감격의 눈물을 흘리시며 반갑게 맞아주시면서 "잘들 왔다. 고생들 했다"라며 광문을 활짝 여시어 "이 소고기들, 실컷들 먹으라."라고 하셨다.

광에는 소 다리 8개와 갈비뼈 4개가 걸려 있었고, 소머리며 내장이 쌓여 있어서 "웬 소고기가 이렇게 많으냐"라고 했더니, 괴뢰군과 유엔군들이 남의 집 소들을 총으로 쏘아죽인 후, 살코기를 대충 장작불에 구워 먹고 버려서 주워 다 모아둔 것이라고 했다. 우리는 사랑방 큰 가마솥에 소뼈를 끓여 오랜만에 온 식구가 둘러앉아 배부르고 몸보신했다. 그날은 전쟁 중에도 모처럼 등 따스하게 잘 지냈다.

6·25때 유엔군과 괴뢰군

 전쟁에 인생 나락의 길로 들어선 사람들 즐비

> 인간이 조금만 더 미치광이가 아니었던들 전쟁 때문에
> 생겨난 고통은 모면할 수 있었을 것이다.
> _Andre Gide

전쟁이란 얼마나 참혹한 것인가. 비참하고 안타까운 일들이 순식간에 벌어지고, 아름다운 이 세상에서 오랜 세월 살지도 못하고 철모르는 애들부터 그야말로 남녀노소가 죽거나 병신이 된다. 건물이 파손되어 사라지고 인간의 고귀한 생명과 함께 천문학적인 재정적 손해로 이어진다.

우리 마을에도 한 친구가 인민군이 버리고 간 만년필 수류탄을 장난감인 줄 알고 만지작거리다가 터져서 생명에는 이상이 없으나 파편이 한쪽 눈에 튀어서 눈이 머는 장애를 입는 인생 최악의 불상사가 일어났다.

하필 어린 시절부터 고생한 그 친구에게 그런 일이 생겼는지, 갑작스러운 불행은 어디서 발생할지 아무도 모른다. 한쪽 눈은 배냇병신으로 애꾸였는데, 엎친 데 덮친 격으로 6·25 때문에 아예 양쪽 눈이 안 보이는 장님이 되었다.

전쟁에 인생 나락의 길로 들어선 사람들이 즐비했다. 1950년 6·25 전쟁 중 자신의 생명을 아끼지 않고 싸움에 임한 국군장병과 유엔군 장병 여러분들에게 고개 숙여 감사의 말씀을 드린다. 우리는 유명을 달리하신 분들의 헌신적 희생정신을 잊으면 안 된다. 전쟁 중 무고한 희생자 여러분들에게

위로와 함께 오늘날 대한민국이 존재할 수 있도록 영혼을 다해 지켜 주심에 존경을 표하고 편히 영면하시길 바란다.

　마을에 다소의 안정을 찾은 것을 계기로 골목대장이었던 필자는 1951년 8살이 된 봄에 약 2킬로 거리에 있는 율면 국민학교에 입학했다. 1학년은 두 반이었고 학교에서 처음 만난 담임선생님이 바로 필자의 셋째 삼촌이었다.
　정든 가정의 부모님 곁을 떠나 동네의 갑장 8명과 한 살 위·아래 8명, 친구들 16명 남녀(양천규, 박정태, 송병호, 송병우, 김선희, 조정순, 김영순, 故 왕영순, 박영태, 윤계현, 故 송병성, 故 김덕중, 김선홍, 故 유제국, 김창묵, 이상국)가 한 학급, 위아래 선후배들과 함께 주위 면내 마을 친구들도 만났다.
　국어, 산수, 사회, 도덕 생활, 자연, 음악 등을 50분 동안 공부하고 쉬는 10분은 학우들과 자치기, 팽이 돌리기, 딱지치기하면서 여학생들은 고무줄 놀이로 놀았는데, 나날이 학교 가는 재미가 쏠쏠했다.
　하교 후에는 삡비기, 송아를 따 먹었고 벚나무 열매까지 따 먹어서 입술이 새파랗게 변하기도 했다. 10년이면 강산도 변한다고 그 시절의 재미는 찾아볼 수도 없고 흘러가는 세월과 함께 고스란히 추억이 되었다.
　밀밭에 밀 청태, 콩밭에 콩 청태 해 먹고 얼음판에서 굵은 철사로 스케이트를 만들어 탔다. 논에서 논우렁 잡아 검정 고무신에 담고, 한복 솜바지 저고리 입고 논·밭두렁에 불 피워 쪼이다가 옷을 일부 태워서 어머니께 꾸지람 듣고 혼도 났다.
　검정 고무신에 책보를 허리나 어깨에 묶고 뛰어놀던 어린 시절 학교에서 우유 가루 배급받아 따뜻한 물에 타 마셨고, 집에서는 저녁때 밀가루로 칼국수 만들어 십여 명의 식구가 앞마당 멍석에 모여 앉아 모깃불 연기로 쫓으며 멀건 국물 속 건더기를 먹었다. 멀건 국수와 새카만 꽁보리밥 먹으며 지내던 그 시절이 지금은 그립기도 하다.

　학교에 들어가서 한글을 배워 알게 되었고 구구단과 월, 화, 수, 목, 금, 토, 일이 일주일이라는 것도 육하원칙 나라사랑도 알았다. 몰랐던 것들을 많이 알게 되어 학교 가는 날을 설레는 마음으로 기다렸다.

5~60년 때 시골 초가집 풍경

소와 같이 논밭 갈이 풍경

 진학 포기하고 아버지 돕던 농사일, 힘겹고 버거워

> 역사를 통해 가족이라는 단위는
> 인류 활동의 기본 척도였다.
> _Arnold J. Toynbee

등록금 500환과 월사금 1천 600환 합 2천 100환이 없어서 하는 수 없이 진학을 포기한 필자는 아버지의 농사일을 도우면서 밭에서 생산되는 감자, 고구마, 파, 마늘, 무, 배추 모내기 벼농사 등 모든 농작물을 심고 거두었다.

논에는 봄여름 가을 겨우내 소, 돼지 외양간에서 나오는 거름을 모아 난생처음으로 양어깨에 멜빵 지게를 메고 8~900미터 이상 먼 논밭에 뿌렸다. 봄에는 먼 산에서 갈잎 베어다 논에 넣어 두 번을 갈아엎고 한편에는 못자리를 만들어 볍씨를 뿌려 잘 자라도록 정성 들여 관리했다. 농사일은 품앗이로 일꾼들이 모여 온갖 수고를 했는데, 동네 사람들과 논밭 김매기 품앗이하면서 지냈다.

세월이 흘러 동갑내기 아랫집에 사는 친구 박정태는 학교는 일 년 후배지만, 일 년 뒤에는 이 친구와 쌍둥이처럼 붙어 다니며 품앗이하면서 일거일동을 같이했다. 서로 많은 의지하면서 벗 삼아 농업에 종사하게 되었다. 이 친구는 특이하게 마라톤을 잘했다. 면내의 초등학교와 분교에서 추석 때 운동회를 하면 마라톤 경기에 출전한 이 친구가 항상 일등을 해서 상품으로 주는 양은솥을 싹쓸이했다.

우리 마을에는 필자 집에 아들 5형제와 딸 4자매 등 9남매가 있고 윗집에 동갑내기 송병우네에 아들 5형제와 딸 2자매 등 7남매가 있다. 필자 집이 중간이고 아랫집에 친구 박정태네가 아들 6형제에 딸 3자매로 9남매다. 자녀가 많은 세 집이 나란히 붙어 있어서 사람들이 집터를 부러워하기도 했다. 한 마을에서도 누가 좀 뛰어나면 부러워하고 시기를 했다.

불의를 못 보는 필자에게 두 살 위고 1년 선배인 사람이 성격이 좀 딴기적고 깐족거리는 성격이라 서너 번의 싸움으로 코피 터지게 혼쭐을 내 준 적도 있다.

세월이 흘러 1962년 9월 초에 국민학교 동창생 故 임일규가 4학년 때 경상도에서 이사 온 친구가 장가를 간다고 마을로 찾아왔다. 학교 다닐 때 낯선 땅으로 전학해 와서 필자가 친하게 잘 대해 주어 제일 못 잊는 친구인데, 본인이 5일 후 장가를 가기로 되어 있으니 꼭 위인 대표로 참석해 달라는 부탁을 받았다.

그 친구 결혼식 날이 되어 약 4킬로 정도 되는 방골이라는 마을로 가서 타 마을 친구 4명과 결혼식에 참석했다. 절차를 모두 마치고 잔칫상에서 음식을 먹으며 신랑을 다루는 장난이 시작되었다. 끈으로 신랑 발을 묶고 발바닥을 방망이로 내려치며 "야 이 도둑놈아! 어디서 저 예쁜 신부를 훔쳐 왔느냐" 하고 풍습에 따라 신랑을 다뤘다. 한창 즐거움을 느끼며 지내다가 그날 장가가는 동창생이 두 명이나 또 있어서 술이 거나하게 취해서 장상골 동창생인 故 이재홍 잔칫집으로, 안부래미 동창생 신현묵 잔칫집으로 가서 잔칫상에서 막걸리를 마셨다. "새신랑들아, 어여쁜 신부들을 맞이했으니, 아들딸 많이 낳고 누구보다도 더 행복하게 잘 살기를 바란다"라는 당부의 말을 하고, 젓가락 장단을 치며 유행가 한 곡씩 부르던 시절이 그립기도 하다. 그 당시는 철부지 시절에도 웃어른들에게 예의범절을 벗어나지 않으려

무던히도 애쓰던 시절이었다.

초여름 하지 때까지 가뭄이 들면 갈라진 논바닥을 호미로 파서 가족끼리 꼬창모를 심기도 하였던 시절에 농사일은 힘들어서 동네 사람들과 품앗이 해 가면서 모내기했다.

오후에는 쇠꼴 뜯어 먹이기와 쇠꼴 베기를 꼭 하여야 하는 번거로움에 하루를 버티며 살아야 하는 것에 힘들어 많은 눈물도 흘리며 신세 한탄도 하였다.

일하다 새참으로 국수에다 막걸리를 먹고 마시며 선소리꾼이 북을 치며 소리 장단에 맞추어 "오호, 오하" 하면서 2~30명이 호미로 논을 맬 때마다 선소리로 "어럴럴럴 상사디야" 하며 기운을 얻어 가며 일했다.

논두렁에서 일하면 일꾼 모두가 엎드려 논의 흙을 뒤집었다. 잡초를 뒤집어 엎으면서 "어럴럴럴 상사디야" 하며 선소리꾼과 함께 별별 타령을 다 하며 덩달아 얻은 힘으로 힘든 하루를 억세게 버티면서 농사를 이어 갔다.

"오늘 해가 넘어간다, 오호 어럴럴럴 상사디야."
"해가 간다. 어럴럴럴 상사디야."
"어럴럴럴 상사디야, 우~ 아~ 아~"
"우~ 우~ 우~ 우~"

선소리꾼과 일꾼들은 삶의 희로애락이 고스란히 들어 있는 '노동요(勞動謠)'를 부르면 서로 힘을 북돋우며 일했다. 노동의 능률을 높이고 즐겁게 일하기 위하여 '노동요'를 부르면서 일했던 고단한 시절, '어럴럴럴 상사디야'는 여럿이 함께 일할 때 질서 있게 능률적으로 일하기 위해서 부른 조상들의 지혜다.

10월 중순쯤 가을은 봄에 모내기 후 논매기 후 누렇게 익어 가는 황금 들녘에 벼를 베어 논바닥에 논두렁에서 가을볕에 말리어 이른 새벽부터 지게 등짐으로 져다가 쌓아 벼 타작을 품앗이로 대여섯 명이 궁굴통을 발로 밟아 굴리며 볏짚을 돌리며 털면서 아침, 새참, 점심, 저녁, 때마다 막걸리를 마셔 가며 힘겨움을 이겨 내며 풍년의 수확에 기쁨이란 힘들었던 세월의 대가이기도 하다.

농촌에서 타 농작물보다도 가격이 비싸고, 한 번에 목돈이 되는 담배 농사를 짓기 위해 바깥마당 서편에 담배 건조실을 짓고 담배 농사를 5~6단씩 하면, 전답은 1단이 200평이지만 담배는 1단이 300평이다. 담배 밭고랑을 지어 심으면 2~3회 잡초 제거를 하고 5~6회 담뱃잎을 따서 지게로 날아야 한다.

담뱃잎을 새끼줄에 끼워 건조실에 매어서 석탄불을 잘 맞춰 화력을 조절해 노란색이 되도록 쪄서 말리고 졸이고 같은 색깔을 맞추어 구분 후, 묶음으로 묶어서 수매 시 장호원 읍내공판장으로 가지고 가 등급을 잘 받으면 한 등급 차이로 몇천 원씩을 더 받을 수 있다.

새벽부터 해 지는 저녁때까지 온종일 볏단 등 모든 무거운 농작물을 짐 운반 지게를 지고 따라다니며 담배와 고추 심고 따다가 말리고 찌면서 손발이 다 닳도록 힘들게 일했다. 뭘 하든 육체노동은 힘들고 지치는 일이다.

아버지가 마련한 월사금을 깡패들과 어울리며 다 탕진한 형 때문에 어린 마음에 상처가 컸다. 중학교 입학도 못 하고, 아버지를 돕는 농사일이 필자에겐 너무나 힘겹고 버거운 데다 양어깨가 아파서 많은 눈물을 흘렸기에 여기에 이 글을 쓰면서도 옛 고생한 생각에 복받쳐 올라 눈물이 난다.

  살아오면서 농작물 반찬을 먹을 때 "얼마나 힘들게 지은 농작물인데…" 하면서 감사한 마음으로 먹는다. 혹여 농작물 가격이 헐값일 때는 "갖은 고생으로 어떻게 지은 농작물인데…" 하며 생산자를 돌이켜 본다.

  어린 소년의 고생과 함께 역지사지(易地思之)로 입장을 바꾸어 생각해 보는, 온 국민이 이해와 지혜를 갖는 계기가 되길 바란다.

눈덮인 산천 초목들

고단한 시절,
만병통치약 약장수 언변에 울고 웃어

> 나는 운명이란 단어를 생각해 본 적이 없다.
> 어떠한 일이 있더라도 운명에 굴복해서는 안 된다.
> _Ludwig van Beethoven

 농촌에는 온 마을 부역, 동네 길 닦기 청소, 찻길 넓히기 사방사업 등이 있는데, 동네 주민이 모두 참여하면 웃음 지을 일도 종종 생긴다. 오일장이 서면 그동안 힘들게 생산한 고추와 참깨, 들깨, 쌀, 보리, 콩, 팥, 감자, 고구마 등 농작물을 팔러 간다. 마을 사람 10여 명이 농작물을 이고 지고 이십 리, 삼십 리 길을 동행한다. 너무 먼 길 가느라 이런저런 이야기에 때로는 남 흉도 보면서 오도깨비(한국의 전설적인 도깨비)까지 들먹이며 고단함을 잠시나마 잊는다.

 반은 시비조로 팔고 사는 광경을 보는 재미가 쏠쏠하다. 그토록 힘들게 번 돈은 검정 고무신부터 생활에 필요한 이런저런 모든 물품을 사는 데 유용하게 사용한다.
 처음 먹어 보는 짜장면도 마음이 급해 허겁지겁 먹는다. 국밥과 막걸리 한 잔으로 점심 식사를 때우고 시장 구경하느라고 정신이 없을 정도였다. 만병통치약 약장수 언변에 울고 웃고 유행가 소리 가락에 해 지는 줄 모르게 배꼽 움켜쥐며 고단했어도 즐거웠던 시절이었다.

세상에 별별 사람 다 있다. 시장 구경꾼들이 즐거움에 희희낙락하던 틈에 귀한 곡식을 판 귀하디귀한 돈이 어디로 간 것일까. 도둑놈은 어수선한 틈을 타 항상 돈과 물건을 훔쳤다.

힘들게 농사지은 곡식을 팔아서 산 검정 고무신, 골무, 고쟁이 등 분실물이 상상외로 많이 나왔다. 눈물과 콧물이 범벅이 될 때까지 울며불며 돌아서는 광경들, 그 장면을 보지 못했다면 그 막막함과 억울함을 헤아릴 수조차 없다.

배고픈 시절 굶어 죽지 않기 위해 도둑질도 마다하지 않았던 사람들, 보릿고개에서 있었던 기막힌 일들이다. 예나 지금이나 남의 돈을 훔치는 사람은 없어지지 않았다. 세월이 바뀌면서 방법만 조금 달라져 지금은 각종 사기와 보이스피싱에 많은 사람이 당하고 있다.

육체가 힘들지라도 열심히 일해서 먹고살아야 한다. 선한 사람에게 못된 짓을 하면 언젠가 똑같이 돌려받는다. 자업자득(自業自得)이란 말이 그냥 생긴 게 아니다.

농사일을 마치고 하루 종일 잊었던 이런저런 일들을 마치 발표회 하는 것처럼 서로 뒤질세라 옳은 일과 그른 일에 대해 한참 얘기하다 보면 어느덧 출출함이 느껴진다.

누군가 말한다. "우리 배가 출출한데 아무 데나 가서 찬밥이나 고구마, 밀, 콩, 참외, 닭 같은 것 서리해서 민생고 해결하자!"라고. 사람들은 그 말 한마디에 기다렸다는 듯이 대꾸한다.

"사랑방 마실, 괜찮지유~"
"아니~ 내가 할 말을 네가 하는구나!"

찬반 거수도 필요 없이 일사천리로 언행일치가 진행되고 서슴없이 이것 저것 구해 온 먹거리를 낄낄거리며 맛나게도 먹어 치운다. 배를 채우고 늦은 밤이 되어서야 부모님과 식구들한테 들킬세라 몰래 들어가기 위해 까치발을 들고 도둑고양이처럼 숨죽이며 걷는다. 할아버지와 두 분이 주무시는 사랑방을 지나다 가끔 들키기도 하는데, 조용히 잠자리에 들어 단잠 자고 있으면 어느덧 새벽이 된다.

"얘야~ 어서 일어나, 일터에 가야지?"

잠결에 비몽사몽 눈을 비비며 새벽일을 나가면서도 엊저녁 친구들과 맛나게 먹던 야식 생각을 하면 쓴웃음이 절로 나온다. 아침에도 어제 먹은 야식으로 배가 덜 꺼져서 밥을 조금 남기면 온 식구들이 "아니, 먹쇠가 어쩐 일로 밥을 다 남기냐?"면서 의아해한다. 그럴 때마다 절로 나오는 웃음을 억지로 참았다.

때가되면 만물이 솟아나 공존하는 세상이 아름다워라

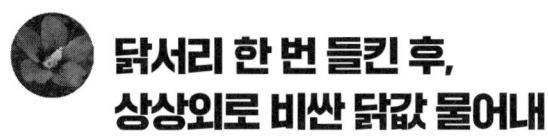 닭서리 한 번 들킨 후, 상상외로 비싼 닭값 물어내

> 인간의 행실은 각자가 자기의
> 이미지를 보여 주는 거울이다.
> _Johann Wolfgang von Goethe

먹을 것이 풍족하지 않던 시절 식구들이 "밥을 왜 그렇게 적게 먹냐?"라고 물어보면 "어제저녁에 국수하고 보리밥을 많이 먹어서 그렇다"라고 얼버무렸다. 그러나 '꼬리가 길면 잡힌다'라는 속담이 있다.

서리를 하면 몇 번은 잘 넘어갔는데, 꼭 한 번씩 말썽이 생긴다. 하루는 닭서리를 했던 집의 여덟 살 많은 선배가 그동안 같이 닭서리를 한 친구 한 명을 앞세우고 온 식구가 다 있는데 찾아와서 다짜고짜 윽박질렀다.

"너희들이 훔쳐 간 닭, 닭값 받으러 왔어. 닭값 내놔!"

닭서리를 들키고 나서 온 식구가 왜 밥을 적게 먹는지 알게 되었고 동네에 소문도 쫙 퍼졌다. 우리는 서리 한 번 들킨 후, 상상외로 비싼 닭값을 물어내야만 했다.

조상 대대로 내려온 속담이 괜히 있는 게 아니다. 지혜와 경험이 담긴 '인생 바르게 살기' 교과서와 어쩌면 그렇게 똑같은지 한 귀로 듣고 흘려 버리며 깊은 뜻을 무시하면 반드시 그 대가를 치를 날이 온다.

인생길 살다 보면 꼭 학교의 교과목이 다가 아니라는 걸 알게 된다. 이런저런 풍월로도 장래 희망을 품기도 하고 노력해 보려는 마음도 가진다.

시골에서 제일의 재미와 활력소는 누가 뭐라 해도 일 년에 한두 번 찾아오는 야외 가설극장 구경과 콩쿠르 대회다. 피곤도 잊은 채 4~5킬로 거리를 여러 명이 낄낄거리며 걸어서 갔다 와도 지칠 줄 모르는 것이 바로 당시 젊은이들의 삶이었다.

농사일이 너무도 힘들어 지칠 때마다 마음속에는 늘 연예인의 꿈이 꿈틀거렸다. 필자의 젊었을 때 별명은 골목대장, 의리의 사나이였다. 화통한 성격에 연예인의 꿈을 갖고 있던 터라 갱갱이 칠 준비에 급급한 나머지 벼르고 벼르다가 드디어 말썽을 부렸다.

방앗간에서 찌어 놓은 쌀자루를 부모님 몰래 처리하려고 자전거를 타고 아랫마을 동창생 故 최동남 형님이 농산물 장사하는 곳을 찾아갔다. 아버지가 쌀 두 가마니 값 가져오라고 거짓말해서 돈 챙기고 또 할아버지, 아버지, 어머니가 정성스레 말려 놓으신 고추 포대 자루도 부모님 몰래 훔쳐서 팔았다. 그렇게 모은 돈을 가지고 딴따라의 꿈을 이루려고 서울로 도망쳤다.

연예인 희망 학원에 힘들게 입학하면 서울 근교의 가까운 시골집에 여러 명을 모아 합숙하게 만들고 4~5일간 예행연습을 하고 나서 배역을 맡기고 쫓아냈다. 이상해서 알아본즉 배역 한번 주는 것까지 모두 짜인 각본이었다. 그렇게 사기당하기를 두 번이나 겪고 갈 곳이 마땅치 않아 다시 집으로 돌아갔다.

농사일을 돕고 있던 61년도 봄날, 충북 괴산에서 한 가족이 마을로 이사를 왔다. 내외, 아들, 딸, 딸, 딸, 여섯 식구가 왔는데, 그 가족은 고향에서 자라 결혼하고 서울 마포에 살다가 딸을 비롯해 4살과 2살 된 아들을 낳아 다복한 가정을 일궜다. 그러다가 6·25전쟁이 터지자, 고향인 괴산으로 피난했다. 거기서 또 여, 여 자매를 또 낳아 여섯 식구가 살다가 우리 마을의 풍향 조 씨가 두 집 있는 곳으로 이사 온 것이다.

전쟁터에서 폭탄으로 휩싸인 광경

전쟁으로 폐허가 된 도시 광경 청천하늘에 날벼락

부주의로 발생한 산불

자나 깨나 불조심. 무심코 던져 버린 성냥 한 개비, 담배 꽁초 하나가 산불을 일으켜 잿더미를 만든다. 소중하고 귀중한 수많은 목숨을 잃을 수 있으니 조심 또 조심, 항상 불조심을 하자.

The 2nd Stage
준비된 사람만이
삶을 바꿀 수 있다

손녀들과 한때

행운은 준비된 사람에게 온다!

우리 인생은 되돌릴 수 없는 시간과 함께 흘러간다. 한평생 반듯하고 건강하게 잘들 살아야 한다. 그렇지 않고 남들한테 못된 짓을 하면 그 과오가 영영 없어지지 않고 기록된다.

일찍 떠난 자식들 가슴에 묻고 사신 장인·장모님

> 죽은 자를 위해 울지 마라.
> 그는 휴식을 취하고 있기 때문이다.
> _Leonardo da Vinci

이제 처가 내막을 소개하고자 한다. 처가는 충북 괴산이 고향이다. 중매로 장인 장모님이 결혼하고 서울 마포에서 아들딸을 낳으시고 살다가 6·25전쟁에 남매를 업고 고향 땅으로 피난을 가셨다. 거기서 딸 두 명을 낳아 여섯 식구가 살다가 필자의 마을로 장인 장모님이 1남 3녀를 데리고 이사를 오셨다. 우리 마을에 와서 1남을 낳아 2남 3녀를 키웠다.

필자는 그 집 장녀와 연애하다 1968년도 12월 5일 서울 성북구 월곡동으로 이사했다. 그곳에는 고향에 살던 두 집이 먼저 이사해 온 곳이어서 필자도 그 동네에서 살았고 장인 장모님도 따라 서울로 오셨다.

우리는 동거하다가 결혼식을 올렸고 그 후 큰 처남이 결혼식을 하고 1남 1녀를 낳고 살다가 직장 따라 부평으로 이사를 했다. 건강관리를 잘 못하고 이사 자리가 안 좋아서 그런지 몰라도 당뇨병과 놀라서 발생한 외상 후 스트레스 장애로 갖은 고생을 하다가 사망했다.

그 아들은 경찰공무원 시험에 합격해 경찰서 순경으로 근무하고 있으며, 딸은 직장에서 동료와 결혼하여 1남 1녀를 낳았고 강남에 사는 시댁의 홀시아버지를 모시고 산다.

처제는 직장생활 하다가 음식이 체해 병이 되어 시름시름 앓다가 처녀로 사망했다. 장인, 장모님은 가슴속에 그런 자식을 묻고 슬픔을 안으신 채 살았다.

처남댁은 경찰 아들과 여생을 보낸다.

막내 처제는 경기도 여주 최 씨와 결혼해 1남 2녀를 낳아 먹이고 기르고 가르쳐서 장남은 동국 대학교를 졸업하고 대기업에 근무한다. 2024년 동갑내기를 만나 서울 세종대왕기념관 예식홀에서 10월에 결혼하였다. 요즘 보기 드문 예의범절을 아는 상냥한 신부를 만나 많은 이들의 칭찬을 받고 있다. 장녀는 인천에 있는 직장에 다니다가 동료 직원과 결혼해 잘 살고 있다. 차녀는 여주 읍내 직장에서 배필을 만나 결혼해 2남 1녀를 낳아 행복하게 잘 살고 있다.

장인, 장모님의 귀염둥이 막내 늦둥이는 부천에서 서울 경기 고등학교를 우수한 성적으로 졸업하고 제일은행 행원 시험에 합격해 은행원으로 청주시 지점으로 발령받았다. 그리고 청주시로 부모님을 모시고 이주했고 성실하고 정직하게 우수 행원으로 근무하다가 장인어른이 돌아가셨을 때 장례식도 잘 모셨다. 홀어머니 모시고 2남 1녀를 낳아 먹이고 가르쳐 장남은 직장 동료와 결혼해 아들을 낳아 세 식구가 알콩달콩 행복하게 잘 살고 있다.

불연 할아버지가 되었고, 차남은 늦둥이라 고등학교에 다니고 딸은 미혼으로 학원 강사로 근무하고 있다. 막내는 은행에서 명예퇴직해 퇴직금 모아 놓았던 돈을 합쳐서 청주대학교 인근에 5층짜리 다가구 주택을 구입해 월세를 받으며 가정생활을 한다. 처남댁은 호프집을 운영하는데, 대학교 근처라 학생들 손님이 많아 잘 운영한다고 한다.

장인의 서모이신 처 할머니, 처삼촌 두 분이 계시는데 첫째 처삼촌이 필자 집에 놀러 오셨다가 옹졸이를 중매하셨던 분이다. 전라도 아가씨를 쌀 한 가마니 배필로 모셔서 2남 1녀를 두셨는데, 그 시절에는 중부지방에 총각들이 쌀 한 가마니값에 호남 아가씨들을 사서 결혼하던 시절이었다.

아들 1명이 교통사고로 사망해 1남 1녀만 경기도 여주에서 가르쳐서 성장시켜 짝지어 주어 잘들 사는데, 처 숙모와는 이혼으로 많은 후회를 하신다. 작은 처삼촌은 충남 공주에서 취직이 되어 그곳에서 결혼하시고 2남을 낳아 먹이고 기르고 가르쳐서 결혼하고 잘들 살고 있다. 처가의 장인 장모님이 살아 계실 적에는 큰집이라고 자주들 찾아왔는데, 장인 장모님 돌아가시니 발길이 뚝 끊겼다.

내용인즉, 필자는 18세 되던 해에 괴산에서 이사 온 조 씨네와 한마을에서 자라던 15세의 소녀를 만났는데, 훗날 필자의 부인이 되었다. 살결이 뽀얗게 흰 데다가 얼굴이 계란형이고 오똑한 코의 전형적인 미인이어서 남자들이 좋아했는데, 얌전한 데다 깔끔하고 부지런함을 두루 갖추었다.

매일 새벽에 따리 위에 물동이를 이고는 동네 샘물이 나는 우물가로 나와 아침 식사 준비하는 모습이 한결같았다. 정해진 시간에 청소까지 깨끗하게, 깔끔한 가사 정리 정돈에, 마을 사람 누구나 다 칭찬하는 모습을 봐 오다가 '저 사람이 나와 같이 살아야 할 사람'이라고 마음먹었다. 그리고 딴 사람에게 빼앗길세라 저녁 마실방에서 모여 앉아 윷놀이하면서 이긴 사람이 진 사람의 손목을 잡고 이긴 숫자대로 팔에 검지 중지 두 손가락으로 내려치는데, 친구들은 잘 보이려 살살 때릴 때 필자는 유난히 그 소녀에게만은 팔이 부어오르라고 힘을 다해 가격했다.

다음 날 "팔이 부어서 옷소매가 올라가지 않는다"라면서 "멍이 들었으니 살살 때려 달라"라고 사정했고 그 후 일사천리로 기다렸던 연애가 필자 20세 중전 17세에 시작되었다.

난생처음 이성을 사귀면서 남의 눈에 들킬세라 몰래 만나는 쾌감과 함께 연애 기분을 어찌 표현해야 좋을지 모를 정도로 가슴이 설렜다. 사랑하는 여인이 생기니 더 너그러워지고 사람들에게 더 잘해 주고 싶고 세상 모든 것이 별처럼 아름답게 보였다. 그래서 그때 얻은 별명이 '사나이 중의 사나이'였다.

의좋은 삼남매 모습

연예인 꿈 포기 못 해
집 마당서 콩쿠르 대회 개최

> 나는 밤에만 꿈꾸는 게 아니라 하루 종일 꿈을 꾼다.
> 나는 생계를 위해 꿈을 꾼다.
> _Steven Spielberg

"쟤는 안 되면 안 되고, 되면 아주 크게 잘될 거야!"

아버지와 동네 어르신들은 필자를 두고 그리들 말씀하셨다. 설 명절에는 동네 어른들 척사(윷놀이)대회를 주체해 흥을 돋워 드리고, 추석에는 10여 명의 친구와 연극 각본을 손수 써 가며 의논하고 연습했다.

주위 마을 친구들에게 "소문 좀 내 달라"라고 부탁하면서 "많이들 모시고 오라"라고 신신당부했다. 연극을 하면서도 애인이 어디에서 '보고 있나?' 눈길을 살피며, 연극 막간에 유행가도 돌아가면서 한 곡씩 불렀다. 준비했던 행사가 모두 끝나면 사람들한테 "참 잘들 했다"라는 인사를 받아 자부심이 대단했었다.

「유정천리」 개사의 슬픈 내막은 자유당 집권 당시 암울했던 시절을 대변해 주고 있다. 3·15 부정선거 발각으로 온 국민이 들고 일어섰다. 많은 사람들은 선거를 통해 정권을 바꾸려 했다. 야당 지도자이며 대통령 후보 예정이었던 해공(신익희) 선생과 조병옥 박사가 연이어 타계하면서 야당에는 특별한 지도자가 없는 상태의 일방적 선거였지만, 3·15 부정선거로 4·19 혁명의 도화선이 되면서 그때 유행하던 「유정천리」 가사를 개사해 많은 사람들이 부르게 되었다. 평화적으로 정권이 바뀌었다면 각종 혁명이 있었을까 의문스럽다. 그때 개사 내용이다.

유정천리 개사곡

1절 가련다. 떠나련다. 해공 선생 뒤를 따라
　　장면 박사 홀로 두고 조 박사도 떠나갔네
　　천리만리 타국 땅에 박사 죽음 웬 말이냐
　　눈물어린 신문 들고 백성들이 울고 있네

2절 세상을 원망하랴 자유당을 원망하랴
　　춘삼월 십오일에 조기 선거 웬 말이냐
　　가도 가도 끝이 없는 당선 길은 몇 구비냐
　　민주당에 꽃이 피네 자유당에 눈이 오네

　당시 이 곡은 엄청난 유행가가 되었다. 한번은 콩쿠르 대회 주최 발동이 걸려 이웃 석교촌과 호산리 마을에 대학 나온 선배 두 분을 찾아가서 정월 대보름 달맞이로 3일간 콩쿠르 대회를 혼자 개최하려고 하니 "선배님 두 분께서 심사 좀 해 달라"라고 부탁까지 했다.

　선배들은 확답 성사로 혼자 개최하는 걸 대견스러워하며 아버지 자전거로 8~9킬로쯤 되는 금왕읍 소재지의 라디오, 전기, 기구들을 수리해 주는 전파사를 찾아가 마이크 확성기 일체를 3일간 마음 놓고 사용할 수 있도록 비싼 가격으로 임대했다.

　집에 와서 음향기기를 설치하고 "아, 아, 아, 마이크 시험 중, 마이크 시험

중, 마이크 테스트, 마이크 테스트, 친애하는 주민 여러분께 알립니다. 지금부터 여러분께 알리는 말씀은 다름이 아니오라 오늘 밤 5시부터 필자의 집 마당에서 콩쿠르 대회를 개최코자 하오니, 저녁 식사를 일찍 마치시고 많이 왕림하시어 참석해 주시면 대단히 감사하겠습니다"라고 몇 번 방송했다.

조용하던 시골 마을에서 난생처음으로 산천초목이 떠들썩한 마이크 소리에 온 동네가 놀랐다. 주위 마을에서도 처음 듣고 느껴보는 소리에 큰 마당에 발 디딜 수 없을 정도로 많은 사람이 모여서 성황리에 이끌어 가면서 혼자서 사회 보랴 접수받으랴 힘들게 진행하고 있는데, 친구들이 "마을 어른들이 내건 상품에다 빌려 온 마이크 대금, 심사원 대접비 등 모두 해결하려면 빚지는 것 아니냐. 맞아 죽는 것 아니냐"라는 등등 걱정스러운 소문이 자자하다고 일러 줬다.

한편으로는 걱정도 되었지만, 마이크 확성기 임대료는 대회 참석자가 오백 원씩 주는 것을 모아 둔 돈으로 해결했고 10등까지 줄 상품값도 모두 들어와서 상품도 수여했다.

심사위원 선배 두 분은 약속이 없이 오시기는 했지만, 밤마다 어머니가 끓여 주시던 떡만둣국과 막걸리 맛에 감탄해서 크게 걱정하지 않았다. 그리 큰 보답은 못 했어도 그 고마움에, 잊을 수가 없는 훈훈함을 기억하며 양말 몇 켤레씩 선물했는데, 그때의 값진 추억은 지금까지도 잊히지 않는다. 그 후 이름이 널리 알려지고 노래를 잘하고 좋아해 콩쿠르 관성대회에서도 일등 대상 트로피를 두 번이나 받았다.

아, 그리운 그때 그 시절이 새삼 생각난다.

집 앞 냇가 건너편에 친구들과 수평 철봉, 정근 단련 역도 운동기구를 설치해 매일 이른 아침 새벽에 2~30분씩 운동하고 세면을 했다. 그런 다음 십여 명이 넘는 온 식구가 함께 아침 식사를 들고 각자 맡은 바 일터로 돌아가는 것이 당시의 일상이었다.

	새마을노래
	박정희 작사
	홍연택 → 박정희 작곡
1절	새벽종이 울렸네 새아침이 밝았네
	너도나도 일어나 새마을을 가꾸세
2절	초가집도 없애고 마을길도 넓히고
	푸른동산 만들어 알뜰살뜰 가꾸세
3절	서로서로 도와서 땀흘려서 일하고
	소득증대 힘써서 부자마을 만드세
4절	우리모두 굳세게 싸우면서 일하고
	일하면서 싸워서[12]새조국을 만드세
후렴	살기좋은 내마을, 우리 힘으로 만드세

6~70년대 새마을 운동

김신조 청와대 습격,
험한 세상 뼈저리게 실감한 군대

우리들은 행복해진 순간마다 잊는다.
누군가 우리들을 위해 피를 흘렸다는 것을.
_Franklin D. Roosevelt

어느덧 세월이 흘러 1966년 2월 필자에게 입대 소집영장이 나와 육군으로 입대하는 날 마을 각호를 일일이 찾아다니면서 어른들에게 인사드렸다.

"저 오늘 군 입대합니다. 건강하게 안녕히 계세요."

어떤 집은 막걸리 한 잔씩 주기도 했는데, 막걸리 마시며 찾아간 곳은 연애 중인 애인 집이었다. 애인에게 악수하며 "군대 잘 다녀올게, 딴 남자한테 눈 돌리지 마!"라고 하는 순간, 애인은 "걱정 말고, 막걸리 한잔하고 건강히 잘 다녀오라"라며 눈물 보였고 차마 더 있을 수 없어 돌아서서 다음 집으로 향했다.

온 동네 어르신과 친구들의 배웅을 동구 밖까지 받으며 십여 리 걸어가서 버스 타고 수원역에서 기차를 타고 논산역으로 출발했다. 기차 속에서 서로 잘난 척, 깡으로 군기 잡으려는 해병대원들이 설치는 광경을 보면서 '아~ 이것이 군대요, 사회생활의 시작'이라는 걸 실감했다. 사회생활의 시작을 피부로 느끼면서 논산 연무역에 도착 후, 보도로 연병장에 도착하자마자 조교는 대번에 막말했다.

"야~ 이 새끼들아, 담뱃불 꺼. 너희들이 여기까지 오기 전에는 사회인이었지만, 여기는 군대야. 대한민국 군대란 말이다. 알았나? 이 새끼들아! 내 말이 아니꼽나? 아니꼽다고 생각되면 이 새끼들아, 대가리 박아! 원산폭격 실시, 원산폭격 그 자세로 잘 들어라. 출세하고 싶으면 군대 상급자 말 잘 듣고 훈련 잘 받아 진급이 빠르면 된다. 나도 넉 달 전에 입대한 이등병 홍길동이다."

처음 하는 원산폭격이라 머리와 목이 아팠다. 갑자기 웅성거리던 소리가 멈추고 숨죽은 듯 적막감이 흐르다가 뒷번호를 외치며 분대, 소대, 중대를 만들어 각 연대로 배치되었고 군에서의 첫 밤을 지냈다.

다음 날 아침 기상나팔 소리에 발맞추어 첫 세면 후 식사하고 신기한 구령 소리에 정신이 번쩍 들었는데, 신체검사를 받으면서 인생도 성격도 가지가지란 느낌을 받았다.

군번 쟁취는 역동감을 줬다. 전력 군번을 받으면 본 군대 훈련은 구보 준비 하나, 둘, 셋, 넷 등 구보 시작과 각종 훈련 보복 등으로 시작했다. 논산 훈련소 지역이 토질이 진흙이라 비가 온 뒤에는 훈련화에 달라붙은 흙이 한 짐은 되었고 흙을 떼어 내는 것이 때로는 재미로, 때로는 힘겹기도 때로는 지치기도 했다.

젊음은 한 번이다. 2개월의 훈련을 마치고 부산 병기학교에 배치되었는데, 난생처음 부산의 바다를 보면서 끝없이 드넓은 바다에 놀랐다. 병기 교육을 받으며 밤에는 속내복에 설설 기어다니는 이 잡기에 밤잠을 설치기도 했는데, 화장실에서 대소변 보면서 이를 잡아 화장실 통 안에 많이도 버렸다.

병기학교 8주의 교육을 마치고 밤차로 의정부를 지나 101 보충대에 도착해 대기하면서 포천에 있는 6군단 소속, 동두천에 있는 15병기 대대로 8명 배치 후 포천 소흘읍 617병기 중대로 4명이 배치됐다. 필자는 보급부로 배치되었는데, 부대 배치 초년병에게 선임병이 신상 신고식으로 노래 한 곡을 부르라 하여 한 곡씩을 했다. 밤에 내무반 보초를 교대로 서 가며 성실한 근무를 하면서 모범 병사로, 자주 특박을 나가기도 하고 즐거운 군 생활을 보냈다.

돈독한 친분으로 보초병 주번병을 번갈아 서면서 지내다가 원주에 있는 1군사 내 각 부대에서 40명이 4주간 병기 교육을 받았는데, 시험에 1등을 해서 포상 휴가 10일의 혜택도 받아 보았다.

어느덧 이등병 일등병 상병 진급에서 병장으로 제대 말년 1968년 1월 21일, 민족 보위성 정찰국 124군 소속의 31명이 청와대를 습격해 순식간에 비상이 걸렸고 또 전쟁이 일어나는 게 아닌지 불안했다.

군경 합동 소탕 작전으로 30명 넘는 침투조 중 사살을 피한 김신조만 유일하게 생포됐지만, 교전하던 종로경찰서 최규식 서장과 정종수 순경이 숨지는 등 귀한 사람들이 한순간에 목숨을 잃었다.

"박정희 모가지 따러 왔수다!"라고 말한 김신조는 운 좋게 살아남았지만, 잘못된 사상으로 물불을 가리지 않고 적화통일을 노리던 김신조 일당 때문에 온 국민은 불안에 떨었고 필자는 의정부 근처 축석면 축석산에서 밤샘 보초를 섰다. 김신조 청와대 습격 사건으로 제대 날짜도 3개월 연장되어 1968년 10월, 병장으로 빛나는 군 생활 만기제대를 명받고 귀가했다.

우주 삼라만상의 대자연 앞에 인간은 정말 미미한 존재다. 수백 년 수명을 이어 가는 느티나무, 은행나무, 소나무도 있지만, 만물의 영장으로 불리는 인간은 건강하게 오래 산다 해도 백 년을 넘기기가 힘들다.

사람마다 다르지만, 우리에게는 한정된 시간이 주어졌다. 그런 삶 속에서 잘못된 사상에 빠져 사람을 해치고 나라를 위태롭게 하는 일들이 결코 발생해서는 안 된다.

6·25 전쟁 3년간 63개 국가가 대한민국 지원에 나섰고 수많은 사람들이 졸지에 사망하거나 부상과 실종, 고아, 미망인, 이산가족이 되어 말로 헤아릴 수 없는 피해와 고통을 당했다.

6·25 전쟁 이후 우리는 최빈국에서 경제 선진국으로 발전했지만. 아직도 잘못된 이념으로 국민과 나라를 위태롭게 하는 사람들이 있다. 우리 인생은 되돌릴 수 없는 시간과 함께 흘러가고 있다. 한평생 반듯하고 긴장하게 질들 살아야 한다.

독립기념관 개관식에서

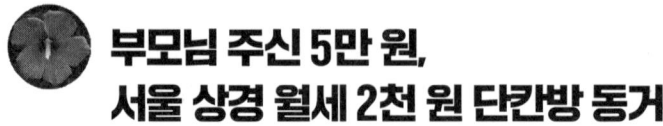
부모님 주신 5만 원, 서울 상경 월세 2천 원 단칸방 동거

> 도중에 포기하지 말라. 망설이지 말라. 최후의
> 성공을 거둘 때까지 밀고 나가라.
> _Dale Carnegie

군 제대 1개월 후, 부모님이 주신 새경 5만 원을 갖고 연애 중이던 현부인과 예식도 하기 전에 서울로 무작정 상경해 고향 마을에서 먼저 두 집이 상경한 월곡동으로 가서 혼자 주택을 얻었다.

1968년 12월 5일 현부인과 2킬로나 되는 시골 버스정류장 외석산에서 간단한 이부자리와 양은솥 두 개의 살림살이를 이고 지고 첫 버스로 을지로 6가 종점에 도착한 다음, 택시로 월곡동으로 이동해 서울에서의 첫 밤을 새웠다. 보증금 3만 원의 월세 2천 원 단칸방에서 동거하는데, 싱크대 대용으로 사과 궤짝을 놓고 첫 살림을 시작했다.

처음 온 서울 땅, 시내버스에 몸을 싣고 이곳저곳 여기저기 구경하며 고향에서 먼저 상경한 지인 집도 놀러 다녔다. 그러다가 운이 좋아 양천규에게 다가온 사람 있었다.

그는 "주판을 잘하느냐, 자전거는 탈 줄 아느냐?"라고 물었다. 그러고는 내일모레 구두 면접이 있으니 서대문 천연동에 있는 동일상역 주식회사로 "10시까지 오라"라고 했다. 그 사람이 바로 회사의 주임인 땅딸이 이성화였다. 그는 머리에 빨강 화이바(헬멧)를 쓰고 빨강 오토바이를 타고 다녀서 온 사원들과 보는 이에게 부러움의 대상이 되었다.

  그 당시에는 차량도 귀했을뿐더러 빠른 오토바이의 속력에 사람들은 놀라워했다. 필자도 타고 싶어서 열심히 노력해 오토바이를 사야겠다고 결심했다.

  다음 날 아침, 설레는 마음으로 회사를 찾아갔다. 과장 두 사람은 간단한 면접과 함께 10여 가지 문제를 줬고 주판 사칙연산 풀이를 지정시간 전에 완료하는 것을 본 후 "합격"이라고 말했다. 회사 관계자는 제반 내용 등을 설명한 후 "내일부터 출근하시오"라고 했다.

  그 말이 얼마나 반갑던지 웃음이 절로 나고 세상이 참 멋져 보였다. 그곳이 지금의 주식회사 진주햄이며 1963년에 설립한 대한민국의 두 번째 육가공 기업이다.

  거창한 집은 아니어도 기거할 집을 마련하고 가정을 일구고 보니 한 달 들어가는 생활비는 빠듯했고 어떻게든 돈을 벌어야 했다. 그런 상황에서 동일상역 주식회사는 내 삶에 큰 희망을 안겨 줬다.

  가정의 구성원이 행복하면 사회가 건강해지고 각종 범죄가 생기지 않는다. 그래서 모든 가정이 화목하고 안정되어야 한다는 것이 필자의 생각이다.

  고향에 계신 부모님은 행여 아들이 잘못되지 않을까, 밥은 굶지 않을까, 자식 걱정에 전전긍긍하시다가 취직해서 한시름 더셨다. 우리가 살다 보면 걱정할 일이 수도 없이 많다. 걱정한다고 해결되는 것도 아닌데 계속 걱정만 하고 있으니 그 시름은 더 깊어만 진다.

  필자는 걱정 대신 몸으로 뛰는 스타일이다. 아버지가 힘들게 마련한 중학교 등록금을 형이 깡패들과 어울려 날려 버린 뒤부터, 걱정한다고 일이 해결되지 않는다는 걸 어린 나이에 몸소 배우고 터득했다.

　세월이 흐른 지금도 등록금 없어서 대학을 진학하지 못하는 학생들이 있다. 돈이 생활의 전부가 되면 안 되지만, 우리 삶은 돈과 너무도 밀접하게 연결되어 있다.

　돈 때문에 온갖 사건이 발생하고 심지어 사기당해 자살까지 하는 안타까운 일도 있다. 사람은 태어나면서 주위 환경에 의해 시련을 겪는다. 물론 유복한 집에서 태어나 돈 걱정 없이 잘 지내는 사람들도 있지만, 극소수에 불과하다. 사람은 어떤 어려움에 부닥치더라도 생각에 따라 해결책을 찾을 수 있고 고뇌의 깊이도 달라진다.

사찰 대웅전 앞에서

 고생 끝에 낙이 온다는 것도 잠시

> 행복의 한쪽 문이 닫히면 다른 쪽 문이 열리지만,
> 우리는 흔히 닫힌 문을 오랫동안 보기 때문에 열려 있는 문을 보지 못한다.
> _Helen Keller

첫 직장이 생기고 생활에 활력이 찾아왔다. 사람 일은 한 치도 예측할 수 없지만 최선을 다하면 기대만큼 큰 것은 아니어도 뭔가 조금씩 일이 진행된다.

일확천금을 바라는 사람들도 있지만, 일상의 소소한 게 행복이고 매일 별 탈 없고 밥 굶지 않는 것 자체가 행복이다. 개미처럼 성실하게 일하면 보람과 함께 운도 찾아온다.

다행히 육가공 회사에서 필자가 하는 일은 판매 지역인 종로구와 중구 일부의 식품 판매하는 상점이나 시장 노점 등에 육가공을 배달하고, 현금 아니면 외상으로 매달 후 월말 결산하는 것이었다. 월급은 본봉이 3천 원에 판매 수입금의 5%를 받는 조건이었다.

그러나 많이 판매하는 상점은 3%까지 요구했고, 타사 오리온 소시지, 김영문 크라운 소시지, 이덕화보다 더 판매하기 위해서는 3%를 제시하기도 하고 그렇게 주기로도 했다.

2년 근무하던 중, 신제품을 생산하는 펭귄표 대한종합식품 주식회사 국영기업에서 사원 모집을 한다는 소문이 돌았다. 국영기업은 월급과 보너스, 퇴직금 등 우대가 월등하고 개인 회사보다 조건이 좋다는 소문이 파다했는데, 뜻하지 않게 스카우트 제의가 들어왔다. 판매왕에 성실하고 정직하고 사원 간 유대가 좋다는 평판이 알려지면서 좋은 조건과 함께 대우도 잘해 주겠다고 했다.

3개월 동안 인수인계를 해 주고는 동일상역 주식회사를 떠나 펭귄 대한 종합식품 주식회사에 나재춘 친구와 함께 입사했다. 회사는 서울을, 동서남북 4지구를 1지구 2인씩 총 8명으로 나누어 지역을 분배했다. 나중에는 판매량이 늘어나 40개 지역이 되었고 판매 사원도 40여 명으로 늘어났다.

집을 짓는 것도 단계가 있는 것처럼 일에도 단계가 있다. 제반 서류 제출한 후 서구 지구 지점장으로 임명을 받았고 정식 판매 사원으로 입사해 근무하는 판매 사원이 되었다. 유명한 펭귄표 꽁치와 굴 통조림을 저렴한 사원 가격으로 구입할 수 있는 혜택도 생겨 뿌듯했다.

을지로 3가 본사에서 삼륜 탑차에 소시지를 잔뜩 싫고 천연동, 홍은동, 홍제동, 문화동, 녹번동, 대조동, 불광동, 연신내, 갈현동, 구파발, 역촌동 일대의 시장과 슈퍼마켓, 골목 식품점과 가게를 돌며 판매했다.

판매량을 올리려고 가진 애를 쓰며 일해도 본사로 주문이 접수되면 또 운전사와 함께 주문된 물건을 배달해야 하는 번거로움이 있고 해서 그동안 갈망하던 오토바이를 구입했다. 뒷좌석에 대나무로 된 큰 바구니를 고정해 놓고 거기의 소시지를 실었다. 그렇게 오후에 재탕하며 돌아다니려는 마음이 오토바이를 사는 데 크게 작용했다.

출근 도장 찍고 나서 운전사와 판매 물품을 삼륜차에 싣고 지역을 돌며 판매했다. 그리고 본사로 들어와 추후 주문량을 오토바이에 싣고 출발했다. 그렇게 한 바퀴를 더 돌며 인사를 나누는 사이 친근감이 더 커졌다. 그런 만남으로 매상이 급상승해 1년 만에 주임으로 승진했다.

당시 전북 고창 신림면이 고향인 '나재춘'이라는 친구도 같이 일했는데, 아주 넉살 좋은 친구였다. 함께 입사했던 친구 나재춘 과장! 지금은 어디서 무얼 하는지 궁금하고 보고 싶은 마음이 굴뚝같다. 지나간 시절이지만, 생각이 많이 난다.

오토바이를 타는 사람이라면 멋있어야 한다고 생각했기에 화이바(헬멧), 선글라스, 가죽 장갑, 허리에 반도 띠, 맘보바지, 무릎 밑까지 오는 긴 부츠를 신고 윙윙거리면서 돌아다녔다. 다들 부럽다는 듯 쳐다봤다.

추석 명절에는 만원 버스를 타지 않고 뿌옇게 휘날리는 먼지를 마시더라도 부모님 드릴 선물을 뒷좌석에 싣고서 고향에 갔었다. 사람들은 윙윙 소리가 신기한지 한참이나 구경했다.

일이 잘되어 판매왕 시상 때는 상금도 받았다. 때로는 회사 야유회 놀이도 즐기면서 재미있게 직장 생활을 했다. 은행에 저축도 하면서 보람 있게 살았던 시절이다. 부모님이 본격적으로 구옥(舊屋)을 허물고 주택을 새로 지으실 때도 안주와 반찬으로 드시라고 통조림을 넉넉하게 가져다드리며 효도했다. 약 4개월에 걸친 공사가 끝나고 두메산골에서 처음으로 빨간 벽돌로 지은 양옥집이 완공되자 부모님은 기쁜 마음으로 이주했다.

평생 좋을 것 같던 직장도 대표였던 양국진 장군(예비역 육군 소장)에서 김두만 장군(공군 예비역 대장)으로 바뀌는 과정에서 퇴사를 당했다. 직장에서 잘나가는가 싶더니 한순간 일이 꼬이기 시작했다. 거익태산(去益泰山)이라더니 안 좋은 일이 한 번에 연달아 생겼다.

부모님은 그동안 고생을 마다하지 않고 어렵게 집 짓느라고 전답을 담보로 120만 원 대출을 받았는데, 그 돈을 다 쓰셨다고 해서 일할 소 한 마리 값 60만 원과 함께 부모님 논 옆에 살다 이사 가는 사람이 밭 500평을 150만 원에 판다고 해서 210만 원을 드렸다.

남동생이 농사를 짓다가 소의 눈을 다쳐 눈이 멀었고 아버지는 하는 수 없이 도살장에 40만 원을 받고 팔았다. 밭도 토지주의 친척이 구매하는 바람에 못 샀다.

사시사철 계절의 변화처럼 우리네 인생도 조직의 움직임과 환경에 따라 변한다. 신록의 계절처럼 푸르거나 청명한 가을처럼 맑은 날만 있는 게 아니지만, 그럼에도 웃음을 잃지 않고 더 좋은 내일을 위해 마음 다지기를 여러 차례 하면서 다시 일하며 도전한다.

좋은 양복 입고 좋은 회사에 다니는 사람들도, 부와 명예를 가진 사람들도 누구나 이런저런 고충은 있기 나름이다. 그 고통의 크기가 얼마나 되는지, 삶의 무게를 어느 정도 견뎌 낼 수 있을지 인간에겐 그것이 제일 큰 문제다. 힘든 일이 거듭될 때마다 잘 참고, 내 안의 감정을 잘 다스리는 것이 최고의 현명한 삶이 아닌가 생각해 본다.

명승고적 탐방길에서

상가 불타 망하고 자식 위해 8학군 강남으로

> 슬픔이 그대의 삶으로 밀려와 마음을 흔들고,
> 소중한 것을 쓸어가 버릴 때면 그대 가슴에 대고 말하라.
> "이것 또한 지나가리라"
> _Lanta Wilson Smith

갈현동에서 가계가 안 되어 적자를 버티고 버티다가 가계를 정리하고 졸지에 실업자가 되어 난감하기도 했지만, 서울에 처음보다는 인맥이나 지형 면으로 많이 아는 터라 다방면으로 여러 곳을 수소문하며 지냈다.

어려울 때 지인이었던 故 정운영이 "강남구 잠실에 1, 2, 3, 4단지가 있는데, 1단지의 7.5평, 11평, 13평에 4,000여 가구가 입주했고 2단지는 11평, 13평, 1,500여 세대, 3단지는 13평, 15평, 1,000여 세대, 4단지는 15평 800여 세대가 입주하고 있어 장사하기에 좋다"라고 했다.

게다가 자기 친구 정천수가 4단지 상가에서 소시지와 어묵 장사를 하는데, 엄청나게 잘되고 있다면서 필자 정도의 실력이면 더 잘할 것이니 잠실로 가라고 조언했다.

친구의 말대로 4단지 상가에서 장사하는 정천수를 찾아갔다. 그는 흔쾌히 1, 2, 3단지를 같이 순회해 주고 1단지가 낳을 것 같다고 했다. 이왕 온김에 부동산 사무실에서 중앙상가 1층 중앙에 한 평짜리 노점을 계약했다. 마침, 13평 임대 아파트에 방 두 칸과 조그마한 거실도 있어 식구 5명이 살기에는 적당한 것 같아서 임대에 임대로 들어갔다.

새벽이면 첫 버스를 타고 을지로 5가에 하차해 중부시장에서 건어물 김, 미역, 북어 등을 도매시세로 구매했다. 물건이 많으면 택시로, 작으면 버스로 타고 상가로 오면 아침밥을 먹은 부인이 가게를 열어 놓고 기다리고 있었다.

도착 즉시 물건을 진열해 판매가를 알려 주고 아침밥을 먹고 왔다. 둘이 가게에 서 있으면 입주자 4천여 가구가 밀집되어 있어 입주민들이 많이 왔다. 소시지와 김, 어묵, 단무지 등은 학생들 김밥 싸 주느라 하루 매상이 4~50여만 원 이상씩 올라서 쏠쏠한 재미를 느낄 때가 많았다. 그 상태로 4~5년이면 이 가게도 사고, 주택도 직접 임대받을 수 있다는 부푼 마음으로 밤잠을 덜 자며 전심전력의 노력을 기울였다.

어느덧 1969년생 큰아들이 1976년도에 잠일 초등학교에 입학해 학부모가 되었고, 차남과 딸은 간혹 가게에 오가며 남매가 말썽 없이 정겹게 잘 자라 주었다.

아버지가 시골에서 가을철 김치 담글 무·배추 농사지어 가지고 오시면, 관리 사무실에 찾아가 기간 임대로 직접 소비자에게 모두 판매했다. 육회를 좋아하시는 아버지에게 육회와 약주 대접도 해 드리고 내려가실 때는 건어물도 넉넉하게 챙겨 드렸다. 가정도 평안하고 일도 잘됐다.

필자는 상가 상인 친목회에서도 '인기남'으로 통했다. 상인 사이에서도 부지런하고 예의 바르고 의리의 사나이라고 칭찬이 자자했다. 상가가 한 달에 한 번씩 휴무하는데, 상인끼리 여행을 가든 연령이 비슷한 또래들끼리 지방으로 낚시를 가든 재미있게 어울리었다.

나날이 재미있는 상업에 종사하며 주택 공사와 120만 원에 임대를 직접 체결하고, 서울에 내 아파트를 장만했다는 기쁨을 느끼며 최선을 다했다. 상업 시작하고 5년이란 세월 속에 지금은 KB국민은행과 합병된, 전 한국

상가에 친한 상인 친구와 한때

주택 은행에서 자기 집이 없는 서민들이 제일 선호하던 주택청약예금도 월 10만 원씩 5년간 납입해 600만 원의 거금이든 1순위 통장에 돈도 조금 예금하는 여유까지 생겼다.

1978년도 한남동 운전면허 교육장에서 단 한 번에 학과 필기시험 78점으로 실기시험에 합격해 운전 면허증(서울 78-270953-20, 1종 보통)도 습득했고, 은행에 보통예금 통장도 만들어 나날이 늘어나는 예금에 재미를 느끼며 열심히 살았다.

어느덧 아버지의 61세 환갑이 다가와 가족, 친지, 지인 여러분과 근동 마을 주민 여러분의 참여로 회갑연상을 차려 놓고 만수무강을 기원하는 자녀들의 술잔을 올렸다. 어여쁜 기생이 거들며 소리 가락으로 흥을 돋우며 분위기를 띄웠다. 손님들은 다양한 음식을 나누어 드셨다. 필자는 회갑 선물로 그 당시 귀하고 비싼 미닫이 TV를 사 드렸고 아버지께서 하실 말씀이 있으시다며 후에 동생들과 자식들에게 남기고 싶으신 말씀이니 녹음기를 필자에게 사 오라고 하셨다. 약 6분가량의 말씀을 녹음한 테이프를 20여 년간 보관하다가 아버지가 돌아가셔서 산소에 묻어 드렸다. 어머님께서는 아버지와 한 살 차이셔서 다음 해에 가족 친지와 마을분들 아침 식사를 대접해 드리고 회갑 선물로는 고급 단화 구두를 사 드렸다. 부모님 생각에 울컥하는 마음을 다지지만, 마음 한편에는 항상 그리움으로 잠겨 있는 부모님이 아닐는지. "아, 그리운 부모님 사랑합니다. 편히 영면하시옵소서."

일상으로 돌아와 나날이 노력하던 그 어느 날 이런저런 재미도 잠시 날벼락이 닥쳤다. 한밤중 갑자기 119 소방대의 요란한 사이렌 소리에 정신이 번뜩 들었다. 단지 관리사무소에서 1단지 중앙상가에 화재가 발생하였다는 방송이 나왔다. 잠결에 급히 나가 보니 1층 상가 전체가 불길에 휩싸여 까만 잿더미가 되어 버렸다.

불이 나서 상가가 다 타 버린 것도 놀랄 일이지만, 강남경찰서 조사계에서 화재 조사를 나온 경찰관이 필자의 국민학교 동창생인 최상권이라는 걸 알고 한편으로는 놀랍기도 반갑기도 했다. 전혀 생각지도 못한 일이었다.

반가워서 "야! 너 최상권이 아냐" 하면서 인사를 했더니 "야! 내가 지금 이 화재 조사관으로 왔고, 자칫하면 모르는 사람들이 오해할 수도 있으니 좀 떨어져라! 다음에 만나자!"라고 말해 떨어져서 상인들끼리 모여서 걱정하다가 집으로 돌아왔다. 최상권 친구와는 지금도 카톡을 주고받는 사이다.

이런저런 생각으로 잠을 설치다가 깨었다. 화재로 상가가 홀랑 타 버려서 가게 문도 못 열고 자동으로 쉬는 날이 되었다. 주택 공사와 상가 전체를 임대받은 상가 주인이 현장에 와서 제반 절차를 거쳐 신속하고 깨끗하게 수리해 준다고 했지만, 1개월이 지나니 놀기도 지루해졌다. 게다가 아파트 임대료와 적금, 아들 학교 생활비 등 돈에 쪼들리기 시작했다.

두 달이 지나니 더욱 압박받았는데, 총 수리를 하려면 앞으로 6개월이 걸려야 된다는 소식에 주인이 가게를 비워 달라며 보증금을 반환해 주면서 나가라고 했다. 그 말에 앞이 캄캄해졌다. 안타깝지만, 이곳의 인연은 여기까지라고 느끼면서 화재 보상금 한 푼도 받지 못하고 물러났다.

그 후, 1층 상가 외곽 이면에 있는 부동산 사무실의 사장님과 안면이 있어 자초지종을 얘기하고 근무를 요청했더니, 흔쾌히 승낙해 주셔서 1년간 심부름하며 제반 부동산 업무를 배웠다.

그렇게 잠실주공 1단지 상가 부동산에서 심부름하며 배운 실력으로 역삼동에 방 두 개를 전세로 구해 이사했다. 어쩔 수 없는 고생, 고생, 참 많은 고생 끝에 이런저런 생활을 하다가 강남에 세를 얻어 이사를 했고. 필자는 못 배웠지만, 자식들은 잘 가르쳐야 한다는 신념으로 어려워도 8학군을 찾았다.

두 아들과 딸, 3남매를 삼릉 초교, 학동 초교에 입학시키고 나니 가진 건 없어도 부자가 된 것 같았다. 아이들도 번듯한 강남에 온 걸 좋아했다. 1969년생인 큰아들은 학동 초등학교로 전학했고 1972년생 차남도 큰아들이 다니는 학교에 입학했다. 1974년생 딸은 몇 년 후, 삼릉 초등학교에 입학했다.

아이들은 집안의 가훈인 '성실, 정직, 정의, 충·효·예' 실천을 어려서부터 몸소 실천하면서 가정과 사회에 도움이 될 수 있도록 노력하며 자랐다.

인간은 사회적 동물이다. 환경이 바뀌면 바뀐 환경에 따른 여러 사람을 만난다. 그런 과정에서 오늘보다 좀 더 나은 내일을 맞이하기도 하고 새로운 변화가 일어난다.

예전에 있던 상가도 불타고 더 이상 버틸 밑천도 없는 상황에서 아이들 가르치려니, 이만저만 돈 들어가는 게 많아 취직을 생각하고 여러 곳을 알아보았다.

그간 부동산 업무를 배운 것도 있고, 부동산 일이 괜찮을 것 같아서 여러 곳을 알아보다가 드디어 부동산 사무실에 취직했다. 세상에 영원한 독불장군은 없다. 일단 취직해서 사람들과 어울리게 되니 부동산에 찾아오는 손님들이 온갖 소문을 몰고 다녀서 여러 정보가 자동으로 수집됐다.

"삼성동 선릉 공원에서 이른 새벽에 조기 체조 20여 분하고 배드민턴을 치는데, 분위기도 좋고 노인들뿐 아니라 젊은이들도 많다"라고 했다.

그 말을 들으니 솔깃했다. 낯선 강남에 와서 살길을 찾아야 하고 사람들과 어울림은 취미로 시작하는 운동을 떠나 영업, 생계와도 연결될 수 있으므로 사람들과 친분을 터놓는 것은 아이들 교육을 위해서나 가족을 위해서나 중요한 일이었다. 새벽 공원 운동은 새벽잠이 없고 부지런한 필자에게 적격이었다.

아침 일찍 공원에 나가 보니 삼능조기회와 선정상록조기회 두 팀이 있었다. 삼능조기회 팀은 연세가 조금 많으셔서 그런지 1차로 체조를 하면서 몸을 풀고 있었고, 15분 정도 조금 늦게 도착한 선정상록조기회 팀의 팀원들은 대부분 젊은 사람들이 많았다.

필자는 다시 시작한다는 각오로 큰마음 먹고 선릉 공원에서 열리는 선정상록조기회에 입단했다. 하루가 조기 운동과 함께 하루가 시작되었는데, 아침에는 팀원들과 열심히 운동하고 낮에는 부동산 사무실에 출근해 본격적으로 일했다.

일 년쯤 지나서 체조 대장 하시던 분이 이사를 가서 총회에서 만장일치로 필자가 체조 대장이 되었는데, 구령에 붙여 체조하다가 끝마무리로 조기회 노래 「빨간 마후라」 곡을 개사해 불렀다.

"오늘도 건강하시고, 즐겁고 재미있게 행복하세요."

끝으로 늘 팀원들이 잘되길 바라는 마음으로 덕담했고 인사가 끝나면 배드민턴장으로 가서 기본을 배우며 실력을 연마했다.

운동으로 생활에 활기를 찾은 필자는 부동산 사무실에서 전월세와 간혹 매매도 소개하면서 부동산 일이 상상외로 잘 되어 아들딸 교육시키는 데 지장 없을 정도로 잘 먹고 잘 살았다.

강남 삼능 배드민턴 대회에서

 선릉 공원 조기회 썸씽, 본분 망각하고 혼외 딸 낳아

> 이 세상의 행복이란 무엇인가. 그림자에 지나지 않는다.
> 이 세상의 명성이란 무엇인가. 꿈에 지나지 않는다.
> _Franz Grillparze

선릉 공원 조기회 배드민턴 회원 남녀가 아침에 만나 운동하면서 어울리다 보면 많은 일들이 일어난다. 편 갈라서 게임을 하면 승패의 판가름으로 속상해들 한다. 일상의 사소함 속에 울고 웃는 희로애락의 갈림길에서 해장국 내기로 끝마무리한다.

전 회원들이 해장국집으로 집합해 소주잔을 돌리다 보면 정이 들고 남녀의 스캔들도 많이 일어난다. 필자에게 다가온 여성은 강원도 평창이 고향인 이선애이었다. 부모님 슬하에 2남 4녀의 장녀로 결혼해 살다가 성격 차이로 이혼하고, 그 시절 아버지가 지병으로 돌아가셔서 가장으로 살다가 혼자 서울 서초동에서 세를 얻어 찻집을 했다.

집주인이 아침 일찍 조기회를 나간다며 멜빵 가방 메고 나가는 모습을 우연히 보고 "시간 있으면 같이 갈래"라고 한 말 한마디에 따라나선 곳이 바로 삼성동에 있는 선릉 공원 선정상록조기회다. 조기 운동을 끝내고 2차 집합지인 삼능배드민턴클럽에서 기초를 배우며 운동에 몰입하는 모습에 좋은 인품과 뚜렷하게 잘생긴 이목구비가 돋보였다.

그 예쁨을 보고 한두 명의 남정네들이 눈독 들이는 광경이 포착되었다. 그 집 주인 강 여사에게 여러 명의 청탁이 들어온다는 말을 들었다.

필자는 부인도 있고 또한 금전적 여유도 넉넉지 않아 '참 예쁘기도 하구나' 생각하며 지냈다. 그러던 중 월례회 관광을 가는 데 이선애도 동승했다. 그날 예쁜 여성을 보면서 회장 본분의 직무를 무난히 수행했고 즐거운 하루를 보냈다.

다음 날 부동산 사무실에 출근해 필자를 찾는 전화가 왔다고 해서 받아보니 바로 그 예쁜 이선애였다. 이런저런 이야기 끝에 "차 한잔할 수 있느냐"고 해서 "차 한잔 못 할 이유가 있느냐"라고 답하고 오후 5시로 일방적인 약속을 받았다. 설렘과 부담을 안고 시간이 되어 약속 장소에 도착하니 아침과 다른 옷차림에 더 예뻐 보였다.

여자는 자고로 가꿔야 한다는 말을 피부로 느꼈다. 차를 마시며 하는 첫마디가 "어찌 그리도 사람들을 능수능란하게 홀리느냐"라고 했다. 무슨 뜻인지 몰라 반문하니 또 "즉흥적인 언변에 놀랐다"라며 "구수한 충청도 사투리와 노래, 웃는 모습에 반했다"라고 했다.

싫지는 않아서 걱정하며 식사했다. 곁들이는 소주 한 병을 마시며 이런저런 과거 살아온 이야기를 나눴다. 필자는 처자식이 있는 사람이고 돈도 없이 남의 집에 세 사는 사람이라고 모든 걸 털어놓았다. '8살 아래의 인품 있고 예쁜 여자가 왜 나를 유혹을 하는가?'라고 생각하면서 어렵게 헤어졌다.

예쁜 미모를 지닌 여자의 유혹에 넘어가는 남자가 잘못인가, 바보인가를 여러 차례 돌이켜 보았다. 며칠 후 드디어 넘지 못할 선을 넘어 혼외 딸을 낳아 남몰래 키웠다. 세상에 비밀이 없다고 중전(부인)에게 들켰다. 부인과 아들딸들에게 아비로서 본분을 망각하고 못 할 짓을 해서 계면쩍었다. 한동안 얼굴 보기가 민망했다.

맹자의 성선설(性善說)과 순자의 성악설(性惡說)도 있지만, 인간은 환경에 따라 착한 사람이 되기도 하고 악한 사람이 되기도 한다. 사회에서 수많은 사람과 어울리며 선하게 살려고 해도 때로는 악한 짓도 한다.

인간은 살면서 감정 실수로 여러 사고를 낸다. 그중 부인 몰래 여자와 얽혀 이중생활 하는 자나, 당하는 자나 세 사람 모두 신경 쓰며 괴롭기는 피차 일반이다. 자식들과 부인에게 미안함과 죄책감이 들어 뉘우치고 뉘우치길 수십 년, 자식들 앞날이 염려되어 밤잠을 설치기도 했다. 그동안 먹이고 입히고 가르치며 사는 데 지장 없게 뒷바라지해야 한다는 신념하에 노력했건만, 둘째 아들과 딸내미 대학 못 간 원인 제공자가 누구인가를 돌이켜 본다.

혼외 딸은 상지대학을 졸업하고 호적에 올려 준다 해도 안 올리겠다는 자신의 엄마에게 원망도 없이 결혼해 딸 둘을 낳고 행복하게 산다. 그 딸에게도 미안한 마음 금할 길이 없다. 애 엄마는 남편이 딸 하나 낳은 후 죽어서 혼자 아이를 키우느라 고생했고 사돈네도 그런 사실로 알고 있다 하니 부디 별 탈 없이 행복하게 잘 살아 주길 바란다.

미인박명(美人薄命)이라더니 미인은 팔자가 박복하다는 속담이 맞는 것 같기도 하다. 주위 미인인 여성이 여러 명의 애인과 살아가는 모습도 목격했는데, 인생사 사람마다 피치 못할 사연이 있기 마련이다.

남녀의 사랑 문제에 대해 유죄냐 무죄냐 따지기가 애매하지만, 서로 상처받는 것은 명확한 사실이다. 아무리 후회해도 실수와 잘못은 되돌릴 수 없다.

위대하신 세종대왕님 동상

 큰아들 연대 합격, 등록금 모금한 조기회·배드민턴클럽

> 우리는 모두 서로 얽혀 있으며,
> 서로의 도움 없이는 살아갈 수 없다.
> _Martin Luther King Jr.

1989년, 큰아들이 연세대학교에 합격했다. 필자의 5형제 아랫대에서 처음으로 대학교 합격이란 소리를 듣고, 그 기쁨은 말로 표현할 수 없을 정도로 벅차올랐다.

필자도 모르게 조기회와 배드민턴클럽에서 서민인 필자(양 회장)가 장남이 "그 어려운 대학교 시험에, 그것도 연세대학교에 합격했다"라면서 등록금 모금 운동을 했다.

아침 새벽마다 운동하는 선정상록조기회, 삼능배드민턴클럽에서 고문을 비롯한 모든 회원의 아낌없이 격려받고 천군만마(千軍輓馬)를 얻는 것처럼 기뻤다.

"대학 등록금이 얼마가 되던지 모아 줍시다!"

장권 여자 총무는 고문님들을 비롯한 온 회원들에게 십시일반(十匙一飯)으로 협력을 받아 총 300만 원을 모았다. 2월 월례회를 하면서 필자에게 대학 등록금을 전달할 때, 눈물이 나도록 고마움에서 해장국과 음주를 곁들인 식대 비를 제공해 드리면서 감사함에 고개가 숙여졌다.

가족 5명이 둘러앉았을 때, 큰아들 대학교 등록금 300만 원을 주면서 아침마다 나가는 조기회와 배드민턴클럽에서 모아 주신 돈이라며 자초지종을 이야기하자 "우리도 베풀면서 살자"라며 감사의 박수, 고마움의 박수 건강의 박수 삼창을 치면서 기뻐했다. 차남과 딸내미에게도 "너희들도 열심히 해야 한다"라는 약속을 받았고 아이들도 반듯하게 컸다.

큰아들은 대기업에 취직해 결혼을 잠실 향군회관에서 많은 축하객의 성원을 받으며 거행했다. 배필은 전주 이씨 가문의 넷째 딸을 맞이했고 어느덧 손녀를 둘이나 낳아 맏손녀는 대학을 졸업하고 둘째 손녀는 4학년이 되었다. 세월여류(歲月如流)라고 하더니 세월이 어찌 그리 흐르는 물과 같은지 온몸으로 느끼며 살고 있다.

차남은 대치동에 휘문고등학교를 졸업하고, 대학에 불합격해 대학을 포기하고 기업체에 취직해 잘 다닌다. 배필은 여주의 여흥 민씨에 2남 2녀 중, 2녀와 강남 상록회관에서 결혼해 귀한 딸 하나만 낳았다.

바로 그 손녀가 초등학교 3학년부터 반장에 4번 당선되었고 학교 내 방송 안내 아나운서로도 활약했다. 중학교 때도 3년 동안 반장에 당선되어 학교 내 방송 아나운서를 할 정도로 적극적이었다.

선생님이 청소할 사람 손 들라고 하면 솔선수범으로 손 들었고 학우들의 도움을 받아 말끔하게 청소를 마무리했다. 만약 학우가 몸이 안 좋아 조퇴하면 집까지 책가방을 들어다 주었는데, 학생 어머니가 고마움을 전하려고 찾아와서 알게 되었다고 한다.

손녀는 평소 얌전하다가 뭔가 활동할 때는 남자 이상으로 용감했다. 선생님은 그런 모습에 칭찬을 아끼지 않았고 "훔쳐 와도 된다면 훔쳐 오고 싶을 정도로 탐이 난다"라고 했다.

2~3살의 어린 나이에 할아버지, 할머니 댁에 오면 맑은 인사성에, 음식도 남김없이 스스로 수저를 들어서 양을 조절하면서 먹고 자고 했으며 일어나서도 한 번도 울지 않고 웃으면서 반갑게 인사했다.

 모두에게 귀여움을 받았고 하룻밤 자고 집에 돌아갈 때도 음식이든, 옥상에서 지은 야채를 주든 들고 가지 못하면 억지로 끌고 갔다.

"아빠~ 이것 좀 끌고 가!"

 욕심을 부리니 무엇이든 더 주고 싶고 모든 행동이 나무랄 곳 없어 귀여움을 독차지했다. 손녀가 중학교 때부터 고등학교 1, 2학년 때까지 줄곧 반장으로 출마하다가 3학년 때 출마 안 하는 것을 의아하게 생각한 선생님이 "왜 반장에 안 나오느냐?"라고 묻자 "대학 진학을 위해 공부에 집중하려 한다"라고 말했을 정도로 매사에 예리하고 사리 판단을 분명하게 했다.

 그렇게 모범적으로 칭찬과 귀여움을 받다가 본인이 계획한 서울대학교에 진학을 못 해 밤새도록 울다가 숙명여자대학교 영문학과에 진학해 잘 다니고 있다.

 할아버지, 할머니 생일에는 항상 건강식품 선물과 손 편지를 항상 보내고 아르바이트해서 친구 네 명과 함께 대만, 일본 등 외국 여행도 다닌다.

 더구나 외국 여행을 전혀 하지 않는 필자를 보고 "우리 할아버지는 애국하시느라고 외국 여행도 안 다니신다"라면서 외국의 어르신들이 간식으로 드시는 과자를 선물로 사 와서 감격의 눈물을 흘리기도 했다.

 손녀를 볼 때마다 무엇보다도 인간으로서의 됨됨이 때문에 높이 평가를 하고 싶다. 팔불출(八不出)이라 놀려도 이런 팔불출은 돈을 주고 사서라도 하고 싶다. 뒤에서 흉보더라도 자랑스러운 손녀를 둔 할아버지로서는 그보다 더한 것들도 감내할 수 있다.

　세상의 모든 집마다 완벽한 가정이 어디 있을까 싶다. 그동안 아이들 잘 키웠다고 자부했지만, 딸내미가 속을 썩인다. 그렇게 예쁘고 영리하고 똑똑하면서도 시집을 안 가서 걱정되고 한숨만 나온다. 그래서 얼굴만 보면 "애야~ 시집가거라" 하면서 노래하다시피 하니 부모와 자식 간에 사이가 좋을 리가 없다. 독신만 주장하는 딸을 이해하지도 못하고 이해가 안 가서 믿을 수 없을 정도로 난감한 실정이다. 이제나저제나 언제까지 기다려야 할지 지쳐서 말할 힘도 없다.
　모든 일에 있어 매사에 사리 판단이 정확한데, 결혼으로 속 썩일 줄은 꿈에도 몰랐다. 심지어 음식 솜씨도 엄마를 닮아 손맛이 마법과 같고 상상외로 정리 정돈도 깔끔하게 해서 볼 때마다 놀랄 정도다. 그런 딸이 결혼을 안 해서 시간이 갈수록 갈등의 골이 깊어지고 있다.

　"네 꼴 보기도 싫으니, 내 눈에 보이지 마라!"

　심한 말인지는 몰라도 혼자 나가 사는 모습에 이해도 안 되며 결혼 안 하는 것 때문에 부모와 자식 간 갈등이 언제까지 계속될지 그 막막함에 가슴만 탄다.

　진희야! 부모와 자식 간에 인연의 끈을 끊고 지낸 지 8년이 되었구나. 아버지, 어머니가 머지않아 다시는 돌아오지 못할 먼 길을 떠날 황혼기에 접어든 줄도 모르고, 나 몰라라 하는 불효의 딸이 보고파서 슬픔에 눈물을 흘리며 이렇게 간절한 마음을 전한다.

오늘도 내일도 아빠 엄마라 부르며 현관문으로 들어오는 일이 꿈 아닌 현실이 되기를 바라고 기다린단다. 세월도 봄이면 새싹이 돋아나고 새들도 찾아온다던데, 너는 무슨 원수진 일이 있다고 부모와 오빠들도 그렇게 만나지 않고 사느냐? 불쌍하고도 못된 놈아! 어찌 그리도 냉정하단 말이다.

너의 주위에 너를 호응하는 사람들이 있다면 너와 같이 인간들도 아니고, 개돼지만도 못하게 사는 것이다. 하루빨리 연락 주기를 바란다. 내 딸 양진희! 보고 싶다.

심지어 벼랑 끝에 핀 이름 모를 잡초의 꽃도 색으로 자태를 자랑하며 벌과 나비를 유혹해 자기네 종족을 퍼트리고 세상의 동식물 모두 다 그렇게 사는데, 하물며 만물의 영장인 사람이 "아이를 안 낳는다, 하나만이 낳는다"라고 해서는 안 되지 않겠냐?

더 심각한 문제는 바이류적 행위로 부모를 저버리고 죽이는 행위를 규탄해야지 처벌을 개인 인권침해라고 하다니, 아니 부모 없이 이 세상에 태어날 수가 있었는가 말이다.

"살인죄를 적용해 하나뿐이고 한 번뿐인 소중하고 귀한 목숨 보전을 위해 사형 집행을 강행하라"라며 입법, 사법, 행정 삼부에 소리친다.

남대문(숭례문)

 국회의원 공천도 주겠다던 시절

> 인간은 상호관계로 묶어지는 매듭이고, 거미줄이며, 그물이다.
> 이 인간관계만이 유일한 문제다.
> _Antoine de Saint-Exupéry

세상에 영영 안 되라는 법은 없다. 고생이 있으면 그 고생이 풀어지는 날도 있다. 부동산 사무실과 공원에서 만난 사람들과의 친분은 날은 두터워졌다. 선정상록조기회에서 열심히 운동하다 보니 1년 후 체조 대장이란 감투가 생겨 생각지도 않던 구령자가 되고, 1년 뒤에는 회장으로부터 총무를 임명받았다.

힘들어도 맡은 위치에서 최선을 다하는 것이 중요하다. 회원 120여 명을 위해 총무직을 열심히 수행했는데, 주위 어르신들이 많아서 한 달에 한 번씩 지방 관광을 다녔다.

선릉 공원에서 7~8시 출발해 지방 관광을 마치고 도착하면 밤 7~10시가 됐지만, 늦은 밤에도 그날 수입과 지출 결산서를 작성하고 7~80년대 인기였던 프린터였던 '가리방 등사기'로 깔끔하게 프린트해서 다음 날, 조기 운동할 때 한 장씩 나눠 주는 것을 임무 수행 원칙으로 삼았다.

총무 1년 만에 회장 선거에서 많은 분들의 추천으로 회장이 되었고, 조기 운동을 끝내고 배드민턴 운동을 하면서도 강남구배드민턴연합회 사무국장을 2년이나 맡았다. 그 후 강남구 연합회장 추천 투표에서 80% 득표로 당선된 것이 이명박 前 대통령께서 서울시장 하던 시절이었다. 오세훈 서울시장은 강남구 을 국회 초선의원이었고, 박근혜 前 대통령의 자택은 바로 삼성동 삼릉 초등학교 후문이었다.

당시 국회의원 공천도 주겠다던 시절이었는데, 필자가 딱히 돈이 많거나 잘나서 그런 것이 아니었다. 그 모든 것이 그동안 살아온 인생 경험과 인맥 덕분이었고 조직을 잘 이끈다는 호평(好評)이 나 있었기 때문이다.

필자는 부귀영화(富貴榮華)에 목숨 건 사람이 아니다. 국회의원은 국민과 나라를 위해 봉사와 헌신하는 마음가짐이 없으면 올바로 일하기 힘든 직책이다. 그럼에도 기본적인 도덕성도 못 갖추고 사상이 이상한 자들이 국회의원이 되어 국민에게 돌이킬 수 없는 피해를 주면서 나라를 쑥대밭으로 만든다.

이낙연 더불어민주당 前 대표는 "민주당은 도덕성과 다양성을 잃어버렸고 41%가 전과자"라고 지적했다. 이재명 더불어민주당 대표는 2024년 1월 19일 국회에서 열린 당 최고회의에서 "선대들, 우리 북한의 김정일, 김일성 주석의 노력들이 폄하되지 않고 훼손되지 않도록 애써야 한다"라고 했다.

당 대표라는 사람이 '우리 김정일, 우리 김일성 주석'이라고 지칭했는데, 6·25를 겪은 국민으로서 용납이 안 되고 천인공노(天人共怒)할 일이다.

김일성 사망 29주기 맞아 金 부자 시체 박제에 100억 넘게 사용, 독재 정권 유지를 위해 주민이 굶어 죽어도 관심조차 없는 곳, 재판도 없이 바로 총살하는 곳이 북한인데, 수령님과 장군님을 흠모하는 사람들이 왜 그렇게 많은지, 종북 좌파들은 왜 북한에 가서 살지 않는지, 왜 국가를 파괴하는 암적인 존재로 사는지 개탄할 일이다.

무궁화 국민 수련원 발대식

무궁화 산악회 발대식

The 3rd Stage
세계에 민족 꽃 알리려던
책임 의식, 굳건한 소명

삼능 배드민턴 대회 시상식과 선수출전

    1988년 제24회 서울 올림픽대회, 그해 가을 무궁화 씨앗 종자를 채취했다. 세계의 유일한 분단국가인 대한민국은 서울 아시안게임을 일주일 앞두고 대한민국의 대표 관문이라고 할 수 있는 김포국제공항에서 발생한 테러로 5명이 사망해 국민에게 큰 충격을 줬다.

 서울 아시안게임 일주일 앞 터진 폭탄, 5명 사망

테러는 우리의 인류애와 평화를 시험하는 도전이다.
_Tony Blair

1986년 제10회 서울 아시안게임은 9월 20일부터 10월 5일까지 서울에서 개최되었다. 원래 서울이 1970년 아시안게임 개최 도시로 선정되었으나 박정희 前 대통령은 북한(조선민주주의인민공화국)의 대남 무력 도발과 위협 격퇴를 위한, 국가 안보 강화와 경제 발전을 최우선으로 추진하는 상황에서 막대한 비용과 함께 사회주의 국가들의 불참을 고심하다가 개최권을 반납했고 개최권은 태국에 넘어갔다.

1986년 9월 14일 서울 아시안게임 개막 일주일을 앞두고 우려했던 상황이 현실이 되었다. 국제 김포공항에서 북한 테러로 의심되는 폭탄테러가 발생했다. 당시 대한민국의 대표 관문이라고 할 수 있는 김포국제공항에서 발생한 테러는 국민에게 큰 충격을 줬다.

김포공항 국제선 청사 1층 입국장 밖의 출입문 옆에 있던 스테인리스 쓰레기통에서 고성능 폭발물이 터져 5명이 숨졌고 승객을 배웅하러 나온 37명이 중경상을 입었지만, 이 사건이 북한의 소행으로 강력히 추정되었음에도 테러범의 실체를 전혀 알아내지 못해 미제사건이 되었다.

이 사건은 언론통제로, 중점적으로 보도되지 않아서 다른 사건과 달리 사람들의 기억에서 비교적 빨리 잊히고 말았는데, 2009년에야 범인과 사건의 전모가 드러났다.

'진실·화해를위한과거사정리위원회'는 팔레스타인 출신의 아부 니달이 북한의 청부를 받고, 하수인들을 한국에 잠입시켜 일으킨 사건으로 판단했다.
판단의 근거 자료는 일본 기자가 동독 첩보 기관 '슈타지'의 비밀문서에서 발견한 것인데, 슈타지의 도움이 필요했던 아부 니달이 자신의 범행 전모를 밝히면서 김포국제공항 폭탄 사건도 함께 털어놓으면서 기록되었다. 그는 핵심 조직원들을 데리고 북한까지 가서 훈련할 정도로 김일성과 친밀한 관계였다.
폭발 사건을 계기로 대북 관계가 경색되었다가 1년(1987) 뒤 북한이 '대한항공 858편' 폭파 사건을 일으키면서 대북정책은 급속도로 냉각되었고, 국민의 대북 감정도 극도로 냉담해졌다.

1986년 서울 아시안게임은 2년 뒤 1988년 서울 올림픽을 성공적으로 개최하기 위한 시험 무대로서의 성격이 강했지만, 여러 난관에도 불구하고 비약적인 국위 선양을 위해 국가의 총력을 기울인 결과 1986 서울 아시안게임과 1988 서울 올림픽 유치를 성공시켰다.
1988년 하계 서울 올림픽 때도 서울 아시안게임의 대부분을 그대로 활용했는데, 분단국가인 대한민국은 동서냉전을 극복하고 당시 최대 규모인 전 세계 160개국이 참여한 가운데 성공적인 개최를 했다.
서울 올림픽 이후 국제 교류와 함께 정보기술 개발, 산업적 변화 등 대한민국의 대외적 위상이 급상승했다. 15일간 열린 88 서울 올림픽 대회를 성공적으로 이끌기 위해 온 국민이 똘똘 뭉쳐 화합했고, 아름다운 결과물을 만들어 냈다.

1950년 6·25전쟁으로 폐허가 되고 미국으로부터 17억 달러의 원조를 받았는데, 이는 당시 정부 예산의 절반에 가까운 수치였고, 70년이 지난 오늘날 대한민국은 원조수혜국에서 공여국으로 격상했다. 전쟁의 폐허 속에 도움을 받던 최빈국이 도움을 주는 경제 선진국으로 도약했다.

이순신 장군 동상

1988년 제24회 서울 올림픽 경기장 전경

 성화봉송로, 무궁화 없는 안타까움에 무궁화나무 보급

> 자신이 해야 할 일을 결정하는 사람은
> 세상에서 단 한 사람, 오직 나 자신뿐이다.
> _George Orson Welles

1986년 제10회 서울 아시안게임 1988년 제24회 서울 올림픽대회 당시 전국 각지를 구석구석 순회하며 21박 22일 동안 성화봉송로 길이 전 세계에 TV로 생중계되었는데, 우리 민족의 꽃이자 국화(國花)인 무궁화 꽃길이 조성되어 있지 않았고 딱히 보여 줄 만한 장소가 단 한 곳도 없다는 걸 알고 안타까웠다.

책임 의식과 굳건한 소명으로 그해 가을 부푼 마음을 안고 무궁화 씨앗 종자 채취를 했고 아들이 대학에 입학한 4월 초 애국의 일념으로 '국가 상징 5개 실체'와 온 국민의 '애국 10애(愛) 운동'이 좋은 징조로 잘 이루어질 것이란 신념으로 무궁화 씨앗 파종을 했다.

"그 기쁨, 뿌듯함, 황홀함을 어찌 표현하겠는가?"
필자는 이 소식을 맨 처음 선정상록조기회 회원과 삼능배드민턴클럽 회원들에게 전했고 회의에서 '매월 1회 견학 관광'하는 것이 만장일치로 통과되었다.
무궁화 산악회도 조직해 월 2회씩 전국의 유명한 산과 명승고적 등 춘하추동으로 다녔더니 회원이 날로 증가했다. 모두 45인승 관광버스 2대에 나누어 타고 '민족의 꽃, 나라꽃 무궁화 견학'이라는 명분의 아래 무궁화가 자라고 꽃이 피는 묘판장 몇 곳을 이동하며 견학했다. 회원들의 격려와 칭찬, 열렬한 응원, 박수갈채를 받으며 용기를 얻고 무궁화 알리기에 더욱 증진했다.

무궁화는 일편단심, 무궁무진한 영원함, 영원히 피고 또 피어서 지지 않는 꽃으로, 예로부터 우리 민족의 사랑을 받아왔다. 애국가 가사의 '무궁화 삼천리 화려강산'처럼 대한민국을 상징하는 꽃, 국화(國花)다. 일찍이 고대 중국인들도 대한민국을 가리켜 '무궁화가 피는 현자의 땅'이라고 할 만큼 귀한 꽃이다.

일제 강점기에도 무궁화에 대한 사랑이 이어져 독립군들이 일본 저항에 민족의 상징으로 삼았던 것처럼, 광복 후 자연스럽게 나라의 꽃으로 자리 잡았다. 무궁화가 이처럼 나라의 꽃이 되었지만, 필자는 그저 상징성에 불과하다는 생각이 들어 속상하다.

산림청이 실시한 '2022년 무궁화 국민인식도 조사'에서 1위 벚나무(18.1%), 2위 장미, 3위 라일락보다 선호도가 낮은 무궁화는 8위에 그쳤고 '나라꽃(무궁화)'의 유래와 역사에 대한 인지도에서도 모른다고 말한 응답자가 41.8%에 달했다. '무궁화 역사 교육'이 필요하다는 응답이 78.7%로 나와 전반적으로 나라 걱정하는 마음이 드러났는데, 실제로 교육을 통해 잘못된 것들을 바로잡아야 한다.

서울 아시안게임 서울 올림픽대회 당시, 성화봉송로 길을 세계인들이 생중계로 보고 있을 텐데 제대로 된 '무궁화꽃'이나 '무궁화 단지'가 안 보여 민망하기도 하고 속상해서 나라를 사랑하는 마음으로 '무궁화 알리기'를 시작했다.

1988년부터 30년이 넘도록 무궁화 알리기에 전념하면서 고대 시대부터 우리나라를 대표했던 무궁화가 대한민국의 자부심과 함께 온 국민의 사랑받는 국화가 되길 바랐지만, 화사한 벚꽃과 달리 여전히 관심과 사랑을 못 받고 있다. 최선을 다해도 마음대로 안 되는 것이 인생이다.

강남구 생활체육 연합회 종목 회장 일동

행사 참석인사 명단

연번	직위	성명	비고	연번	직위	성명	비고
1	국회의원	최병렬	한나라당	21	강남구의회	박종대	개포4동
2	국회의원	오세훈	한나라당	22	강남구의회	이상목	일원본동
3				23	강남구의회	박창수	일원1동
4				24	강남구의회	이임주	일원2동
5				25	강남구의회	김경자	수서동
6				26	강남구의회	강태운	세곡동
	시의원				생활체육연합회		
1	서울시의원	안병소		1	강남구생활체육협의회장	남세열	
2	서울시의원	홍순철		2	강남구 태권도연합회장	조근형	
3	서울시의원	이양한		3	강남구 테니스연합회장	전공석	
4	서울시의원	황을수		4	강남구 배드민턴연합회장	양천규	
	구의원			5	강남구 게이트볼연합회장	양영옥	
1	강남구의회 의장	이재정	논현2동	6	강남구 축구연합회장	김태근	
2	강남구의회부의장	윤정희	신사동	7	강남구 볼링연합회장	박미자	
3	강남구의회	김정곤	논현1동	8	강남구 육상연합회장	신흥우	
4	강남구의회	임춘자	압구1동	9	강남구 배구연합회장	유정금	
5	강남구의회	김형수	압구2동	10	강남구 탁구연합회장	김광영	
6	강남구의회	박춘호	청담1동	11	강남구 단학기공연합회장	박정식	
7	강남구의회	이강봉	청담2동	12	강남구 윈드서핑연합회장	김성문	
8	강남구의회	임성임	삼성1동	13	강남구 생활체조연합회장	정연옥	
9	강남구의회	이차갑	삼성2동	14	강남구 해동검도연합회장	이계성	
10	강남구의회	이종희	대치1동	15	강남구 헬스연합회장	노수기	
11	강남구의회	김진규	대치2동	16	강남구 대한검도연합회장	서충섭	
12	강남구의회	김희선	대치3동		외부인사		
13	강남구의회	성백열	대치4동	1			
14	강남구의회	우종학	역삼1동	2			
15	강남구의회	김기정	역삼2동	3			
16	강남구의회	김진수	도곡1동	4			
17	강남구의회	안광득	도곡2동	5			
18	강남구의회	강성옥	개포1동	6			
19	강남구의회	김광수	개포2동	7			
20	강남구의회	김영성	개포3동	8			

대한민국 건국 이래 최초, 무궁화 국민 헌장 제정 선포식

> 국가의 가치는
> 결국 그것을 구성하는 개개인의 가치다.
> _John Stuart Mill

무궁화 묘목을 성장시키는 데 정성을 다하며 힘들게 5년을 길러 온 무궁화꽃이 화사하게 만발하여 1993년 8월 8일 제1회 국가 상징(나라꽃 무궁화)의 날, 국가 상징 국민 헌장, 무궁화 국민 헌장 제정 선포식 개최 행사를 45인승 관광버스 20대, 자가용 80여 대로 모인 1,200여 명이 참석한 가운데 제반 경비 약 2천만 원을 국가나 기업에 도움 없이, 필자 '서민 양천규'의 사비(私費)로 실행했다.

아름다운 우리나라 국화 무궁화밭

드디어 제1회 국가 상징(나라꽃 무궁화)의 날 행사 개최를

1993년 필자가 삼능배드민턴클럽의 회장직과 강남구배드민턴연합회 회장직을 겸직해서 1993년 8월 8일 제1회 국가 상징(나라꽃 무궁화)의 날 행사 축제 개최에 1,200여 명이 참석했다.

선정상록조기회, 삼능배드민턴클럽, 강남구배드민턴연합회(12개 단체), 서울시배드민턴연합회(25개 구), 전국배드민턴연합회(7시, 9개 도) 회장들의 협조와 동창생·직장 동료·친구·지인·민주산악회 등 여러 곳의 협조로 돈도 없이 학력이란 고작 국민학교 졸업이 전부인 서민 양천규가 거금 2천만 원을 들여 가며 무상으로 45인승 관광버스 20대와 자가용 80여 대를 동원했다.

이에 5대 일간지와 중앙지 10여 곳, 지방신문 20여 연합사, KBS TV, MBC TV 등 사다리를 든 기자 40여 명이 두메산골 오지까지 몰려왔다.

대한민국의 국화(國花)인 무궁화(無窮花) 단지가 조성된 곳, 우리 민족의 꽃 국가 상징(나라꽃 무궁화)의 날 국민 대축제를 대한민국 건국 이래 최초로 개최한다는 부푼 마음에 마을과 이웃 마을들까지 면내가 들썩였다. 모여든 차량과 인파에 군(郡)과 나라(정부)도 놀랐다.

사람들은 무궁화꽃에 놀라 환한 미소로 반겼다. 필자는 난생처음으로 모교에 발전 기금으로 30만 원을 냈고, 친분 있는 100여 개 단체에서 현수막을 걸어 주었다.

서울시 배드민턴연합회 사무총장의 사회로 각계각층 명사 여러분이 참석한 가운데 식순에 의거 진행을 했다. 사람들은 행사장 주위에 만발한 무궁화꽃에 놀랐다.

무궁화나무 주위 둘레 글씨 식재의 뜻, 대한민국 국가 발전과 무궁화 축제 발전에 온 국민의 구상과 주목해 달라는 뜻을 보고 감격했다. 구상나무와 주목나무 식재에 온 국민이 구상과 주목해 달라는 식재에 기절초풍했다.

각 차량 사회자 인사말

안녕하세요, 만나서 반갑습니다. 여러분!

오늘 제1회 국가 상징 나라꽃 무궁화의 날 행사인 무궁화 국민 대축제에 1호 차~20호 차에 사회를 맡은 김삿갓, 홍길동입니다. 참석하신 여러분 정말 반갑고 고맙습니다.

우선 오늘 처음 뵙는 분들이 많으니, 옆에 분들과 양손을 마주 잡으시고 자, 인사를 나눕시다. 안녕하세요. 만나서 반갑다고 좌우로요. 그리고 박수를 많이 치면 건강에도 좋으니 때로는 힘찬 박수를 부탁드리겠습니다.

오늘에 행사는 여러분이 상상도 못 하셨던 어마어마한 애국을 하는 행사에 참여하신다는 자부심과 긍지를 가지시기를 바랍니다. 오늘에 행사는 바로 우리나라 대한민국 건국 이래 최초로 민족의 정체성을 바로 세우고 역사상의 한 획을 긋는 소중하고 위대한 우리 민족의 꽃 나라꽃 무궁화 축제 행사를 1993년 8월 8일을 제1회 국가 상징(나라꽃 무궁화)의 날, 국가 상징 국민 헌장, 무궁화 국민 헌장. 제정 선포식 행사인 국민 대축제에 참여하시는 것입니다. 박수, 박수!

오늘 제1회 국가 상징(나라꽃 무궁화)의 날 무궁화 국민 대축제에 참여하시는 여러분께서는 오락과 소비와 향락을 위한 축제가 아니라 철학이 있는 민족정신을 소생시키는 숨 쉬는 역사의 축제이며, 애국애족의 이웃 사랑이라는 정신의 마음으로 주인 의식 수준으로 참석하신 축제가 되었으면 하는 바람으로 참석하신 거 맞으시죠. 네, 고맙습니다. 그러신 줄 알았다니까요. 네 감사합니다.

그럼, 오늘 행사를 주최하시는 무궁화국민수련원의 양천규 회장이 사비로 주체하는 만큼. 무궁한 발전을 기원하시라는 마음으로 응원의 박수를 부탁드리겠습니다. 박수, 박수!

그리고 본회에서 받는 국민 서명서 기재 요청은 성명 삐삐 전화번호를 꼭 기재하여 주시면 내년 행사에 전화나 삐삐로 알려 드릴 것이니 많이 기재하여 주시면 대단히 고맙고, 감사하겠습니다.

그리고 더운 날씨 참여하신 여러분께 드리는 기념품으로 나눠 드릴(부채, 타올, 리본, 배지, 점심 도시락, 소주, 안주, 수박 등과 추첨권) 선물, 여러분이 깜짝 놀랄 기념 선물 꼭 다 받아 가시고, 행운에 추첨권 1등 TV와 선풍기가 우리 차 안에서 받았으면 좋겠네요.

자, 그럼 이왕 가정을 떠나 우리 민족의 꽃 우리나라 국화인 무궁화 축제에 오셨으니, 애국도 하는 것이니 재미있고 즐거운 추억 많이 만드는 좋은 시간 되시기를 바라며, 한 시간 반 후 행사장에 도착하면 식순에 의한 공식 기념행사를 시작하니, 많은 박수 부탁드리며 행사 후 여흥시간에 가정에 필요한 많은 상품도 받아 가시기를 바랍니다. 감사하고, 고맙습니다.

그날 모인 1,200여 명은 선정상록조기회, 삼능배드민턴클럽, 서울시배드민턴연합회, 전국배드민턴연합회, 지인, 친구, 민주산악회이며 그들의 협조로 소중한 날이 되었다.

마을 면내에 세계일보를 비롯해 일간 신문사 기자 40여 명, KBS TV, MBC TV 기자 등이 취재에 협조하면서 우아하고 성대하며 찬란하게 장마 폭우 속에 개최했다.

자태를 자랑하는 우리나라 꽃 무궁화

사단법인 대한민국 무궁화 선양회
주요 사업

애국심은 나라를 지지하는 것, 대통령이나 공직자를 지지하는 것이 아니다.
나라를 위해 효율적으로 봉사하는 한, 그를 지지하는 것이 애국적이다.

_Theodore Roosevelt

주요 사업 목적

첫째 : 무궁화 묘목단지를 설치 운영하여 사회적으로 각광받는 나무를 만들어 무궁화 꽃동산을 조성하여 매년 8월 8일은 나라꽃 무궁화의 날 기념 무궁화 국민 대축제를 개최하겠으며, 무궁화 수목원을 건립 청소년들의 산 교육장으로 활용케 하겠습니다.

둘째 : 무궁화 헌수 국민 운동을 전개해 나가겠습니다.

셋째 : 무궁화 우수 품종을 체계적으로 전국에 보급하겠습니다.

넷째 : 무궁화 소년·소녀단을 조직 운영하여 무궁화의 관련 바른 홍보활동을 하겠으며 청소년들의 자연학습장으로 활용케 하겠습니다.

다섯째 : 무궁화 장학회를 설립 운영하겠습니다.

여섯째 : 무궁화 상정제를 운영하겠습니다.

일곱째 : 무궁화 그림·글짓기·웅변 대회를 개최하겠습니다.

여덟째 : 나라 사랑 8대 운동(국토, 국기, 국가, 국화, 국어, 국민, 국산품, 국세)을 전개해 나가겠습니다.

 (사)대한민국 무궁화 선양회
회 장 양 천 규

기념식순

개회식

1	개식 통고	사회자
2	개회 선언	부회장
3	국민의례 (국기에 대한 경례, 애국가, 묵념)	사회자
4	경과 보고	부회장
5	내빈 소개	회장
6	시상(감사패 증정)	회장
7	무궁화 국민 헌장 낭독	부회장
8	기념사	회장
9	격려사	장관, 도지사
10	축사	국회의원, 명사 여러분
11	우리나라 꽃, 꽃 중의 꽃 노래	사회자(합창)
12	만세삼창	최고령자
13	나라꽃 무궁화 행사에 참여하는 으뜸국민 무궁화 사랑 풍선 날리기	전원
14	우리나라 무궁화 유래, 특성, 종류, 용도, 심기, 가꾸기, 개화기, 꽃구경(행사 책자 15, 16쪽)	전원
15	무궁화 심기 묘목 접수	전원
16	무궁화 씨앗 나누어 주기 (2,000봉지)	전원

점심 식사

제2부

17	밴드 연주 공연(실버악단) 어린이 농악 공연(초등학생)	
18	장기자랑(여흥시간) (나라꽃을 사랑하는 한마음과 화합을 다지는 한마당 축제 거행)	사회자

폐회식

19	폐회식 통고	사회자
20	종합시상식(장기자랑 입상자 시상식)	회장
21	폐회사	회장
22	강강수월래	전원

원망스러운 38선아 없어져라

세계의 꽃 무궁화 노래

삶의 참된 의미는 나무를 심으면서 훗날
그 나무 그늘에 앉아 쉴 것을 기대하지 않는다.
_Nelson Henderson

	해당화	피고지는	섬마을에	양천규 개사
(1)	무궁화	피고지는	조국땅에	섬마을 선생님
(2)	무궁화	피고지는	한국땅에	곡으로 부르세요

	철새따라	찾아온	총각선생님
(1)	한민족이	사랑할	국화무궁화
(2)	무슨나무	심으랴	국화무궁화

	열아홉살	섬색시가	순정을바쳐
(1)	오천여년	역사속에	한많은사연
(2)	분단조국	휴전선을	없애버리고

	사랑한	그이름은	총각선생님
(1)	삼천리	이강산에	오직무궁화
(2)	통일한	이북땅에	국화무궁화

	서울엘랑	가지를마오	가지를마오
(1)	애국애족	충성을다해	번영합시다
(2)	세계속에	일등국가로	만들어보세

축
발   전

우리나라 꽃 행사장에 무궁화나무로 식재된 글씨

우 리 나 라 꽃 행 사 장 - 8자
대 한 민 국 정 부 발 전 - 8자

위 글씨 둘레에 구상목 88주

주목나무 88주로 감싸 식재 88 상징

8월 8일은 (나라꽃 무궁화)의 날 기념행사

무궁화 삼천리 화려강산

자랑스러운 한국 건설

국가와 민족을 사랑합시다.

남북통일 세계 속의 한국

국토, 국기, 국가, 국화, 국새, 나라 문장, 국어·국민 국산품·국세, 10애 운동을

위와 같이 식재

(사)대한민국 무궁화 선양회

010 - 3266 - 8581

회장 양천규

요란한 장맛비 속에서도 대한민국 건국 이래 최초로 개최하는 행사라는 긍지와 자부심을 느끼는 결성과 단결의 마음으로 축전을 보내 주신 여섯 분을 소개합니다.

1993년 7월 29일 제1회 무궁화꽃 행사 축제 개최를 진심으로 축하드리며 국민수련원의 무궁한 발전을 기원합니다. **국회의원 최재승**

1993년 8월 2일 제1회 나라꽃 무궁화의 날 기념행사 축제를 진심으로 뜻깊게 생각하오며 국민수련원의 무궁한 발전을 기원합니다. **국회의원 이만섭**

1993년 8월 5일 제1회 나라(무궁화)꽃 행사 축제의 기쁜 소식 듣고 진심으로 축히합니다. **국회의원 김호일**

1993년 8월 7일 뜻깊은 행사에 성원을 보내 오며 소기의 목적 이루시길 빕니다. **국회의원 민태규**

1993년 8월 7일 제1회 나라꽃의 날 행사를 진심으로 축하하오며 더욱 큰 발전을 기원합니다. **민자당 원내총무 국회의원 이한동**

1993년 8월 8일 제1회 나라꽃 행사 축제의 성공적 개최를 기원합니다. **경기도지사 윤세달**

1993년 8월 8일 제1회 나라꽃 무궁화의 날 선포식에서 개회사

> 힘없는 정부는 미약하고, 정의가 없는 힘은 포악하다.
> _Blaise Pasca

친애하는 국민 여러분!

이 무더운 여름철에 공사다망하신데도 이 자리를 빛내 주시기 위하여 찾아 주신 내빈 여러분 진심으로 감사합니다.

제가 이 협소하고 오지인 이 두메산골에서 제1회 나라꽃 무궁화의 날 행사 국민 대축제를 개최하게 된 것을 무한한 영광으로 생각하며 그 동기를 말씀드리겠습니다.

한 나라를 상징하는 대표적인 표상은 국기, 국가, 국화를 제정하여 애국심을 고취하듯이 우리나라가 과거 일본인들에게 36년이라는 기나긴 세월 나라를 빼앗겼던 시절, 내 나라 국가도 부를 수 없었고 국기도 볼 수 없었으며 국사도 배울 수 없었고 그 엄청난 설움과 압박 속 악몽의 일제 치하에서도 우리나라 국화 무궁화꽃은 해마다 피었건만, 무궁화는 진딧물이 많이 생겨나 전염병을 우발시킨다느니 하며 베어 버리게 하고 자기 나라 애호의 벚나무를 식재하게 했습니다. 그 일제 치하에서도 가진 풍상을 이겨 내면서 겨레와 끈기 있게 버텨 온 나라꽃 무궁화는 오로지 해마다 자라고 꽃을 피워 우리 민족의 혼을 일깨워 줌으로써 민족의 번영과 국가 발전에 기원하는 연륜 속에 현존 겨레의 꽃으로 가슴 깊이 새겨져 왔습니다.

무궁화는 "무궁화 삼천리 화려강산"이라는 애국가와 함께 광복 이후에는 입법·사법·행정 삼부의 표상으로 사용되기에 이르렀으며, 우리 대한민국 국화 무궁화는 꽃 중의 꽃으로도 아름다울 뿐만 아니라, 이른 새벽부터 매일 새롭게 100여 일씩이나 이어 피어남으로써 백의민족의 순결성, 단결성, 인내성을 보여 주는 우리나라 국화가 아니겠습니까? 여러분.

친애하는 국민 여러분!
또한 무궁화꽃을 몸에 달면 청렴결백하라 하여 입법·사법·행정 삼부 모든 공무원에게 배지를 무궁화꽃으로 하였다 합니다. 그런 유래를 우리는 알아야겠기에 찾아 주신 여러분께 무궁화꽃의 조화와 배지를 달아 드린 것입니다. 여러분.

이런 역사와 위대하고 자랑스럽고 사랑스럽고 소중하게 알아야 할 국화를, 우리나라가 해방된 지 50여 년이 지나는 현재까지 타 나라 꽃인 벚꽃 축제요, 철쭉꽃 축제요, 장미꽃 축제요 하며 진정 내 나라 국화꽃 행사 축제가 없었다는 것이 가슴 아픈 일이라 아니할 수 없는 사실이었습니다. 그뿐이 아닙니다. 우리나라가 오천 년의 역사 속에서 금자탑을 세웠던 제24회 88 서울올림픽, 분단 조국인 우리 모든 국민이 하나가 되어 그 엄청난 행사를 얼마나 멋지고 값지게 해냈습니까마는 제주도에서부터 21박 22일간에 전국 각지를 순회한 성화 봉송로에서 국도, 고속도로, 선수촌, 각 경기장 주변 각 도시 중앙로, 관광지, 사찰 진입로 등등 심지어는 조국 선열의 송덕비, 충혼탑 근처 그 어느 한 곳도 내 나라꽃 국화 나무라고 자랑할 장소가 없었으니 이 어찌 된 일입니까? 국민 여러분.

전 세계 각국으로 생중계하는 이 마당에 무궁화를 이렇게 방관하다가는 우리나라 미래의 주인공이 될 자라나는 어린이들에게 무어라 말할 수 있단 말입니까? 그 어느 때보다도 국민들의 애국심이 요구되는 시기에 이제 늦기는 했습니다만, 저 푸른 가을 하늘 아래 삼천리 금수강산인 우리나라 국토에 무궁화 꽃내음이 방방곡곡에 가득 차고 온 겨레의 가슴속에 살아 숨쉬고 매년 8월 8일은 나라꽃 무궁화의 날로 선정해 온 국민의 한 마당 축제 행사와 온 국민이 하나로 뭉치는 계기로 삼고자 8월 8일을 우리나라 국화인 국가 상징 무궁화꽃의 날로 선포합니다. 국민 여러분!

현행 국기는 국기 게양을 위하여 지속해서 추진하기 위해 대통령령 제11361호로 제정된바 본 국화를 매년 8월 8일을 국가 상징 나라꽃 무궁화의 날로 선정 상신하니 김영삼 대통령령으로 제정 공포하여 주시기를 호소합니다. 여러분.

친애하는 국민 여러분! 우리가 모두 불법과 무질서 과소비 등을 추방하고 명분과 형식을 더 중시하는 민족성에서 벗어나 불신과 냉소가 국민적 화합을 가로막고 있는 오늘의 무질서 현실 속에서 문민정부 수립하에 국민편의 증진 등을 지속해서 추진하고 부정·부패·무질서 척결로 사회 기강을 바로잡고, 땀 흘려 열심히 일하는 자만이 존경받는 사회가 되도록 노력하는 정부 방침에 4천만의 국민이 힘을 모아 진정 나라 발전과 우리 민족의 염원인 휴전선을 없애고 남과 북이 하나가 되어 7천만의 한민족이 통일의 기쁨을 나누며 북녘땅에도 무궁화나무를 심게 될 것을 기대하면서 본인은 남은 삶을 애국 충정심에서 정부에 보답하는 마음으로 사단법인을 설립하여 무궁화의 관련 주요 사업 목적을 이렇게 계획하고 있습니다.

첫째 : 무궁화 묘목단지를 설치 운영하여 사회적으로 주목받는 나무를 만들어 무궁화 꽃동산을 20만여 평에 조성하여 매년 8월 8일은 나라꽃 무궁화 행사 국민 대축제를 개최하겠으며, 유스호스텔 건립 청소년들의 산교육장으로 활용케 하겠습니다.
둘째 : 무궁화 헌수 국민 운동을 전개해 나가겠습니다.
셋째 : 무궁화 우수 품종을 체계적으로 전국에 보급하겠습니다.
넷째 : 무궁화 소년·소녀단을 조직 운영하여 무궁화의 관련 바른 홍보활동을 하겠으며 청소년들의 자연학습장으로 활용케 하겠습니다.
다섯째 : 무궁화 장학회를 설치 운영하겠습니다.
여섯째 : 무궁화 상정제를 운영하겠습니다.
일곱째 : 무궁화 그림·글짓기·웅변 대회 사진찍기를 개최하겠습니다.
여덟째 : 나라 사랑 10애 운동(국토, 국기, 국가, 국화, 국어, 국민, 국새, 나라 문장, 국산품, 국세) 10애 운동을 전개해 나가겠습니다.

위와 같은 목표로 전념할 각오이니 국민 여러분의 적극적인 동참 속에 협조와 지도 편달 있으시기를 바라면서 존경하는 김영삼 대통령 각하, 입법·사법·행정 삼부에 호소합니다.

이와 같은 사업은 나 개인의 영광을 떠나 우리 모든 국민이 나라의 장래를 위하고 국민 정서 함양을 위한 범국민운동으로 확산해 후대에 좋은 유산을 물려주자는 것이니, 행정부의 적극적인 협조와 지도 편달 있길 기대하면서 다음 2회 때나 3회 때는 더욱 넓고 편안한 장소에서 더욱 멋지고 더 재미있게 행사를 치를 것을 약속드립니다.

본 행사에 후원하여 주신 생활체육 전국 배드민턴연합회, 생활체육 서울특별시 배드민턴연합회, 강남구 배드민턴 12개 단위 클럽, 통일민주산악회,

향우회, 선정상록조기회, 진우회 회장님들과 특히 물심양면으로 후원해 주신 동성제약과 오리리화장품주식회사 사장님과 개인적으로 찬조금을 내어 주신 많은 분과 본지 기관장님들께 진심으로 감사드리며, 찾아 주신 여러분 가정에 축복만이 늘 충만하시기를 바라며 우리나라 앞날에 무궁무진한 발전이 있기를 빌면서 행사 축제 인사 말씀에 가름하겠습니다. 감사합니다.

1993년 8월 8일
무궁화 국민 수련원 원장 양천규

자랑스러운 우리나라 국화 무궁화 제1회 행사장 모습

자랑스러운 우리나라 국화 무궁화 꽃

🌸 1993년 8월 8일 제1회 나라꽃 무궁화의 날 축제, 축사

축사자 조기회 고문 故 이용래, 고문 故 최병직, 오리리 화장품 故 이선규 회장.

본원에 양천규 원장이 선릉 공원에 선정상록조기회에 처음 왔을 때부터 눈동자가 빛남이 남달랐고 인사성 언행 등이 유별나며 부지런하기도 하구나! 하며, 좋은 감정을 느끼는 와중에 체조 대장과 총무를 거쳐 지금은 회장 수행을 잘하고 있지만, 1년 전 우리 선정 상록 조 기회와 삼능배드민턴클럽과 관광버스 두 차로 애국 애족의 정신이라는 명분으로 이곳에 견학을 왔을 때, 이 젊은이가 이런 뜻 있고 깊은 애국의 일념으로 이 많은 인원 대동에 서민인 개인이 막대한 자비를 들여 행사를 개최해 놀랐습니다.

주요 사업 목적에다, 무대 앞 저편에 무궁화나무로 글씨를 우리나라 꽃 행사장 8자 대한민국 정부 발전 8자를 심은 데다가, 밑으로 축, 발전, 8월 8일은 나라꽃 무궁화의 날, 무궁화 삼천리 화려강산, 자랑스러운 한국건설, 나라와 민족을 사랑합시다, 남북통일 세계 속의 한국, 국토, 국기, 국가, 국화, 국새, 나라 문장, 국어, 국민, 국산품, 국세 10애운동을, 그 주위 둘레에 구상나무 88주 주목 88주를 감싸서 식재한 것은, 8·8 축제를 보는 이들이 모든 구상을 온 국민이 주목해 달라는 마음에서라는 뜻깊은 생각을 하였다고, 카탈로그와 그에게 직접 듣고는 이 늙은이들이 부끄러울 뿐이며, 정부나 대기업 등에서 행하여야 할 일을 하는 모습을 보면서, 무척이나 자랑스럽고도 훌륭한 일이라 생각하면서 이루고자 하는 목적을 하루빨리 발전으로 달성되기를 바라며, 두서없이 이만 축사로 갈음하며, 찾아 주신 여러분, 가정 가정마다 건강과 행복이 깃들기를 바라며, 이만 갈음하겠습니다. 감사합니다.

선정상록조기회, 삼능배드민턴클럽, 고문 故 이용래, 고문 故 최병직, 故 이선규 회장 세 분의 축사 말씀을 압축한 내용이다.

* * *

● 축사

존경하는 국민 여러분!

그리고 이 자리를 빛내 주시기 위해 왕림해 주신 내빈 여러분! 이 무더운 여름철에 오늘 제1회 나라꽃 무궁화의 날 행사 축제를 개최하게 된 것을, 매우 뜻깊게 생각하며, 우리나라 꽃 행사 축제에 참여하신 여러분을 진심으로 환영하며 감사하게 생각합니다.

오늘날 사회가 고도로 발달하고 산업화함에 따라 주어진 임무에 충실히 이행키 위하여 각계각층, 각 분야에서 노력과 수고가 많으신 이때, 현재까지 타 나라꽃 행사 축제만 하여오다가 우리나라 꽃 행사 축제가 있다는 것이 국민 여러분과 저도 퍽 다행한 일이라 생각하며, 이 행사 축제가 오늘의 모이신 수천 명뿐만이 아니라 범국민운동으로 확산하여 4천만의 국민축제가 되기를 기원하며 이 계기로 진정 나라 발전과 우리나라 국화인 무궁화꽃이 삼천리 방방곡곡에 피어나 꽃내음을 만끽할 수 있게 되기를 바라며, 생활에 활력을 주고 나라꽃 사랑의 한마음 축제가 되고 온 국민의 화합을 다지는 아름다운 행사 축제의 한마당이 되기를 바라면서, 끝으로 나라꽃 사랑과 보급에 남다른 관심을 갖고 본행사를 주최하는 무궁화 국민 수련원 양천규 원장님과 관계자 여러분의 노고에 깊은 감사를 드리며, 본 행사 축제에 참석하신 여러분, 그리고 국민 여러분 온 가정에 항상 건강과 행운이 하느님의 은총이 늘 같이하시길 기원합니다. 감사합니다.

1993년 8월 8일
국회의원 중랑구 위원장 김덕규

* * *

● 축사

우리나라의 꽃 무궁화를 사랑하는 무궁화국민수련원 양천규 원장을 비롯한 관계자 여러분, 무궁화의 날 행사 국민 대축제를 여러분과 더불어 진심으로 축하드립니다. 우리의 5천 년 역사에서 한민족을 지킨 원동력은 나라의 꽃인 무궁화 정신입니다.

각기의 시대에 처하여, 우리 민족의 굳건한 정신적 지주 역할을 해 왔음은 우리의 역사가 증명하고 있습니다. 오랜 세월 난관을 겪으며 살아오는 동안 터득한 강한 신념과 깊은 사랑, 영혼의 힘을 우리 모두에게 무궁화의 향기를 주워 오지 않았습니까? 여러분 무궁화꽃은 힘찬 도전과 한국인의

저력으로 돌파해 왔으며 자연이 물려준 우리의 혼입니다.

　지식과 기능이 중심이 되는 21세기를 맞아 우리 겨레는 무궁화꽃 향기로 협동, 단결하여 각자의 소양과 전문 능력을 향상하고 선진사회 건설에 이바지해야 한다고 생각합니다.
　생명의 박동이 온 대지를 뒤흔드는 계절에 무궁화 정신을 되살리고, 축제를 준비하고 주최해 주신 양천규 원장님을 비롯한 관계자 여러분의 노고에 깊은 감사를 드리며, 우리 사회에 앞장서는 무궁화 사랑인들이 되도록 노력해 주시길 바라며, 축사에 대하는 바입니다. 감사합니다.

1993년 8월 8일
국회의원 홍사덕

* * *

● 축사

　애석하게도 강인섭 국회의원님의 축사 사본이 없어져서 기재하지 못함을 미안하게 생각합니다. 잊지 않겠습니다. 고마웠습니다.

1993년 8월 8일
국회의원 강인섭

* * *

● 축사

　존경하는 무궁화 국민수련원 임원 및 회원 여러분!
　그리고 자리를 빛내기 위해 참석해 주신 내외 귀빈 여러분! 연일 이어지는 무더운 여름에 오늘 제4회 나라꽃 무궁화의 날 기념행사에 참석해 주셔서 대단히 감사드립니다.

 무궁화는 우리나라를 대표하는 나라꽃이며 우리 민족이 겪어왔던 과거의 많은 질곡과 역사를 대변하는 우리의 한을 담고 있는 꽃이기도 합니다. 이러한 우리의 꽃 무궁화가 근래에 들어 우리 모두에게 외면당하고 작은 관심마저도 기울여 주는 사람조차 없이 묻혀 버리는 것 같은 느낌 때문에 항상 아쉬운 마음이 있었던 것이 사실입니다.

 오늘 이와 같이 가치 있는 행사가 개최됨으로 인해 우리의 후대들에게 많은 점에서 교훈적인 행사가 될 수 있다고 생각하며, 아울러 이렇듯 많은 분들이 우리의 꽃 무궁화에 관심을 갖고 있다는 사실에 흐뭇함을 느낍니다.

 오늘 이 행사를 계기로 무궁화를 사랑하는 범국민적인 공감대가 형성될 수 있기를 진심으로 기원하며, 이를 통해 모든 국민들이 하나 된 마음으로 우리 나라꽃 무궁화 보급을 위해 노력해 갈 수 있도록 무궁화국민수련원 모든 분께서 많은 활동해 주시기를 당부드립니다.
 특히 나라꽃 무궁화에 남다른 애정을 갖고 오늘 행사를 주관해 주신 양천규 무궁화국민수련원 회장님께 각별한 감사의 말씀 드리며, 참석하신 모든 분의 가정에 항상 행운과 기쁨이 함께하시기를 진심으로 기원합니다. 감사합니다.

1993년 8월 8일
보건복지부 장관 서상목

* * *

쏟아지는 장맛비 속 박수갈채 와중에도 차분하게 쉬엄쉬엄 순조로운 진행에 막간을 이용하여, 참석인 모두에게 배분한 기념품 다섯 가지 외 행운권 추첨을 명사분들께서 추첨하였다. 가정생활에서 필요한 필수품 증정과 참석자에게는 고대하고 기대하는 최고의 하이라이트 두 개, 선풍기와 24인치 TV를 누가 타느냐에 관심 속 두 분에게는 상품과 동시에 12인 실버악단 연주에 맞춰서 본인에 18번 곡 유행가 한 곡을 부르는 혜택이 주어졌다.

자랑스러운 우리나라 꽃 무궁화 행사장 모습

"사회자 폐회 선언으로 필자 회장이 폐회 인사를 와 주셔서 고맙고 감사하며 다음 해에도 참석에 부탁을 말씀드리며, 각 가정 가정마다 늘 건강하시고 하시는 일 모두 성사되시어 행복한 나날들 되시기를 기원합니다"라는 말씀과 "내 주위에 오물과 쓰레기 모두 주워서 저쪽 한편에 모아 주세요." "더위에 고생 수고 많으셨습니다." "사회자 오실 적에 타셨던 버스로 천천히 승차해 주세요"라는 장내 정리가 있었다. 이동 후, 인원 점검 후 모두 출발로 관광버스 1호 차부터 20호 차까지 사회자와 같이 고마움과 아쉬움 속 헤어짐 작별의 인사, 다음 해 만남에 대한 언약의 악수를 나누며 가치 있고 멋있게, 하루의 해를 뜻깊게 보내며 영원히 잊지 못할 날이기도 하였다.

 8월 8일 제2회~10회 나라꽃 무궁화의 날 기념행사

무궁화는 영원히 피고 또 피어서 지지 않는 꽃이다.
_대한민국의 상징

🌸 1994년 8월 8일 제2회 나라꽃 무궁화의 날 기념행사 축제 기념식

자랑스러운 우리나라 꽃 무궁화 제2회 행사장 모습

1994년 제2회는 경기도 이천시 율면 산성2리 본회 무궁화 묘판장에서 45인승 관광버스 8대 자가용 30대에 나누어 타고 480여 명이 참석하여 가치 있고 멋있게 개최했다.

🏵 1995년 8월 8일 제3회 나라꽃 무궁화의 날 기념행사 축제 기념식

거룩하고 위대한 독립 기념관

1995년 제3회는 충남 천안에 위치한 독립기념관 내에서 관광버스 6대에 나누어 타고 250여 명이 개최하였다.

🏵 1996년 8월 8일 제4회 나라꽃 무궁화의 날 기념행사 축제 기념식

거룩하고 위대한 독립문

1996년 제4회는 서울시 사회단체 제1365호 무궁화 국민 수련원 등록 필하고 서대문 독립공원에서 400여 명이 개최 후 관광버스 5대에 200여 명이 여주로 출발하여 금모래 유원지에서 물놀이로 매듭을 하였다.

서울시 사회단체
제1365호 무궁화 국민 수련원 등록필

🏅 1996년 8월 8일 제4회 나라꽃 무궁화의 날 기념행사 축제 기념식, 기념사

존경하는 국민 여러분!

세월은 유수와 같다 하더니 참으로 빠르군요. 제3회 나라꽃 무궁화의 날 기념행사 대축제를 독립기념관에서 가진 것이 엊그제 같은데 벌써 1년이 되어 오늘 제4회 축제를 갖게 되는군요. 이 무더운 여름에 우리나라 국화인 무궁화 사랑에 남달리 관심을 가지시고 이 자리를 빛내 주시는 내빈 여러분! 그리고 무궁화를 애틋하게 사랑하시는 동호인 여러분! 그리고 존경해 마지않는 지역 인사 여러분! 공사다망하시고 천기 고르지 못하며 교통이 불편함 등을 무릅쓰고 왕림하시어 이처럼 성황을 이루어 주셔서 대단히 감사합니다.

존경하는 국민 여러분! 자연과 역사는 많은 세월 속에서 급변하는 것이며, 짧은 인생의 삶 속에서 인간의 역사란 심정에서 우러나 이루어지는 것이니 우리가 살아가면서 선택의 갈등을 겪는 경우는 자주 있습니다. 중요하게는 사업, 결혼, 직장에서부터 그 갈등에서 우리가 선택하게 되는 기준은 실리 즉 어느 쪽이 더욱 이로운가를 선택할 것입니다.

존경하는 내빈 여러분! 나라와 민족을 위하는 일이라면 우리는 약간의 손해는 감수하면서도 대를 위해서는 소를 희생할 수 있습니다. 이런 것이야말로 우리나라의 국화인 무궁화를 잊어 가고 있는 이때, 무궁화로 하여금 온 국민의 애국심 함양과 청소년들에게 조국애를 심어 주자는 것입니다. 여러분.

친애하는 국민 여러분! 한민족의 뿌리 의식을 일깨우고 충효 사상을 고취함으로써 퇴색해 가는 우리의 전통 예절과 윤리와 도덕성을 선도하고 밝은 사회를 이룩하고자 함입니다. 여러분.

우리나라가 지난날의 한일 침략 역사 관계를 즉 3·1운동 안중근 의사 의거 등 우리의 독립 항쟁을 의도적으로 왜곡 기술한 데서 우리 국민감정의 불씨가 되어 정부와 온 국민은 겨레의 얼과 망국의 한, 일제의 비인도적으로 잔악한 탄압 행위 속에서도 태극기를 흔들며 독립운동을 벌이다 일경에게 피살된 선열들, 국난 극복의 저력과 우리의 찬란한 문화를 높이는 데 뜻을 모아 선열들의 독립투쟁 정신의 상징인 우리나라 꽃 무궁화이기에 민족정기로서 영원한 유산이 자손만대에 전해지도록 계승 발전하여야 할 무궁화를 현재 우리나라 국화인 무궁화에 대접은 말이 아닙니다, 여러분. 이래도 되는 겁니까? 여러분.

아 벚꽃, 철쭉꽃, 장미꽃 축제 등은 정부와 각종 매스컴에서 지원하여 화려한 각광을 받는 것이 현 실정입니다.

존경하는 국민 여러분! 1940년대의 정부수립 50년대의 시련과 노력 60년대의 번민에서 벗어나는 발전, 7·80년대의 번영, 90년대의 첨단 과학의 시대도 2000년대는 우주의 개척 시대로 전진하는 이 마당에 퇴색된 이야기로 오인할 줄은 모르오나, 아 우리나라는 오천 년의 유구한 역사와 찬란한 문화의 전통을 자랑하여 온 배달민족이 아닙니까. 여러분!

그러나 오늘날 우리나라의 사회 풍조는 차마 눈 뜨고 보지 못할 지경에 이르렀습니다.

물론 이것은 인류 사회의 발전 과정에서 오는 면치 못할 부작용의 하나라고 볼 수도 있고, 또 현대 산업사회의 발전 과정에서 선진국의 물질문명의 급속 도입으로 인한 후유증이라고 믿어지기도 합니다마는 그러나 우리 민족의 자랑이며 전통적인 윤리·도덕이 그 자취를 감추게 되어 민족의 고유문화가 말살 단계에 놓여 있다고 생각할 때 우리는 그냥 묵과할 수 없고, 우리 조상님들의 슬기로운 지혜와 전통적인 윤리·도덕을 되살려 우리의 뿌리를 찾아야 할 것입니다. 여러분.

친애하는 국민 여러분! 그동안 본원에서 개최해 온 나라꽃 무궁화의 날 축제도 네 살이 되었습니다. 무궁화를 우리나라 국화로 지정한 지 꼭 100주년이 되는 해라서 더욱 감회가 깊습니다. 지난날의 역정 속에서 본원의 염원이 무엇이며 소망이 무엇이며 목표가 무엇이라는 청사진이 객관화되어 있습니다. 개인 또는 몇몇 사람의 영리를 추구함도 아니요, 권세를 탐욕함도 아니요, 오로지 퇴색되어 가는 민족정기를 바로 잡아서 나라와 민족의 염원인 통일된 삼천리 반도에 무궁화꽃이 활짝 피어나게 하고자 할 따름입니다. 여러분.

존경하는 국민 여러분! 산자 수려한 삼천리 금수강산을 다시는 외세에 짓밟히지 않는 내 나라를 만드는 데 도움이 되고자 할 따름이며, 대업을 위한 길은 멀고 험난합니다.

본원의 목표는 빙산의 일각처럼 작은 분야를 이룩하는 하나의 방법론이라고나 할까요. 더위가 기승을 부리는 염천의 삼복더위가 그 막바지입니다. 더구나 십여 일 전에 며칠간 내린 집중호우로 수많은 희생자와 수재민이 많고, 사유재산, 공공시설 등의 파괴 유실로 인한 피해도 매우 큽니다. 자원봉사자, 공무원, 군부대 병사, 기업체 등 각계각층의 지원을 보면서 제26회 애틀랜타 올림픽에서 조국의 명예를 걸고 싸워서 이기겠노라고 선전 분투, 노력하는 선수 및 관계자, 응원단 여러분이나 국내서 밤을 새우며 텔레비전 앞에서 손뼉을 치며 마음 졸이며, 이겨 달라고 응원하는 국민 모두가 혼연일체가 되는 것을 보고 과연 우리 민족은 역시 무궁화꽃과 같이 인내와 끈기와 협동심이 강하고 정이 많은 민족이구나 자랑스럽게 여겨집니다, 여러분!

이와 같이 무궁화 사랑 보급심기 운동에도 국민 모두가 서로서로 앞장서 주시기를 기대하면서, 21세기를 5년 앞둔 우리에게는 우리의 귀여운 자식들에게 사랑으로 펼치는 진정한 바람은 풍요롭고 신명 나는 사회를 물려 각사의 성향을 발휘하고 새로운 변화와 개혁 속에 새 세기를 창조하여야 하는 시대의 여망에 충실히 부응하여 기존의 전지 이거나 해바라기성 같은 시책은 과감히 떨쳐 버리고 역사적 그 의무를 지는 것이 조국의 부름일 것입니다. 여러분!

존경하는 국민 여러분! 그러므로 대한민국의 영원한 번영과 미래를 위한 국민 대화합의 행사는 더 이상 뒷전으로 물러날 수도 물러나서도 안 된다고 강조하며 존경하는 김영삼 대통령 각하, 현행 국기는 국기 게양을 지속해서 추진하기 위하여 대통령령 제11361호로 제정된바, 본 무궁화도 대통령 임기 전 8월 8일은 나라꽃 무궁화의 날로 지정 공포하여 주심을 재상신하오니 선처를 바라옵니다.

친애하는 국민 여러분! 우리 헌정사에 역사의 대전환이 이루어져 갑니다.

하늘을 찌를 듯한 5·6공의 권세도 정경유착의 부도 정의와 역사 앞에선 굴복한다는 교훈을 우리가 요사이 매스컴을 통하여 잘 알고 있는 것과 같이 오늘 모이신 우리가 모두 항상 만나면 웃음꽃이 무궁화꽃처럼 활기차게 활짝 피어나 미래를 향한 힘과 지혜의 결집이 화합과 친목으로 뭉쳐, 그 어느 단체보다도 길이길이 보전할 수 있게 관심을 가지시고 무궁화꽃 내음이 삼천리 방방곡곡에 가득 차게 이끌어 주시기를 간곡히 바라며, 무궁화꽃 대축제에 물심양면으로 성원과 협찬해 주신 여러분과 여러 기관에 감사드리오며, 찾아 주신 여러분, 가정 가정마다 항상 건강과 사랑과 행복이 가득하시고 소망하시는 모든 일이 원만하게 이루어지시기를 충심으로 기원하며 끝으로 그동안의 뜨거운 성원과 격려에 다시 한번 감사와 경의를 드리오며, 배전의 성력을 기울이겠으니 변함없는 지도 편달을 갈망하면서 제4회 나라꽃 무궁화의 날 기념사를 갈음하겠습니다. 대단히 감사합니다.

1996년 8월 8일
무궁화 국민 수련원, 무궁화 사랑 보급 심기 축제 중앙회,
무궁화산악회 회장 양천규

● 1996년 8월 8일 제4회 나라꽃 무궁화의 날 기념행사 축제 기념식, 축사

축사자 국회의원 이태섭, 김한길, 웅진그룹 윤석금 회장 다수

* * *

🌀 축사

존경하는 국민 여러분!

우리나라의 꽃인 무궁화를 지키고 널리 보급하는 어려운 사회봉사로 외로이 몰두해 오신 무궁화 국민 수련원 양천규 원장님의 노고와 애국심에 경의를 표하는 바입니다.

1993년 8월 8일을 나라꽃의 날을 선포하고 올해도 그날을 맞아 제4회 나라꽃 축제를 개최하시는 숭고한 집념에 거듭 찬사를 보냅니다. 돌이켜 보건대 나라를 잃은 시절의 우리 민족은 무궁화꽃을 민족 독립 정신의 상징으로 소중히 가슴속에 간직했지만, 나라가 있는 지금의 우리 것을 제대로 돌보지 않아 무궁화꽃뿐만 아니라 우리 민족의 많은 소중한 자산들이 버려지고 있는 실정입니다.

더구나 세계사적 전환기를 맞아 '우리 것'에 대한 개념 자체가 흔들리고 있는 이때 민족정신의 상징인 무궁화꽃을 민족 단결의 구심점을 삼는 작업은 참으로 중요한 의미를 갖는다 할 것입니다.

국제화를 위해서는 자기 것을 다 버리는 것이 아니라 가장 한국적인 것이 세계적일 수 있다는 지혜를 마음에 새기는 것이 무엇보다 필요하다고 생각하기에 오늘 제4회 나라꽃 무궁화의 날을 나라 사랑의 자세를 스스로 재점검하는 뜻깊은 계기로 삼았으면 하는 바람입니다.

저는 무궁화 국민 수련원의 양천규 원장과 오늘 행사를 후원하고 참석해 주신 여러분의 애국애족 정신에서 받은 감명을 남북한이 무궁화 강산으로 통일되는 그날까지 간직하고자 합니다. 감사합니다.

1996년 8월 8일

전 과학기술처 장관, 자유민주연합 부총재,

세계국제라이온스 회장,

강남을 지구당 위원장 국회의원 이태섭

* * *

🌑 축사

존경하는 무궁화 국민수련원 양천규 원장님, 그리고 회원여러분! 오늘 제4회 나라꽃 무궁화의 날을 맞이하여 기념 축제를 개최하게 된 것을 진심으로 축하드립니다. 비록 짧은 역사지만 여러분의 열과 성으로 이루어진 오늘의 축제가 민족 통일의 씨앗이 되어 장차 해가 거듭되면서 민족 통일의 역사적인 결실이 맺어지기를 간절히 기원합니다.

우리들은 어린 시절부터 무궁화에 대한 깊은 사랑을 가지고 있습니다. 모든 꽃은 아름다움과 향기를 생명으로 태어나는 것이지만, 무궁화꽃은 우리 민족의 역사와 더불어 태어난 꽃으로 우리에게 더 큰 의미와 더 큰 사랑을 가지게 합니다. 일제하 어두운 역사 속에서도 민족에 대한 희망을 잃지 않고 나라를 찾을 수 있었던 것도, 전쟁 후 경제적 어려움 속에서 오늘의 경제적 발전에 이를 수 있었던 것도 무궁화가 가지고 있는 '끈질긴 생명력과 은은한 향기' 때문일 것입니다.

그런데 무궁화꽃이 우리에겐 멀리 있다는 사실에 무척 안타까운 마음을 금할 수가 없습니다. 얼마 되지 않는 관공서 화단의 후미진 곳에서 외롭게 피어 있는 모습을 볼 때 더욱 그런 생각을 지울 수가 없습니다. 마치 우리의 희망과 용기를 잃어버리고 사는 것이 아닌가 하는 생각에 깊은 자괴심에 빠지곤 합니다. 우리는 독립기념관이나 시범학교, 식물원에서만 무궁화를 볼 수 있어서는 안 됩니다. 언제나 우리 곁에서 볼 수 있는 꽃이 되어야 합니다. 그리고 오늘, 이 축제에 참여한 청소년들이 무궁화꽃을 사랑하듯이 우리가 모두 무궁화꽃을 사랑하고 키워야 할 것입니다.

아직도 민족 통일이라는 역사적인 과제가 우리 앞에 놓여 있는 무궁화꽃이 민족 통일의 씨앗이 되어야 할 것입니다. 그리고 오늘 나라꽃 무궁화의 날 기념 축제가 통일로 향하는 축제, 세계로 향하는 민족 대축제로 발전하기를 바랍니다. 마지막으로 무궁화 국민수련원 양천규 원장님과 관계자 여러분께 감사드리며 무궁화꽃이 언제나 우리 곁에서 볼 수 있게 되기를 바랍니다. 감사합니다.

1996년 8월 8일
국회의원 김한길

* * *

🌺 축사

존경하는 국민 여러분! 그리고 이 자리를 빛내 주시기 위해 찾아 주신 내외 귀빈 여러분. 이 여름철에 오늘 제4회 나라꽃의 날 기념행사 대축제를 개최하게 된 것을 무척 다행스럽고 뜻깊게 생각하며, 우리나라 꽃 무궁화 행사 축제에 참석하신 여러분을 진심으로 환영하며 매우 고맙게 생각하며 애국자분들이라 칭하겠습니다.

우리나라에서 다른 나라꽃 축제는 무척이나 성대하고 거창하게 해 왔습니다만 늦게나마 퍽 다행히도 무궁화 국민수련원에서 우리나라 꽃인 무궁화 행사 축제를 개최하는 것은 본인은 물론 우리 웅진그룹 임직원 여러분과 직원 일동은 깊은 감사와 경의를 보내며, 오늘의 모이신 수천 명뿐만이 아니라 4천만의 온 국민의 행사 축제가 되고 무궁화꽃 내음이 삼천리 방방곡곡에 가득 찰 때 남북통일의 기쁨과 나라꽃이 되기를 기원하며, 끝으로 나라꽃 사랑과 보급에 남다른 관심을 갖고 본 행사를 주최하는 무궁화 국민수련원의 발전과 양천규 원장님과 관계자 여러분들의 노고에 다시 한번 감사드리며 참석하여 주신 내외 귀빈 여러분과 국민 여러분 가정 가정마다 항상 건강과 행운이 함께 하시기를 바라며 우리나라 앞날에 무궁무진한 발전이 있기를 기원합니다. 감사합니다.

1996년 8월 8일
웅진그룹
웅진코웨이, 웅진식품 주식회사 회장 윤석금

* * *

● 축사

존경하는 국민 여러분!

그리고 이 자리를 빛내 주시기 위해 왕림해 주신 내빈 여러분! 오늘 제4회 나라꽃 무궁화의 날 기념행사 대축제를 개최하는 것을 매우 뜻깊게 생각하며 우리나라 꽃 행사 축제에 참석하신 여러분을 진심으로 환영하며 감사하게 생각합니다.

오늘날 사회가 고도로 발달하고 산업화함에 따라 주어진 임무를 충실히 이행키 위하여 각계각층 각 분야에서 노력과 수고가 많으신 이때 타 나라꽃 행사 축제만을 하여 오다가 우리나라 꽃 무궁화 행사 축제가 있다는 것이 이 사람도 퍽 다행한 일이라 생각하며, 이 행사 축제가 오늘 이 자리에 수천 명뿐만이 아니라 범국민운동으로 확산하여 남북통일이 되어 7천만의 국민 축제가 되기를 기원하며, 이 행사를 계기로 진정 나라 발전과 우리나라 국화인 무궁화 꽃내음이 삼천리 방방곡곡에 만끽할 수 있게 되기를 바라며, 생활에 활력을 주고 나라꽃 사랑의 한마음 축제가 되고 국민의 화합을 다지는 아름다운 행사 축제의 한마당이 되기를 바라면서, 특히나 뜻깊은 것은 무궁화 국민수련장인 이곳에서 제8회 나라꽃 무궁화의 날 기념행사 대축제야말로 그 의미가 크다 하겠습니다.

끝으로 나라꽃 사랑 보급 심기에 남다른 관심을 갖고 본 행사를 주최하는 무궁화 사랑 보급 심기 축제 중앙회 양천규 회장님과 관계자 여러분의 노고에 깊은 감사를 드리며 본 행사 축제에 참석하신 회원 여러분! 그리고 국민 여러분! 온 가정에 항상 건강과 행운이 함께 하시길 기원합니다. 감사합니다.

1996년 8월 8일
한나라당 동작 갑 지구당
한나라당위원장 국회의원 서청원

🎖 경축 제5회 국가 상징(나라꽃 무궁화)의 날 기념 국민 대축제 행사 개최

　1997년 8월 8일 무궁화 국민 대축제 개최를 이곳저곳으로 옮겨 다니며 행사 개최를 하다 보니 전국에 폐교된 초등학교가 많다는 소식을 접하고는 1996년 9월에 충북 교육청 강원도 교육청을 찾아가 폐교 학교 명단을 받아 찾아다니며 우리가 행사 등에 적합도 조사를 통틀어 실시 중 조금 멀기는 하나 무궁화 국민수련장으로 사용하기에는 부담도 적게 들고 하여 강원도 화천군 화천읍 신읍리에 화천 폐교를 선정, 교실 3칸 중 2칸은 침실 방으로 꾸미고 1칸은 식당으로 꾸며, 실내외 페인트칠까지로 운동장 주위와

교단에 무궁화나무 200여 주를 심고 큰 나무 그늘에서 교단은 무대로 활용 케 작업을 하고 내천 뚝 아래 개천에는 위아래로 수영장을 만드는 작업을 인력을 사 가면서, 약 3천여만 원에 경비를 들여 손수 하여, 1997년 봄·여름까지 하고는 1997년 제5회(국가 상징 나라꽃)의 날 행사 개최는 45인승 관광버스 10대에 400여 명이 타고서 강원도 화천 본회 수련장에서 개최하는데, 전날 오전에 전화하여 마을 주부 3~4명에게 인건비를 주어 시장을 보라 하고, 행사 후 점심 식사로 따뜻한 밥과 찌개에 갓 만든 반찬에 맛있게 들 드시며, 더우니 개천 수영장을 오가며 멋진 행사 마무리를 하고는 상경하여 헤어진 다음 날 조기회 배드민턴장에서 전날 행사가 화젯거리인, 즉 하는 짓마다 감동이라며 칭찬에 못 이겨 해장국으로 대접하자니 주머니 사정이 힘겨웠지요.

🏅 경축 제6회 국가 상징(나라꽃 무궁화)의 날 기념 국민 대축제 행사 개최

1998년 8월 8일 제6회 나라꽃 무궁화의 날 기념 국민 대축제일을 맞이하여 전년도 인기리에 강원도 화천군 무궁화 국민 수련장에서 개최하는 것을 알고는 신청이 들어온 200여 명을 넘어 300여 명이 관광버스 8대에 나누어 타고서 성황리에 행사 개최를 진행하였다.

　처음으로 나타난 우리 옹졸이 내외가 참석하고는 첫마디로 하는 말, "단체 조직이 잘되어 있고 운영을 잘하는군! 조직적으로 잘하고 있어. 병호도 왔더군! 오빠 왔느냐고 하여 놀라서 보니 병호더군"으로 끝.
　처음으로 오고 친구 단 한 명도 아니 모시고 오고 단 한 푼의 찬조도 없는 사람이다. 아니 필자와 같이 살다가 헤어지며 필자는 6개월에 실업자였기에 생활비를 못 내어 70만 원을 35만 원씩 나누었고, 그 후 영등포 신길동에 주택을 산다고 부동산에 경험이 있으니 와서 보아 달라고 하여 근 일 개월 가량을 같이 보러 다녔는데, 나는 신길동 26번이 다니는 차도 대로변에 붙어있는 집을 사면 나중 건축 시는 상가 건물로 지어 1층은 상가 가계로 세를 놓고 2, 3, 4, 5층은 주택으로 건축이 된다고 권하니, 나중 집을 샀다 하여 가 보니 사도를 거쳐 자그마하고 더 오래된 집을 구입하였기에 지적하니 돈이 없어서라 하여 알아본즉 40만 원 차이라 하며 후회를 하면서 30여일 왕래에 버스비 단 한 푼을 안 내주던, 옹졸이다.

🏵 1998년 8월 8일 제6회 나라꽃 무궁화의 날 기념행사 축제 기념식, 기념사

　친애하는 국민 여러분! 오늘은 8월 8일 제6회 나라꽃 무궁화의 날입니다. 이 무더위 속에 진정 나라와 민족을 사랑하시는 마음으로 이곳 무궁화 국민

수련장까지 찾아 주신 여러분! 대단히 고맙고 반갑다는 말씀을 드리며, 그리고 이곳 지역 인사 여러분과 모이신 모든 분을 귀빈이라 칭하겠습니다.

요사이 IMF 체제 속에서 생활하시느라 그 얼마나 고생과 번민 속에 시달리십니까? 여러분, 몇몇 사람의 잘못이라기보다는 우리 모두 다 같이 반성하여야 할 것입니다. IMF 한파 같은 것을 녹일 수 있는 것은 국민 그 누구나가 조국을 위하여 애국심을 발휘하여야 극복할 수 있을 것으로 생각되며 국가적인 총체적 위기감 속에 나라 살림이 거덜 날 것 같아 억장이 무너지고 비통한 마음뿐인데도 부정과 비리가 난무하니 이 어찌 된 일입니까? 법과 제도도 국민의 생활 편의를 위하여야 하는데 권위주의 사상에서 유래하는 규제 위주의 것들의 더 많으니 말입니다.

존경하는 국민 여러분! 지난 6월 4일 지방자치단체장 선거에서 저를 당선만 시켜 주신다면 지역발전을 위해 몸과 마음을 바치겠다고 다짐하며 90도로 절을 올리던 바로 그 사람들이 일부이기는 하지만 7월 1일 취임식에서 수천만 원을 써 가며 호화판 취임식을 하였다는 기사와 수억 원의 공사 특혜를 주는 대가로 수천만 원의 뇌물을 받아먹고 구속되었다는 내용을 읽으며 한심스러운 사람들 같으니라고 쓴웃음이 나오며, 괘씸하고 분노에 차더군요. 국민들이 꼬박꼬박 낸 세금으로 이런 짓 저런 짓, 무뢰한 짓을 배은망덕하게 하고 있는가 하고요. 그러니 무슨 선거든 법정 한계금을 넘어서 수억 원씩을 쓰고는 당선만 되면 된다는 식이 아니던가요. 이런 사람들이 IMF를 끌어들이고 나라 망쳐 놓을 사람들이 아니겠습니까, 여러분.

친애하는 국민 여러분! 아마 우리나라 학부모 중에서 자녀의 공부에 관심이 없는 사람은 아무도 없을 것입니다. 부모님들이 자식들의 공부에 신경을 쓰는 이유는 나중에 성공해서 높은 직위에서 편안하게 잘 살아 주었으면 하는 소망에서일 것입니다. 그것은 자신들이 살아온 경험으로 보아 행복하게 살기까지에 가장 중요한 조건이 공부라는 것을 이미 알고 있기 때문에 자녀 교육에 관한 한은 신앙처럼 매달리게 되는 것이며, 자신들의 한 달 수입보다도 더 많은 과외비를 서슴없이 투자하고 자식의 요구라면 무엇이든 들어주며 집안의 제반 의사 결정이 아예 자식을 중심으로 이루어집니다. 행여나 마음을 다칠세라 조바심을 내며 아이들의 눈치를 살피죠. 대입 수험생이 있는 집이라면 더욱 심하죠. 행여라도 시험공부에 방해될까 봐 온 가족이 설설 기고 어떤 신경질적인 행동도 모두 다 받아 주죠. 이렇게 하면 되겠습니까. 여러분.

존경하는 국민 여러분 공부가 인생의 전부이던가요. 많은 학생이 '공부가 없는 세상은 없을까?' 이런 생각을 하다가 막다른 골목에 이르면 어떤 짓을 저지르게 될지도 모르는 것을, 결국 아이가 잘되기를 바라서 강요한 공부가 아이 자체의 인생을 망치게 되는 원인을 제공하는 꼴이 되며, 물론 공부를 잘하는 것은 좋은 일이죠. 그러나 모든 아이가 1등을 할 수는 없는 일이 아닙니까? 아이를 사랑한다면 맹목적인 공부에 대한 욕심보다는 어떻게 사는가를 가르쳐 주는 일이 더 중요할 것입니다. 여러분.

요즘 공부는 잘하지만 사람답지 못한 짓을 하는 아이들이 너무 많기 때문이며, 공부는 좀 못하더라도 사람답게 살아갈 줄 아는 아이로 자라도록 하는 게 더욱 소중한 교육이 아니겠습니까. 여러분.

아, 내 자식 귀엽고 사랑스럽지 않은 부모가 어디 있겠으며, 그러나 귀엽다고 순간 고통을 겪는 것이 안쓰럽다고 그저 그들을 편안하게만 해 주려 하면 그들은 생각을 키울 기회를 영영 상실할 것입니다. 여러분.

　나라에는 충성을, 부모님에게는 효도를, 일가친척에게는 우애를, 친구 간에는 의리를, 만인께 존경과 신뢰받는 사람이 되어야 한다고, 이런 교육이 가정과 학교에서 필요할 것입니다마는 너는 몸이 약해서 안 돼, 너는 우리 집 외아들이라서 안 돼, 너는 고생시킬 수 없어, 돈으로 해결하게 하며 등등. 나약하게 부모님들이 만들어 주니 미래의 이 나라가 어찌 되겠는가를 돌이켜 봐야 할 시기입니다. 여러분! 이 시대를 살아가는 사람에게 있어서 사고력은 그 어떤 능력 못지않게 생존의 필수적인 것을 말입니다.

　존경하는 국민 여러분! 더욱이 우리나라 국화인 무궁화는 지금과 같은 국가적 위기 상황일수록 국가 상징을 통해 온 국민의 마음과 힘을 하나로 결집하는 일이 더욱 절실한 이때 우리 일상생활 속 어디에서나 친근한 존재의 꽃으로 피어 정착하여야 하는데 무궁화라면 아, 그 진딧물이 벌레가 많은 꽃, "좋은 일 하십니다"라는 등등 지나가는 말, 입버릇처럼 한마디 할 뿐 유래나 종류, 식재, 성장, 개화 등에 관해서 묻는 이는 아주 극소수일 뿐입니다. 여러분.

　현직에 계신 높으신 어르신님들 지금같이 이렇게 무궁화를 냉대하에 대하시면 이 나라를 위하여 몸 바쳐 싸워 오신 민주 영령과 조상님들 앞에서 우리는 자랑스러움보다 살아가고 있음이 부끄러울 뿐이며, 굴절된 역사 속에서 잘못 비치고, 인식된 정부에 대한 부정적인 시각이 아직도 남아 있기 때문이라고 역정들을 내시며, 나무라는 소리가 들리지 않으십니까?

　어르신님 여러분! 잘 기억해 두시고 올해 가을 추경 시나 내년 봄 식목일에 무궁화를 많이 식목하십시오. 그래야만 21세기의 희망을 새롭게 조율해야 할 시기에 발맞추어 현재의 경제위기를 이겨 낼 수 있는 의지와 역량을 갖고 있음을 우리 스스로 확인하고 대외에 과시하는 확실한 증거가 되어 IMF 체제에서 하루빨리 벗어나 정부를 위해서 모든 국민이 대승적 자각을 통해 진정한 민주주의와 평화가 무엇인가를 보여 줄 때라고 생각하며, 국가 경쟁력을 강화하는 정책과 전략을 세워 50년 만에 이루어 낸 여야 정권 교체를 한 국민정부 김대중 대통령님께서 헌법제정 50주년인 제헌절에 정부 수립 50주년인 8월 15일 광복절 기념사에서 우리나라 국경일 기념일 등의 50번째로 8월 8일은 나라꽃 무궁화의 날이라고 제정 공포하여 주심은 물론 모든 국경일, 기념일 등을 모든 국민이 그날을 맞아 각 분야의 번창과 역사를 상기하여 나라의 발전을 다짐하는 계기인 것을 인식하여서 정부의 심볼 마크인 나라의 국화인 무궁화꽃 대축제가 없다는 것은 국민 의식도, 행정력도 없는 후진국이나 다름없는 행동이니 자제하여야 하겠으며, 본 행사의 전통을 살아 숨 쉬는 자연스러운 무궁화꽃 대축제가 계승 발전하기를 높으신 관계자 여러분께 고대하면서 끝으로 본 행사에 물심양면으로 협조하여 주신 많은 분과 본지 기관장님들께 진심으로 감사드리며, 오늘 참석하신 여러분 가정에 항상 건강과 행운이 충만하시기를 기원하며, 기념사를 갈음하겠습니다. 감사합니다.

1998년 8월 8일
무궁화 국민 수련원, 무궁화산악회 회장 양천규 드림

🌐 1998년 8월 8일 제6회 나라꽃 무궁화의 날 기념행사 축제 기념식, 축사

푸르름이 가득한 성하의 계절에, 제6회 나라꽃 무궁화의 날 기념행사를 비목의 고장 화천에서 열게 된 것을 온 국민과 함께 축하드리며, 이 뜻깊은 행사를 준비해 오신 무궁화 국민수련원 양천규 회장님과 관계자 여러분의 노고에 진심으로 감사드립니다.

무궁화는 7~10월 더운 날씨에 약 100일 동안이나 피어 있으며, 이른 새벽에 피고 저녁에 시듦으로써 날마다 신선한 새 꽃을 보여 주는 은근과 끈기의 민족적 특성을 대변하는 한민족의 상징 꽃이며, 일제 강점기 민족의 상징 뿌리 뽑기에 의해 전국적으로 무궁화를 없애려 하여 고난을 겪었던 꽃으로 우리 민족의 수난 역사를 담고 있는 한의 꽃이기도 합니다.

이렇게 어렵게 지켜 왔던 소중한 우리의 꽃이 외국의 화분, 절화용 꽃에 밀려 외면당하여 언제 피고 언제 지는지 주변에서 찾아보기 힘들어 안타까운 마음을 가졌었는데, 무궁화의 날 기념행사가 벌써 6회째를 맞고 있다니 퍽 다행한 일이라고 생각합니다.

오늘 이 행사를 계기로 화랑, 배달, 새 아침, 원술랑 등의 재래종 무궁화꽃이 한라산은 물론 백두산까지 한반도 전체에 널리 퍼져 민족의 화합을 다지는 통일의 꽃이 되기를 기원합니다.

우리 민족과 애환을 같이한 나라꽃 무궁화를 사랑하는 마음이 온 국민의 가슴에 스며들어 오늘의 난국을 극복하고 다시 세계 정상의 대열에 우뚝 서 민족적 역량을 만방에 떨칠 수 있는 계기가 되기를 바랍니다.

다시 한번 무궁화에 대한 국민의 인식을 높이고 재배법 등을 보급하느라 애쓰시는 무궁화 국민수련원 관계자 여러분께 진심으로 감사드리며 온 국토에 무궁화 향기 그윽하게 퍼져 희망의 새날이 밝아 오기를 기원합니다. 감사합니다.

1998년 8월 8일
화천군수 홍은표

* * *

● 축사

존경하는 무궁화 국민수련원 양천규 원장님 그리고 수련원 임직원, 회원 여러분! 오늘, '제6회 나라꽃 무궁화의 날 대축제'를 맞이하심을 경하해 마지않습니다.

양 회장님과의 만남은 실로 우연한 해후였습니다. 지역사회 오 사장의 개인 사무실에서였지요. 첫인상, 고향의 이웃 아저씨 같은 소박미를 느꼈습니다. 그 뒤로 몇 번 더, 그러다가 또 우연히 지나간 묵은 신문(1994년 8월 일자 미상 세계일보)에서 '인터뷰' 기사를 읽었습니다.

(전략) "무궁화 국민수련원 양천규 원장(55)은 무궁화 헌수 국민운동을 전개하고 있다. (중략) 양 원장은 88년부터 2백 만여 주의 무궁화를 심고 청소년들에게 조국애를 심어 주기 위해 애쓰고 있다. 이날 행사는 율면 국민

학교 어린이 농악대 공연과 60세 이상 노인들로 구성된 '실버악단' 공연이 이어진다. 또 무궁화 사랑 풍선 날기와 국민 화합을 다지는 장기 자랑 한마당도 열린다. 그는 율면 국민학교에 장학금도 전달할 예정이다." (후략)

"별난 사람, 별난 사연이다"라고 느꼈습니다.

중학생 시절(50년대 초반) 탐독했던 「흙」의 허숭, 「상록수」의 채영신이 별난 사람 아니냐는 생각이 듭니다. 황진이·양녕대군·성삼문·이하응·김옥균·서재필·한용운·이광수·김일엽·오상순·변영로·양주동·한하운·김소월·윤동주·노천명·안중근·윤봉길·김구… 기라성 같은 인물들.

그들, 끼(기, 氣)가 밤하늘이 선광처럼 잠깐(영겁에 비히면, 수유, 찰나) 별처럼 빛났다가 사라져 갑니다. 수전노가 되기보다는 의미 있게 살다 가는, 그런 유형, 그런 인간형의 사람은 군계일학 격으로 매우 드뭅니다.

어제(7월 30일), 개인 저서 출판 관계로 시내에 갔다가 귀로에 남산 순환도로를 지났습니다. 도서관-하얏트 호텔 사이의 남산 쪽 길가에 무궁화꽃이 핀 것을 보고 적이 반가웠습니다.

"… 무궁화 삼천리 화려강산 …" 애국가의 구절이 떠올랐습니다.
「무궁화꽃이 피었습니다」라는 이휘소 전기소설도 떠올랐습니다. "무궁화꽃이 피었습니다. 아직도…" 하는 꼬마들의 감추기 장난 모습도 생각났습니다.

"사랑해요, 무궁화!"

양천규 원장님, 별난 사람으로 계속 사시고, 의미 있는 삶의 자세를 견지하신다면, '무궁화 국민수련원'의 꿈은 지금 희미한 실루엣 상태에서 머지않아 아스라한 안개 기운이 흩어지며 태양의 조명을 받으며, 천년 성의 모습으로 눈앞에 구상적으로 현현될 것입니다.

양 원장님, 그리고 무궁화 국민수련원 여러 관계자, 무궁화 사랑 동호인 무궁화 산악회 제위의 건승을 빕니다. 감사합니다.

1998년 8월 8일
경기수필문학회 회장 윤공보

* * *

🌼 축사

제6회 나라꽃 무궁화의 날 기념행사를 진심으로 축하드리며, 무궁화 국민수련원 양천규 회장님과 임원진의 헌신과 봉사에 격려의 박수를 보냅니다. 가장 완벽한 환경교육은 우리들 스스로가 자연의 일부가 되게 하는 것입니다.

숲에서 숨 쉬고 나무와 대화하는 자연의 법칙대로 자라나게 하는 인간 교육을 시키는 것입니다. 자라나는 2세들이 자연의 법칙에 순응하고 꽃과 풀을 사랑하고 아끼는 마음들이 자라나면 우리들의 미래는 한층 밝아질 것입니다.

나라꽃 무궁화를 보급하기 위해 노력하시는 회원님들의 헌신이 우리들의 국화 오천만의 꽃으로 우리 국민들 모두에게 정착되어 가고 있습니다. 자라나는 2세들에게 끈질긴 생명력과 향기가 있는 무궁화를 사랑하게 해 주시어 항상 우리 꽃에 대한 긍지와 자긍심을 갖도록 모두 노력합시다.

지금은 우리의 지혜를 다 모아서 새천년을 맞이하여 새로 출발한다는 마음으로 아주 중요한 시기입니다. 과거보다 미래로 인식을 바꾸어야 하며, 미래는 환경을 중요시하고 지방자치가 주민 생활 편의만을 목표하는 생활 정치 체제로 발전해야 합니다.

지금 우리의 선택이 100년 후에도 영향을 미칠 수 있습니다. 여러분들이 사랑하고 관심 가지는 무궁화꽃이 백 년, 천 년 후라도 우리의 꽃 무궁화가 꿋꿋하게 전 세계로 사랑받을 수 있도록 앞장서 주시는 무궁화 국민 수련원 무궁화 산악회 양천규 회장님과 회원 여러분의 노고에 다시 한번 경의를 드립니다. 감사합니다.

1998년 8월 8일
강남구청장 권문용

* * *

● 축사

존경하는 무궁화 국민수련원 양천규 회장님을 비롯한 회원 여러분! 오늘 제6회 나라꽃 무궁화의 날 기념 축제를 개최하게 된 것을 진심으로 축하드립니다.

우리나라 꽃 무궁화는 그 은은함과 고귀함으로 우리나라와 역사를 같이해 왔습니다. 일제하 어두운 역사 속에서 그리고 경제적인 어려움 속에 많은 국민이 실의에 빠져 있을 때도 그 꿋꿋한 기상을 보여 줌으로써 우리 국민에게 큰 힘이 되어 왔습니다.

그렇지만 그렇게 우리와 함께해 온 무궁화가 많은 다른 나라 꽃들에 비해 많은 사랑을 못 받고 있다는 사실은 우리를 안타깝게 합니다. 우리의 꽃을 우리가 사랑하고 아끼고 더 널리 보급해 우리나라 곳곳에 무궁화가 피어나고 그 꽃내음을 만끽할 수 있기를 진심으로 바랍니다.

그런 의미에서 무궁화를 사랑하고 보급하기 위해 애쓰시는 양천규 회장님을 비롯한 무궁화 국민수련원에 진심으로 감사드립니다. 앞으로 해를 더해 갈수록 무궁화의 날이 나라 사랑을 다짐하고 온 국민의 큰 축제가 되기를 진심으로 기원합니다. 감사합니다.

1998년 8월 8일
강남구의회 의장 이재창

🎖 경축 제7회 국가 상징(나라꽃 무궁화)의 날 기념 국민 대축제 행사 개최

1999년 8월 8일 제7회 나라꽃 무궁화의 날 기념 국민 대축제일을 맞이하여 전년도 인기리에 강원도 화천군 무궁화 국민 수련장에서 개최하는 것을 알고는 신청이 들어온 200여 명을 넘어설 줄 알았으나 180여 명이 관광버스 4대에 나누어 타고 행사에 참여했다. 그럼에도 성황리에 행사 개최를 진행하고는 부회장과 총무에게 부탁하고, 필자는 휴가차 4박을 쉬고는 상경하였다.

2002년 한일 월드컵 대회를 앞두고 2000년 3월에 김대중 대통령께서 대한민국 국도와 지방도에 무궁화 꽃길 조성 사업으로 무궁화심기 제의 지시에 가격이 아주 싼 중국산을 사들여 심다가 언론에 발각된 행정안전부의 핑계 변명은 대한민국에 무궁화가 없어서라는 거짓이 들통나 곤욕에 망신당하기도 하였다. 필자도 보유분 무궁화나무 약 8억 원어치 매매 납품을 하였고 그 시기는 현금이 무척이나 귀하였다. 많은 기업이 부도가 나고, 모든 부동산 가격은 바닥을 쳤으니까.

필자의 장손녀가 태어나서 난생처음으로 친손녀를 맞이하여 첫 손녀 상면으로 은행에서 300만 원을 찾아서 100만 원은 병원비, 200만 원은 교육보험에 가입하라며 전해 주던 기억이 새삼 떠오른다. 그놈이 어언 나이 24세가 되어 초·중·고 대학을 16년에 교육을 마치고 기업체에 취직하였다는 소식을 들으니 세월의 흐름이란 참으로 빠르기도 하다. 차손녀 22세가 간호학과 4학년이라 실습 외국 봉사를 다닌다는 대화를 나누며, 할아버지로서 건강 잘 챙기고 안전사고 주의하며 매사에 최선을 다하라는 말을 전할 뿐이다.

2023년 우리나라 나이로는 필자가 80세 팔순이라는 잔치를 자식들에게 받아먹으면서 아니, 벌써 팔십이라니 애국의 길 36년으로 살아온 세월, 팔십 년의 아름다운 소풍 길 세월을 돌이켜 보게 되었다. 타인들처럼 가정에 욕심을 품고 즉 부와 명예에 욕심을 남들처럼 가졌다면…. 고인이 되신 최병렬 前 의원, 김형래 前 의원, 새마을 중앙회 전경환 회장님과의 배드민턴 문제로 독대 저녁 식사를 하면서도 업무 대화만 하였다는 것에 후회를 가지기도 했다. 나는 새도 떨어트릴 시기였으니까.

지인 누구처럼 건물 한두 채 보유와 아들딸들에게 살아갈 주택 한 채씩은 사 주어야 하였는데 사리사욕 없이 양심만을 갖고 올바른 애국 애족의 길만이 살길로 선정하며 못 해 준 것이 때로는 사람인지라 미안함에 후회도 간혹 해 보았지요.

모두가 한편으로는 "참 바보처럼 살았구려. 와~ 그때 그렇게 했었을걸, 저렇게 했었을걸, 더 참았었을걸, 더 베풀었을걸, 더 욕심 좀 부렸었을걸…" '걸, 걸, 걸, 걸' 매번 걸 하기만 하는 것이 인생사인가 보다. 지난 뒤 후회보다는 욕심 없이 순리대로 올바른 애국정신의 일념으로 살아왔다.

🎖 경축 제8회 국가 상징(나라꽃 무궁화)의 날 기념 국민 대축제 행사 개최

2000년 8월 8일 제8회 나라꽃 무궁화의 날 기념 국민 대축제일을 맞이하여 전년도에 인기로 강원도 화천군 무궁화 국민 수련장에서 개최하는 것을 알고는 신청이 들어온 200여 명을 넘을 줄 알았으나 신청인들만이라 관광버스 5대에 나누어 타고 산천초목이 시원한 경춘 가도로 달려 좌우로 강물에 취하며 도착해 행사를 개최했다.

🏵 2000년 8월 8일 제8회 나라꽃 무궁화의 날 기념행사 기념식, 기념사

친애하는 국민 여러분! 그리고 이북에 계시는 동포 여러분 해외 근로자 여러분! 오늘이 2000년도 8월 8일 제8회 나라꽃 무궁화의 날 기념행사 축제일에 또 만나고 메시지를 전하게 되어 무척이나 반갑고 고맙습니다.

그리고 공사다망하신데도 이곳까지 왕림하여 주신 각계각층 명사 여러분께 우선 감사의 말씀을 드립니다. 반갑고, 고맙고, 감사합니다. 여러분! 무척 더우시죠. 더우시더라도 몇 분만 우리나라 대한민국에서 가장 편안한 자세로 경청하여 주시기를 바랍니다.

올해 2000년은 아주 귀중한 해입니다. 하루해가 바뀌어 새천년이 바뀌는 해에 우리 국민 모두의 염원인 남북통일을 앞당기려 지난 6월 19일에 우리 대한민국 대통령이신 김대중 대통령님과 이북 땅에 인민공화국 김정일 국방위원장과의 상견례란 새천년 초에 가장 뜻깊은 선물이 아니었겠습니까? 여러분! 이 두 분께서 3일간에 만남이란 남북통일의 길잡이요, 세계 인류 평화의 전초전이 아니었겠습니까? 여러분.

부모·형제가 생이별한 지 50여 년 만에 상봉이 며칠 있으면 이루어지는 이 만남이야말로 이보다 더 좋은 경사가 어디 있겠습니까마는 이제 우리 국민 모두의 마음 자세가 바뀌어야 합니다. 나 아니면 안 된다는 안일한 생각 누가 어떻게 되던 나나 이익과 영리만을 추구하고, 내가 잘 살기 위해서는 남을 죽여야 한다는 사고방식이 머물러 있고, 나나 편안하게 잘 살자고 하는 마음 자세를 바꾸어야 한단 말입니다. 여러분.

대를 위해서는 소가 희생과 봉사 정신이 앞서고 나, 너가 아니라 우리로 말입니다. 아, 나라와 민족이 없으면 내가 어떻게 있을 수 있단 말입니까? 여러분! 윗분 여러분 지도층 여러분들께서 그렇게 하시기 때문에 우리나라 미래의 주인공이 될 자라나는 청소년들이 부모님 선생님 직위 고하를 막론하고 어떻게 하고 있습니까.

윤리·도덕이 땅에 떨어져 입에 담기도 상상조차 하기도 싫은 엄청난 폭행·언행과 살상에 강도 범죄와 가지 못할 술집에 퇴폐장을 드나드니 청소년 수용소에 증가 추세가 날로 늘어난다는 것은 우리 기성인 모두의 잘못이 아니겠습니까. 여러분.

아, 전 세계는 지금 문명사적 대전환을 맞고 산업구조 인구구성 사회관계 사회구조 인간의 욕구 등으로 희망이 전면적으로 바뀌고 있는 이때 말입니다. 여러분.

존경하는 윗분 여러분 지도층 여러분 지금 우리 사회는 어수선하고 어렵습니다. 날로 늘어 가는 실업자에 국민연금 졸속 확대 의료 분업에 환자 기피 기업경영인들의 재벌 빅딜, 지역감정 등등이 말입니다.

정보 문명시대에 발맞추어 정보산업과 농축임·수산업 교육 부문 사회복지 부문 등을 잘 응용해 잘사는 나라, 부강한 나라, 예의범절과 충효 사상이 살아 숨 쉬고 범죄 없는 사회로 발전시키기 위해서는 우리나라 국화인 무궁화가 삼천리 방방곡곡 가는 곳곳마다 많이 식재되어 있어야 하고, 나라꽃 무궁화 축제에도 많은 협조와 지도 편달이 뒤따라야 할 것입니다.

우리나라 대한민국이 지난 역사를 거슬러 올라가면 이 땅에 이웃 나라 일본의 임진왜란 등 일제 침략으로 인하여 우리 선조님들이 그 얼마나 참혹하게 많은 학살과 삶의 고초를 겪으셨습니까.

생각하면 생각할수록 몸서리쳐지는 그런 나라의 벚나무는 많은 식재와 축제에도 막대한 거금을 정부에 지원금으로 행하고, 우리 대한민국의 국화인 무궁화는 어찌하여 식재와 축제에 협조가 없다는 것이 말도 안 될 처사를 하고들 계십니까. 윗분 여러분, 지도층 여러분.

우리나라가 남북통일의 대비와 장래를 위하여 어찌자는 것인지 개탄스

렵고 한숨이 저절로 나는 행위를 하신단 말입니까. 아마 지나가는 강아지도 이 사실을 안다면 비웃을 짓을 하시며 국민이 잘사는 복지국가를 만들겠다고 말씀하실 수 있단 말입니까. 윗분 여러분, 지도자 여러분! 이래도 되는 겁니까. 여러분 안 되죠.

찾아 주신 여러분 판단이 현명하셔서 올해 가을 정기국회에 의원님들께서 국토에 무궁화를 많이 식재하고, 8월 8일 나라꽃 무궁화의 날 대축제를 온 국민이 함께 애호하므로 애국정신의 힘이 솟아 남북통일과 선진국으로의 지름길이라는 것을 인식하시어 추경예산에 반영하시리라 믿고 싶습니다.

친애하는 국민 여러분 올해 봄 벚꽃축제에 진해 군항제를 비롯하여 청주 무심천 전주, 이리, 군산, 지리산 쌍계사 경주, 해인사 전국 도심지 국도 변 등 이뿐만이 아니라 우리 국민의 대표 자격으로 모이신 국회의사당 앞 윤중로 벚꽃축제에 인파 사태에다가 아수라장, 이 꼴이 뭡니까. 여러분.

꽃으로만의 만끽을 떠나 역사의 감상을 느끼시는지요. 또 철쭉제에 소백산 태백산에도 장미 꽃축제 등 인파에 짓밟히는 곳에는 막대 거금을 써 가며 자진해서 수백 리를 다녀오느라 갖은 고생을 감수하면서도 왜 우리나라 국화인 무궁화꽃 축제에는 나 몰라라 등한시하는지요.

또한 이 행사를 하려고 행정자치부 산림청 몇몇 기업인들에게 협조를 의뢰하여 보니 좋은 일 하시는데 "예산이 없어서"라며 비협조적일 적에 나라 장래의 걱정이 앞서더군요. 아, 수백수천만 원 도와 달라 의뢰한 것도 아닌데, 십시일반으로 더불어 사는 사회에 말입니다. 이래도 되는 겁니까. 여러분.

또한 2002년 월드컵 축구대회를 개최한다는 나라에서 정치인들에게는 로비나 하여 문어발 기업 확장에 부도를 내어 종당에는 국민 세금으로 충당하니 한심스럽기 그지없는 일이 아닙니까. 여러분.

친애하는 국민 여러분! 이왕 오늘이야 지나가는 것 내년 2001년 제9회 나라꽃 무궁화의 날 기념행사 대축제부터는 행정부와 기업인이 서로 도와 우아하고 화려한 온 국민의 행사 축제가 되기를 기대하오며, 이 더위에 찾아 주신 현 몇백 명이라도 끝까지 협조만 하신다면 이 양천규 생명 다하도록 행하므로, 언젠가는 머지않아 남과 북이 통일되어 7천만 한민족의 무궁화꽃 대축제가 되기를 학수고대하며 끝으로, 물심양면으로 협조하여 주신 기아자동차 남서울 판매점 박형진 소장님과 이곳 화천군 홍은표 군수님 이하 기관장님들께 감사의 말씀 드리며, 개인적으로 찬조하여 주신 많은 분께 고개 숙여 감사드리며, 찾아 주신 여러분 가정 가정마다 항상 건강과 행운이 늘 함께하시기를 바라며, 기념사를 마치겠습니다. 대단히 고맙습니다, 감사합니다.

2000년 8월 8일
무궁화 국민 수련원, 무궁화산악회 회장
양천규 드림

🌺 2000년 8월 8일 제8회 나라꽃 무궁화의 날 기념행사 기념식, 축사

내빈 여러분 반갑습니다. 삼복 지절에 이곳까지 와 주신 것을 감사하게 생각하며 우리가 세계 2차 대전 후 출현했던 동서 냉전 시대는 공산주의의 패북으로 막을 내리고, 요즘 우리 국내 시장에서는 세계 선진 각국의 농산물을 비롯해 제1차, 제2차, 제3차 산업의 많은 상품이 범람하고 있습니다.

만일 우리 국민이 우리 상품을 외면하고 외국 상품을 선호할 경우, 우리 국내 기업은 줄줄이 도산되고 실업자는 거리에 넘치며 학교도 문을 닫게 될 것입니다. 참으로 목불인견의 비참한 지경에 빠질 것입니다. 총탄만 오가지 않는 이 경제 전쟁에 승리하기 위해서는 일제하의 우리 의혈청년들이 타국 땅에서 풍찬노숙을 감수하면서 태극기와 무궁화꽃을 그려서 가슴에 안고 애국가를 드높이 외치면서 적진에 돌진하였던 그러한 생사를 초월한 전 국민적인 애국심만이 필요로 합니다.

국민 여러분! 무궁화의 국화는 국기, 국가와 더불어 우리 국민의 애국심을 함양하고 고취하는 상징적 3개 실체입니다. 앞으로 세계적 격동기를 승리로 이끌기 위해서는 근면하고 세련된 애국심만이 절대로 필요로 하는 시기입니다.

이 시점에서 무궁화 국민 수련원 단체장 양천규 회장이 오늘 제8회 무궁화꽃(무궁화)의 날 기념행사 대축제는 그야말로 선양의 국민 운동적 행사를 거행한 것은 참으로 시의에 너무나 적절한 행사로서 주최자에게 만강의 찬사를 보내면서 본인의 간절한 소망은 온 국민들께서 적극적으로 이 행사에 애국심을 갖고, 국가적 행사로 승화되기를 갈명하면서 국회에서도 적극 협조할 것이라는 말씀드리며, 이만 축사에 갈음합니다.

감사합니다.

2000년 8월 8일
국회의장 이만섭

＊　＊　＊

● 축사

오늘 제8회 나라꽃 무궁화의 날 축제를 맞이하게 된 것을 진심으로 축하합니다. 여러분께서도 잘 아시다시피 무궁화는 꽃 이름 그대로 결코 쇠퇴함 없이 영원히 민족의 발전과 번영을 표상하고 있습니다.

어떠한 시련과 고난이 있더라도 불굴의 의지와 끈질긴 생명력으로 만남을 극복한 우리 민족을 상징하는 소중한 꽃인 것입니다. 아쉽게도 무궁화가 항상 국민의 곁에 있지 못하고 소외해지고 있지 않나 하는 형편에서 무궁화 사랑 보급 심기 축제중앙회 주관하에 각계각층의 협조와 성원 속에 나라꽃의 날을 개최함으로써 소중함과 진정한 가치를 되새겨 보는 기회를 갖는 것은 매우 커다란 의미를 지니고 있다고 할 수는 없을 것입니다.

다행히도 나라꽃의 날을 정해 뜻있는 행사를 전개함으로써 우리 무궁화가 다시 한번은 국민들에게 소중함을 깨닫게 하는 한편 국민 화합과 단결의 계기를 만드는 데 앞장서 오신 양천규 회장을 비롯한 관계자 여러분의 노고에 깊은 사의를 표합니다.

앞으로도 이러한 운동이 더욱 활발하게 전개되어 무궁화가 삼천리 방방 곡곡에서 국민과 함께 기쁨과 즐거움을 나누는 국민의 꽃으로 보급되기를 바라면서 오늘 행사 참석자 여러분의 건승을 기원합니다. 감사합니다.

2000년 8월 8일
국무총리 이한동

* * *

● 축사

존경하는 회원 여러분! 연일 계속되는 무더운 여름에 오늘 제8회 나라꽃 무궁화의 날 기념행사 대축제를 맞이하게 되어 매우 뜻깊게 생각하며 이 자리를 빛내 주시기 위해 참석하신 내빈 여러분께 진심으로 감사를 드립니다. 우리나라 꽃 행사를 주최하신 무궁화 사랑 보급 심기 축제중앙회 양천규 회장님, 임원 및 회원 여러분께 그동안의 노고를 치하하며 축하드립니다.

무궁화는 우리나라를 대표하는 나라꽃으로 우리 민족 질곡의 역사를 대변하는 우리의 한을 담은 꽃이며, 어떠한 시련이 있더라도 불굴의 의지와 끈질긴 생명력으로 고난을 극복한 우리 민족을 상징하는 꽃입니다.

나라꽃인 무궁화가 근래에 들어 국민적 관심을 갖지 못하고 있는 우리 모두에게 외면당하고 있는 우리 현실을 무척 안타깝게 생각합니다. 따라서 우리나라 꽃 축제 행사는 무궁화에 대한 국민적 관심을 불러일으킬 좋은 기회가 될 뿐만이 아니라 우리의 후손에게 나라꽃 사랑에 대한 많은 교훈을 줄 수 있을 것입니다.

오늘 이 행사를 계기로 무궁화를 사랑하는 범국민적인 공감대가 형성될 수 있기를 기원하며, 무궁화가 삼천리 방방곡곡에 만발할 수 있게 되기를 바랍니다. 또한 나라꽃 사랑의 한마음 축제가 국민의 화합을 다지는 아름다운 축제의 한마당이 되기를 바랍니다. 무궁화 행사 축제를 계승 발전시켜 모든 국민이 하나 된 마음으로 우리 민족의 영원인 남북통일을 이룩하여 7천만의 한민족이 통일의 기쁨을 나누고 북녘땅에도 무궁화꽃이 활짝 피기를 기대합니다.

앞으로 더 많은 사람이 무궁화 심기에 동참하여 무궁화 사랑 보급 심기 중앙회가 무궁 발전하기를 기원하며, 양천규 회장님께 각별한 감사의 말씀을 드립니다. 더불어 참석하신 여러분들의 가정에 행운과 기쁨이 함께하시기를 진심으로 기원합니다. 감사합니다.

2000년 8월 8일
前 서울시장, 前 노동부 장관,
前 한나라당 대표, 국회의원 최병렬

* * *

● 축사

안녕하십니까? 이용삼 국회의원입니다. 먼저, 제8회 나라꽃 무궁화의 날 기념행사 대축제가 이곳 산천 수려한 강원도 화천에서 성황리에 열리게 된 것을 지역 출신 국회의원으로서 화천군민을 비롯한 강원도민과 함께 진심으로 축하드립니다.

오늘 제8회 행사를 준비하시느라 노고를 아끼지 않으신 무궁화 사랑 보급 심기 축제 중앙회 양천규 회장님과 회원 여러분께 감사와 따뜻한 격려의 말씀을 드립니다.

아시다시피, 무궁화는 오랜 역사 속의 우리 민족과 함께 슬픔과 기쁨을 나누어 오는 동안 자연스럽게 나라꽃(國花)이 되어 그 은은함과 고귀함으로 은근의 끈기의 국민 심성을 가꾸어 왔고, 그 꿋꿋한 기상은 우리 국민에게 큰 힘이 되어 왔습니다.

우리 민족과 희로애락(喜怒哀樂)을 함께해 온 무궁화를 사랑하고 아끼며 더 널리 보급해 전국 방방곡곡에 그 향내를 만끽할 수 있도록 최일선에서 애써 오신 여러분들의 정성이 오늘 행사로 이어져 전 국민의 애국심 함양은 물론, 청소년들에게 조국애를 심어 주는 축제로 승화된 것을 다시 한번 축하드리며, 아무쪼록 이번 행사가 무궁화를 사랑하는 모든 분과 국민들에게 나라꽃 사랑의 소중한 계기가 되기를 기대합니다.

끝으로, 무궁화 사랑 보급 심기 축제중앙회 양천규 회장님을 비롯한 회원 여러분께 찬사와 격려의 말씀을 드리면서 즐겁게 보람 있는 시간 되시기를 바랍니다. 감사합니다.

2000년 8월 8일
국회의원 이용삼

* * *

🌸 축사

먼저 나라꽃 무궁화에 대한 각별한 관심과 애정으로 무더운 날씨에도 오늘의 행사에 참석해 주신 내빈 여러분께 먼저 감사의 인사를 드립니다. 아울러 오늘 행사를 위해 수고를 아끼지 않으신 '무궁화 사랑 보급심기 축제 중앙회' 양천규 회장님을 비롯한 관계자 여러분의 노고에도 감사드립니다.

무궁화는 예로부터 우리 민족과 고락을 함께한 '겨레의 꽃'입니다. 꽃의 형상과 기품 또한 정조 있고 결백하여 우리의 민족성을 나타내기에 부족함이 없습니다. 특히 무궁화는 일제 강점기를 거치는 동안 우리 국민과 애환을 함께하며, 겨레의 얼과 민족정신을 상징하는 꽃으로 확고히 자리매김했습니다. 무궁화는 고통받고 실의에 차 있던 우리 국민들에게 있어 꿈과 희망의 상징이었던 것입니다.

남과 북이 갈리고, 우리 사회의 갈등이 날로 증폭되는 오늘날 인내와 단결의 꽃인 무궁화의 정신은 더욱 간절합니다. 분열된 국론을 통일하고, 갈라진 남과 북을 하나로 묶어 무한 경쟁의 국제사회에서 민족적 역량을 발휘하기 위해서는 무궁화꽃에 담긴 그 숭고한 정신을 오늘날 다시금 되살리는 노력이 필요합니다.

모쪼록 오늘 마련된 '제8회 나라꽃 무궁화의 날 기념행사'가 무궁화 정신을 되새기고 민족의 역량을 결집함으로써 통일을 향한 디딤돌을 놓는 소중한 계기가 될 수 있기를 바랍니다.

다시 한번 행사를 준비하고 주최해 주신 양천규 회장님을 비롯한 관계자 여러분의 노고에 깊은 감사를 드리며, 회원 및 내빈 여러분의 가정에 항상 행운이 함께 하시길 기원합니다. 감사합니다.

2000년 8월 8일

국회의원 오세훈

* * *

축사를 해 주신 신경식 전 의원님의 축사는 사본 분실로 올려 드리지 못함을 넓으신 아량을 베풀어 이해해 주시기 바라며 대단히 죄송하다는 말씀을 아울러 드립니다. 미안합니다, 고맙습니다.

🏅 2001년 8월 8일 제9회 나라꽃 무궁화의 날 기념행사 기념식

2001년 8월 8일 9회도 강원도 화천군 화천읍 신읍리 본회 수련장에서 참석인원 180여 명이 참석하여 성대하게 개최하였다.

🏅 2002년 8월 8일 제10회 나라꽃 무궁화의 날 기념행사 기념식, 기념사

친애하는 국민 여러분, 해외 동포 여러분, 근로자 여러분, 그리고 이북 동포 여러분! 오늘이 2002년도 8월 8일 제10회 우리나라 꽃 무궁화의 날을 맞이하여 또 만나고 메시지를 전하게 되어 반갑고 고마움이 감개무량할 따름입니다. 삼복 지절에 공사다망하신 데도 찾아 주신 각계각층에 명사 여러분께 반갑고 고마움에 경의를 표하는 바입니다, 여러분.

친애하는 국민 여러분! 10년이면 강산이 변한다고 하였습니다. 강산이 변한다는 것은 그만한 세월이 길다는 표현일 것입니다. 대한민국 정부수립 50여 년이 지나며 우리나라 대한민국의 국화인 무궁화꽃 축제가 민간단체인 본회에서 겨우 10년밖에 안 된다는 것이 국민의 한 사람으로 부끄럽기 그지없는 사실입니다. 여러분.

왜냐하면 우리나라 남단 진해 벚꽃 군항제는 올해가 제34회였습니다. 우리나라 대한민국 국토에서 일본 나라 벚꽃축제가 24년이나 앞서 가졌다는 것이 어찌 부끄러운 일이 아니겠습니까. 국민 여러분.

또 진해 군항제를 비롯하여 서로가 뒤질세라 전국 각지 도시에 국도 사찰 등지 등에 3월 말경부터 4월 중순까지는 벚꽃축제에 시장님, 군수님, 구청장님 등이 앞서가는가 하면 아니 우리 국민들의 대변자라고 국민 편의 증진 등 헌법을 만드는 국회의원님이 모여 계신 입법부 앞 여의도 국회의사당 윤중로 벚꽃축제 등에 그 얼마나 인사태에 꼴불견의 난장판입니까. 여러분.

이러면서도 지도층이라고 말할 수 있단 말입니까. 여러분! 겨우내 앙상한 나뭇가지만을 보아 오다가 잎이 나기 전 자연의 조화로 그 화사한 꽃에 날뛰는 국민들에게 인기리에 막대한 국고를 들여 벚나무 식재에다 벚나무 축제에는 반성하여야 할 일일 것입니다. 그 벚꽃은 우리나라를 36년간이나 빼앗고 식민지에 가진 학살을 다 하였던 일본인들의 꽃이라는 것을 잊어서는 안 된다 이 말씀입니다. 여러분.

친애하는 국민 여러분! 우리가 지난 6~70년대처럼 국산품 애용만이 살 길이요, 나라 발전의 길이라는 것입니다. 여러분! 2005년부터 출범할 새로운 국제통상 질서를 모색하기 위해 144개국 세계무역기구 WTO 회원국이 분야별 시장 개발 협상을 본격화하고 있는 이때, 지난 2000년 한·중 마늘 협상 당시 내년부터 중국산 마늘의 수입 자유화에 합의해 놓고도 이 사실을 숨겨 온 것으로 밝혀져 정직하지 못한 한국 정부의 태도는 스스로 대내외적인 신뢰를 포기하겠다고 작심하지 않은 이상 상상키 어려운 일을 저지르지 않았습니까. 여러분.

국가 간 외교 통상 협상에서 반드시 지켜야 할 덕목 중 하나가 정직성 국익과 정직성만이 국민들의 신뢰인 것을 국민을, 농민을 다 속이려다 들통난 것이 그 얼마나 부끄러운 처사란 말입니까. 여러분.

이뿐만이 아닙니다. 뭐 국민더러 공적자금 메우라고 부실기업과 부실 금융기관들이 초래한 막대한 경제적 손실이 결국 국민들의 부담으로 지난 27일 발표한 공적자금 상환 대책을 통해 지금까지 투입한 공적자금 156조 원 중 회수가 어려운 부분이 69조 원으로 추정하고 이를 국민 1인당 원금만 148만 원씩을 국민들에게 청구한다고 합니다.

또 교육인적자원부는 해괴한 지침에다가 요즘 부정부패가 직위 고하를 망라하고 꼬리에 꼬리를 무는 난투극이 하루속히 사라져야 하는데 지난 6월 29일 서해 옹진 앞바다 북한 도발에는 쌀 퍼 주고 비료 주고, 돈도 주고, 줄 것 다 주고 무엇 하나 얻지 못하는 현실 속 무기 사도록 도움 준 꼴에 북한 경비정 기습 사건에 적 총탄에 맞아 죽고 쓰러져 간 우리 젊은 군인들에게 애도의 뜻을 표하며 이 분노와 허탈감을 무어라 표현하여야 한단 말입니까. 여러분.

이것이 햇볕 정책인지 도대체 누구를 위한 희생인지 다음 날 동해에서 이북 금강산 관광이 웬 말입니까. 여러분! 정책을 집행하는 통일부의 현실감각도 한심한 데다가 지난 6·13 지방선거는 큰 무리 없이 진행되었으나 국민 선거 참석 비율이 저조한 것은 정치인님들께서 각성하여야 할 것입니다. 국회 국회마저 식물국회라는 말을 듣고 있는 실정이니 말입니다.

친애하는 국민 여러분! 그래도 우리에게 신바람 살맛 나는 세상을 안겨 준 것은 지난 6월 한·일 피파 월드컵 개최일 것입니다. 월드컵 1승과 16강 진출을 목표로 출발한 태극전사들의 꿈이 8강을 넘고 4강에 진입해 세계를 놀라게 한 것만으로도 더 이상 바랄 것이 없다고 해도 과언이 아닐 것입니다.

강호 폴란드전에서 대망의 첫 승리, 세계 5위의 강력한 우승 후보였던 포르투갈을 이기고 조 1위로 16강 진출, 16강전에서 세계 6위의 이탈리아를 제압하고 8강전에서 무적함대 스페인을 연장전과 승부차기까지 가는 접전 끝에 드디어 4강의 신화는 히딩크 감독의 리더십, 능력의 인재 등용, 합리적인 훈련과 전술 관리 등을 잘 배합한 데다가 태극전사 우리 선수들 불굴의 투지와 온 국민이 하나로 뭉친 붉은악마의 응원단이 된 역동적 응집력은 그야말로 국운 융성의 불길을 확산시키는 신바람이 정치, 경제, 사회 등 국가 전반의 발전을 위한 창조적 에너지로 전환할 수 있는 지혜로 함께 모아야 할 것입니다. 여러분.

친애하는 국민 여러분! 임무와 권리를 잘 이행하고 기본에 충실하여 기본이 바로 선 사회, 건강한 사회, 미래가 밝은 사회, 남을 존중하는 마음이 우리가 모두 함께 잘사는 사회를 만드는 기본임을 잊지 마시고, 저 이북 땅이 내려다보이니 하루속히 남북이 통일되어 저 북녘땅에도 무궁화 식재와 평양 신의주 함흥 등지를 돌며, 우리나라 국화인 대한민국 무궁화꽃 축제를 하고 싶은 충동과 지난 월드컵 시, 선수와 온 국민이 일치단결하여 4강의 신화를 이루었듯이 우리나라 국화꽃인 대한민국의 무궁화도 삼천리 방방곡곡에 심어지고, 온 국민 가슴 가슴마다 자리 잡혀 월드컵 때 태극기 물결처럼 이곳 이름 태풍같이 몰아치라는 마음으로 제10회 행사를 이곳 태풍전망대에서 갖게 된 점을 알려 드립니다.

 2004년 제12회 행사부터는 본회 수련장 대한민국 무궁화꽃 행사장 122,340평이나 되는 무궁화 꽃동산에서 결집한 국민적 공감대와 미래를 이끌어 갈 행사를 하게 된다는 것도 아울러 말씀드리며, 여러분이 상상키 어려운 만큼 볼거리가 많은 면모를 갖추고 있으니 기대하셔도 좋다는 것을 말씀드리면서, 이번 행사를 협조하여 주신 1575부대 부대장님 이하 장병 여러분께 감사의 말씀을 드립니다.

 물심양면으로 협조하여 주신 강남구청 권문용 청장님, 한국방송광고공사 강동연 사장님 이하 임직원 여러분, 주식회사 다민바이오텍 양윤만 사장님 이하 임직원 여러분, 후원처 각 단체장님과 본회 고문님, 부회장님, 총무님, 감사님들께 고개 숙여 감사의 말씀을 드리며, 찾아 주신 여러분 가정 가정마다 항상 건강과 행운이 늘 함께하시기를 바라며 내년에 더욱 멋지고 값진 행사가 되게끔 더욱 노력하겠습니다. 감사합니다.

2002년 8월 8일
무궁화 국민수련원, 무궁화산악회 회장
양천규 드림

● 2002년 8월 8일 제10회 나라꽃 무궁화의 날 기념행사 기념식, 축사

나라꽃 무궁화 정신을 계승·발전시키기 위해 개최되는 '제10 나라꽃 무궁화의 날 기념행사 대축제'에 성원과 축하의 말씀을 드립니다. 아울러 겨레의 꽃 무궁화를 전수·보급하며 나라 사랑을 몸소 실천하고 계시는 '대한민국 무궁화 번영회'의 양천규 회장님께 깊은 경의를 표하며, 오늘의 뜻깊은 행사를 준비하시느라 애써 오신 관계자 여러분의 노고에도 감사드리며 뜨거운 성원을 보냅니다.

'무궁화는 우리나라 꽃'이라는 것은 누구나 알고 있습니다. 그러나 안타깝게도 적잖은 사람들이 무궁화는 나라를 상징하는 꽃에 불과할 뿐, 우리의 실생활과는 거리가 먼 식물 정도로만 이해하는 것을 볼 수 있습니다.

무궁화는 우리 민족의 애환과 운명을 같이해 온 겨레의 꽃이며, 한민족의 고난과 역경을 함께 하며 겨레의 화합과 번영을 이끌어 왔던 우리 안의 정신적 지주와 같은 존재입니다. 반만년 역사의 숨결과 함께 삼천리 방방곡곡을 무궁화꽃으로 뒤덮으며 산하를 하얗게 물들였던 우리 꽃 무궁화는 아직도 겨레와 함께 숨을 쉬고 있으며, 지금도 국민의 가슴속에서 애국애족의 의지를 불태우는 한겨레의 꽃봉오리이기에 더욱 의미 있고 아름다운 것입니다.

우리나라 경제가 심각한 수준에 이르러 많은 분이 걱정하고 계십니다. 지난 IMF 금융위기 때보다 더욱 어렵다고 합니다. 설상가상으로 사회불안은 가중되고 있으며 우리 사회의 갈등과 반목은 점차 심화하고 있습니다. 무엇보다도 '남남갈등'으로 불리는 국론분열의 양상은 심각합니다.

이념과 철학, 가치가 붕괴하고 갈등과 대립의 구도로 가면서 국력이 손실되고 구심점이 사라지고 있습니다. 국민들은 이제 우리 민족의 단결된 모습과 하나 된 모습을 원하고 있습니다.

나라꽃 무궁화의 날 기념행사와 때를 같이하여 우리 모두 숭고한 애국애족의 나라 사랑, 무궁화 사랑을 국민정신으로 승화시켜 나감은 물론, 화합하여 국력을 한데 모으고 국가 발전을 앞당기며 21세기 세계 속의 동북아 시대를 활짝 열어 나가는 소중한 계기가 되길 바라 마지않습니다.

아무쪼록 오늘 개최되는 '제10회 나라꽃 무궁화의 날 기념행사' 무궁화 정신을 되살리고 우리 꽃 무궁화를 통하여 화합과 번영, 도약과 전진을 다짐하는 축제의 장으로 나아가길 기대합니다.

거듭 행사를 준비하고 주최해 주신 양천규 회장님을 비롯한 관계자 여러분의 노고에 깊은 감사를 드리며 오늘 참석해 주신 모든 분의 건강과 건승을 기원합니다. 감사합니다.

2002년 8월 8일
국회의원 박혁규

* * *

● 축사

존경하는 회원 여러분! 그리고 양천규 회장님을 비롯한 내외 귀빈 여러분 만나 뵙게 된 것을 반갑게 생각합니다. 제10회 나라꽃 무궁화의 날을 축하하기 위해 이 자리에 참석하여 주신 여러분에 대하여 경의를 표합니다.

무궁화꽃은 단군 시대부터 우리 강토에 널리 분포되어 있었음을 여러 고전을 밝히고 있으며 우리 국민으로부터 많은 사랑을 받아 왔습니다. 또 1928년 발간된 '별건곤'에서는 무궁화꽃을 "참으로 장구하여 그 꽃의 형상이 엄연하고 미려하고, 정조 있고 결백함은 실로 우리 백의 민족성을 그리고 있다"라고 표시하고 있습니다. 그래서 우리 민족이 무궁화꽃을 우리 민족의 표상으로 잘 가꾸는 것은 물론이고, 우리 민족 기개의 상징으로 섬겨져야 한다고 생각합니다.

지금 우리는 지난 IMF 이후에 경제적으로 아직도 불황 국면에 있고, 사회적으로 정치적으로 어려운 상황에 있습니다. 이러한 어려운 시기에 맞이한 이번 '무궁화꽃'의 날은 우리가 모두 자신들을 돌아보고, 겨레의 국화 '무궁화꽃'을 생각하는 것은 의미가 크다고 하겠습니다.

이번 행사를 통해 무궁화꽃이 우리 국민들에게 더욱 친숙하게 되는 계기가 되어야겠고, 범국민적인 사랑을 받아야 하겠습니다. 무궁화꽃이 삼천리 방방곡곡에 만발하는 날 우리 민족의 염원과 꿈은 훨씬 쉽게 달성될 것이라는 희망과 확신을 가지고 무궁화꽃 사랑 운동을 넓게 펼쳐 갈 때 우리 7천만 민족의 꿈은 이루어질 것입니다. 그리하여 국민의 정부에서 추진하는 일에 국민의 화합과 일치단결하는 데 크게 기여하는 계기가 되기를 마음으로부터 기원합니다. 마지막으로 이번 행사를 주관하고 준비하신 관계자 여러분께 감사드리며 가내 평안하시길 바랍니다. 감사합니다.

2002년 8월 8일
새천년민주당 강남구 갑 지구당 위원장 백창현

* * *

🌕 축사

존경하는 무궁화 사랑 보급 심기 축제 중앙회 회원 여러분께 자유민주연합지구당(강남을) 위원장 이춘근 인사드립니다. 한복 더위가 기승을 부리는 오늘, 누구나 귀한 줄 알며 국가를 사랑하듯 무궁화꽃을 사랑하고 있답니다.

무궁화 산악회 회원님들께선 바쁘신 와중에도 시간을 내시어 나라 사랑하는 마음을 행동으로 옮기시는, 온 국민이 해야 할 몫을 훌륭히 해내고 계십니다. 이에 국민의 한 사람으로 정중한 찬사와 경의를 표하며 제10회 무궁화 대축제 행사하게 되어 진심으로 축하드립니다.

아마 우리의 소중한 역사는 이렇게 보이지 않는 곳에서 묵묵히 일하시는 분들에 의해 지켜져 오고 있는 것이 아닌가 생각합니다. 행동하는 양식이 부족한 오늘을 볼 때 이러한 마음을 모아 모아 세계 속의 한국으로 새롭게 거듭나며 발전하는 데에 더욱 가치가 있는 행사라고 말씀드리고자 합니다.

오늘 행사의 기쁨을 온 국민이 함께 나누며 무궁화 중앙회의 무궁한 발전과 회원님들의 건승 그리고 양천규 회장님께 각별한 감사의 말씀을 드립니다. 감사합니다.

2002년 8월 8일
자유민주연합 강남을 위원장 이춘근(원재)

* * *

축사

존경하는 무궁화 사랑 보급 심기 축제 양천규 중앙 회장님과 관계자 여러분! 오늘 제10회 나라꽃 무궁화의 날을 맞이하여 기념 축제를 열게 된 것을 전국의 200만 배드민턴 동호인 가족과 함께 진심으로 축하드립니다.

모든 국민들이 잘 알고 있는 무궁화의 꽃 이름은 결코 쇠퇴하거나 무너지지 않는 영원한 민족의 기상과 발전을 표방하고 있습니다. 또한 어떠한 시련과 고통이 따르더라도 이를 극복할 수 있는 불굴의 투지와 의지가 끈질긴 생명력으로 다시 태어나는 우리 대한민국을 대표하는 이미지라고 생각됩니다.

그러나 현재 상황은 우리의 무궁화꽃이 시청이나 구청의 일부 관공서에서나 그 모습을 볼 수 있을 정도로 국민들의 관심에서 멀리 떨어져 있는 것이 사실입니다. 다행히 양천규 회장님을 비롯한 축제 관계자들이 오늘과 같은 뜻깊은 행사를 개최하게 돼 다시 한번 무궁화꽃의 소중함을 일깨우고 국민 화합을 유도할 수 있는 계기를 마련한 것에 대해 감사의 마음을 전합니다.

앞으로도 이러한 운동이 더욱 활발하게 전개되어 무궁화꽃이 우리나라 어디에서든지 볼 수 있고, 모든 국민이 함께 호흡하며 자랑스럽게 생각할 수 있는 그러한 날이 하루빨리 도래하길 기원하며 오늘 행사 참석자 여러분들의 건승을 축원합니다. 감사합니다.

2002년 8월 8일
국민생활체육 전국배드민턴연합회 회장 김광수

* * *

축사

오늘 제10회 나라꽃 무궁화의 날 기념행사 축제를 맞이하여 무궁화 사랑 보급 심기 축제 중앙회 양천규 회장님을 비롯하여 여러 회원분께 진심으로 축하합니다.

나라의 꽃 무궁화는 어떠한 시련과 고난이 있더라도 끈질긴 생명력으로 극복하는 민족의 상징입니다. 그러함에도 불구하고 무궁화는 우리에게 가깝게 있지 못하고 소외되지 않았나 생각해 봅니다.

개인주의와 집단 이기주의의 극치를 이루고 있는 오늘날의 현대인들에게 국가관과 민족관을 키워 줄 계기가 요청되고 있는 현실을 감안할 때 국화인 무궁화에 대한 신망과 이해를 통하여 국민의 책무와 자긍심을 심어 줄 수 있는 뜻 있는 행사로 생각됩니다.

또한 무궁화 사랑 보급 심기 중앙회 회원 여러분께서 매년 행사하여 온 국민에게 무궁화꽃의 소중함을 일깨워 주는 것에 대해 경의와 찬사를 보냅니다. 대한민국이 월드컵 4강의 신화를 일으켰듯이 온 국민의 집마다 무궁화꽃이 피어날 수 있도록 성원을 보내며 또한 세계로 향하는 민족 대축제로 발전하시길 바랍니다.

무궁화꽃 축제 준비에 수고하신 양천규 회장님을 비롯하여 회원 여러분께 건승을 기원합니다. 감사합니다.

2002년 8월 8일
국민생활체육 서울특별시 배드민턴연합회 회장 김경수

자랑스러운 우리나라 국화 무궁화 꽃

 부동산 동업 친구에게 사기당하고 안산 이사

> 물의 깊이는 헤아려도 사람의 마음은 어둡다.
> 사람의 마음은 헤아리기가 어렵다.
> _測水深昧人心

1975년 이전 역사는 경기도 광주군에서 서울특별시 강남구로 편입해 강동구, 서초구, 송파구, 4개 구로 신설되는 동안 1975년도에 강남구 잠실 주공 임대아파트 1단지 13평으로 다섯 식구가 이사했다.

강남에서 여섯 번의 이사와 부동산 사무실을 네 번째로 옮긴 압구정 현대아파트 앞 현대상가에서 친구 김봉수와 함께 희망 부동산을 동업했다. 그 친구는 어느 날, 경기도 양주읍에 매매로 나온 국수 공장인데 현장 답사를 가자고 했다.

답사를 갔더니 그 친구는 넓은 공장 부지에 최신형 자동기계로 설치한 공장 내부를 돌아보고 심각한 표정으로 말했다. "친구야, 저 물건 정도면 가격이 우선 저렴하고, 시설도 최신형이니 돈을 꾸어 주든지 아니면 동업을 하자"라며 "남이 사기 전에 우리가 먼저 사자"라고 서둘러 댔다.

등기부 등본을 떼어 보고 모든 확인 절차를 밟고서 3억씩 반반 투자해 6억 원에 구매하기로 합의했다. 먼저 계약금 6천만 원을 10여 일 후에 주고 중도금 없이 잔금으로 5억 4천만 원을 지불했다. 그리고 이제 '국수 공장 사장이 되었구나!' 했더니, 세상에 믿을 사람 없다고 이 친구가 부동산 사무실 권리금까지 챙기고 교묘한 수법으로 소개자와 공장 주인도 가짜로 만들어

한탕 챙겨서 잠적했다.

졸지에 믿었던 친구한테 당한 일이어서 한참 동안 정신 집중이 안 되었지만, 고심 끝에 우선 경찰서에 고소했다. 배신감에 밤잠도 못 이루고 허탈해서 좀처럼 비운에서 벗어나질 못했다. 몇 개월 후 수소문 끝에 지인이 "과천 형이 사는 아파트에 숨어 지낸다"라고 귀띔해 줬다. 그 소식을 자세히 듣고는 잠복하던 중 매일 허탕을 치다가 사십여 일 만에 붙잡아 112로 신고했다.

경찰서에서 그 친구는 "돈은 다 날려 버렸고, 꼭 갚겠다"라고 했지만, 그저 말치레에 불과했고 땡전 한 푼도 못 받았다. 공문서위조에다 사기 경제사범으로 3년 형 받는 과정을 지켜보는 것으로 끝나고 말았다.

떠올리기도 싫은 모래 사업의 전말은 잘 아는 지인이 모래 판매 사업을 하면 부자가 된다며 동업하자는 제안을 해 온 것에서 시작되었다. 만나서 같이 이곳저곳 답사를 해 보니 건축에 꼭 필요한 모래를 시유지에서 채취하여 팔면 된다면서 "사려고 줄 서 있다, 없어서 못 판다"는 등 설득해 왔다. 모래 판매하는 현장에 가서 보니 건축 붐이었던 시기와 들어맞는다고 판단하여 대표자 자격으로 쌍방 동업계약서를 작성했다. 이후 여주 금모래 유원지 옆 강가 시유지 3,000평을 군청에서 임대 계약했다. 많은 경비가 지출되었다. 임대계약서 사본으로 건축자들에게 모래값 선금을 받았으나 동업자의 잠적으로 2억여 원의 덤터기 사기를 당한 셈이 되었다. 가정까지 파탄 지경으로 만들어 놓아 죽고 싶을 정도로 괴로웠던 그 과정에서도 결국 참고 견뎠다. 그러나 양심에 찔려서인지 그자가 자살하여서 꼼짝없이 혼자 배상하는 비극도 겪어 보았다.

세상에 사기꾼이 왜 그렇게 많은지, 또 한 번은 목사 신분을 갖고 접근해

교회에 참배와 참회를 강요받고 안 넘어갈 수가 없었다. 설마가 생사람 잡는다더니, 그 후부터는 길거리에서 예수·하나님을 믿으라는 사람과 목사·신부를 보면 믿음이 안 가서 뻔히 쳐다보기만 한다.

그들을 믿느니 차라리 하늘 천(天)에 홀 규(圭) 자를 가진 하느님에 외아들 필자 양천규만 믿으며, 무교 상태에서 성실과 정직으로 인간답게 살아간다는 신념으로 살아왔다.

사기를 크게 두 번이나 당하고 보니 돌다리도 두들겨 보고 건너자는 마음을 가지고 산다. 무궁화 행사할 때도 방송국 출연, 높은 분과의 대담 등 별의별 사기를 여러 차례 당했다. 오죽하면 저럴까! 모두 다 용서하자! 저렇게 먹고 살아가는 마음이야 오죽하겠는가 하면서 넘기는 것이 마음 편하기도 했다. 당한 자신의 잘못도 있으니까, 다소의 욕심이 아니었는지 뉘우쳐 보기도 한다.

사람이란 이 세상에 태어나 남녀가 만나 부부로 살고 반반이 만나 하나가 되는 것이 부부이거늘, 부부 중 어느 한 편이 지혜롭지 못하고 황소고집에 용렬(庸劣)을 떨면 구제 불능이 된다. 그 후 자초지종을 따지면 합리화하려 대들며 늘 발뺌하는 자를 이길 장수는 없다고 본다. 어찌 그 답답함의 구제 불능을 말로 다 표현하겠는가. 부부란 가정사 좋은 일도, 나쁜 일도 같이하는 것이다.

어느 날 우연히 필자는 남양주시 화도읍에 위치한 주말농장에서 일하고 있는데, 청담동 골목시장에서 도배 사업을 하는 지인 박 사장에게서 저녁에 쌍쌍 파티를 하기로 약속되어 있으니 나오라는 전화를 받았다. 약속 시간에 맞춰 나가려다 지정된 시간보다 20분을 늦게 식당에 도착했다. 주말이라 퇴근길에 차가 막혔고 늦어서 농장에서 대충 씻고 오느라 옷도 못 갈아입어 일터 운동복 복장으로 참석해서 미안하다며 인사했다.

모임 인원은 남자 두 명, 여자 세 명, 필자 도착으로 여섯 명이 되었고 식사와 음주를 곁들이며 이야기를 나눴다. 도배집 박 사장이 모 여자 1인 집 도배를 하러 갔는데, 여자 세 명이 남자 친구들 없느냐, 세 명씩 만나 저녁이나 먹자고 제의에 이루어진 터라 여섯 명이 모였으니 짝짓기를 번호로 하자고 했다. 남 3번은 필자, 여 2번이 된 박자야 하는 말, 먹다가 자리를 옮기느니 앉아 있는 맞은편 자리에 있는 사람과 그냥 짝으로 하자는 제의에 맞은편의 필자이기에 필자를 찍는 현상이 되었다. 남 번호 2번이 불만을 토로하니, 그냥 앉은 대로 있기를 주장하며 필자에게 "악수 한번 합시다" 하고 악수를 청해 응하니 손을 잡자마자 하는 말이 "우리는 합의 되었다"라고 선포했다. 그 모습에 보통 여자가 아니라고 생각하던 중, 손을 잡고는 술도 따라 주며 친분을 타인들에게 알리며 거나하게 취해 2차로 노래방에 가서 즐겼다.

서로 정식 인사를 쌍쌍 파티로 하자꺼 노는데, 유명한 인기 배우 이미니(빅자야)의 이름을 자주 부르며 과시와 자랑하는 모습이 눈에 드러나게 보였다. 드디어 세 쌍이 서로 질세라 하룻밤을 지새웠다. 이것이 인연이 되어 필자는 스캔들이 떠들썩한 소문에 휩싸여 많은 고초를 겪게 되었다. 유부남 유부녀의 스캔들을 교묘한 성격으로 이끌며 발상을 뒤집어씌우고, 못된 술책으로 떠넘기는 본인은 빠지며 누구에게 들은 소문인 양 말과 행동이 다른 사람, 이중인격의 소유자인 사람과의 잠시간의 만남이 생에 최고의 치욕이 되고 말았다.

필자의 죄라면 이것인데, 설득으로 인간이 되라는지도 편달을 딱 잡아떼고, 덤터기를 뒤집어씌우는 성격부터 고치기를 바라며 충고로 타일렀다. 겉으로는 웃으며 선량한 척 대하며 여유를 갖은 척하다가 남이 없는 좌석에선 변심에 변심으로 사람 잡아먹을 변덕의 원흉이다, 고등학교 3학년 때 인기 남선생님을 유혹해 안성에서 천안으로 가서 첫 정사를 가졌다고 자랑하는 미숙한 인간이고, 이 모두 다 나가자빠질 일이다. 차후에, 아니 단 한 번도 다시 보기 싫은 도깨비 같은 자, 딸의 지위를 내뱉으며 남자라면 회 쳐 먹는 버러지만도 못한 못된 자가 잡년으로 보이고, 사람의 인두겁을 쓰고는 하지 못하고 해서는 안 될 못된 처사로 산다는 것이다. 양심 없는 연기자 엄마라 참으로 부끄러운 일이다.

유명 정치인이 집에 찾아와 딸 방에 둘만이 있는데, 저녁에 누룽지탕을 손수 끓여 겸상으로 해 주었더니 난생 최고의 맛을 느낀 누룽지탕이라고 칭찬을 받았다고 자랑하는 말인즉, 본인은 우월감을 드러내기 위해 할 말, 못할 말 구분도 못 한다. 떠돌던 소문은 헛소문이 아닌 사실의 소문이었다.

지금은 어디서 누구를 무엇으로 농락해 쾌락을 일삼는지 세 살 버릇 여든 간다는 속담에, 개 못 준다는 속담이 떠오른다. 사람이라고 어른이라고 구실을 할까나 염려가 되며, 두 번 다시 보고 싶지 않은 지난 일이다.

심지어 길거리에서 노점상 하시는 연세 많으신 노인분들의 물건을 사면서도 감자, 고구마, 가지, 고추, 야채 등을 몰래 한두 개씩 또는 한 무더기씩 훔친다. 그분들은 1천 원을 벌려고 힘들게 사시지만 "당신네는 억을 벌면서 그런 행동을 하느냐"라면서 "하나 덜 먹지 훔친 그 물건이 목구멍에 넘어가느냐"라고 야단도 많이 쳐 봤다.

인간의 본분으로는 상상도 못 하고 해서는 아니 될 말인즉, 동료의 비난 비방에다 엄청난 유언비어를 퍼트리며 잔혹한 험담을 한다. "누구누구는 기둥서방이 있다. 동거한다. 몸을 판다. 누구는 누구에게 당했다"라는 등 모두 다 아는 척, 자신이 최고인 척하며 좌지우지하려 한다. 심지어는 같은 동료 연예인이 국가 고위자와 썸씽을, 금융실명제 사기에, 돈세탁에다 세금 탈세 등을 밥 먹듯 했기에 성명을 차마 밝히지는 않지만, 이면에다 체면 사례도 없는 악랄한 박자야 라는 사람 조심하라고, 타인 몇 사람이 또 당할까 봐 기재하며 필자는 너무 당해서 분하고 억울할 뿐이다.

필자 몰래 중전에게 갖은 욕설로 종당에는 가정 파탄을 일으켜 이혼까지 당하게 만들어 놓아 몇 년이 흘러 자식들을 생각하여 재결합하였지만 악랄성을 가진 사람이라서 박자야는 저세상 가서도 지옥 갈 것이다.

본회 전정수 부회장과 한때

자랑스러운 우리나라 국화 무궁화 꽃

 낯선 안산에서 만난 새 인연의 고마움

> 덕이 높은 사람은 외롭지 않다.
> 반드시 그를 따르는 이웃이 있기 때문이다.
> _孔子

　세상사 시대의 변화란 꾸준히 변하며 오늘보다 더 나은 내일을 위한 전진으로 변하는 것이거늘, 나이 환갑이 되도록 국가에 충성과 애국하면서 돈도 벌고 가정에 충실하면서 아들딸 먹이고 입히고 가르치며 후회 없는 삶으로 살려고 많은 노력을 열심히 했지만 역부족이었다.

　환갑에 늙어서 힘도 없고 직장도 없이 병마와 싸우며 행사도 힘겨워서 30여 년 서울의 강남 생활을 정리했다. 국가 상징(나라꽃 무궁화)의 날 축제 행사하면서 남 말을 잘 듣는 필자가 사기 사건에 휘말려 재산을 탕진하고 가정이 기울어져 늙어서 살아갈 길을 찾던 차, 지인 신영대 씨의 소개로 2004년 4월 22일 제2에 고향이나 다름없던 강남을 떠나 경기도 안산시로 왔다.

　2002년 건축한 대지가 80여 평에 4층으로 건축한 1층 원룸 6세대, 2층 원룸 6세대, 3층 투룸 3세대, 4층은 전체가 주인 세대에 16세대가 어우러져 사는 다세대 15세대에서 월세나 받아먹으며 살자는 마음을 가지고 남의 빚 한 푼 없이 구매하고, 5층은 옥상을 단독으로 사용하면서 야채나 심으며 편하게 살고 싶어 이주했다.

　낯 서른 지역이라 전철 4호선 상록수역에서 출발해 사당역에서 2호선으로 갈아타고, 교대역, 강남역, 역삼역을 지나 선릉역에서 하차해 타 산악회 출발 이사회 친목회 모임 등을 했다. 상록수역에서 직행버스를 타면 서초역 강남역에 50분이면 도착하는 버스를 이용하다가 안산 지역에서 산악회가 50여 회 운영된다는 것을 알았다. 매일 상록수역을 거쳐서 산악회가 출발하는 것을 알고 하루건너 격일제로 다녀서 친구도 많이 사귀는 계기가 되었다.

안산시 거주자에게 상록구 사1동 사무소에서 일주일에 3일간 3시간씩 1차 교육 3개월간 무상으로 가르쳐 주는 컴퓨터 교육을 접수해 이웃 주민 4명과 같이 2차까지 6개월을 배워서 타이핑 치는 것이 더디어 그렇지, 컴맹이 인터넷을 휘젓는 도사가 되었다.

산악회에서 여러 사람에게 광고 선전도 했고 동사무소에 고마움을 안고서 산다. 교육자인 젊은 아기 엄마가 자세히도 머릿속 입력의 교육으로 잘 가르쳐 줌을 고맙게 생각하며, 온 국민이 그런 사람처럼 친근감이 넘치고 설득력에 감탄사가 절로 나는 사람 같았으면 하고 바란다.

지금은 자유롭게 검색창의 다나와 가격 비교 창에서 가정에 필요한 필수품 구입을 하여 택배 사용으로 모두의 어울림 속으로 살아가고 있다. 10여 년을 새 이웃 새 친구들을 사귀려 필자가 진행하던 본 무궁화 산악회는 너무 힘들어서 접고 타 산악회 결성된 회에 가입해, 한 달을 격월제로 15회를 상록수역 앞에서 다니며, 8월 8일 국가 상징(나라꽃 무궁화)의 날 축제를 개최하고 있다는 홍보를 하면서 지인들 모집, 국민 서명서를 받아 가며 음주 가무를 같이 즐기며 재미있고 "차 잘사는 기분파 회장님이시네!"라고 많은 분들의 호평을 받으며, 안산에서 처음으로 개최하는 2004년 제12회는 경기도 광주 세계도자기 엑스포장에서 300여 명의 인원이 모여서 재미있고 멋있게 행사를 개최했다.

2005년 낯설고 물선 안산 땅에 산악회 등으로 친구 지인 등이 많이 생기니 술을 좋아하던 필자에게 다가오는 지인들이 많이 생겼다. 산악회 시산제(始山祭)에 5만 원짜리 한 장 놓고 천지신명과 산신령님에게 무사고 해 달라며 절도하고, 휴게소에서 차 잘 사고 노래하라면 유행가 한두 곡 부르고 고금소총 와이담 유머를 잘하니까 인기가 만점이었다.

지금까지도 잊지 못하며 후회되는 한 가지는 청담동 사거리에 제일 은행이 있는데, 그 옆에 식당이 월세로 나와서 중전(부인)에게 그 가게를 얻어 칼국수 장사를 하자, 음식 솜씨가 있으니 배추겉절이 김치와 깍두기를 맛있게 담가서 하면 되니 하자는 제의에 한마디로 "못 해! 안 해!"하고 딱 잡아떼어 못했지만, 강남구청이 2~30미터 근처로 오면서 번화가가 되어 지금까지도 다잡아서 했더라면 손님이 많아서 돈을 많이 벌고 건물도 샀을 것으로 생각되며, 못 한 것이 지금까지 후회된다.

부부란 안주인 내조로 가정 내 모두를 알뜰살뜰히 다잡고 아들딸 가정교육을 잘하여야 번창할 수 있다.

충북 영동군 황간면 내 구입한 임야 무궁화 국민 수련원에 중전과 같이 답사에서 이곳으로 내려와서 노후를 공사하며 살자고 하니 대뜸 "아, 늙어서 일꾼들 밥해 대란 말이냐"라며 혼자나 와서 살라며 나는 서울에서 살겠다고 하는 사람이다. 이러니 필자가 얼마나 속 썩이며 살았는지 알 것이다.

안산으로 이사하고도 조그마한 가게라도 얻어 장사라도 하자 하니 이제 무슨 장사냐고 또 딱 잡아떼서 결국 못하였지만, 기회란 자주 오는 것이 아니니 기회를 놓쳐서는 아니 된다는 말을 꼭 하고 싶다.

상대방이 그렇게 나오면 에라, 될 대로 되라(케 세라, Que Sera, Sera)로 돌아서니까, 설득력이 필요 없는 상심 속에는 좌절만이 살아 있으니까, 여러 번 해 본 일이니까, 부부란 의사소통이 첫 번째니까, 근심 걱정의 초점이기도 하고 갈등 등이 용솟음쳐 부부싸움이 자주 발생했다. '죽여, 살려'까지도, 극단적인 대화가 오가기도 했다. 참자, 참자, 참자, 참을 인(忍)' 자, 세 번을 번복 되새기며 넘기는 지혜를 가지며 산다.

'경기도가 대한민국의 미래를 엽니다'

경기도

수신자   대한민국무궁화국민축제회 대표 양천규 귀하
(경유)
제목   비영리민간단체 변경등록 수리(대한민국무궁화국민축제회)

1. 대한민국무궁화국민축제회의 무궁한 발전을 기원합니다.
2. 귀 단체에서 신청하신 비영리민간단체 "「한국 무궁화 사랑 축제 회」" 의 단체명칭 변경 등록"건에 대하여 비영리민간단체지원법 제4조 규정에 의거 리하고, 동법 시행령 제3조1항 규정에 따라 "비영리민간단체등록증"을 붙임과 교부합니다.

< 비영리민간단체 변경 등록 >
가. 단 체 명 : 대한민국 무궁화 국민 축제회
나. 대 표 자 : 양천규(경기도 안산시 사1동 1260-10호 4층)
다. 변경등록사항

구 분	변경사항		비
	변경 전	변경 후	
단체명	한국 무궁화 사랑 축제 참여회	대한민국 무궁화 국면 축제회	

붙 임 비영리민간단체등록증 1부. 끝.

경기도지사

★지방녹지주사보 경별제 지방녹지사무관 박공용 산림녹지과장   대형림총 농정국장   진 경 09/19 대결방거원
첨조자 지방녹지사기   최문정 지방행정주사   진덕훈 지방녹지주사   응두선
시행 산림녹지과-17375   (2007.09.19.)   접수   (
우 442-781 경기도 수원시 팔달구 도청알길 63   / http://www.gg.go.kr
전화 031)249-4554 /전송 031)249-3119   /이메일 alsmf@gg.co.kr   /공개
"고객만족, 세계속의 경기도를 위한 약속입니다"

8월 8일 제12~17회 나라꽃 무궁화의 날 기념행사

> 애국가 후렴에 "무궁화 삼천리 화려강산" 구절이 포함되면서
> 무궁화는 민족을 상징하는 꽃으로 자리 잡게 되었다.
> _1896년 독립문 주춧돌 의식

2004년 8월 8일 제12회 나라꽃 무궁화의 날 기념행사 기념식

경기도 광주 세계 도자기 엑스포에는 서울에서 버스가 다니니까, 상상외로 많은 인원이 참여하였고 무궁화 동산도 대한민국 지도로 심겨 있고 도별로 식재되어 있어 많은 관심과 칭찬도 받고 300명분 준비된 점심이 부족하여 외부에서 부족 식사 수급에 애를 먹기도 하였으며 성대한 개최를 하였다.

광화문에서 광복절 기념식장

2005년 8월 8일 제13회 나라꽃 무궁화의 날 기념행사 기념식

경기도청에 민간 사회단체 제718호로 대한민국 무궁화 축제 참여해 등록하고 관광버스 6대로 250여 명이 충북 음성 금왕면 무극 전적 국민 관광지에서 개최하고 충주호반을 견학하고 해산했다.

2005년 8월 8일 제13회 나라꽃 무궁화의 날 기념행사 기념사

친애하는 국민 여러분! 그리고 해외 동포 여러분! 세월은 유수와 같다고 히더니 참으로 빠르군요. 제12회 나라꽃 무궁화의 날 기념행사 대축제를 가진 것이 엊그제 같은데 벌써 1년이 되어 오늘 제13회 축제를 갖게 되는군요. 이 무더운 여름에 우리나라 국화인 무궁화 사랑에 남달리 관심을 가지시고 이 자리를 빛내 주시는 내빈 여러분, 그리고 무궁화를 애틋하게 사랑하시는 동호인 여러분, 그리고 존경해 마지않은 지역 인사 여러분, 공사다망하시고 천기 고르지 못하며 교통이 불편함 등을 무릅쓰고 이처럼 성황을 이루어 주셔서 대단히 감사합니다.

친애하는 국민 여러분, 1940년대의 정부수립 50년대의 시련과 노력 60년대의 빈민에서 벗어나는 발전, 7~80년대의 번영, 90년대의 첨단 과학의 시대, 2000년대의 우주의 개척 시대로 전진하는 이 마당에 퇴색된 이야기로 오인할 줄은 모르오나 우리나라는 5천 년의 유구한 역사와 찬란한 문화에 전통을 자랑하여 온 배달민족이 아니겠습니까. 여러분.

그러나 오늘날 우리나라에 사회 풍조는 차마 눈 뜨고 보지 못할 지경에 이르렀습니다. 물론 이것은 인류 사회에 발전 과정에서 오는 면치 못할 부작용에 하나라고 볼 수도 있고 또 현대 산업사회의 발전 과정에서 선진국에 물질문명의 급속 도입으로 인한 후유증이라고 믿어지기도 합니다마는 그러나 우리 민족의 자랑이며 전통적인 윤리·도덕이 그 자취를 감추게 되어 민족의 고유문화가 말살 단계에 놓여 있다고 생각할 때, 우리는 그냥 묵과할 수 없고 우리 조상님들의 슬기로운 지혜와 전통적인 윤리·도덕을 되살려 우리의 뿌리를 찾아야 할 것입니다. 여러분.

친애하는 국민 여러분! 봄이면 전국 각지에서 3월 말경부터 4월 중순까지 화사하게 피어나는 일본의 벚꽃축제에는 진해 군항제를 시작으로 각 지역 시군구에서 막대한 자금을 들여서 내 지역이 뒤질세라 앞다투어 행사를 갖고 국도 지방도 신설도로 등에 벚나무 심는 데는 열을 올리고 있으니, 이 어찌한 한심스러운 일이라 아니할 수 있단 말입니까. 여러분.

더욱이 어처구니없는 일은 농림부에서 지정한 농촌 녹색 체험 마을이라고 지정한 곳까지 국고를 2억 원이나 주는데도 벚나무만 심겨 있지. 무궁화나무는 단 한주가 없다 이겁니다. 여러분.

농촌 체험장이란 곳은 도시 청소년들에게 시골 생태를 견학과 체험을 할 자연학습 장소인데 우리나라 국화인 무궁화나무가 심겨 있지 않다니 이러면서도 청소년들에게 나라와 민족 사랑을 말할 수 있단 말입니까.

친애하는 여러분! 우리에게는 우리의 귀여운 자녀들에게 사랑으로 펼치는 진정한 바람은 풍요롭고 신명 나는 사회를 물려 각자의 성향을 발휘하고, 새로운 변화와 개혁 속에 새 세기를 창조하는 시대의 여망에 충실히 부흥하여 기존의 전시적이거나 해바라기성 같은 시책은 과감히 떨쳐 버리고, 역사적 그 의무를 지는 것이 조국에 부름일 것입니다. 여러분.

친애하는 국민 여러분! 그러므로 대한민국의 영원한 번영과 미래를 위한 국민 대화합의 행사는 더 이상 뒷전으로 물러날 수도 물러서도 안 된다고 강조하면서 한민족이 사랑해야 할 꽃은 오직 우리나라 국화 무궁화인 것을 심고 가꾸어 꽃을 보자는 것은 국가정책의 기본이 아니겠습니까. 여러분.

우리나라 국화 무궁화는 우리나라가 일본의 지배를 받던 36년 동안에도 잘리고 뽑히고 별의별 수난을 겪어 오면서도 우리나라 민족혼의 표상이요, 민족문화에 꽃 무궁화가 찬란하게 자존심을 내세우며 꽃봉오리를 터뜨려 독립운동의 상징인 나라꽃이었기에 제13회 나라꽃 무궁화의 날 행사 축제의 큰 의미는 광복 60주년이 되는 아주 뜻깊은 해를 맞이하여 광복의 기쁨을 상기하고, 나라와 민족이 얼마만큼 소중하고 우리나라 꽃 무궁화를 사랑하여야 하는가를 마음속 깊이 느껴 보자는 것입니다. 여러분.

우리나라가 오늘날 사회가 고도로 발달하고 산업화함에 따라 서구 문명의 홍수 속에 물질만능 풍조가 팽배하여 국내에 이런저런 상상조차 끔찍한 큰 사고들은 나 혼자 잘살면 된다는 생각이 고조되어 가는 이 시점에 내 나라 내 겨레를 생각하는 마음이 점점 희박해져 우리 민족적 정산이 흔들리고 있다는 결과일 것입니다. 여러분.

이러한 사회적 병리 현상과 폐습의 개선을 위하여 온 국민 의식 속에 애국애족의 정신이 무궁화꽃 향기 속에 본연의 마음으로 되돌아가야 한다는 것이 최우선의 과제일 것입니다. 여러분.

그러기 위해서는 고속도로 국도 산업도로 지방도로 신설도로, 가로수로 또는 현 가로수 사이사이에 신도시 아파트 단지 마을 입구 신축 건물 등에는 우리나라 국화 무궁화나무 심기를 의무화로 참여정부 노무현 대통령령으로 지정 공포하여야 한다고 하는데 여러분 의사는 어떠하십니까? 여러분, 동의하시면 박수로 화답하여 주시기를 바랍니다. 여러분.

감사합니다. 여러분! 존경하신 높으신 나라님들 저 함성에 발맞추어 심읍시다. 무궁화를 그리고 다시 시작합시다. 나라와 민족 사랑이 최우선에 과제요, 급선무라고 말입니다.

우리나라에서 88 세계 서울 올림픽, 광주 비엔날레, 2002 세계 한일 월드컵, 대구 하버드 대회 등 세계대회를 그 얼마나 값지게 잘 해냈습니까마는 5천 년에 찬란한 역사와 문화를 가졌다는 나라에서 "내 나라 국화 나무요" 하며 자랑할 만한 장소가 없어서 말입니다.

세계대회를 자주 개최하는 나라에서 후진국에서나 있을 법한 자기 나라 국화 나무 심기와 축제가 대통령령으로 지정된 것이 없어서야 말도 안 되는 일이며 비웃을 일이 아니겠습니까. 여러분.

친애하는 국민 여러분! 국기, 국가, 국화는 애국심을 함양하고 고취한 상징적 3개 실체임에 국기는 게양을 위하여 前 전두환 대통령께서 대통령령 11361호로 제정 후 지속해서 게양하고 있으며, 국가는 행사 시 전 국민이 애국가를 부르고 있으며, 국화는 참여정부 노무현 대통령령으로 8월 8일을 나라꽃 무궁화의 날과 2006년부터는 신축 건물 신설도로 신도시 등에는 무조건 우리나라 국화 나무 무궁화심기가 의무화하자고 건의드립니다.

오늘이 2005년 8월 8일 제13회 나라꽃 무궁학의 날이 소수의 인원이 빙산의 일조각이라 하겠지만, 머지않아 이 계기가 초석이 되어 무궁화꽃 대축제가 삼천리 방방곡곡에서 범국민적 대축제가 온 국민의 환희 속에서 확대해지리라 확신합니다.

오늘 모이신 우리가 모두 만나면 웃음꽃이 무궁화꽃처럼 활기차게 활짝 피어나 미래를 향한 힘과 지혜의 결집이 화합과 친목으로 뭉쳐 그 어느 단체보다도 길이 보존할 수 있게 관심을 가지시고, 무궁화 꽃내음이 삼천리 방방곡곡에 가득 차게 이끌어 주시기를 바랍니다.

무궁화꽃 대축제일에 물심양면으로 성원과 협조해 주신 여러분과 여러 기관에 감사드리며, 찾아 주신 여러분 가정마다 항상 건강과 행복이 가득하시고 소망하시는 모든 일이 원만하게 이루어지시기를 충심으로 기원하며,

격려에 다시 한번 감사와 경의를 드리며 배전의 성력을 기울이겠으니 변함 없는 지도 편달을 기대하면서 기본과 원칙이 준수되는 충효를 바탕으로 윤리·도덕이 임무와 권리가 실천되는 사회가 되기를 바라는 마음으로 기념사를 갈음하겠습니다. 대단히 감사합니다.

2005년 8월 8일

대한민국 무궁화 축제 참여회, 무궁화 산악회

회장 양천규 드림

🌺 2005년 8월 8일 제13회 나라꽃 무궁화의 날 기념행사 기념식, 축사

우리나라 꽃 무궁화 기념행사 대축제가 벌써 13회를 맞게 된 것을 진심으로 축하드립니다. 우리나라 꽃 무궁화를 사랑하자는 일념으로 8월 8일을 나라꽃 무궁화의 날로 지정하고, 무궁화꽃 축제를 개최해 오신 대한민국 무궁화 번영회와 양천규 회장님의 남다른 열정에 깊이 감사드립니다.

무궁화의 의미는 끝없이 피고 진다는 뜻입니다. 이 단어가 주는 의미처럼 무궁화는 끈질긴 생명력을 가지고 있습니다. 무궁화는 모든 악조건을 극복하며 같은 자리에서 피어나고 번식해 나갑니다. 이러한 완강한 자생력이 우리 민족의 기나긴 역사와 맥을 같이 한다고 볼 수 있습니다.

　지금은 나라 경제가 몹시 어렵습니다. 어려운 경제적 여건 때문에 힘들어하는 국민들이 많이 있습니다. 그러나 우리 민족은 다시 극복하며 일어날 수 있습니다. 무궁화와 같은 강한 생명력을 가지고 있기 때문입니다. 저도 17대 국회에서 나라 경제 살리는 정책으로 제 몫을 감당해 내겠습니다.

　요즘은 무궁화를 보기가 많이 힘들어졌습니다. 어릴 적 길거리마다 심겨 있던 무궁화는 사라진 지 오래입니다. 이번 기념행사를 통해 잊힌 나라꽃 무궁화가 다시 친근하게 다가올 수 있는 계기가 되기를 바라며, 앞으로도 계속 무궁화 보급 및 관련 사업에 더욱 힘써 주시기를 바랍니다.

　다시 한번 우리나라 국화 무궁화의 날 기념행사 대축제 개최를 진심으로 축하드리며, 주최하신 대한민국 무궁화 번영회 및 양천규 회장님의 앞날에 무궁한 발전을 기원합니다. 감사합니다.

2005년 8월 8일
국회의원 이종구

＊　＊　＊

🏵 축사

　무궁화는 예로부터 우리 민족과 고락을 함께한 '겨레의 꽃'으로 그 형상과 기품은 우리의 민족성을 나타내기에 부족함이 없습니다. 그러나 안타깝게도 겨레의 꽃 무궁화는 '우리나라의 國花'라는 상징적 의미를 넘어서 국민들 생활 속의 꽃으로 자리 잡지 못하고 있습니다.

　國雄인 태극기는 그간 다소 국민들의 정서에서 거리감이 존재했으나, 86 아시안게임과 88 올림픽 등을 거치며 점점 친근해졌고, 급기야는 지난 2002년 월드컵에는 태극기의 문양을 이용한 여러 패션과 상품들이 각자의 개성 있는 연출로 표현되면서 태극기는 아이에서부터 어른까지 연령을 불문하고 모든 국민들과 하나가 되었습니다.

　이제는 국경일에도 잘 걸리지 않던 태극기들이 벽장 속에서 거리로 나왔고, 온 국심으로 똘똘 뭉치게 해 준 상징이 되었습니다. 이제 태극기가 젊은 이들의 몸에 슙을 보고도 어색하지 않을 만큼, 국기는 우리의 일상이 되었습니다. 이렇든 우리 국가가 새롭게 자리 잡은 것처럼 우리 꽃 무궁화도 우리 주변에 항상 함께하며 우리와 하나 된 꽃으로 자리 잡을 수 있었으면 합니다.

　무궁화는 우리 토양에 잘 맞아 전국 방방곡곡 어디나 뿌리내리고 싹을 틔우고 꽃잎을 피우는 꽃이지만 도심 속에서는 거의 볼 수가 없어서 더 거리감이 있었던 것이 사실입니다. 도심 지역에서도 무궁화가 많이 심어져 언제나 모든 시민이 접하는 것이 가능해진다면, 무궁화는 우리의 정서와 생활 속으로 한 걸음 더 가까이 다가올 것이고, 그에 따라 나라와 우리를 생각하는 마음도 커질 기회가 될 것으로 생각합니다.

　모쪼록 오늘 마련된 제13회 나라꽃 무궁화의 날 기념행사가 무궁화 정신을 되살리고 무궁화를 실생활과 더 밀접하게 만들 수 있는 계기로 이어질 수 있기를 바랍니다.

　끝으로, 이번 행사를 준비하고 성공적 추진을 위해 경주하시는 양천규 회장님을 비롯한 관계자 여러분의 노고에 깊은 감사를 드리며, 회원 및 내빈 여러분의 가정에 항상 행운이 함께 하시기를 빕니다. 감사합니다.

2005년 8월 8일
국회의원 공성진

* * *

● 축사

　성하의 계절에 제13회 나라꽃 무궁화의 날 기념 대축제를 맞이하여 무궁화 사랑 보급 심기 축제중앙회 양천규 회장님과 회원 여러분께 350만 재경 대구·경북 도민회원들을 대신하여 진심으로 축하와 격려를 보내는 바입니다.

　변화와 개혁의 새 시대에 모두가 선진 통일 조국 건설 대열에 앞장서면서, 우리 겨레의 상징이 무궁화꽃을 심고 영원한 민족의 기상과 염원을 보급하는 일은 매우 뜻깊고 보람된 행사라고 생각합니다.

　애국심이란 미명 아래 실천은 하지 않고 허황한 구호나 선전 등이 난무하는 요즈음 비록 자그마한 일일지라도 하나하나 정성스럽게 몸소 가꾸고 실천해 가는 것이 바로 내 나라 내 이웃을 사랑하는 진정한 애국 운동이 아니겠습니까.

유구한 한민족의 끈질긴 생명력과 불굴의 투지와 의지가 살아 숨 쉬는 우리 민족의 표상인 무궁화꽃이 점점 우리 주변에서 사라져 가고 있는 안타까운 현실에서, 무궁화 사랑 보급 심기 중앙회에서 이렇게 뜻깊은 무궁화 한마당 축제를 개최하는 것은 매우 뜻깊고 보람 있는 일이라고 생각합니다.

아무쪼록 이런 행사를 계기로 우리가 모두 주변을 돌아보며 비록 작은 일이라도 하나하나 실천하는 자세로 나라 사랑 무궁화 심기 보급 운동이 일파만파로 파급되기를 기원합니다.

다시 한번 양천규 회장님과 회원 여러분의 헌신이 나라 사랑 무궁화 보급 심기 축제 운동에 깊이 감사드리오며 귀하와 귀 가정에 항상 건강과 행운이 함께 하기를 기원합니다. 감사합니다.

2005년 8월 8일
재경 대구·경북 도민회 사무총장 김득휘

* * *

● 축사

우리나라 국화 무궁화의 날이 13회를 맞이하여 올해도 변함없이 그 기념의 자리가 마련된 것을 진심으로 축하드립니다. 그리고 우리나라 국화인 무궁화에 대한 깊은 사랑으로 무궁화꽃 축제를 지속해서 주최해 오신 '무궁화 사랑 보급 심기 축제 중앙회'의 양천규 회장님을 비롯한 여러 관계자분의 노고에 깊이 감사드립니다.

나라꽃 무궁화는 그 굳은 생명력과 강건한 의지, 그리고 순수한 아름다움으로 우리 한민족의 역사를 함께해 온 겨레의 꽃으로 우리 민족의 얼과 혼 그 자체라고 하기에 충분하다고 할 수 있습니다.

무궁화는 고조선 시대부터 한반도 전역에 자생해 왔으며 자연스럽게 우리 민족의 꽃으로서 우리 민족정신을 상징하는 꽃으로 자리매김했습니다. 특히, 일제의 침략 하에서는 우리나라의 표상으로서 고통 속의 우리 민족에게 꿈과 희망을 주었습니다.

그러나 무궁화는 우리나라의 국화라는 상징적인 의미로만 남겨진 채 일반 국민들에게 생활 속의 나라꽃으로 자리 잡지 못하고 있는 것이 현실입니다. 그러하기에 오늘 행사와 같은 무궁화의 날 기념행사가 13회까지 지속되며, 나라꽃 무궁화에 대한 보급에 앞장서 오신 양천규 회장님을 비롯한 여러 관계자분의 나라 사랑 정신은 더더욱 빛이 난다고 할 수 있습니다.

이제 태극기는 우리 일상생활 속에 확실히 자리 잡았다고 해도 과언이 아닙니다. 이제는 거리거리에서 자발적인 태극기 물결을 보는 일이 그리 어렵지 않은 현상이 되었으며 그로서 온 국민이 애국심으로 하나가 되는 일도 하나의 국민 문화로서 당당히 자리 잡은 것입니다. 이에 못지않게 무궁화도 항상 우리 국민의 생활과 함께하는 민중의 꽃으로서 그 의미를 다시 찾기를 간절히 소원합니다.

"무궁화 삼천리 화려강산~"은 무궁화의 근원과 그 본질적인 의미를 보여주는 대표적인 예라고 할 수 있습니다. 한반도 전역을 물들이며 우리 민족과 그 역사를 함께해 온 무궁화가 다시 온 들판과 거리를 수놓으며 우리 민족을 애국심으로 뭉칠 수 있게 하는 표상으로 피어날 것을 굳게 믿습니다. 그 바탕에는 오늘과 같은 여러분의 나라 사랑하는 마음이 밑거름될 것입니다.

오늘 마련된 제13회 무궁화의 날 기념행사가, 무궁화 정신이 국민들에게 한 걸음 더 다가갈 수 있는 계기가 되기를 바랍니다. 다시 한번 오늘 행사를 주최해 주신 양천규 회장님을 비롯한 관계자 여러분의 무궁화 사랑 정신과 노고에 깊은 감사를 드리며 여러분의 가정에 항상 행운이 함께 하시길 기원합니다. 감사합니다.

2005년 8월 8일
국회의원 이성권

* * *

● 축사

'제13회 나라꽃 무궁화의 날 기념행사 대축제'를 맞이하게 되어 진심으로 축하드리며, 이처럼 훌륭한 행사를 주관하고 준비해 오신 관계자 여러분께 감사드립니다.

무궁화의 반만년 우리 민족사 가운데, 국가를 대표하고 민족의 얼과 기상을 상징해 왔습니다. 무궁화는 이른 새벽부터, 그것도 매일 피어남으로써 우리 겨레의 근면성과 진취성을 나타내며 흰 바탕에 꽃심의 붉은 통꽃은 단일 민족의 순결성, 결백성, 단결심을 상징합니다. 또한 무궁화의 이름 그대로 1백일 이상 끊임없이 이어 핌으로써 우리 민족의 끈기와 인내심을 표상하며, 꽃이 만개하는 8월은 광복의 기쁨을 민족에게 안겨 주는 커다란 의미가 있습니다.

이처럼 우리 겨레와 숨결을 같이해 온 무궁화가 광복 60여 년이 지난 오늘에 이르러서도 아직 널리 보급되지 못하고 또 잘 가꾸어지지 못하고 있는 게 현실입니다. 무궁화가 나라꽃으로 되어 있으면서도 무궁화에 대한 국민들의 인식이 점점 흐려지고, 행정적으로도 무궁화 교육에 대한 뒷받침이 미흡한 관계로 그동안 외면 내지는 도외시당한 것도 사실입니다.

남의 나라꽃이나 나무는 정원에 심어 놓고 온갖 정성을 쏟아가며 아름답게 가꾸면서도 정작 우리의 꽃인 무궁화는 소홀히 취급받는 것을 보면 무척이나 안타깝습니다. 그러나 무궁화가 국화로서의 위상을 찾지 못하고 홀대받는 중에도, 우리 '한국 무궁화 사랑 축제 참여회'의 꾸준한 활동으로 무궁화 선양사업의 국가적 방향이 제시되고 또 국민들에게 널리 홍보되고 있어 그나마 다행이라고 생각합니다.

이제는 자라나는 우리 아이들을 대상으로 하여 민족혼을 심어주는 무궁화 축제도 많이 개최하여, 민족적 주체성과 자긍심을 함께 심어 주어야 할 것입니다. 무궁화의 위상을 높이는 일은 민족자존과 관계된 일이므로, 우리가 모두 무궁화 마을과 도시, 그리고 더 나아가 통일된 무궁화 한반도를 조성하기 위한 캠페인과 실천 운동 등으로 백년지계의 사업을 펼쳐나가야 할 것입니다.

이번 대축제를 계기로 모든 국민이 지금, 이 순간부터라도 무궁화를 한 그루라도 심는 정성으로 나라 사랑하는 마음을 다시 한번 되새겨 보았으면 합니다.

많은 어려움 속에서도 꾸준하게 축제를 주관해 오신 '한국 무궁화 사랑 축제 참여회'의 양천규 회장님과 관계자 여러분의 헌신적인 노고에 거듭 찬사를 보내며, 오늘 행사를 후원하고 참석해 주신 여러분께도 감사드립니다.

무궁한 발전을 기원합니다.

2005년 8월 8일

국회의원 이방호

🎖 2006년 8월 8일 제14회 나라꽃 무궁화의 날 기념행사 기념식

경기도 과천시에 있는 한국마사회 경마 공원에서 관광버스 6대에 250여 명이 참여하는데 야외 원두막에 위아래 그늘에서 아주 시원하게 즐기며 행사를 개최하게 되었고 승마 날뛰는 모습도 즐겨서 마사회에 감사를 느낀다.

🎖 2007년 8월 8일 제15회 나라꽃 무궁화의 날 기념행사 기념식

경기도 이천시 세계 도자기 엑스포장에서 개최는 주위에 무궁화동산이 있고 고향 땅 이천 설봉공원에서 개최는 커다란 무대와 관객석이 시원한 응달로 되어 있고 5, 7 동창회장 故 박언배와 총무 故 지일산 동창들 박병만이 김정순 등이 많이 참석하여 더욱 빛난 300여 명의 축제가 되었다.

🌺 2007년 8월 8일 제15회 나라꽃 무궁화의 날 기념행사 기념식, 축사

올해로 15회째를 맞는 '무궁화꽃 대축제' 행사가 열리게 된 점을 진심으로 축하드립니다. 우리나라의 꽃인 무궁화 보급에 앞장서 온 '한국 무궁화 사랑 축제 참여회' 양천규 회장님을 비롯한 관계자 여러분의 노고에 감사드립니다.

무궁화는 강인한 생명력과 우리 민족의 얼과 혼을 상징하는 '겨레의 꽃'입니다. 끝없이 피고 지는 무궁화는 어떠한 시련과 고난 속에서도 불굴의 의지와 끈질긴 생명력으로 극복해 온 우리의 역사를 상징합니다. 그 단아한 형상과 기품은 우리의 민족성을 나타내기에 부족함이 없다고 생각합니다.

무궁화가 나라꽃이라는 상징성에도 불구하고 국민의 관심을 받지 못하고 있는 현실은 안타깝습니다. 과거 우리 주변에 지천으로 피어 있던 무궁화는 각종 개발과 급속한 도시화로 사라지고, 관공서나 학교를 제외하곤 도심 속에서 거의 볼 수가 없는 상황이 됐습니다.

이러한 상황에서 무궁화의 아름다움을 널리 알리고 보급하기 위한 '무궁화꽃 축제'를 개최하여 모든 국민이 무궁화를 더 가깝게 느낄 수 있도록 하는 것은 매우 뜻깊은 일이라 생각합니다.

그동안 경기도는 나라꽃 무궁화 보급을 위해 광주 도자기 엑스포장과 청소년 수련원에 무궁화 테마공원을 조성하였으며, 안성 만세고개와 남한산성 도립공원에 무궁화동산을 조성하는 등 무궁화 선양에 최선을 다해 왔습니다.

앞으로도 경기도는 도심 곳곳에 무궁화를 심어 우리 도민 모두가 무궁화를 가까이서 보고, 접할 수 있도록 보급·육성에 노력해 나가겠습니다.

아무쪼록 오늘 열리는 '제15회 무궁화 꽃 대축제'가 무궁화 속에 담긴 우리 민족의 역사와 정신을 되살리고, 무궁화가 모든 국민과 함께하는 친근한 꽃으로 자리매김할 수 있는 계기가 되길 바랍니다.

다시 한번 무궁화 보급에 앞장서서 기념행사를 준비해 주신 양천규 회장님을 비롯한 '한국 무궁화 사랑 축제 참여회' 회원 여러분의 노고에 깊은 감사를 드립니다. 감사합니다.

2007년 8월 8일
경기도지사 김문수

* * *

🌑 축사

　우리나라 꽃인 무궁화를 기념하기 위해 개최되는 '제15회 나라꽃 무궁화의 날' 행사를 경기도민과 함께 축하를 드립니다. 아울러 무궁화에 대한 깊은 애정을 가지고 오늘의 행사를 준비하기에 최선을 다해 오신 양천규 회장님과 관계자 여러분께 깊은 감사를 드립니다.

　우리나라를 상징하는 꽃인 무궁화는 그 생명력의 영원성으로서 우리 민족의 기상과 얼을 드러내 주고 있습니다. 수많은 외침 속에서도 불굴의 의지로써 고난을 극복해 온 우리 민족은 전통의 꽃인 무궁화를 역사 속에 피워 내 오늘의 우리에게 전승하고 있습니다.

　또한 무궁화는 끈질긴 우리 민족의 역사와 더불어 그 생명력을 이어 온 배달겨레의 꽃입니다. 한 자리에서 아름답게 피어 끊임없이 번식해 나가는 무궁화의 특성은 아픈 역사와 시련 속에서 꿋꿋하게 발전해 온 우리 민족의 자취와 일맥상통한다고 할 수 있습니다.

　하지만 현대화와 도시화의 물결 속에서 국화로서의 상징적 의미만 지녔을 뿐 그 흔적이 다소 희미해진 우리 민족의 꽃인 무궁화를 오늘 행사를 계기로 우리는 모두 도심 속에서 활짝 피는 무궁화로 다시 키워 내야 할 것이며, 우리의 가슴 속에 피어 영원히 지지 않는 아름다운 꽃으로 깊이 각인해야 할 것입니다.

　경기도 의회에서 우리 민족의 꽃인 무궁화를 널리 보급하고 무궁화꽃에 함축된 민족정기와 얼을 되새겨 널리 보급하는 데에 최선을 다할 것입니다.

앞으로도 '나라꽃 무궁화의 날 기념행사'를 비롯한 무궁화 축제가 활성화되기를 바라며, 오늘 이 자리에 참석하신 모든 분의 가슴 속에 아름다운 무궁화꽃이 그 영원한 생명력으로 활짝 피어나길 기원합니다. 감사합니다.

2007년 8월 8일
경기도의회 의장 양태흥

* * *

◉ 축사

나라 사랑의 일념 하나로 한결같이 우리 민족의 꽃 무궁화에 대한 관심과 사랑으로 채워진 제15회 나라꽃 무궁화의 날 기념행사를 진심으로 축하드립니다.

선조들의 정신과 민족적 얼이 담긴 소중한 보배인 무궁화꽃 행사를 위해 혼신의 노력을 기울여 주신 '한국 무궁화 사랑 축제 참여회' 양천규 회장님을 비롯한 관계자 여러분의 노고에 깊은 감사의 말씀을 전합니다.

무궁화는 반만년 역사의 우리 민족과 동고동락한 겨레의 꽃이자 민족 얼의 상징입니다. 이처럼 고귀하고 자랑스러운 무궁화는 우리 모든 국민이 사랑으로 보살피며 소중히 여겨 후세에 보전해야 할 민족의 보물입니다.

하지만 우리의 가슴속에서는 언제부턴가 벚꽃축제의 화려함이나 코스모스나 가을 단풍의 운치만이 자리 잡고 있다는 생각이 들어 안타깝기만 합니다.

이번 행사를 계기로 화창한 여름날, 무궁화로 한껏 멋을 낸 우리 국민 모두가 하나 되어 '대한민국'을 소리 높이 외치며 환호하는 월드컵 응원을 맞이할 수 있기를 기원해 봅니다. 우리의 함성에 몸을 실은 무궁화 꽃잎이 우리 땅 독도에까지 흩날리는 그날이 하루빨리 오기를 소망합니다.

끝으로 이번 제15회 나라꽃 무궁화의 날 기념행사를 진심으로 축하드리며, 회원 및 행사장을 찾아 주신 모든 분들의 가정에 늘 행복이 함께 하시길 간절히 기원합니다. 감사합니다.

2007년 8월 8일
前 한나라당 대표, 국회의원 안상수

* * *

● 축사

우리나라 국화 무궁화의 날이 15회를 맞이하여 올해도 변함없이 그 기념의 자리가 마련된 것을 진심으로 축하드립니다. 그리고 우리나라 국화인 무궁화에 대한 깊은 사랑으로 무궁화꽃 축제를 지속해서 주최해 오신 '한국 무궁화 사랑 축제 참여회'의 양천규 회장님을 비롯한 여러 관계자분의 노고에 깊이 감사드립니다.

나라꽃 무궁화는 그 굳은 생명력과 강건한 의지, 그리고 순수한 아름다움으로 우리 한민족의 역사를 함께해 온 겨레의 꽃으로 우리 민족의 얼과 혼

그 자체라고 하기에 충분하다고 할 수 있습니다. 무궁화는 고조선 시대부터 한반도 전역에 자생해 왔으며 자연스럽게 우리 민족의 꽃으로서 우리 민족정신을 상징하는 꽃으로 자리매김했습니다.

특히, 일제의 침략하에서는 우리나라의 표상으로서 고통 속의 우리 민족에게 꿈과 희망을 주었습니다. 그러나 무궁화는 우리나라의 국화라는 상징적인 의미로만 남겨진 채 일반 국민들에게 생활 속의 나라꽃으로 자리 잡지 못하고 있는 것이 현실입니다.

그러하기에 오늘 행사와 같은 무궁화의 날 기념행사가 15회까지 지속되며, 나라꽃 무궁화에 대한 보급에 앞장서 오신 양천규 회장님을 비롯한 관계자 여러분들의 나라 사랑 정신은 더더욱 빛이 난다고 할 수 있습니다. 이제 태극기는 우리 일상생활 속에 확실히 자리 잡았다고 해도 과언이 아닙니다.

이제는 거리거리에서 자발적인 태극기 물결을 보는 일이 그리 어렵지 않은 형상이 되었으며 그로서 온 국민이 애국심으로 하나가 되는 일도 하나의 국민 문화로서 당당히 자리 잡은 것입니다. 이에 못지않게 무궁화도 항상 우리 국민의 생활과 함께하는 민중의 꽃으로서 그 의미를 다시 찾기를 간절히 소원합니다.

'무궁화 삼천리 화려강산~'은 무궁화의 근원과 그 본질적인 의미를 보여주는 대표적인 예라고 할 수 있습니다. 한반도 전역을 물들이며 우리 민족과 그 역사를 함께해 온 무궁화가 다시 온 들판과 거리를 수놓으며 우리 민족을 애국심으로 뭉칠 수 있게 하는 표상으로 피어날 것을 굳게 믿습니다. 그 바탕에는 오늘과 같은 여러분의 나라 사랑하는 마음이 밑거름될 것입니다.

오늘 마련된 제15회 무궁화의 날 기념행사가, 무궁화 정신이 국민들에게 한 걸음 더 다가갈 수 있는 계기가 되기를 바랍니다. 다시 한번 오늘 행사를 주최해 주신 양천규 회장님을 비롯한 관계자 여러분의 무궁화 사랑 정신과 노고에 깊은 감사를 드리며, 여러분의 가정에 항상 행운이 함께 하시길 기원합니다. 감사합니다.

2007년 8월 8일
국회의원 이성권

* * *

● 축사

존경하는 국민 여러분! 안녕하십니까? 국회의원 노현송입니다. 연일 계속되는 무더위 속에서도 오늘 '제15회 나라꽃 무궁화의 날 기념행사 대축제'를 개최하게 되어 매우 뜻깊게 생각하며, 행사를 준비하신 양천규 회장님을 비롯한 임원 및 회원 여러분께 그동안의 노고에 대한 감사와 함께 축하의 말씀을 드립니다.

무궁화는 우리나라를 대표하는 나라꽃으로 우리 민족 질곡의 역사를 대변하는 우리의 한을 담은 꽃이며, 어떠한 시련이 있더라도 불굴의 의지와 끈질긴 생명력으로 극복해 온 우리 민족을 상징하는 꽃입니다.

그러나 올해로 광복 62주년에 이르는 오늘까지도, 우리 겨레와 숨결을 같이해 온 무궁화가 아직 널리 보급되지 못하고 있다는 사실에 무척 안타까운 마음을 금할 수가 없습니다. 무궁화가 나라꽃으로 되어있으면서도 무궁화에 대한 국민들의 인식이 점점 흐려지고, 행정적으로도 무궁화 심기나 교육에 대한 뒷받침이 미흡한 관계로 그동안 외면 내지는 도외시 당한 것도 사실입니다.

따라서 오늘 이 행사를 계기로 나라꽃 사랑의 한마음 축제가 국민의 화합을 다지는 아름다운 축제의 한마당이 되어, 무궁화를 사랑하는 범국민적인 공감대가 형성될 수 있기를 기원하며, 무궁화가 삼천리 방방곡곡에 만발할 수 있게 되기를 바랍니다.

또한 이러한 무궁화 행사 축제를 계승 발전시켜, 모든 국민이 하나 된 마음으로 우리 민족의 염원인 남북통일을 이룩하여 7천만의 한민족이 통일의 기쁨을 나누고, 북녘땅에도 무궁화꽃이 활짝 피기를 기대합니다.

다시 한번 오늘 행사를 주최하신 양천규 회장님을 비롯한 관계자 여러분의 무궁화 사랑 정신과 노고에 깊은 감사를 드리며, 여러분의 가정에 항상 행운이 함께 하시길 기원합니다. 감사합니다.

2007년 8월 8일
국회의원 노현송

* * *

🌺 축사

안녕하십니까? 국회의원 박순자입니다. 이번 '제15회 나라의 꽃 무궁화의 날 기념 무궁화꽃 대축제' 개최를 진심으로 축하드립니다.

우리나라 애국가에는 "무궁화 삼천리 화려강산"이라는 가사가 있습니다. 그만큼 전국에서 흔하게 볼 수 있던 무궁화가 어느 때부터인지 우리 주변에서 찾아 보기 힘든 꽃이 되어 가고 있습니다.

화려하고 아름다운 서양의 꽃에 밀려 우리의 국화(國花) 무궁화는 역사의 뒤안길을 걷고 있습니다. 몇 년 전 초등학교 학생들을 대상으로 한 조사에서 대부분의 학생이 무궁화의 생김새조차 모르는 것으로 발표된 적이 있었습니다.

하지만, 고난과 핍박의 역사 속에서도 변함없이 우리의 곁을 지켜 온 무궁화가 점점 잊혀가는 안타까운 현실 속에서 '한국 무궁화 사랑 축제 참여회'의 '무궁화꽃 대축제'는 한국의 얼을 지켜 나가는 주춧돌이 되고 있습니다. 뿌리가 없는 나무가 바로 설 수 없듯이 얼을 잃어 가는 민족의 발전은 기대하기 어렵습니다.

존경하는 국민 여러분! 사라져 가는 우리의 꽃 무궁화를 지켜내는 길은 여러분 모두의 관심과 참여뿐입니다. '내가 아니어도 누군가 하겠지'란 생각을 버리고 우리 모두 행동할 때입니다.

다시 한번 이번 대회가 성공적으로 개최될 것으로 믿으며, 그동안 축제 행사 준비에 애써 오신 양천규 회장님과 관계자 여러분들의 노고에 감사드립니다. 내년에도 더욱 많은 국민이 함께할 수 있는 무궁화꽃 대축제가 발전하길 진심으로 바랍니다. 감사합니다.

2007년 8월 8일
국회의원 박순자

***

🌀 축사

나라 사랑의 견인 역

존경하는 국민 여러분! 제15회 나라꽃 무궁화의 날 기념행사 대축제를 갖게 된 것을 매우 뜻깊게 생각하며, 이처럼 훌륭한 행사를 주관하고 이에 동참한 모든 분께 심심한 축하와 격려의 뜻을 표해 마지않습니다.

우리 모두 공감하다시피 우리나라는 지금 100년의 고비, 1000년의 고비를 맞고 있습니다. 세계화와 통일, 그리고 이완된 사회 기강의 회복 등 그 어느 측면보다 그 어느 때보다도 국민 각자의 애국심 발휘가 절실한 요즘입니다.

그런 의미에서 오늘 나라꽃 무궁화 대축제야말로 우리가 모두 '우리는 누구인가'라는 민족의 정체성을 재조명해 보는 계기가 될 뿐만 아니라, 국민 각계 인사들이 나라와 겨레 앞에 바로 서게 하는 '나라 사랑'의 기폭제 또는 견인차가 되리라 확신합니다. 동시에 무궁화의 대대적인 보급이 '나보다는 우리', '우리보다는 나라와 민족'을 먼저 생각하는 이른바 나라혼(國魂) 되살리기 운동으로 승화했으면 하는 마음 간절합니다.

끝으로 한국 무궁화 사랑 축제 참여회 양천규 회장님 이하 관계자 여러분의 헌신적인 노고에 거듭 찬사를 보내며, 국민 여러분의 심중에 무궁화꽃이 만발한 가운데 늘 평강하시길 기원합니다. 감사합니다.

2007년 8월 8일
대한민국재향군인회 회장
前 체육부 장관·88 올림픽 조직 위원장·국회의원 박세직

* * *

🔴 축사

존경하는 '한국 무궁화 사랑 축제 참여회' 양천규 회장님을 비롯한 회원 여러분! 오늘 제15회 나라꽃 무궁화의 날 기념행사를 개회하게 된 것을 진심으로 축하드립니다.

우리나라 꽃 무궁화는 그 은은함과 고귀함으로 우리나라와 역사를 같이해 왔습니다. 일제하 어두운 역사 속에서 그리고 경제적인 어려움 속에 많은 국민이 실의에 빠져 있을 때도 피고 또 피는 끈기와 그 꿋꿋한 기상을 보여 줌으로써 우리 국민에게 큰 힘이 되어 왔습니다. 그렇지만 그렇게 우리와 함께해 온 무궁화가 많은 다른 나라 꽃들에 비해 많은 사랑을 못 받고 있다는 사실은 우리를 안타깝게 합니다.

우리의 꽃을 우리가 사랑하고 아끼고 더 널리 보급해 우리나라 곳곳에 무궁화가 피어나고, 그 꽃내음을 만끽할 수 있기를 진심으로 바랍니다. 그런 의미에서 무궁화를 사랑하고 보급하기 위해 애쓰시는 양천규 회장님을 비롯한 '한국 무궁화 사랑 축제 참여회' 관계자 여러분께 진심으로 감사드립니다.

앞으로 해를 더해 갈수록 무궁화의 날이 나라 사랑을 다짐하고 온 국민의 큰 축제가 되기를 진심으로 기원합니다. 감사합니다.

2007년 8월 8일
강남구의회 의장 이학기

🎖 2008년 8월 8일 제16회 나라꽃 무궁화의 날 기념행사 기념식

경기도 광주 조선관요의 시설이 잘되어 있고 시원한 그늘에서 240명이 즐겁고 재미있는 행사를 진행했다. 김영자 국악원 원장을 비롯한 회원들이 흥겨운 부채춤과 일본 순사를 두들겨 패는 촌극을 보여 주어 감격의 눈물을 흘리며, 앙코르를 받는 빛나는 행사가 되었다.

🏵 2009년 8월 8일 제17회 나라꽃 무궁화의 날 기념행사 축제 기념식

　행정안전부에 사단법인 제26호로 대한민국 무궁화 선양회로 허가를 습득하고, 경기도 여주 세계 도자기 대 공연장에서 관광버스 5대에 200여 명이 모여서 행사를 개최하는데, 고맙게도 충북 음성 생극면에서 넷째 외삼촌 생질이 엄청난 행사 과정을 직접 보신다고 경기도 여주 세계 도자기 대공연

장에 마을 분 30여 명을 모시고, 자가용 8대에 나누어 타시고 회비라고 모아 주신 돈을 드리고 찾아 주셔서 소주들 잡으시라고 조금 드리기도 하였다.

본받을 외삼촌이셨죠! 편히 영면하세요.

여주 세계 도자기 공연장에서

🏅 2009년 8월 8일 제17회 나라꽃 무궁화의 날 기념행사 기념사

친애하는 국민 여러분, 해외 동포 여러분! 그리고 이 자리에 참석하신 내빈 여러분! 2009년 8월 8일 제17회 나라꽃 무궁화의 날 기념행사인 무궁화 국민 대축제에서 또다시 만나고 기념사를 하게 되어 감회가 새롭고 무척이나 반갑고 고맙습니다. 여러분.

한 나라를 상징하는 대표적인 표상은 국기, 국가, 국화입니다. 모든 공식적이 모임에서 우리는 국기인 태극기를 게양하고, 국가인 애국가를 제창합니다. 그러나 국화인 무궁화는 어떻습니까. 애국가 후렴구인 '무궁화 삼천리 화려강산'에서만 존재할 뿐 실제로 삼천리 방방곡곡에 몇 주나 식재되어 있습니까. 일본인의 벚꽃과 비교해 보십시오. 부끄러울 뿐입니다.

나라를 보존하고 지키기 위해서는 나라의 근본을 바로 세워야 하고, 나라의 근본을 바로 세우기 위해서는 우리의 것을 존중하고, 소중하게 간직하여야 하지 않겠습니까. 여러분! 국가 차원에서 우리나라 국화인 무궁화 심기 행사와 축제가 없다는 것은 말도 안 되는 일입니다. 2월 초순 무궁화 심기와 축제에 대하여 자세하게 상신을 관계 부처인 행정안전부와 산림청 및 경기도 관내 31개 시·군·시장·군수님들께, 6월 말경엔 안산시 51개 초등학교 교장 선생님들께 무궁화 축제에 학생과 학부모 참가 신청을 받아 달라는 내용의 공문을 발송하였으나 가부 답변이 시·군청이나 학교나 한 군데도 없는 것이 우리 사회의 참혹한 현실입니다.

우리나라는 예로부터 '근역'이라 불려 왔습니다. 무궁화가 많은 지역이란 뜻입니다 우리의 것에 대한 관심과 국가관마저 희미해져, 우리 민족의 꽃, 나라의 꽃인 무궁화의 그 숭고한 역사적 의미마저 사라져 가고 있는 것은 아닌지 걱정과 우려가 앞섭니다. 우리나라의 국화인 무궁화는 지금과 같은 국가적 위기 상황일수록 온 국민의 마음을 하나로 결집하는 힘을 발휘했습니다.

무궁화는 우리나라의 국화라는 상징적인 의미로만 존재할 뿐, 국민들의 일상생활 속에 나라꽃으로 자리 잡지 못하고 있는 것이 지금의 현실이니, 존경하는 이명박 대통령님, 한승수 국무총리님, 관계 부처 장관님, 이하 실무 담당자께서 솔선 계몽이나 지시 없이는 어려운 실정을 헤아려 주셔야 합니다.

존경하는 국민 여러분! 이제 태극기는 우리 일상생활 속에서 확실히 자리를 잡았다고 해도 과언이 아닙니다. 이제는 거리거리에서 자발적인 태극기 물결을 보는 일이 그리 어렵지 않은 현실이 되었으며, 이로써 온 국민이 하나가 되는 일도 하나의 국민 문화로서 당당히 자리 잡았습니다. 이에 못지않게 무궁화도 항상 우리 국민의 생활과 함께하는 국민의, 민중의 꽃으로 그 의미를 찾아야겠기에 3개 실체를 함께 묶어 만복 수기를 제작하여 여러분께 기념품으로 나누어 드렸습니다.

자~ 우리 다 같이 만복 수기를 흔들어 주세요! 흔들어 주세요!

이 만복 수기를 청소년들이 소지하면 자신의 장래를 생각하고 올바른 생활을 하여, 국가와 민족 앞에 큰 인물이 되리라는 웅지를 품게 될 것이며, 성인은 무병장수, 운수 대통에 소원 성취가 이루어질 것을 믿어 의심하지 않습니다. 여러분.

우리 다 같이 외칩시다. 온 국토 방방곡곡에 우리나라 국화인 무궁화를 많이 심고, 8월 8일 나라꽃 무궁화의 날 무궁화 축제에 우리 모든 국민이 참여하자고 말입니다.

존경하는 국민 여러분! 대한민국의 표상 하나인 우리나라의 국화인 무궁화꽃 대축제가 정부의 보조가 없는 현실은 국력도 국민 의식도 없는 후진국이나 다름없는 것입니다. 본 행사 무궁화꽃 대축제가 정부 차원에서 계승 발전하기를 바랍니다.

새로 탄생하는 이명박 대통령님, 김형오 국회의장님, 관계 기관 여러분께서는 만시지탄의 느낌이 없지 않으나 올 하반기에라도 입안하여, 2010년 식목일부터라도 우리나라 국토에 우리 민족의 꽃, 대한민국의 국화인 무궁화나무 심기 운동과 제18회 나라꽃 무궁화의 날 무궁화 축제부터는 정부의 적극적인 지원 협조가 있으시기를 바랍니다.

축사와 격려사를 하여 주신 김형오 국회의장님, 김문수 경기도지사님, 경기도의회 진종설 의장님, 안상수, 공성진, 이종구, 박순자, 이범관 국회의원님 여러분과 대한민국 재향군인회 박세직 회장님, 양태홍 경기도의원님, 이한동, 최병렬, 이태섭, 한화갑, 이방호, 김덕규, 이성권, 노현송, 오교식 전국배드민턴연합회장님, 이재창, 류인청, 함영태, 김득휘, 김정덕 등 명사 여러분과 본 행사에 물심양면으로 협조하여 주신 본회 고문님, 부회장님, 임원 여러분, 본행사 관계 기관 기관장님들께도 감사드리며, 오늘 참석하신 여러분 가정에 건강과 행운이 늘 충만하시기를 기원하며, 기념사를 마치겠습니다. 감사합니다.

2009년 8월 8일
사단법인 대한민국 무궁화 선양회,
무궁화 산악회 회장 양천규 드림

● 2009년 8월 8일 제17회 나라꽃 무궁화의 날 기념행사 기념식, 축사

근역 강산을 무궁화 꽃밭으로!

먼저 사단법인 대한민국 무궁화 선양회에서 선도해 온 무궁화 국민 대축제가 제17회로 개최됨을 충심으로 축하해 마지않습니다. 더구나 본 축제가 그동안 정부나 기업 등의 지원 없이 치러져 왔다는 점에서, 양천규 회장님을 비롯한 관계인 여러분들의 노고에 한없는 경의를 표하는 바입니다.

예로부터 무궁화는 동방을 대표하는 꽃으로 여겨져 왔으며, 특히 '군자지국 지아천리 다목근화(君子之國 地方千里 多木槿花)'라 하여, 우리나라를 대표하는 꽃으로 불려서 조선이 근역(槿域)이라고 지칭된 것도 결코 우연이 아니었음을 알게 됩니다.

무궁화는 비록 현란한 꽃은 아니지만, 꽃피는 기간이 3개월여에 걸친다는 점에서 강한 생명력의 꽃이며, 개별꽃으로는 아침에 피어 저녁에 시들지만, 다시 맺고 다시 피는 연속성으로 지속적인 끈기를 발하는 꽃일 뿐 아니라, 청아한 기품과 은근한 겸손을 일깨워 주는 '중용의 꽃'이라 할 수 있을 것입니다.

그 무궁화가 우리나라를 표상하는 꽃이라는 사실에 대한 강한 긍지와 자부심이, 무궁화꽃 대축제를 통하여 고양되고 확산하여 왔음에 대하여 우리 모두 뜨거운 감사를 느껴야 할 것이며, 축제에 깃든 의미와 공유와 그에 따른 소명 의식의 확산 운동에 적극적으로 동참해야 하리라 여겨지는 바입니다.
다시 한번 우리의 민족정신 선양과 '한마음 한뜻'의 역사의식 고취에 열의를 쏟아 오신 주최 측의 충정에 존경과 감사를 표하며, 그 정성으로 우리나라는 근역 강토로서 영원하리라 확신하는 바입니다.

국회의사당을 둘러싸고 있는 윤중로의 왕벚나무가 하루빨리 무궁화로 바뀌는 날을 꿈꾸며, 부끄러운 마음으로 축사를 갈음합니다. 감사합니다.

2009년 8월 8일
국회의원 김충조

* * *

축사

계속되는 장마로 인해 잠시나마 더위를 잊고 지내다가 불현듯 다가온 무더위에 여름의 위력을 실감하는 요즘입니다. 이런 찌는 듯한 한여름의 무더위에도 불하고 오직 민족의 꽃, 무궁화에 대한 사랑 하나만으로 제17회 나라꽃 무궁화의 날 기념행사 대축제를 준비하신 양천규 회장님을 비롯한 한국 무궁화 사랑 축제 참여회 관계자 여러분의 열정과 노고에 진심으로 감사드립니다.

우리 꽃 무궁화는 그 이름처럼 100여 일이나 피어나는 굽히지 않는 인내와 끈기의 상징이자, 민족의 수난사에도 갖은 풍상을 이겨 내면서 겨레와 함께한 꽃 중의 꽃이자 민족의 꽃입니다. 과거 우리 주변에 지천으로 흐드러지게 피어 있던 무궁화가 어느새 우리 삶 속에서 잊혀 가고, 세계화라는 빠른 변화를 맞이하면서 우리 것에 관한 관심과 국가관마저 희미해져, 우리 꽃 무궁화의 그 숭고한 역사적 의미마저 사라져 가고 있는 것은 아닌지 걱정과 우려가 앞섭니다.

그러기에 이번 무궁화의 날 기념행사 대축제는 갈등과 반목으로 인한 사회불안이 팽배해져 가고 있는 지금의 우리에게 민족의 꽃으로서의 무궁화가 주는 그 깊은 뜻을 다시금 되새기고, 가꾸고 보호하지 못할 소중한 우리 것들을 스스로 돌아보는 의미 있는 반성과 계기가 될 것입니다. 더불어 잊고 있었던 한민족이라는 자긍심을 다시금 우리 가슴속에 떠올리는 기회이자 우리 민족의 내일을 생각하는 애국, 애족의 소중한 장이 될 것임을 확신합니다.

지난봄 여의도에 흐드러지게 피어난 벚꽃의 그 짧은 순간의 향연이 끈기와 인내의 우리 꽃 무궁화로 바뀌는 아름다운 내일을 상상하며 앞선 혜안으로 우리 민족의 소중한 자산인 무궁화를 소중히 가꿔 오신 양천규 회장님 이하 여러분의 열정과 활동이 민족의 내일을 밝히는 소중한 밑거름이 될 것임을 확신합니다.

다시 한번 이번 행사를 준비하신 모든 분들의 노고를 치하드리며 여러분 모두의 무궁한 발전을 기원합니다. 감사합니다.

2007년 8월 8일
한빛산악회 회장 함영태

* * *

축사

지난 17년간 한결같이 나라꽃 무궁화의 보급과 선양에 앞장서 오신 (사)대한민국 무궁화 선양회 양천규 회장님을 비롯한 관계자 여러분께 가슴 깊이 감사의 마음을 전해 드립니다. 아울러 여주를 찾아 주신 모든 분들께도 따뜻한 환영의 인사를 올리며 열일곱 번째를 맞이하는 '나라꽃 무궁화의 날 기념 국민 축제'를 기쁜 마음으로 축하드립니다.

특히 올해는 나라꽃 정원(무궁화동산, 해여림식물원 소재)과 한글 창제의 얼이 서린 세종대왕릉이 있는 이곳 여주에서 축제가 열리게 되어 그 의미가 더욱 새롭게 다가옵니다.

무궁화는 아주 특별한 꽃입니다. 황혼 녘에 시든 무궁화는 이른 새벽이면 어김없이 새 꽃을 피웁니다. 피고 지고 또 피는 무궁화의 부지런함과 끈기는 우리 민족의 모습과 많이 닮았다고 합니다.

무궁화에는 반만년 역사의 고난과 위기를 극복하고 영광의 순간을 맞이한 자랑스러운 우리 민족의 모습이 깃들어 있습니다. 하지만 현실 생활은 무궁화 선양과는 너무나도 거리가 있습니다. 주위에 무궁화를 볼 수가 없어서 애국가의 가사로 입으로만 피고 지는 무궁화의 현실에 안타까운 마음 가득합니다.

해마다 이맘때면 나라꽃 정원에는 250여 종의 무궁화가 활짝 피어 애잔한 민족 정서를 노래합니다. 애국가 가사나 화면 또는 그림으로만 대하는 나라꽃이 아닌 일상생활 속에서 향기를 맡고 직접 꽃잎을 보듬으며, 우리의 자녀들에게 그 꽃잎들 하나하나엔 배인 우리의 자긍심을 들려주고 싶습니다.

그런 날을 고대하면서 한글의 고장인 여주도 무궁화의 보급과 육성에 힘을 보태겠습니다. 마을 주변과 거리 곳곳에 또 공원 등 주민들이 늘 함께 가까이할 수 있는 곳에 무궁화를 심고 가꾸는 작은 실천을 꾸준히 해 나가겠습니다.

양천규 회장님을 비롯한 축제 관계자 여러분의 노고에 깊이 감사드리며 국민과 함께하는 행복한 축제로 발전하기를 진심으로 바랍니다.

2009년 8월 8일
여주 군수 이기수

2010년 8월 8일 제18회 나라꽃 무궁화의 날 기념행사

무궁화는 우리나라의 아름다움과 끈기를 나타낸다.
_행정안전부

🌸 기념사 2010년 18회

친애하는 국민 여러분, 해외 동포 여러분, 그리고 이 자리에 참석하신 내빈 여러분. 2010년 8월 8일 제18회 국가 상징(나라꽃 무궁화)의 날 기념 무궁화 국민 대축제에서 또다시 만나고 기념사를 하게 되어 감회가 새롭고 무척이나 반갑고 고맙습니다. 여러분.

한 나라를 상징하는 대표적인 표상은 국기, 국가, 국화를 제정하여 애국심을 고취하여 모든 공식적인 모임에서 국기인 태극기를 게양하고, 국가인 애국가를 제창합니다. 그러나 국화인 무궁화는 어떻습니까. 애국가 후렴구인 '무궁화 삼천리 화려강산'에서만 존재할 뿐 실제로 삼천리 방방곡곡에 몇 주나 식재되어 있습니까. 일본인이 즐기는 벚꽃과 비교해 보십시오. 부끄러울 뿐입니다. 여러분.

나라를 보존하고 지키기 위해서는 나라의 근본을 바로 세워야 하고, 나라의 근본을 바로 세우기 위해서는 우리의 것을 존중하고, 소중하게 간직하여야 하지 않겠습니까. 여러분!

국가 차원에서 우리나라의 국화인 무궁화 심기 행사와 축제가 없다는 것은 말도 안 되는 일이며 후진국에서나 있을 법한 일이기에 지난 1월 초순 청와대 이명박 대통령님께,

경기도지사와 경기도 관내 31시장, 군수께
강원도지사와 강원도 관내 18시장, 군수께
충북도지사와 충북도 관내 12시장, 군수께
충남도지사와 충남도 관내 16시장, 군수께
경북도지사와 경북도 관내 22시장, 군수께
경남도지사와 경남도 관내 20시장, 군수께
대전 대덕구청 청장께
전북도 관내 시, 군 완주 군수께
전남도 관내 시, 군 신안 군수께

위 관공서 6도 청과 122개 시군 구청에는 가·부 답변한 곳 없는 이런 현실입니다.

대한민국 헌법 제2장 국민의 권리와 의무 제26조를 보면,

1. 모든 국민은 법률이 정하는 바에 의하여 국가기관에 문서로 청원할 권리를 가진다.

2. 국가는 청원에 대하여 심사할 의무를 진다.

　명백히 공표하고 있음에도, 이를 몰라서인지 무시인지 퇴출해야 할 공무원들이 아닌지요. 공무원들이 이러니까 우리 사회가 미혼여성 증가 신생아 저출산 투표율 저조 등이 국가와 공무원 등에게 암암리 시위이자 불신임이라는 것을 깨닫지 못하고 임무는 다하지 않고 권리만을 주장하는 습성에서 하루빨리 깨어나야 할 것도 모르고, 아직도 천방지축 날뛰는 철부지 공무원들아, 정신 좀 차려라. 정신 좀. 아~ 오죽하면 이 나라 대통령을 역임하고 퇴임 후 단 하나 한 번뿐인 그 소중한 목숨을 사랑하는 처자식과 지지하던 국민들을 버리고 자살하였겠는가를 우리가 모두 돌이켜 보고, 이런 일이 다시는 일어나지 않도록 하여야 할 것입니다. 국민 여러분.

　존경하는 국민 여러분! 이명박 대통령님 우리나라가 경제 강국 10위권인데 한국인 행복도가 세계 56위인 이 나라가 어디로 가며, 나라 꼴이 되겠는가를 돌이켜 보시기 바라며 선거 때는 국민을 위하고 편안하게 즐겁게 행복하게 외쳤던 구호가 그 순간뿐 나라를 위하여 희생과 봉사하는 사람에게 국가가 나 몰라라 한다면, 어느 누가 국가와 민족을 위하여 일하겠는지요.
　무궁화는 우리나라의 국화라는 상징적인 의미로만 존재할 뿐, 국민들의 일상생활 속에 나라꽃으로 자리 잡지 못하고 있는 것이 지금의 현실이니 존경하는 이명박 대통령님께서, 관계 부처에 우리나라 국화 무궁화를 가로수 등으로 많이 심으라는 지시와 타 나라꽃 축제는 여기저기서 많이 개최하나 정작 우리나라 무궁화 축제도 정부의 보조 없이는 어려운 실정을 헤아려 주셔야 합니다. 우리나라 최고 통치권자이신 이명박 대통령님.

존경하는 국민 여러분! 우리나라의 국경일(3·1절, 제헌절, 광복절, 개천절, 한글날)은 역사적으로 뜻깊은 날을 기리며 국가의 역사성과 정체성을 확인하는 날이기에 상징적 의미라면, 이에 비해 기념일이란 온 국민에게 그 분야를 상기하며 그날의 뜻을 기리는 것 외에도 국가와 사회의 발전과 성숙을 모색하는 사회통합의 기능도 있거니와, 왜 기념일에 주목해야 하는가는 기념일에는 힘이 있기 때문입니다.

발렌타인데이, 삼겹살데이, 자장면데이, 빼빼로데이, 오이데이 등은 상업주의가 배경인데도 불구하고 사람들이 쇠는 명절로 자리 잡은 지 오래인 것을 인지하시고, 모든 국민이 일심 단합하여 2011년 8월 8일 제19회부터는 온 국민의 축제가 되게끔 노력하고 정부에서도 적극적인 협조를 당부드리며, 본 행사 무궁화꽃 대축제가 정부 차원에서 계승 발전하기를 이명바 대통령님, 박희태 국회의장님, 관계기관 여러분께서는 만시지탄의 느낌이 없지 않으나 올 하반기에라도 입안하여, 2011년 식목일부터라도 우리나라 국토에 우리 민족의 꽃, 대한민국의 국화인 무궁화나무 심기 운동과 제19회 국가 상징(나라꽃 무궁화)의 날 무궁화 축제부터는 정부의 적극적인 지원 협조가 있으시기 다시 한번 부탁드리며, 공무원들은 생계유지에 급급한 나머지 국가관이 상실되어 버려 참으로 어처구니없는 정부의 세태가 아닐 수 없는 일이며, 이런 식으로 일하는 처사이기에 대통령 사진이 박혀 있는 만복 수기 수천 장을 불에 태워 화장시킨다고 하여도 아무런 언급 없는 것으로 보아 직무 유기에 기만, 대통령님께 피해와 욕 먹이는 처사가 참으로 한심스럽고 걱정이 앞서는 현실입니다. 여러분.

우리 민족의 꽃인 무궁화 사랑과 보급 축제에 더욱 힘써 국민의 자긍심을 높이는 데 노력하는 비영리법인 단체에서 국가 상징인 무궁화 관련 홍보활동을 국가 차원에서 장려하여야 할 일을, 정작 다른 나라 꽃들에 비해 많은 사랑을 받지 못하고 있다는 사실에 안타까움을 금할 수 없는 현실에 조국에 대한 자부심과 애국심으로 하나가 되는 축제로 거듭나길 바라는 마음으로 국민들께 계몽 차원에서 하는 행위를 우대와 찬사 응원과 뒷받침을 보내 주기는커녕, 아 개인도 어렵다면 힘든 사람들을 국가가 돌보고 일어설 수 있도록 도와주는 따뜻한 국가가 바로 선진 국가의 모습인 것을 나라의 기틀인 국가 상징물 무궁화를 국가 최고 통치권자인 대통령님의 언급이 없고 나 몰라라 함이, 그 무책임이란 있을 수 없는 일을 참모들이 뒷받침을 잘해야 훌륭한 대통령을 만드는 것을 국민의 권익과 고충 복리 증진을 위한 민주성의 정립과 공공성의 보장을 최우선으로 하는 공직자가 되어야 하고, 온건하고 합리적인 진정한 사정기관의 수장이라면 국민의 억울함, 아픈 곳을 치유키 위함인 것을 인지하시고 구제 방안을 찾아 주실 것을 강력히 촉구하는 바입니다.

국가 상징물에 사회봉사 나라 사랑의 위상을 높이려 국가에 헌신한 사람에게 예우가 겨우 비참하고 참혹한 삶이 되게 해서는 안 되는 것을 깨닫고, 이 나라에 고위 공직자라 운운하며 임무를 위해 최선에 노력을 다하여야 하는데 권리만을 주장하는 참모들이 자기 몸만 사려서야 되겠는가요?

국가에 최고 통치권자나 공무원이라면 절망에 빠져 신음하는 사람을 구해 주는 것 이상, 이 세상에 가치 있는 일은 없는 것을 인지하고 공무원이나 정치를 하여야 할 것이며, 국경일(3·1절, 제헌절, 광복절, 개천절, 한글날)은 역사적으로 뜻깊은 날을 기리며 국가의 역사성과 정체성을 확인하는 날이기에 상징적 의미라면, 이에 비해 기념일이란 온 국민에게 그 분야를 상기하며 그날의 뜻을 기리는 것, 2011년 8월 8일 제19회부터는 온 국민의 축제가 되게끔 정부의 적극적인 협조를 당부드리며, 정부에서는 기념일에 대해서는 예산 낭비, 인원동원, 유사 행사, 중복 등으로 낭비성이 염려라며 행사는 하지 않고, 온 국민이 각 분야에서 종사하며 그날 그 분야를 생각하는 날로만이라도 그 분야의 발전성인 것을 인식하고 정부의 정책적 도움을 요청하며, 세계 경제 10위권을 이룩한 기적의 역사 영광의 역사 그 성공에 안주하지 말고, 선진 일류 국가를 달성하려면 미래에 대한 비전을 갖고 세계를 바라보는 전향적인 행동만이 미래 발전상일 것이고, 국민이 어린이가 행복하여야 나라가 행복하듯 조국의 명예와 세계 평화를 위해 국민의 삶의 질을 높이는 데 크게 이바지하여야 할 정치인들이여 세상이 나날이 발전으로 변화하는 국제 환경 속에서 우리는 통일 한국을 이루고 선진 일류 국가로 도약하며 성숙한 세계 국가로 우뚝 서야 하는 새로운 역사적 과제를 안고, 우리 국민도 정치인도 변화하는 안보 환경에 대응하고 우리가 시대적 과제를 뒷받침하기 위해서는 우리 국민도 선진화하고 변화해야 합니다.

그러기 위해서는 온 국민이 새로운 각오로 근검·절약하며 임무는 다하지 않고 권리만을 주장하는 습성을 저버리고, 적절한 이해와 용서 화합이 급선무임을 알고 좋은 고견으로 긍정적 지혜를 의미 있는 방향으로 뭉쳐야 합니다. 국민 여러분.

무궁화 심기와 축제에 대하여 자세하게 상신을 관계 부처인 행정안전부와 산림청 및 경기도 관내 31개 시군, 시장, 군수님들께, 6월 말경엔 안산시 51개 초등학교 교장 선생님께 무궁화 축제에 학생과 학부모 참가 신청을 받아 달라는 내용의 공문을 발송하였으나 가·부 답변이 시군청이나 학교나 한 군데도 없는 것이 우리 사회의 참혹한 현실입니다.

우리나라는 예로부터 '근역'이라 불려 왔습니다. 무궁화가 많은 지역이란 뜻입니다. 우리의 것에 대한 관심과 국가관마저 희미해져 우리 민족의 꽃, 나라의 꽃인 무궁화의 그 숭고한 역사적 의미마저 사라져 가고 있는 것은 아닌지 걱정과 우려가 앞섭니다.

우리나라의 국화인 무궁화는 지금과 같은 국가적 위기 상황일수록 온 국민의 마음을 하나로 결집하는 힘을 발휘했습니다. 이제 태극기는 우리 일상 생활 속에서 확실히 자리를 잡았다고 해도 과언이 아닙니다.

이제는 거리거리에서 자발적인 태극기 물결을 보는 일이 그리 어렵지 않은 현실이 되었으며, 이로써 온 국민이 하나가 되는 일도 하나의 국민 문화로서 당당히 자리 잡았습니다. 이에 못지않게 무궁화도 항상 우리 국민의 생활과 함께하는 국민의, 민중의 꽃으로 그 의미를 찾아야겠기에 3개 실체를 함께 묶어 만복 수기를 제작하여 여러분께 기념품으로 나누어 드렸으며, (자~ 우리 다 같이 만복 수기를 흔들어 주세요, 흔들어 주세요) 이 만복 수기를 청소년이 소지하면 자신의 장래를 생각하여 올바른 생활을 하여, 국가와 민족 앞에 큰 인물이 되리라는 웅지를 품게 될 것이며, 성인은 무병장수, 운수 대통의 소원 성취가 이루어질 것을 믿어 의심하지 않습니다. 여러분.

우리 다 같이 외칩시다. 온 국토 방방곡곡에 우리나라 국화인 무궁화를 많이 심고, 8월 8일 국가 상징(나라꽃 무궁화)의 날 무궁화 국민 대축제에 모든 국민이 참여하자고 말입니다.

존경하는 국민 여러분! 대한민국의 표상 중 하나인 우리나라의 국화인 무궁화꽃 대축제가 정부의 보조가 없는 현실은 국력도 국민 의식도 없는 후진국이나 다름없는 것입니다. 본 행사 무궁화꽃 대축제가 정부 차원에서 계승 발전하기를 새로 탄생하신 이명박 대통령님, 김형오 국회의장님, 관계기관 여러분께서는 만시지탄의 느낌이 없지 않으나 올 하반기에라도 입안하여, 2011년 식목일부터라도 우리나라 국토에 우리 민족의 꽃, 대한민국의 국화인 무궁화나무 심기 운동과 제19회 나라꽃 무궁화의 날 무궁화 축제부터는 정부의 적극적인 지원 협조가 있으시기를 바라며, 축사와 격려사를 하여 주신 김형오 국회의장님, 김문수 경기도지사님, 경기도의회 진종설 의장님, 안상수, 공성진, 이종구, 박순자, 이범관 국회의원님 여러분과 명사 여러분과 본 행사에 물심양면으로 협조하여 주신 본회 고문님, 부회장님, 회원 여러분, 본 행사 관계 기관 기관장님들께도 감사드리며, 오늘 참석하신 여러분 가정에 건강과 행운이 늘 충만하시기를 기원하며, 기념사를 마치겠습니다. 감사합니다.

2010년 8월 8일

🏅 사단법인 대한민국 무궁화 선양회

회장 양천규

강릉 경포대 해수욕장에서

8월 8일 제19~20회 나라꽃 무궁화의 날 기념행사

무궁화는 우리 민족의 영원한 사랑을 받는 꽃이다.

_고조선 이후부터

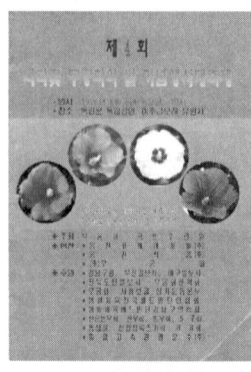

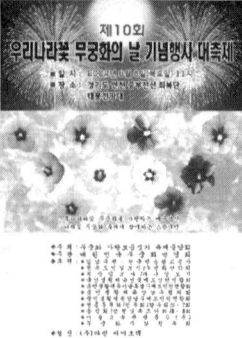

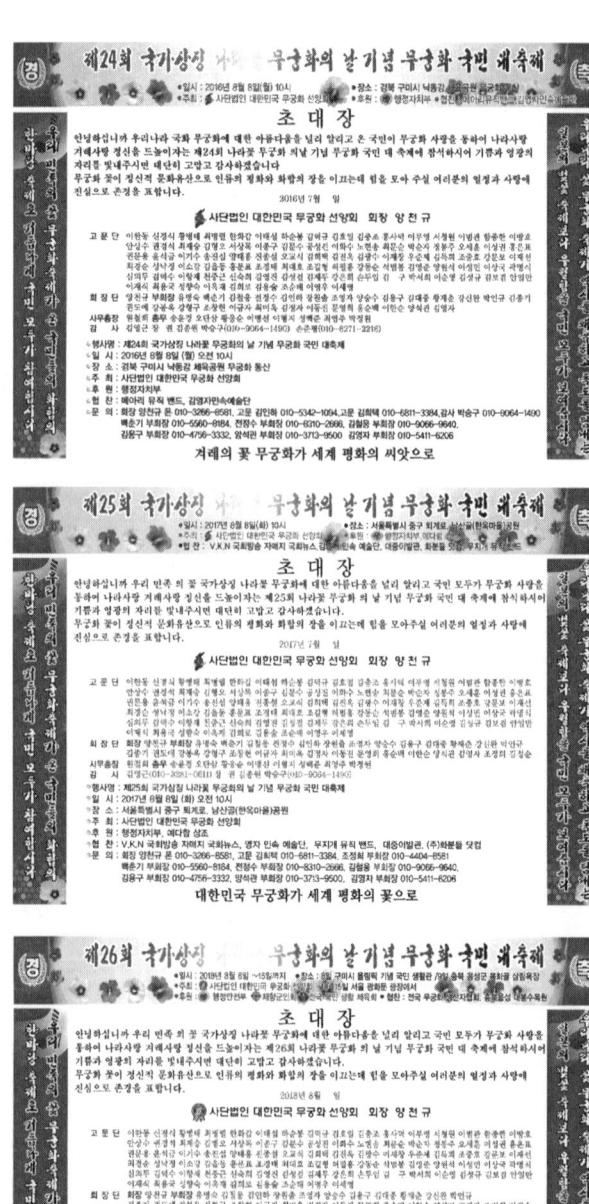

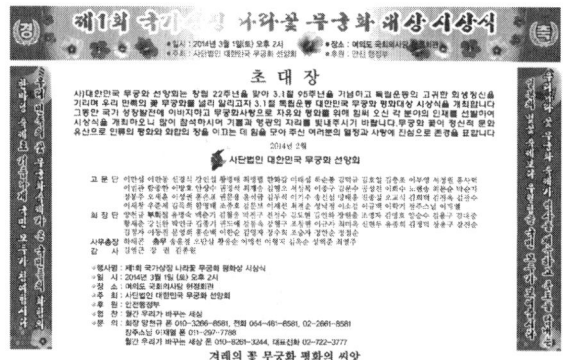

🏅 2011년 8월 8일 제19회 나라꽃 무궁화의 날 기념행사 축제 기념식

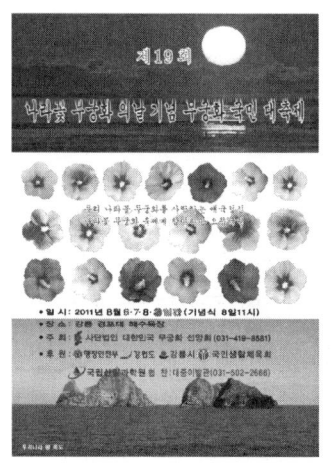

🏅 2012년 8월 8일 제20회 나라꽃 무궁화의 날 기념행사 축제 기념식

    2012년 제20회는 경기도 화성 궁평 해변에서 개최를 45인승 관광버스 6대에 300여 명이 모여 성대하고 우아하게 책자 행사 사진 게재. 첫 번으로 『무궁화 꽃사랑 영원히 빛나리』 500권 발행 무상 배포.

제20회 행사에서 책을 펴내면서 『무궁화 꽃사랑 영원히 빛나리』 머리말

　사랑하고 존경하는 국민 여러분 필자 영웅호걸 양천규는 소년 시절부터 국가와 민족을 위하여 무엇을 할까 하는 마음을 늘 가지고 살아오면서 위인 이순신 장군, 세종대왕, 김구 선생, 유관순 누나, 방정환 선생님들을 존경심에 살아오다 5월 5일 어린이날을 제정하신 방정환 선생님을 생각하며 이른 봄부터 시작되는 각종 꽃 축제(벚꽃, 철쭉, 장미, 튤립) 등을 보아 오다 정작 우리나라의 국화인 무궁화꽃 축제가 없음을 안타깝게 여겨 대한민국 건국 이래 최초로 무궁화꽃이 한창 피어나는 8월 8일을 나라꽃 무궁화의 날로 제정하고 무궁화 국민헌장을 제정하며 1993년 제1회 나라꽃 무궁화의 날 무궁화 국민 대축제를 거행한 이래 2012년까지 한해도 거르지 않고 20회에 걸쳐 행사를 시행하며 우리 나라꽃 무궁화 축제가 일제 만행을 아직도 반성 없이 틈틈이 역사를 왜곡하고 독도를 탐내는 일본인의 벚꽃 축제보다도 우아하고 화려하게 찬란한 온 국민의 축제가 되기를 기원하며 우리나라 국화인 무궁화에 대한 의미 고찰로 국민들의 애국심이 넘쳐 나기를 애원합니다. 제20회 국가 상징(나라꽃 무궁화)의 날 국민 대축제에 자연의 다양함과 같이 인간의 삶도 다양하지만 우리 국민들의 건강 상식과 너무도 감명 깊은 글 감동의 글들이 가슴속에 전류가 흐르는 듯 애틋한 사연들이 따끈하고 뜨거운 글들을 소개하여 밝고 아름답게 맑고 깨끗한 꿈과 희망을 주어 더불어 잘사는 사회에 초석이 되었으면 합니다.

요즘 우리 사람들은 사랑이나 행복, 성공을 너무 쉽게 얻으려 하고 노력도 해 보기 전 너무도 쉽게 포기하려고 합니다. 자신의 의지와 노력으로 아름다운 삶을 살아갈 수 있다는 것을 우리들은 이런 글에서 배워야 하리라 합니다. 내용의 감동과 감명이 인간으로의 기본이 마음에 와닿는 뉘우침의 변화 장래의 희망과 용기를 안겨 됨됨이를 다짐하는 계기가 될 내용만이 엄선된 글들이 못 이룬 꿈을 이루는 데 큰 도움이 될 것입니다.

지구상에 유일한 분단국가인 나라에서 국가가 최우선이어야 하고 국가 발전에 기여하는 일이 급선무인 요즘 우리 사회에 윤리 도덕과 정의가 실종되고 만연된 잘못이 판치며 전례 없던 불법이 난무하는 이때 우리는 시대 변화를 따라잡지 못하면 국가도 기업도 국민도 낙오자가 되는 시대의 삶 속에서 국경 없는 무한 경쟁 속에서 미래를 생각하지 못하면 우리가 지향하는 선진 일류 국가를 달성할 수 없고 우리가 꿈꾸는 선진 일류 국가는 국민 한 사람, 한 사람의 삶이 행복하고 따뜻한 선진 복지국가로 경제가 충효 사상이 살아 숨 쉬고 조국에 대한 무한한 충성심과 독도 지킴의 애국심이 넘쳐 나야 남북통일도 이루기에 애국 없이는 나 너, 가정 사회 국가가 없듯이 나라의 발전과 영광을 기대할 수 없는 것이 현실입니다.

나라의 보배인 어린이가 읽으면 자신의 장래를 생각하여 올바른 생활로 노력하여 국가와 민족 앞에 큰 인물이 될 것이며 성인은 무병장수 소원 성취가 이루어질 것을 믿어 의심하지 않습니다.

무궁화꽃 축제로 우리나라 국가 발전에 초석이 되고 후손들에게 국가와 민족 사랑의 디딤이 되어 과거와 같은 침략 없이 세계 속에 일등 국가로의 지름길로 승화되기를 기원하며 너나없이 우리 모두가 성실 정직 정의로 이해와 용서 배려와 화합 봉사하는 훌륭한 국민성으로 영원히 길이 빛날 미래 지향적인 대한민국이 되기를 희망하는 마음이며 시냇물이 졸졸졸 속삭이며 흘러 흘러 바다로 가듯이 우리 인생의 삶도 흘러가는 시냇물과 같이 세대교체가 자연의 순리처럼 인생이 삶의 사연과 상식이 망라된 이렇게 훌륭한 글들이 마음의 교훈으로 파고드는 효행 충성심에 심금을 울리고 감격의 눈물이 날 것이며 일상생활 속에서 진리를 찾는 짧막하고 깔끔한 표현으로 담겨 그 뜻을 적용할 수 있는 과거 현재 미래 등이 존재하였고 조상님들 경험에서 얻은 도덕성 지식 풍족한 사연이 건강의 비결, 생활 정보 지혜 성공의 신화 부부 사랑 부모와 자식 사랑 이웃 사랑 등이 망라된 책 내용 면에 매료될 것입니다. 사진과 좋은 글 사용에 작가분들의 양해를 구하며, 한 구절 한 소절 한 페이지를 보노라면 스스로 빠져드는 문제점 등을 알려 줍니다. 남녀노소 지위 고하를 막론하고 삶의 힘과 용기가 용솟음칠 용화로가 가슴속에 솟구쳐 온 국민이 건강하고 풍요롭고 행복하게 잘 살아갔으면 국가가 더욱 발전되어 세계 평화를 이루었으면 합니다.

한 번뿐인 인생살이 즐겁고 재미있게 가치 있고 멋있게 행복하게 웃으며 사는 삶으로 노력합시다. 감사합니다.

우리 국민 모두가 마음속 국가를 위하여 불타는 애국심의 사명을 갖고 각 분야에서 최선에 노력으로 위대한 대한민국으로 발전하는 데 고군분투 사생결단 하자, 라 제의한다.

🏅 2012년 제20회 기념사

사랑하고 존경하는 국민 여러분, 해외 동포 여러분, 그리고 이 자리에 참석하신 내외 귀빈 여러분. 2012년 8월 8일 제20회 나라꽃 무궁화의 날 기념 무궁화 국민 대축제에서 또다시 만나고 기념사를 하게 되어 감회가 새롭고 무척이나 반갑고 고맙습니다. 여러분.

한나라를 상징하는 대표적 표상은 국기, 국가, 국화를 제정하여 애국심을 고취하여 모든 공식적인 모임에서 국기인 태극기를 게양하고, 국가인 애국가를 제창합니다. 그러나 국화인 무궁화는 어떻습니까. 애국가 후렴구인 '무궁화 삼천리 화려강산'에서만 존재할 뿐 실제로 삼천리 방방곡곡에 몇 주나 식재되어 있습니까. 여러분.

일본인의 벚나무와 비교해 보십시오. 부끄러울 뿐입니다. 국민 여러분! 나라를 보존하고 지키기 위해서는 나라의 근본을 바로 세워야 하고, 나라의 근본을 바로 세우기 위해서는 우리의 것을 존중하고, 소중하게 간직하여야 하지 않겠습니까. 여러분.

우리가 봄이면 일본인의 벚꽃 축제는 진해의 군항제를 필두로 전국 각지에서 개최되고 있으며, 일제 만행을 아직도 반성 없이 틈틈이 역사를 왜곡하고 독도를 탐내는 일본인의 벚꽃 축제에 열을 올리며, 정작 우리나라의 국화인 무궁화 축제가 없음을 안타깝게 여겨, 대한민국 건국 이래 최초로 무궁화꽃이 한창 피어나는 8월 8일을 국가 상징(나라꽃 무궁화)의 날로 지정하며 무궁화 헌장을 제정하고, 1993년 제1회 나라꽃 무궁화 국민 대축제를 거행한 이래 한 해도 거르지 않고 20회에 걸쳐 행사를 시행하고 있습니다. 여러분.

　사랑하고 존경하는 국민 여러분! 선거 때는 나라와 국민을 위하여 편안하게 즐겁게 행복하게 외쳤던 구호가 그 순간뿐이 되지 말고, 진정 국민의 꿈이 이루어지는 세상을 만들기 위해서는 국가 상징물도 국가 차원에서 장려하여야 할 일을, 비영리단체에서 국가 상징인 무궁화 관련 홍보활동을 조국의 발전에 보탬이 되고자 희생과 봉사하는 사람에게 국가가 나 몰라라 한다면, 어느 누가 국가와 민족을 위하여 일하겠습니까. 여러분.

　금년 12월 대통령 선거에서 당선되는 대통령께서 하셔야 할 일은 우리나라 국화 무궁화를 전국 각지 도로의 가로수로 많이 심고, 타 나라꽃 축제는 여기저기서 많이 개최하나 정작 우리나라 꽃 무궁화 축제는 정부의 보조 없이는 어려운 실정을 헤아려 기념일로 지정하여야 하고, 대통령이 국가 상징인 무궁화에 관심을 보이지 않으면 국민들에게 나라와 민족을 위하여 일하자고 말할 수 있으며, 그 얼마나 부끄럽고 수치스러운 행동입니까. 여러분! 가로수로 많이 심어서 애국가의 후렴처럼 무궁화 삼천리 화려강산에 통일 조국에 세계 속의 일등 국가의 지름길로 이끌어 주시기를 바랍니다. 새로 탄생하는 대통령님.

　사랑하고 존경하는 국민 여러분! 우리나라의 국경일(3·1절, 제헌절, 광복절, 개천절, 한글날)은 역사적으로 뜻깊은 날을 기리며 국가의 역사성과 정체성을 확인하는 날이기에 상징적 의미라면, 이에 비해 각종 기념일이란 온 국민에게 그 분야를 상기하며 그날의 뜻을 기리는 것 외에도 국가와 사회의 발전과 성숙을 모색하는 사회통합의 기능도 있거니와 왜 기념일에 주목해야 하는가는 기념일에는 힘이 있기 때문입니다.

발렌타인데이, 삼겹살데이, **빼빼로데이**, 오이데이, 자장면데이 등은 상업주의가 배경인데도 불구하고 사람들이 쇠는 명절로 자리 잡은 지 오래인 것을 인지하고, 무궁화를 심고 가꾸고 사랑하자 함은 나라와 민족이 밝고 맑게 명랑한 사회를, 희망과 행복이 넘쳐 통일과 평화의 깃발이 되는 범국민적인 공감대가 형성되기를 기원하는 것이기 때문입니다. 여러분.

2013년 식목일에는 우리나라 국토에 우리 민족의 꽃, 대한민국의 국화인 무궁화나무 심기 운동과 삼천리 금수강산 방방곡곡에 무궁화가 만발하고 축제가 계승 발전되어 온 국민이 하나 된 마음으로 화합의 한마당이 되어 꿈을 이루는 나라가 되기를 바랍니다.

10년이면 강산이 변한다고 하였는데 20년이니 두 번이나 변했습니다. 나라꽃 무궁화 축제를 20회까지 행사를 개최하여 오면서 축사와 물심양면으로 조언, 좋은 글 등으로 협조하여 주신 각계각층 명사 여러분과 각 기관장, 담당자님 여러분, 본회 고문님, 부회장님, 임원 여러분, 20년 동안 협조 격려 성원에 고개 숙여 고마움과 감사의 말씀을 드리면서, 본인으로는 20회로 많은 나이와 체력 건강상 종지부를 찍는 마음이 희로애락이 주마등처럼 스치며 책 머리말이 저 양천규 취지 등 대변으로 알아주시고, 본 행사가 국가 발전과 사회를 위하여 열심히 일을 할 수는 의욕 고취의 계기가 되었으리라 여겨지며, 기간 내 불미스럽게 여겨졌다 하더라도 공적이었던 일이니만큼 너그럽게 모두 이해와 용서하시고, 우리나라 앞날에 크나큰 영광과 온 국민의 건강과 행복하시기를 바라며, 오늘 참석하신 여러분 가정에 건강과 행운이 늘 충만하시기를 기원하며, 기념사를 마치겠습니다. 고맙습니다. 감사합니다.

2012년 8월 8일

사단법인 대한민국 무궁화 선양회

회장 양천규

2013년 8월 8일 제21회 국가 상징 나라꽃 무궁화의 날 기념행사 축제 기념식

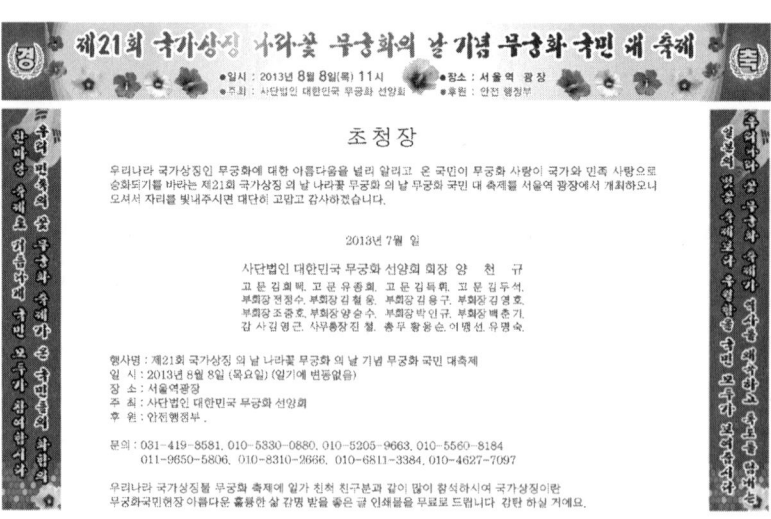

2013년 제21회는 서울역에서 개최를 각지에서 서울역 광장으로 지하철로 100여 명이 11시까지 모여 성대하고 우아하게 국가 상징 국민 헌장 양면 인쇄물 4천 장 무궁화 국민 헌장 양면 인쇄물 4천 장, 8천 장을 상하행선 국민께 무상 배포 행사를 하고 1시에 점심 식사를 하고 헤어짐.

아름다운 음악의 연주와 함께

순식간에 이런 비극이 벌어지다니!

> 우리는 나라의 기쁨과 슬픔을 함께 나누는 공동체다.
> _John F. Kennedy

2014년 4월 16일 발생한 세월호 침몰 참사는 세계를 놀라게 한 대참사이며 선원들이 승객들에게 "가만히 있으라"라고 방송하고 도망치고 해경들이 전혀 올바른 구조 활동을 하지 않아 배 안에 있던 고귀한 생명 304명의 승객이 한 명도 구조되지 못했다. 그들의 명복(冥福)을 빈다. 이 사고는 이명박 정권의 선박 연령 규제 완화로 시작되어 박근혜 정권의 구조 실패로 빚어졌으며, 이 점에서 세월호 대참사는 '정부 실패'에 의한 비리 사고의 대표적인 사례로 역사에 남을 것이다. 이와 같은 사고가 다시 일어나지 않게 하기 위해서는 무엇보다 비리의 척결이 올바로 이루어져야 하며, 또한 이를 위해서는 비리 세력의 발호를 막을 수 있는 정치 개혁이 절실히 요청되어야 할 것이다.

이 사고는 선박 관련 기업들의 사익과 이윤 추구에 우선권을 내준 규제 완화로부터 상당 부분 기인하고 있다. 세월호 참사는 재난의 원인을 제공했던 경제적 이익, 기업의 이윤을 지나치게 추구하는 경제 시스템이 불러온 재난이었다. 물론 규제 완화, 자본의 탐욕, 안전관리 부실이 거시적인 측면에서 세월호 참사의 간접적인 원인을 제공할 수는 있지만, 직접적인 원인은 아니다.

왜냐하면 정부의 주장대로 당일 8시 50분에 사고가 발생했다고 하더라도 그 당시 배에서 탈출하라고 선원이 지시했더라면, 또한 도착한 해경이

탈출을 지시했더라면, 승객 대부분은 구조되었을 것이고 대참사는 일어나지 않았을 것이기 때문이다. 따라서 세월호 참사의 원인은 여러 차원의 총체적 부실로 보고 공동체 전체의 차원에서 자성과 그 처방책을 절실히 필요로 하며, 이는 단순하게 정부의 책임으로만 돌릴 수 있는 문제가 아니다. 신자유주의 사회에서 팽배한 황금만능주의 구조와 일상적인 삶에서부터 만연한 눈감아 주기 등 기성세대 전반에 걸쳐 이 사고에 대한 책임이 있으며, 따라서 국가 차원을 넘어서 한국 사회 전체를 어떻게 재건할 것인지에 대한 성찰적 접근이 필요하다.

무엇 때문에 국가와 정부가 존재하는가. 정부는 국민의 종복임에도 불구하고 왜 국민 위에서 주인으로 군림하려고 하는가. 과연 국가의 존재 이유는 무엇인가. 과연 박근혜 정권의 공공성이란 무엇을 일컫는가. 세월호 참사가 청해진해운의 잘못이라면, 해경을 포함한 정부의 공공성은 어떻게 작동해야 하는가.

필자는 세월호 참사와 이러한 최소한의 문제의식을 통해 향후 세월호 참사의 대처 방안을 모색하여 세월호 참사가 한국 사회에 누적된 온갖 부문의 문제에 대한 반성을 촉구하는 계기일 뿐 아니라, 오늘의 교육에 대해 근본적 재성찰이 필요한 사건이라는 인식을 가졌다. 학교 교육과정이 창의, 인성, 민주 시민성 등을 목표로 표방하지만 실제로는 주체적 판단과 행위를 잠재우는 순응적 학교화 과정이 되어 버린 한계를 반성하고 새로운 희망의 근거를 탐색하려는 데에 목적을 가져야 한다. 이를 위해 먼저 세월호 참사 후 인문 사회 분야의 학술적 논의와 비판으로부터 신자유주의적 자본주의 체제에서 심화한 이기주의, 물질주의, 획일적 권위주의와 같은 문제의 현상을 개괄해야 한다. 탑승객 중 학생과 교사의 희생 비율이 가장 컸던 상황에 대한 미시적 검토를 통해, 학교에서 더불어 살아가며 행동과 감각과 사고

능력을 기르는 교육의 부족을 문제의 근원으로 재조명하여, 교육사상에 근거하여 움직임의 느낌과 생각을 깨우는 학교 공동체 교육의 대안적 가능성을 밝히고 직접적 처방 성격의 안전교육이나 인성교육을 넘어서 애국 애족의 화합인 협동심이 유·초등교육 단계부터 근본적 혁신이 필요하다 하겠다.

이 사고를 빌미로 국민의 반을 거리로 내몰아 탄핵이라는 명분에 명목을 뒤집어씌워 헌법재판소가 2017년 3월 10일 오전 11시 대심판정에서 박근혜 대통령 탄핵 심판 사건 선고기일을 열고 재판관 8명 전원일치 의견으로 박 대통령에 대한 파면 결정을 내렸다. 이정미 헌법재판소장 권한 대행은 이날 대통령 탄핵 심판 선고에서 "피청구인 대통령 박근혜를 파면한다"라는 주문을 확정했다.

이는 2016년 12월 9일 국회가 대통령 탄핵소추안을 의결하고 헌재에 제출한 지 92일 만의 결정으로, 헌재가 국회의 탄핵 심판 청구를 인용한 것은 대한민국 헌정사 최초의 현직 대통령 파면이다. 국민을 반으로 갈라놓는 촌극을 벌인 민주당 대권 후보로 문재인 후보가 출마하여 당선되면서 대한민국 제19대 대통령인 문재인 대통령의 취임식은 제19대 대선 다음 날인 2017년 5월 10일, 국회의사당에서 약식으로 진행되었다.

바로 전날 5월 9일 치러진 대한민국 제19대 대통령 선거가 전임 대통령 탄핵으로 인한 조기 선거였기 때문에, 선거에서 당선된 문재인 후보는 대통령 인수위원회 없이 바로 대통령직에 오르게 되었다. 그 때문에 개표가 모두 완료된 오전 8시 9분 중앙선거관리위원회에서 대통령 당선인 선언과 동시에 문재인 후보는 대통령이 되었다.

문재인 대통령은 대통령 의전행사를 담당하는 행정안전부와의 협의로 취임 선서와 취임사를 동시에 하는 방안을 택하였고, 그에 따라 취임식은 규모를 대폭 축소한 약식으로 결정되었다. 투표 다음 날인 2017년 5월 10일

정오 국회의사당 내부 로텐더홀에서 500여 명의 인사가 참석한 가운데 20여 분간 진행되었다.

대한민국 대통령 취임식은 1987년 현행 헌법 개정 이후, 2월 25일 국회의사당 앞 광장에서 귀빈을 초청해 진행되는 것이 관례였다. 전년 12월에 대통령 선거에서 새 대통령이 당선되면 꾸려지는 대통령직인수위원회가 대통령 의전 행사를 담당하는 행정안전부와 논의해, 새 대통령의 국정 철학을 함축적으로 보여 줄 수 있는 행사를 준비하였다. 하지만 제19대 대통령의 경우 박근혜 전 대통령의 탄핵으로 궐위선거를 통해 당선되었기 때문에, 인수위 없이 당선과 동시에 임기가 시작됨에 따라 이전처럼 취임식을 준비할 기간이 없는 상황이 되었다.

이에 행정안전부는 선거 전에 미리 취임식 형태별로 여러 가지 안을 준비해 놓고, 당선이 확정될 즈음 문 대통령 측에 이들 방안을 제시해 이 중 하나를 선택하도록 했다. 문 대통령은 취임 선서 위주의 약식 행사를 택했으며, 세부적으로는 국민의례와 취임 선서, 국민께 드리는 말씀 발표로만 구성되었다. 이전의 취임식에서 이뤄졌던 보신각 타종 행사나 군악·의장대 행진, 예포 발사, 축하공연 등은 제외되었다. 행정안전부는 "국정 현안을 신속히 타개하려는 대통령의 의지를 반영해 취임 선서 위주로 행사를 대폭 간소화했다"라고 밝혔다.

4당 대표 접견으로 취임식에 앞서 문 대통령은 자유한국당, 국민의당, 바른정당, 정의당 순으로 야 4당을 방문해, 각 정당 대표와 원내 대표들과 회동해 국정 운영에 대한 협조를 구했다.

* * *

🏛 취임사

문재인 대통령의 취임사는 '국민께 드리는 말씀'으로, 정식 취임사가 아닌 대국민 담화문 형식으로 진행되었다. 문재인 대통령은 취임사를 통해 이전까지와는 다른 대통령의 모습을 약속했다. "대통령부터 새로워지겠다"라는 말로 대선후보 시절 주요 공약 중 하나였던 '광화문 시대 대통령'을 천명, 청와대를 나와 광화문 정부 종합청사에서 집무하면서 국민과 소통할 것임을 확인했다. 이어 권위적 대통령 문화를 청산하고, 국민과 수시로 소통하는 대통령이자 깨끗한 대통령, 약속을 지키는 솔직한 대통령, 따뜻하고 친구 같은 대통령이 되겠다고 약속했고. 문재인 대통령은 "분열과 갈등의 정치를 바꾸겠다"라고 강조하며, "야당은 국정 운영의 동반자"라며 "대화를 정례화하고 수시로 만나겠다"라고 하던 대통령 임기 5년 내내 업적으로는 단 한 가지다.

 문재인 못 지킨 약속은 스물아홉 개, 지킨 건 딱 하나

국가의 생명은 정직하고 진실하며 도덕적인 동안에만 안전하다.
_Frederick Douglass

헛소리만 하는 문재인

1. 지금의 청와대에서 나와 광화문 대통령 시대를 열겠습니다. (X)
2. 국민과 수시로 소통하는 대통령이 되겠습니다. (X)
3. 주요 사안은 대통령이 직접 언론에 브리핑하겠습니다. (X)
4. 퇴근길에는 시장에 들러 마주치는 시민과 격의 없는 대화를 나누겠습니다. (X)
5. 때로는 광화문 광장에서 대토론회를 열겠습니다. (X)
6. 대통령의 제왕적 권력을 나누겠습니다. (X)
7. 권력기관은 정치로부터 완전히 독립시키겠습니다. (X)
8. 안보 위기도 서둘러 해결하겠습니다. (X)
9. 한미동맹을 강화하겠습니다. (X)
10. 자주 국방력을 강화하겠습니다. (X)
11. 북핵 문제를 해결할 토대를 마련하겠습니다. (X)
12. 동북아 평화를 정착시킴으로써 한반도 긴장 완화의 전기를 마련하겠습니다. (X)
13. 대통령이 나서서 야당과의 대화를 정례화하고 수시로 만나겠습니다. (X)
14. 능력과 적재적소를 인사의 대원칙으로 삼겠습니다. (X)
15. 저에 대한 지지 여부와 관계없이 훌륭한 인재를 삼고초려 해서 일을 맡기겠습니다. (X)

16. 무엇보다 먼저 일자리를 챙기겠습니다. (X)
17. 문재인 정부하에서는 정경유착이라는 단어가 완전히 사라질 것입니다. (X)
18. 지역과 계층과 세대 간 갈등을 해소하고 비정규직 문제도 해결할 길을 모색하겠습니다. (X)
19. 차별 없는 세상을 만들겠습니다. (X)
20. 기회는 평등하고 과정은 공정하고 결과는 정의로울 것입니다. (X)
21. 약속을 지키는 솔직한 대통령이 되겠습니다. (X)
22. 불가능한 일을 하겠다고 큰소리치지 않겠습니다. (X)
23. 잘못한 일은 잘못했다고 말씀드리겠습니다. (X)
24. 거짓으로 불리한 여론을 덮지 않겠습니다. (X)
25. 공정한 대통령이 되겠습니다. (X)
26. 특권과 반칙이 없는 세상을 만들겠습니다. (X)
27. 상식대로 해야 이득을 보는 세상을 만들겠습니다. (X)
28. 소외된 국민이 없도록 노심초사하는 마음으로 살피겠습니다. (X)
29. 대화하고 소통하는 대통령이 되겠습니다. (X)
30. 한 번도 경험해 보지 못한 나라를 만들겠습니다. (O)

- 지인에게서 받은 카톡 글

'문재인 케어'로 대표되는 국민건강보험 확대는 건강보험 기금 감소로 나타나고 있다. 건강보험 기금은 2018년 20조 원, 2019년 17조 원을 줄었고 2024년에는 완전히 고갈될 것으로 전망되고 있다. 반면 건강보험료는 올해 3% 내외로 인상된 것으로 보인다.

고용보험 기금은 2017년 10조 2,500억 원이었는데 2019년 7조 3,500억 원으로 줄었고, 지난해 말 완전히 고갈된 것으로 추정되고 있다. 정부는 올해 고용 보험료율을 0.2~03%포인트 높일 것으로 보이는데 그렇다고 바닥을 드러낸 고용보험 기금의 적자를 메우기는 어려울 것으로 예상된다.

문재인 정권의 탈원전은 전기료 인상이라는 부메랑으로 돌아올 조짐이다. '정부가 펑펑 쓰면, 국민이 빚을 진다'라는 진리는 국민부담률을 보면 알 수 있다. 국민부담률이란 세금과 사회보장 기여금(건강보험료, 고용보험료, 산재보험료, 국민연금료 등)을 합친 금액이 국내총생산(GDP)에서 차지하는 비율을 말하는데 2003~2016년 22~24%였다가 문재인 정권이 들어선 2017년 25.4%, 2018년 26.7%, 2019년 27.3%로 급격히 올라가고 있다.

'국가가 빚을 지지 않으면 국민이 빚은 진다'라는 생거짓말은 국가부채와 가계부채 통계에서도 나타나고 있다. 문재인 정권 들어서 국가부채와 가계부채가 동시에 급증하고 있다.

국가채무를 놓고 보면 박근혜 정권 시절 627조 원이던 게 문재인 정권이 들어선 이후 급격히 늘어나 올해 말 843조 원으로 늘어난다는 게 기획재정부의 분석이다. 5년 새 34%(216조 원)나 올랐다

가계빚은 지난해 말 기준으로 1,726조 원에 이른다. 2018년 말 1,535조 원이었는데 2년 새 191조 원이나 늘었다. 국제금융협회 분석 따르면 GDP 대비 가계부채비율은 100.6%로 미국(81.2%)과 주요 선진국(78%)보다 훨씬 높다. 가계부채가 이렇게 늘어난 것은 경기침체와 코로나 사태로 인한 생활고, 집값 급등에 다른 '영끌' 집 매수 그리고 젊은 층을 중심으로 광범위하게 확산한 빚투(빚으로 투자) 때문으로 분석되고 있다.

국가부채와 가계부채를 잡는 방법은 의외로 단순하다. 경제를 살려 일자리를 늘리고, 주택 공급을 늘려 집값을 안정시키면 된다. 그렇지만 문재인 정권은 일자리 창출과 집값 안정 측면에서 처절하게 실패했다.

문재인 정권과 여권 정치인들은 이러한 진실을 감추려고 지금 '재난 지원금 퍼 주기'에 나설 생각이다. 자신들은 원 없이 쓰고 차기 정부의 부담은 모르겠다는 식이다. 이재명 경기지사 같은 인물은 "가계부채가 높은 원인은

국가 부채비율이 낮고 복지지출이 낮기 때문이다"라는 엉터리 주장을 하면서 "증세로 복지를 늘려가야 한다"라는 증세론을 들고나왔다. 이재명 자신도 '퍼 주기의 결과는 증세'라는 걸 인정한 셈이다.

 문재인 정권의 포퓰리즘은 '현세대에는 세금 부담, 미래 세대에는 빚 부담'을 초래할 수밖에 없다. 그렇게 빚이 늘어나면 국민의 허리가 휘게 되고, 나라 전체가 몰락의 길을 걷게 된다. 포퓰리즘으로 망한 아르헨티나, 베네수엘라, 그리스 등이 예외 없이 그 길을 걸었고 이때 서민과 저소득층이 가장 큰 피해를 보게 된다. 그런 측면에서 포퓰리즘 정치인은 국가 패악이자 국민 패악의 존재다.
 그런데도 오늘날 대한민국의 많은 무지한 국민은 "국가가 빚을 지지 않으면 국민이 빚을 진다"라는 말을 진리인 양 신봉하고 있다. "문재인 당 찍어야 공짜 돈 생긴다"라며 자기 발등을 스스로 찍는 국민을 보며 "공짜라면 양잿물도 마신다"라는 옛말이 생각난다.
 문재인 정권의 '공짜 세뇌'를 막는 유일한 방법은 선거에서 포퓰리즘 정치인을 찍지 않는 것인데, 과연 우리 국민 중 그런 사람이 얼마나 될까? 21세기에 들어서도 1950년대 '고무신 선거'의 유령이 그대로 살아 날뛰는 대한민국이 과연 선진국인지 참으로 의심스러울 따름이다.

> **부정선거 포스터**
> 3·15 부마 부정선거가 들통나듯 부정이란 무엇이든 언젠가는 들통나니 패가 망신 하지 말고 역사가 증명하니 자신들의 양심을 속이지 말고 살다가 죽으라 충고한다.
> 저자 양천규 표어

 뇌물수수·횡령 등으로 형사 처벌된 대통령

> 만인이 법 앞에 평등한 국가만이 안정된 국가다.
> _Aristotle

대한민국 최고의 통수권자인 대통령들이 범법행위로 구치소에 구속되는 비극이 이어지고 있다.

전두환·노태우 전 대통령 구속 사건, 대한민국의 전직 대통령들이 각각 1995년, 2017년, 2018년에 구속된 사건들.

전두환·노태우 전 대통령 구속 사건 김영삼 문민정부 집권기였던 1995년에 노태우는 11월 16일 서울구치소에, 전두환은 12월 3일 안양 교도소에 갇힌 사건.

박근혜 전 대통령 구속 사건

2016년 말 최순실에 의한 국정농단이 드러나며 박근혜-최순실 게이트가 수면 위로 드러나 정부 수립 이래 최초의 대통령 탄핵인 박근혜 대통령 탄핵까지 이르게 한 사건을 거쳐 2017년 3월 31일 서울구치소에 구속되어 갇힌 사건.

이명박 전 대통령 구속 사건

2018년 3월 23일 이명박이 각종 부정부패 혐의로 서울 동부 구치소에 갇힌 사건이 또 발생. 자세한 내용은 2018년, 이명박 전 대통령 구속 사건 문서를 통해 확인.

* * *

2017년 3월 31일 새벽 3시 4분경 대한민국 제18대 대통령 박근혜가 구속영장이 발부되어 서울구치소에 구속되었다. 박근혜는 국정농단의 주범으로 박근혜-최순실 게이트 관련 뇌물수수 및 공무상 비밀누설, 직권남용 및 강요죄 등 13가지 혐의를 받았다. 전직 대통령이 구속된 것은 1995년 전두환·노태우 전 대통령 구속 사건에 이어 22년 만에 또 일어난 사건이다.

2018년 3월 22일 이명박 전 대통령이 구속되었다. 이는 헌정사상 4번째 전직 대통령 구속이다.

1995년 노태우와 전두환이 구속된 이후 23년 만에 박근혜와 이명박이 1년의 시차를 두고 구속되었다.

이명박은 다스 실소유주 논란, 국정원 특수 활동비 청와대 상납 사건 등으로 논란이 있었고 영장 심사를 거쳐 구속되었다.

2018년 3월 19일 서울지검은 이명박 전 대통령의 구속영장을 청구했다. 전체 증거자료를 포함한 검찰이 제출한 자료는 A4용지 80,000장 분량으로, 흔히 말하는 '검찰' 상자 32박스에 담겼다고 한다. 게다가 조사한 의혹을 다 명시한 것도 아니다. 영장실질심사를 맡은 서울중앙지법은 박범석 부장판사를 배당해 22일 심사를 진행하였고 1년 전 박근혜 전 대통령과 마찬 가지로 영장실질심사에 출석할 것인가가 관심사였다. 영장실질심사는 피의자의 권익을 보장하기 위한 제도인데 피의자가 법원에 출석해서 왜 자신이 구속될 필요가 없는지 주장할 권리가 생기기 때문이다. 그러나 이명박 전 대통령은 영장실질심사에 출석하지 않았다.

3월 21일 이명박 전 대통령의 변호인단이 검찰엔 "이명박 전 대통령과 변호인이 모두 불출석한다"라고 통보하고 법원엔 "변호인은 참석한다"라고 서로 다르게 말해서 이 문제로 인해 22일 오전 10시 30분에 예정된 영장실질심사가 취소되었다. 법원은 22일 영장 심사를 서류심사로 대체할 것임을 밝히고 예정대로 영장 심사가 진행되었다.

피의자·이명박
죄명: 특정 죄 가중처벌 등에 관한 법률 위반(뇌물) 등
구속영장 발부: 범죄의 많은 부분에 대하여 소명이 있고 피의자의 지위, 범죄의 중대성 및 이 사건 수사 과정에 나타난 정황에 비추어 볼 때 증거인멸의 염려가 있으므로 피의자에 대한 구속의 사유와 필요성, 상당성이 인정된다.

2018년 3월 22일 오후 11시 6분께 서울중앙지검이 청구한 이 전 대통령의 구속영장이 발부되어 서울구치소에 수감되어 이 전 대통령은 전두환, 노태우, 박근혜 전 대통령에 이어 대한민국 헌정사상 네 번째로 부패 혐의로 구속된 대통령으로 남게 됐다. 2018년 7월 30일 구속 4개월 만에 당뇨 및 수면 무호흡으로 서울대병원에 입원하였다.
2018년 9월 6일 다스 실소유주로 349억 원대 비자금을 조성한 혐의 등

으로 재판에 넘겨진 이명박 전 대통령에게 검찰이 징역 20년 중형에 벌금 150억 원을 구형했다. 이후 2018년 10월 5일 1심을 맡은 서울중앙지법은 16가지 공소사실 중 7가지를 유죄로 인정하여 징역 15년, 벌금 130억 원을 선고하였다.

 청원하기, 위법 부당 행위 시정, 잘못된 법, 공공시설 운영 의견 등을 범법 행위로 구속까지 되었던 이런 대통령들에게 애국자의 민원이 해결될 리가 있을까 하는 염려가 있으니 필자가 애국의 길 36년에 8·8 축제 행사 개최를 하면서 8 정권에 낸 민원을 국민 여러분께서 옳고 그름을 냉정하게 하여 엄정한 판단과 심판을 부탁드린다.

여행길에서

 # 이명박 대통령님께 냈던 민원

> 전통을 사랑하는 마음이 국가를 약하게 만든 적은 없었으며,
> 오히려 어려운 시기에는 국가를 강하게 만들었다.
> _Sir Winston Churchill

존경하는 이명박 대통령님께

존경하는 이명박 대통령님 내외분 기체 안강하시며 국사 업무에 불철주야 그 얼마나 수고가 많으십니까. 오늘 드리고 싶은 말씀은 '나라 발전과 민족에 관하여'입니다.

국민이 청와대 국민 신문고 문을 두들길 때는 답답함에 최종 성사를 이루려 함인데 더러는 몰상식한 얼토당토않은 사연도 많기는 합니다만은 옥석을 가려서 자기가 모시는 상사님이나 대통령님의 업적이 되게 하고 또한 나라와 국민을 위하는 일이라면 우선순위인 것을 감안하여 성사를 이루어 주어야 하나 실망의 답변을 안겨 주어서는 화근만 일으키는 일이 아닌지요.

우리나라 국화인 무궁화 심기와 축제 행사가 2010년부터는 정부의 적극적인 지원 협조와 존경하는 이명박 대통령님(정권)을 탄생키 위한 일념으로 스스로 제작한 만복 수기(별지 참조) 2천여 장을 무료로 나누어 주며 일조하였고, 당선되신 후 상이라도 받나 하여 많이 제작한 것이 화근이 되어 빚더미에 집안 꼴이 말이 아니니 단 1만 장이라도 구매하여 청와대 직원과 초청 방문자들에게 기념 선물로 나누어 주는 것이 국민들께 희망을 주며, 그

어떤 기념품 선물보다도 나라와 국민 사랑의 큰 역할과 영원히 잊지 못할 값진 선물이 될 것이니 구제하여 주시기 바랍니다.

　존경하는 이명박 대통령님께서는 서울시장님 시절부터 월급을 빈민자에게 나누어 주셨고, 현 대통령님 월급까지도 또 재산까지도 헌납하신 분이기에 2009년 이명박 정부 탄생 1주년 기념으로 전국 초등학교 입학생 어린이들에게 부모님 곁을 떠나 학교생활 첫걸음 기념으로 현직 대통령 할아버지께서 만복 수기 1장씩 기념품으로 나누어 주신다면, 그 만복 수기 건감곤리 홍청색 안에 이 세상 온갖 이치와 자손만대의 승리의 날개요, 올바른 기초의 창조 발전 내용(별지 참조)이 나라와 국민 사랑의 기본이 될 것이며, 그 어린 새싹들에게 꿈과 희망을 주며 어린이와 학부모들은 평생 잊지 못할 자부심과 긍지에, 일생일대에 잊지 못할 가장 귀중한 좋은 선물이 될 것이며, 만복 수기 안에 제17대 이명박 대통령 취임 기념이라는 문자와 사진이 게재돼 있으니 오는 8월 15일 광복절 기념 만세 운동이 재연되어 역사를 왜곡하고, 독도를 탐내는 일본인들도 감히 넘겨 보지 못하고 국민들에게 인기도 상승하고 경제도 살아나는 계기가 될 것이니, 위 건의 사항을 대통령님께 정식 보고를 안 드린다면, 국기 국가 국화 사업을 정부에서 '나 몰라라' 한다면 그 누가 나라와 민족을 위하여 일하겠는가를 돌이켜 보시고, 공무원으로의 자격 미달에 나라 국기 국화를 외면하는 공무원이라면 직무 유기에 인권 유린 죄에 해당하는 행위임에 하루빨리 퇴출당하여야 하며, 형식적인 답변으로 마무리하지 마시고 충성심의 사명감으로 처리하여 주시여 대한민국 정부 발전에 이정표를 찍어 주시기를 바라며, 위 일이 성사되게 하여 주시기를 바랍니다. 감사합니다.

대통령 만복 수기 안에 내용, 제작 동기 문서 첨부
2009년 7월 13일
양천규 드림

 # 존경하는 이명박 대통령님께 드리는 진정서

국가의 일에, 무관심의 대가는
사악한 사람들의 지배를 받게 되는 것이다.
_Plato

수신

이명박 대통령님, 정정길 비서 실장님, 정운찬 국무총리님

참조

민정수석·홍보수석·행정안전부장관·교육과학기술부장관·법무부장관·농림수산식품부장관·국토해양부장관·국방부장관·문화체육부장관·9개 도지사 7개 특광역시장·산림청장님

제목

2010년도 국가의 상징 나라꽃 무궁화나무 심기 해로 지정, 전국의 모든 관공서 학교 군부대 박물관 국민관광단지 국도·고속도로·지방도 등에 무궁화나무를 가로수와 정원수로 심어서 민족정신과 국가의 위상을 바로 세우고 온 국민이 애국 애족하는 마음이 용솟음쳐, 온 국민이 하나로 뭉치는 계기가 되게끔, 정부에서 혁신적으로 앞장서 주셔서 2010년도 대한민국 정부 수립 62주년을 맞이하여 국가의 상징 나라꽃 무궁화 식재가 세종시 수정 4대강 살리기 사업과 같이 역사적 과제로 평가받을 사업에 이명박 대통령님 비서실장님, 국무총리님, 관계 부처에서 9개도, 7개 특·광역시 각 지방

자치단체에 심어 주실 것을 민원 하오니, 신속하게 각 부처에서 실행하게끔, 나라와 역사를 사랑하시는 마음으로 처리하여 주시면 대단히 고맙고 감사하겠습니다.

(민원 내용)

1948년 대한민국 정부 수립 이후 나라꽃 무궁화나무가 밀식이나 아주 미약하게 일부 흉내만 냈을 뿐, 제대로 심어 있지 않으며 심지어는 우리나라 관문인 인천 국제공항에서 영종도 다리까지도 양면 도로에 심겨 있지 않으니, 우리나라를 찾는 외국인들이 자기 나라 국화 나무 단 한주도 심겨 있지 않는 나라라 비웃을 것이며, 그 얼마나 수치스러운 행동인가를 돌이켜 보시고, 본회에서 내년 3월에 식목하게 하여 주시길 간곡히 부탁드립니다.

그동안 전 국민이 애국가를 부를 때 '무궁화 삼천리 화려강산'이라고 부르고는 있으나 국가를 상징하는 나라꽃 무궁화나무에 대한 인식이 국민 의식도 없는 후진국이나 다름없는 공무원과 국민 대부분께서 안이하게 망각해 가고 있으니, 국가를 위해 민중의 꽃으로 그 의미를 되찾아 지금과 같은 국가적 위기일수록 온 국민의 마음을 하나로 결집하는 힘을 발휘하여 애국하는 마음과 민족정신이 승화하게 하여야겠기에 나라꽃 무궁화를 심자는 것입니다.

20여 년의 국가의 상징 무궁화 단체 사업에서 나무 판매를 하여야 먹고 살기도 하는데, 청와대·국무총리실·행정안전부에 민원은 산림청으로 이관, 답변은 식재 계획이 없다, 예산이 없다, 지자체에서 지체 등이라고 하는 것이 민원 답변이고, 도·시·군·구청에 민원은 답변조차 없는 실정이니, 국가 최고 통치권자이신 존경하는 이명박 대통령님 이하 청와대 비서실장님, 민정수석, 홍보수석, 국무총리님, 관계 부처 장관님, 산림청장님 이하 실무 담당자께서 솔선 계몽 내지 지시 없이는 어림도 없는 어려운 실정을 헤아려, 다가오는 새해 2010년 9개도 7개 특·광역시에 나라꽃 무궁화 꽃길 조성 사업을 하라는 지시를 하여 주시어 중앙 정부에서 심어 주시기를 바랍니다.

이대로라면 국가 상징 나라꽃 무궁화 단체 사업 20여 년에, 빚더미에 깔려 죽던 깡통 차고 길거리에 나앉게 생겼으니, 보유하고 있는 무궁화나무를 팔아야 먹고살고 단체도 운영하고 빚도 갚지, 오죽하면 죽지 못해 살고 있습니다.

만복합수기 1만 장과 무궁화나무 1만 주를 정부에서 조달청 고시가액 70% 금액으로 구매하여 주시어 살아가게 하여 주셔야 합니다.

존경하는 이명박 대통령님! 지난 1월 27일 밤 TV로 대통령과의 대화에서 큰 의미에 용기와 희망을 주시어 온 국민들이 즐겁고 재미있게 명랑하고 편안히 행복하게 대한민국 국민으로 살아가는 것이 자랑스럽게 자부심을 가질 나라를 만들어 주시고, 역사에 길이 남으시기를 바라며, 정부의 무궁한 발전이 있으시기를 기원하며, 위 일을 꼭 성사하여 주시리라 굳게 믿겠습니다. 고맙습니다. 감사합니다.

첨부 서류
1. 제17회 나라꽃 무궁화의 날 무궁화 국민 대축제 행사 책자 5권
2. 만복합수기 2장

3. 나라 사랑 한반도 만복합기 1장. 끝.

2010년 12월 3일
사단법인 대한민국 무궁화 선양회
회장 양천규 드림

독립기념관에서

 # 존경하는 이명박 대통령님께 건의합니다

> 국가가 나를 위해서 무엇을 해 줄 것을 바라기에 앞서,
> 내가 국가를 위해 무엇을 할 것인가를 생각해야 한다.
> _John F. Kennedy

안녕하십니까. 국가 업무에 불철주야 그 얼마나 수고가 많으십니까. 저는 경기도 안산시 상록구 4층에 거주하며 1층에서 이발관 간판 아래 이발업을 천직으로 생각하며 46년째 종사하는 43년생 전정수입니다.

제가 드리고 싶은 말씀은 지금 세상에 이런 어마어마한 일을 사리사욕 없이 순수 개인이 묵묵히 나라와 민족을 위하는 마음으로 4월 5일 식목일에는 무궁화 묘목과 씨앗 국가 상징 국민 헌장, 무궁화 국민 헌장 인쇄물을 무상으로 나누어 주고 8월 8일에는 국가 상징(나라꽃 무궁화)의 날 국민 대축제를 개최하는 이런 훌륭한 사람이 있어 놀랍고 감탄에 이 글을 드립니다.

지난 4월 5일 식목일에는 무궁화 묘목과 씨앗, 국가 상징 국민 헌장, 무궁화 국민 헌장 인쇄물을 세종문화회관 앞에서 무상으로 나누어 주고, 8월 8일은 여의도공원에서 제18회 국가 상징(나라꽃 무궁화)의 날 무궁화 국민 대축제 현수막 아래 무궁화 사진액자 수십 장, 화분 수백 개 등을 진열하고 행사하는 것을 보고, 외국 꽃들에 밀려 많은 사랑을 받지 못하고 있는 현실에 내 나라 국화를 널리 알리고 나라와 민족을 사랑하자고 개인적으로 사비를 들여 18년간이나 행사를 개최해 왔다는 사실이며, 올해 제19회 준비와 연초 인사장 배포하는 문장도 너무나 감명에 존경스럽고, 감동과 자랑스럽

기에 존경하는 이명박 대통령님께서 나라와 민족을 위하여 봉사하는 양천규 모범인에게 힘과 용기를 갖고 더욱 노력하라는 격려차 대통령님의 표창장이나 훈장을 추천합니다.

　국가의 기틀인 국가 상징물 무궁화를 적극적으로 홍보하여 온 국민 마음속의 나라 사랑 민족 사랑의 축제가 되었으면 하는 바람으로 찬성한 서명 연명자 1부와 국가 상징 국민 헌장, 무궁화 국민 헌장 인쇄물 2부를 첨부하며 본 추천이 헛되지 않기를 간곡히 바랍니다.

첨부 서류
1. 국민 서명서 1부
2. 새해 인사와 국가 상징 국민 헌장, 무궁화 국민 헌장 사본 1부. 끝.
진정인 주소: 경기도 안산시 상록구 일동 4층

2011년 1월 20일
연명자 대표 전정수 올림

진정서

진정인 주소: 경기도 안산시 상록구 사동 4층
이름: 양천규
단체명: 사단법인 대한민국 무궁화 선양회

　존경하는 이명박 대통령님께!
　오늘도 바쁘신 시간 가운데 계실 줄로 압니다만, 저 양천규는 중대한 사안을 대통령님께 말씀드리려 본 진정서를 제출합니다.

지자체나 정부에서 봄이면 벚꽃 진해 군항제를 필두로, 철쭉꽃 장미꽃 축제 등은 놀이공원 등에서 개최하면서 꼭 하여야 할 우리 민족의 꽃 대한민국의 국화인 무궁화꽃 축제를 하지 않는 것을 가슴 아프게 생각하여 '그래 바로 이거다' 양천규가 할 일은, '나라꽃 무궁화의 날 제정 무궁화꽃 축제를 개최하는 거다'라고 마음먹고, 1988년 가을 무궁화 씨앗을 채취하여 1989년에 무궁화 씨앗을 파종하면서 이 씨앗을 잘 길러 성장시켜 꽃이 피면 무궁화꽃 축제를 개최하고 '그전에 누가 먼저 개최하면 나무나 잘 성장시켜 보급하자'라는 마음으로 잘 키웠는데, 지성이면 감천이라고 그 누가 개최치 않아서 드디어 1993년 8월 8일 대한민국 건국 이래 최초로 제1회 국가 상징(나라꽃 무궁화)의 날을 제정 국가 상징 국민 헌장, 무궁화 국민 헌장 선포식과 아울러 무궁화 국민 대축제를 개최하여 금년도 제17회까지 개최했고, 지난 제17대 대통령 선거 시 저 양천규가 가장 가까웠던 분은 이명박 후보님이었습니다.

이명박 대통령님께서는 서초동 동아시아 연구실에서부터 인사장을 저에게 보내 주셨고, 또 2000년부터 2003년까지 제가 생활체육 배드민턴 강남구 연합회장 시 존경하는 이명박 대통령님께서 서울특별시 시장 재직 시 서울시장기 배드민턴 대회에 잠실 실내 체육관에서 뵈옵고, 안산 문화원에서 제17대 대통령 후보 발대식에도 참석하여 뵈옵기 때문에 친근감에 선거운동도 한몫했고, 당선되신 후 칭찬도 받고 제 소원인 무궁화 수목원도 설립하나 하며, 제작한 만복합수기를 많이 제작한 것으로 빚더미에 올라앉을 줄이야 그 누가 상상이나 하였겠습니까.

민원을 국민 신문고에 일차 내니, 청와대 민정수석실 답변인즉 구매하여 줄 수 없다고 하여 '생각다 못해 존경하는 이명박 대통령님이나 사모님이나 진정 충정을 헤아릴 분에, 눈에 띄게 하여 보고드리게 하여야 한다'라는 마음으로 만복합수기를 지난해 8월 15일 경복궁에서 광복 63주년 기념 건국 60주년 기념장 동문에서 입장하는 분들께 2천 장을 무상 배포, 9월 7일 여의도공원에서 개최한 KBS 전국 노래자랑 전국 이·통장 노래자랑 녹화장에서 1천 장, 9월 14일 수원 실내 체육관에서 추석 특집 KBS 전국 노래자랑에서 1천 장, 9월 27일 관악산 주차장에서 개최한 KBS 전국 노래자랑 녹화장에서 5백 장, 10월 7일 충북 청원 생명쌀 축제 특설 무대에서 KBS 전국 노래자랑 녹화장에서 5백 장 등 무려 5천여 장을 무상으로 배포하였는데, 존경하는 이명박 대통령님이나 사모님이나 주위 분들께서 일요일 낮 12시 10분에 방영되는 KBS 전국 노래자랑 시청을 하지 않으시는지요? 지난해 미어지는 가슴앓이로 간신히 넘어갔는데, 올해 이른 봄 2월 28일 KBS 전국노래자랑 안산시 편 녹화 시 나누어 주려고 만복 수기 2천 장을 가져가 나누어 주는데, 왈 공무원이라는 사람이 "대통령 얼굴이 있어서 안 된다"라고 못 나누어 주게 해서 말다툼, "아니, 내가 제작하여 내가 무료로 나누어 주는데, 당신한테 돈을 달래냐, 방해가 되냐, 안 되는 이유가 무엇이냐?"라며 반문하니, 시종일관 대통령 얼굴이 있어서라니 싸우다가 물러나야 했고, 미어지는 가슴앓이로 또 경기도 관내 31개 시장 군수님과 안산시 51개 초등학교 교장 선생님께 무궁화 묘목 구매 의뢰와 아울러 8월 8일 제17회 나라꽃 무궁화 축제에 협조 안건으로 발송한 문서의 단 한 군데도 가부 답변 한 장 없는 현실이 어처구니가 없습니다.

현재까지 만복 수기를 받은 분들과 지난 8월 8일 제17회 국가 상징(나라꽃 무궁화)의 날 무궁화 국민 대축제에 참석하신 분들 만복 수기를 보며, "참으로 훌륭한 창의적 개발이라며 어떻게 이런 문구가" 하며 모두 혀를 내휘두르더군요.

 지난 8월 15일 64주년 광복절 기념행사장 세종문화회관 앞에서 부채 200장과 만복합수기 500장을 가지고 오전 8시에 도착하여 입장하는 분들께 나누어 주니 "대통령 사진이 있네, 멋지네, 하나만 더" 하며 너무들 좋아하는데 왈 공무원이라는 사람, 태극기 우리가 다 장만했고 저 앞에서 다 뺏는다며 제재할 시 더운 날씨에 비지땀을 흘리며 복받치는 울분을 삼키느라 많은 고생을 했지요.

 존경하는 이명박 대통령님 죄송합니다. 대단히 죄송합니다. 존경하는 이명박 대통령님을 본의 아니게 화장을 시켜야겠습니다. 만복 수기를 불태워야겠기 때문입니다. 제 눈에서 안 보여야지 보면 울화가 치밀어 무슨 일을 저지를 것만 같습니다. 미안합니다. 죄송합니다. 용서하십시오.

 존경하는 이명박 대통령님! 국가 상징물인 무궁화와 태극기 사업은 패가망신해 빚더미에 올라앉아야 하겠습니까? 국가 상징물을 '나 몰라라' 하고 국민이다, 공무원이라고 운운할 수 있단 말입니까?

 제가 가지고 있는 만복 수기와 무궁화나무 5만여 주를 조달청 고시가로 정부에서 구매하여 주시면, 임야 10만여 평을 구매하여 대한민국 무궁화꽃동산 조성 사업이 저의 생의 목표이고 소원인데, 성사되게 선처해 주시기를 간곡히 바랍니다.

대한민국을 상징하는 대표적 표상의 하나인 나라꽃 무궁화를 통하여 온 국민들에게 애국심을 고취한다는 취지에서 설립된 단체의 장으로서 오랜 기간 저 양천규는 항상 신용과 정직을 바탕으로 만인께 따뜻하게 배려할 줄 아는 성실한 사람이었습니다.

실지 우리나라 국화 무궁화 축제 행사가 없었다는 것이, 그 얼마나 수치스러운 일이었던가를 생각해 보면 아찔한 일이 아니던가요. 허니 아주 장래가 촉망되는 대한민국 무궁화 수목원을 설립하게, 제가 소유하고 있는 무궁화나무와 제 주택을 담보로 운영자금 10억 원을 3년 거치 7년 균등 분할·상환으로 관계 부처에 지시하시어, 온 국민들께 놀라움이 뒤따를 사업이니 성사되게 도와주시기를 바랍니다.

처음에는 바쁘신 대통령님께 이런 글을 드려야 할지 어떻게 해야 할지 몰라 몇 번이나 망설이다 망설이다가 용기를 내서 이 글을 올립니다.

존경하옵는 이명박 대통령님!
이번 일을 협조하여 주시여 새로운 인생으로 탈바꿈하여 성실과 정직으로 살아온 사람이 창의의 개발을 나라와 민족 사랑이 최우선이라는 구호 아래, 우리나라 꽃 무궁화 국민 대축제 행사 문화 발전에 큰 노력과 큰 힘이 되라는 격려를 하여 주시면 대단히 고맙고 감사하겠습니다.

존경하는 이명박 대통령님!
용기와 희망을 주시어 대한민국 무궁화 수목원을 설립도록 선도해 주시리라 굳게 믿으며 온 국민들이 즐겁고 재미있게 명랑하고 편안하게 행복한 대한민국 국민으로 살아가는 것이, 자랑스럽게 자부심을 가질 사회를 만들어 주시기를 바라며 정부의 무궁한 발전이 있으시기를 기원합니다. 감사합니다.

첨부 서류
1. 국민여러분 만복 수기 제작 동기 사본 1부
2. 무궁화 국민 헌장 만복 수기 안에 새겨진 글씨 1부
3. 제17회 나라꽃 무궁화의 날 무궁화 국민 대축제 행사 책자 1권. 끝.

2012년 10월 20일
진정인: 사단법인 대한민국 무궁화 선양회
회장 양천규

우리 민족의 꽃 대한민국의 국화 무궁화를 영종도 다리에서 인천 국제공항까지 양면 도로에 심어야 하겠습니다. 외국인들이 입문하는 곳에도 내 나라 국화꽃 나무 단 한 주가 심어지지 않았다는 것이 그 얼마나 수치스러운 행동입니까. 허니 올해 추계 시나 명년 봄에 제가 보유하고 있는 무궁화나무를 구매하여 심게 해 주시면 대단히 고맙고 감사하겠습니다.

지방도 국도 고속도로 가로수로

 박근혜 대통령님께 낸 민원

국가는 사람들처럼 인간성에서 성장한다.
_Plato

박근혜 대통령은 무궁화나무 심고 은혜받자

3·1절이 지나고 4·5일 식목일이 다가오는데 8·15 광복절도 곧 오겠지요. 3·1독립운동은 선열의 합심한 희생의 정신이고 4·5일 식목일 나무 심어 건강 찾고, 8·15광복의 감격은 희생정신의 씨앗이 민족 충족의 기쁨으로 영원히 잊지 못할 성공의 선물로 다가오는데 식목일에 [대한민국 제18대 박근혜 대통령 朴(후박나무 박), 槿(무궁화 근), 惠(은혜 혜) 박근혜는 무궁화나무를 심어야 국민들께 은혜받는다] 무궁화를 심어 8·15 광복절에 환한 미소로 아름답게 피어나는 무궁화꽃에 5천만이 빠져 봅시다.

무궁화꽃은 현란한 꽃은 아니지만, 꽃피는 기간이 3개월여에 걸친다는 점에서 강한 생명력의 꽃이며 개별꽃으로는 아침에 피어 저녁에 시들지만, 다시 맺고 다시 피는 연속성으로 지속적인 끈기를 발하는 꽃일 뿐만이 아니라, 청아한 기품과 은근한 겸손을 일깨워 주는 '중용의 꽃'이라 할 수 있을 것입니다. 긍지와 자부심이, 무궁화꽃을 통하여 고양되고 확산했음에 우리 모두 뜨거운 감사를 느껴야 할 것이며, 무궁화에 깃든 의미의 공유와 그에 따른 소명 의식의 확산 운동에 적극적으로 동참해야 하리라 여겨집니다.

우리의 민족정신 선양과 '한마음 한뜻'의 역사의식 고취에 열의를 쏟아, 그 정성으로 우리나라는 근역 강토로서 영원하리라 확신하며, 국회의사당을 둘러싸고 있는 윤중로의 왕벚나무가 하루빨리 무궁화로 바뀌는 날을 꿈꾸면서, 무궁화는 우리나라 민족의 정신과 뿌리의 얼이 담기고 애환을 같이하며 반만년 역사의 우리 민족과 동고동락한 겨레의 꽃이자 민족적 얼의 상징이 무궁화입니다. 특히, 일제 치하에서 조국을 되찾기 위해 상해, 만주에서 목숨을 걸고 싸우던 독립군은 태극기와 무궁화를 보며 조국의 향수를 달래고 독립을 향한 투지를 다지던 자랑스러움에 모든 국민이 사랑으로 보살피며 소중히 여겨 후세에 보전해야 할 민족의 보물입니다.

하지만 우리의 가슴속에는 언제부턴가 벚꽃 축제의 화려함이나 코스모스나 가을 단풍의 운치가 차지했습니다. 화창한 여름날, 무궁화로 한껏 멋을 낸 모든 국민이 하나 되어 '대한민국'을 소리 높이 외치며 환호하는 함성의 무궁화꽃이 일제 만행을 아직도 반성 없이 틈틈이 역사를 왜곡하고, 독도를 자기네 나라(2월 22일 다케시마의 날)라고 호시탐탐 떼를 쓰는 일본 땅에까지 휘날려 일본인이 두 번 다시는 침략이나 독도의 언급이 없는 날이 하루빨리 오기를 소망합니다.

한 나라를 상징하는 대표적 표상으로 국기, 국가, 국화를 제정하여 애국심을 고취함으로써 모든 공식적인 모임에서 맨 먼저 국민의례, 국기에 대한 경례, 국가인 애국가 제창, 순국선열과 호국영령께 올리는 묵념을 진행합니다. 그러나 국화인 무궁화는 어떻습니까? 애국가 후렴구인 '무궁화 삼천리 화려강산'에서만 존재할 뿐 실제로 국토에 몇 주나 식재되어 있습니까.

일본의 국화인 벚나무와 비교해 보십시오. 부끄러울 뿐입니다. 나라를 보존하고 지키기 위해서는 나라의 근본을 바로 세워야 하고, 나라의 근본을 바로 세우기 위해서는 우리의 국가 상징물을 존중하고, 소중하게 간직하여야 하지 않겠습니까.

무궁화가 어느 때부터인지 우리 주변에서 찾아보기 힘든 꽃이 되어 가고 서양 꽃에 밀려 우리의 국화(國花) 무궁화는 역사의 뒤안길을 걷고 있습니다. 몇 년 전 초등학교 학생들을 대상으로 한 조사에서 대부분의 학생이 무궁화의 생김새조차 모르는 것으로 발표된 적이 있었습니다. 이 얼마나 한심스럽고 부끄러운 일입니까.

무궁화 심기는 한국의 얼을 지켜 나가는 주춧돌이 될 것이며 뿌리가 없는 나무가 바로 설 수 없듯이 얼을 잃어 가는 민족의 발전은 기대하기 어렵습니다. 사라져 가는 우리의 꽃 무궁화를 지켜 내는 길은 우리 모두의 관심과 참여뿐입니다. '내가 아니어도 누군가 하겠지'란 생각을 버리고 우리 국민 모두 행동할 때입니다.

우리가 봄이면 일본의 국화인 벚꽃 축제는 진해의 군항제를 필두로 전국 각지에서 개최의 열을 올리고 있으나 정작 우리나라 국화 무궁화는 식재된 곳도 아주 미흡하며 역대 대통령들께서도 상상 못 했던 업적을 국내에 처음으로 탄생하신 여성 대통령 박근혜 대통령님께서 하셔야 할 일이 무궁화 심기와 축제를 대통령령으로 명하여 전국 각지 도로의 가로수로 많이 심고, 타 나라꽃 축제는 여기저기서 많이 개최하나 정작 우리나라 꽃 무궁화 축제도 전국으로 확산하여 나라와 민족이 언제나 밝고 맑게 명랑한 사회의 희망과 행복이 넘쳐 남북통일과 평화의 깃발이 한반도의 범국민적인 공감대가 형성되어, 삼천리금수강산 방방곡곡에 무궁화가 만발하고 꿈과 희망이 이루어지는 국가가 되기를 바라는 마음으로 박근혜 대통령님, 강창희 국회의장님, 관계 기관 여러분께서는 만시지탄의 느낌이 없지 않으나 올 하반기에라도 입안해 주시기 바랍니다. 우리나라 국토의 우리 민족의 꽃, 대한민국의 국화인 무궁화나무 심기 운동을 제의하며 대통령이 국가 상징인 무궁화의 관심을 보이지 않으며 국민들에게 나라와 민족을 위하여 일하자고 말할 수 있으며 그 얼마나 부끄럽고 수치스러운 행동입니까.

우리나라의 국경일(3·1절, 제헌절, 광복절, 개천절, 한글날)은 역사적으로 뜻깊은 날을 기리며 국가의 역사성과 정체성을 확인하는 날이기에 상징적 의미라면, 이에 비해 각종 기념일이란 온 국민에게 그 분야를 상기하며 그날의 뜻을 기리는 것 외에도 국가와 사회의 발전과 성숙을 모색하는 사회 통합의 기능도 있기 때문입니다. 이런 내용을 망각하고 요즘 국경일이 노는 날로만 인식되어 가고 있습니다.

특히 3·1절은 선열들께서 일제의 총칼에 맨몸으로 맞서 우리나라의 독립을 위해 피를 흘렸던 사실을 잊지 말자고 국경일로 정한 날이 아닙니까? 이런 국경일에 각 가정 태극기 게양은커녕 연휴나 즐기려는 국민성이 개탄스럽기 그지없는 사실이 되어 가고 있습니다. 그뿐입니까? 3·1절이 지난 지 채 1개월도 되지 않아 진해 벚꽃 놀이를 시작으로 남쪽 지방 도시 등등에서 벚꽃 잔치하지 않는 곳이 없으며, 심지어는 국회의사당 앞 윤중로 길에서도 벚꽃 놀이를 하며 국경일을 비롯한 각종 행사의 국민의례 때 시간 관계라는 이유로 애국가를 1절만 부르는 것이 관례가 되었는가 하면, 순국선열과 호국영령들에 대한 묵념이 생략되기가 일쑤인 데다 매일 실시되던 국기 하강식도 자율화 물결에 휩쓸려서인지 찾아보기 힘들게 된 형편에다가 극장에서도 영화 상영 전에 태극기가 휘날리며 애국가가 우아하게 울려 퍼지면 관람객 전원이 기립하면서 합창하던 애국가마저도 들을 수 없는 사회가 되었습니다.

다시 복원합시다. 다시 시작합시다. 국기와 국가 국화를 소중히 하지 못하고 애국을 말하지 못하는 것처럼 무궁화를 소홀히 하면서 나라를 아낀다고 할 수는 없을 것입니다. 국가란 기본의 법과 원칙이 사회 기강이 바로 서고 불법과 무질서 과소비 등이 퇴출당하여야 부강한 국가로 바로 선다는 것을 몰라서야 어찌 일류 국가 건설이 가능하며 국민들의 의식 수준이 달라지지 않는다면 머지않아 아르헨티나와 같은 꼴이 안 된다고 누가 장담할 것입니까.

옛말에 일 년 번영을 위해서는 곡식을 심고, 십 년 번영을 위해서는 나무를 심고, 백 년 번영을 위해서는 사람을 기른다고 하였습니다. 다가오는 4월 5일 식목일에 우리나라 국화 무궁화심기는 국가의 기틀인 국가 상징물 무궁화꽃이 과거는 핍박, 설움, 추억의 꽃에서 현재는 발전과 사랑의 꽃으로, 미래는 번영과 희망이 온 국민께 행복의 꽃으로 아름답게 피어나 나라의 보배인 어린이는 자신의 장래를 생각하여 올바른 생활을 하여 국가와 민족 앞에 큰 인물이 되어 나라 발전의 초석이 되고, 후손들에게 국가와 민족 사랑의 디딤이 되어 과거와 같은 침략 없이 세계 속에 일등 국가로의 지름길로 승화하기를 기원하며. 너나없이 모든 국민이 성실 정직 정의로 이해와 용서 배려와 봉사 화합하는 훌륭한 국민성으로 영원히 길이 빛날 미래 지향적인 대한민국이 되기를 간절히 희망합니다.

2013년 3월 12일

사단법인 대한민국 무궁화 선양회

회장 양천규

질서를 잘 지키는 기러기 떼 모습

아름다움에 자태를 자랑하는 국화 무궁화꽃들

2014년 2월 12일 박근혜 대통령님, 강창희 국회의장님께 민원

나라를 사랑하는 것은 나라의 미래를 사랑하는 것이다.
_John F. Kennedy

무궁화나무를 심어야 하는 대한민국!

1월 1일이 3·1절이 지나고 4·5일 식목일이 다가오면 8·15 광복절도 오겠지요. 1월 1일 새해의 시작 3·1 독립운동은 순국선열의 희생정신 합심이고, 4·5일 식목일 나무 심어 국가 발전상에 국민 건강 챙기고, 8·15 해방의 감격은 희생정신의 씨앗입니다. 민족 충족의 기쁨으로 영원히 잊지 못할 성공의 선물이죠.

다가오는 4월 5일 식목일에 무궁화를 심어 8·15 광복절에 환한 미소로 아름답게 피어나는 무궁화꽃에 5천만이 빠져 봅시다. 무궁화꽃은 현란한 꽃은 아니지만, 꽃피는 기간이 3개월여에 걸친다는 점에서 강한 생명력의 꽃이며 개별꽃으로는 아침에 피어 저녁에 시들지만, 다시 맺고 다시 피는 연속성으로 지속적인 끈기를 발하는 꽃일 뿐만이 아니라, 청아한 기품과 은근한 겸손을 일깨워 주는 '중용의 꽃'이라 할 수 있을 것입니다. 무궁화꽃을 통하여 긍지와 자부심이 고양되고 확산했음에 우리 모두 뜨거운 감사를 느껴야 할 것이며, 무궁화

독수리 한 쌍이 비행을

에 깃든 의미의 공유와 그에 따른 소명 의식의 확산 운동에 적극적으로 동참해야 하리라 여겨집니다.

우리의 민족정신 선양과 '한마음 한뜻'의 역사의식 고취에 열의를 쏟아, 그 정성으로 우리나라는 근역 강토로서 영원하리라 확신하며, 국회의사당을 둘러싸고 있는 윤중로의 왕벚나무가 하루빨리 무궁화로 바뀌는 날을 꿈꾸면서, 무궁화는 우리나라 민족의 정신과 뿌리의 얼이 담기고 애환을 같이하며 반만년 역사의 우리 민족과 동고동락한 겨레의 꽃이자 민족적 얼의 상징이 무궁화입니다. 특히, 일제 치하에서 조국을 되찾기 위해 상해, 만주에서 목숨을 걸고 싸우던 독립군은 태극기와 무궁화를 보며 조국의 향수를 달래고 독립을 향한 투지를 다지던 자랑스러움에 모든 국민이 사랑으로 보살피며 소중히 여겨 후세에 보전해야 할 민족의 보물입니다.

부엉이

하지만 우리의 가슴속에는 언제부턴가 벚꽃 축제의 화려함이나 코스모스나 가을 단풍의 운치가 차지했습니다. 화창한 여름날, 무궁화로 한껏 멋을 낸 모든 국민이 하나 되어 '대한민국'을 소리 높이 외치며 환호하는 함성의 무궁화꽃이 일제 만행을 아직도 반성 없이 틈틈이 역사를 왜곡하고, 독도를 자기네 나라(2월 22일 다케시마의 날)라고 호시탐탐 떼를 쓰는 일본 땅까지 휘날려 일본인이 두 번 다시는 침략이나 독도의 언급이 없는 그날이 하루빨리 오기를 소망합니다.

한 나라를 상징하는 대표적 표상으로 국기, 국가, 국화를 제정하여 애국심을 고취함으로써 모든 공식적인 모임에서 맨 먼저 국민의례. 국기에 대한 경례, 국가인 애국가 제창, 순국선열과 호국영령께 올리는 묵념, 그러나 국화인 무궁화는 어떻습니까? 애국가 후렴구인 '무궁화 삼천리 화려강산'에서만 존재할 뿐 실제로 국토에 몇 주나 식재되어 있습니까.

일본의 국화인 벚나무와 비교해 보십시오. 부끄러울 뿐입니다. 나라를 보존하고 지키기 위해서는 나라의 근본을 바로 세워야 하고, 나라의 근본을 바로 세우기 위해서는 우리의 국가 상징물을 존중하고, 소중하게 간직하여야 하지 않겠습니까.

무궁화가 어느 때부터인지 우리 주변에서 찾아보기 힘든 꽃이 되어 가고 서양 꽃에 밀려 우리의 국화(國花) 무궁화는 역사의 뒤안길을 걷고 있습니다. 몇 년 전 초등학교 학생들을 대상으로 한 조사에서 대부분의 학생이 무궁화의 생김새조차 모르는 것으로 발표된 적이 있었습니다. 이 얼마나 한심스럽고 부끄러운 일입니까.

무궁화 심기는 한국의 얼을 지켜 나가는 주춧돌이 될 것이며 뿌리가 없는 나무가 바로 설 수 없듯이 얼을 잃어 가는 민족의 발전은 기대하기 어렵습니다. 사라져 가는 우리의 꽃 무궁화를 지켜 내는 길은 우리 모두의 관심과 참여뿐입니다. '내가 아니어도 누군가 하겠지'란 생각을 버리고 우리 국민 모두 행동할 때입니다.

범도 자기 새끼 사랑을

우리가 봄이면 일본의 국화인 벚꽃 축제는 진해의 군항제를 필두로 전국 각지에서 개최의 열을 올리고 있으나 정작 우리나라 국화 무궁화는 식재된 곳도 아주 미흡하며 역대 대통령들께서도 상상 못 했던 업적을 국내에 처음으로 탄생하신 여성 대통령 박근혜 대통령님께서 하셔야 합니다. 무궁화 심기와 축제를 대통령령으로 명하여 전국 각지 도로의 가로수로 많이 심고, 타 나라꽃 축제는 여기저기서 많이 개최하나 정작 우리나라 꽃 무궁화 축제도 전국으로 확산하여 나라와 민족이 언제나 밝고 맑게 명랑한 사회의 희망과 행복이 넘쳐 남북통일과 평화의 깃발이 한반도의 범국민적인 공감대가 형성되어, 삼천리금수강산 방방곡곡에 무궁화가 만발하고 꿈과 희망이 이루어지는 국가가 되기를 바라는 마음으로 박근혜 대통령님, 강창희 국회의장님, 관계기관 여러분께서는 만시지탄의 느낌이 없지 않으나 올 하반기에라도 입안하여, 우리나라 국토의 우리 민족의 꽃, 대한민국이 국화인 무궁화나무 심기 운동을 제의해 주시기 바랍니다. 대통령이 국가 상징인 무궁화의 관심을 보이지 않으면 국민들에게 나라와 민족을 위하여 일하자고 과연 말할 수 있으며 그 얼마나 부끄럽고 수치스러운 행동입니까.

2014년 우리 민족의 꽃 대한민국의 국화 무궁화 심기를 제의합니다. 우리나라의 국경일(3·1절, 제헌절, 광복절, 개천절, 한글날)은 역사적으로 뜻깊은 날을 기리며 국가의 역사성과 정체성을 확인하는 날이기에 상징적 의미라면, 이에 비해 각종 기념일이란 온 국민에게 그 분야를 상기하며 그날의 뜻을 기리는 것 외에도 국가와 사회의 발전과 성숙을 모색하는 사회 통합의 기능도 있기 때문입니다. 이런 내용을 망각하고 요즘 국경일이 노는 날로만 인식되어 가고 있습니다.

이런 내용을 망각하고 요즘 국경일이 노는 날로만 인식되어 가고 있습니다. 특히 3·1절은 선열들께서 일제의 총칼에 맨몸으로 맞서 우리나라의 독립을 위해 피를 흘렸던 사실을 잊지 말자고 국경일로 정한 날이 아닙니까? 이런 국경일에 각 가정 태극기 게양은커녕 연휴나 즐기려는 국민성이 개탄스럽기 그지없는 사실이 되어 가고 있습니다. 그뿐입니까? 3·1절이 지난 지 채 1개월도 되지 않아 진해 벚꽃 놀이를 시작으로 남쪽 지방 도시 각지에서 벚꽃 잔치하지 않는 곳이 없으며 심지어는 국회의사당 앞, 윤중로 길에서도 벚꽃 놀이를 하며 국경일을 비롯한 각종 행사의 국민의례 때 시간 관계라는 이유로 애국가를 1절만 부르는 것이 관례가 되었는가 하면, 순국선열과 호국영령들께 묵념이 생략되기가 일쑤인 데다 매일 실시되던 국기 하강식도 자율화 물결에 휩쓸려서인지 찾아 보기 힘들게 된 형편에다가 극장에서도 영화 상영 전에 태극기가 휘날리며 애국가가 우아하게 울려 퍼지면 관람객 전원이 기립하면서 합창하던 애국가마저도 들을 수 없는 사회가 되었습니다.

다시 복원합시다. 다시 시작합시다. 국기와 국가 국화를 소중히 하지 못하고 애국을 말하지 못하는 것처럼 무궁화를 소홀히 하면서 나라를 아낀다고 할 수는 없을 것입니다. 국가란 기본의 법과 원칙이 사회 기강이 바로 서고 불법과 무질서 과소비 등이 퇴출당하여야 부강한 국가로 바로 선다는 것을 몰라서야 어찌 일류 국가 건설이 가능하며 국민들의 의식 수준이 달라지지 않는다면 머지않아 아르헨티나와 같은 꼴이 안 된다고 누가 장담할 것입니까.

고라니 (노루)

옛말에 일 년 번영을 위해서는 곡식을 심고. 십 년 번영을 위해서는 나무를 심고. 백 년 번영을 위해서는 사람을 기른다고 하였습니다. 다가오는 4월 5일 식목일에 우리나라 국화 무궁화 심기를 통해 국가의 기틀인 국가 상징물 무궁화꽃이 과거에는 핍박, 설움, 추억의 꽃에서 현재는 발전과 사랑의 꽃으로, 미래에는 번영과 희망이 온 국민께 행복의 꽃으로 아름답게 피어나 나라의 보배인 어린이는 자신의 장래를 생각하여 올바른 생활을 하여 국가와 민족 앞에 큰 인물이 되어 나라 발전의 초석이 되고, 후손들에게 국가와 민족 사랑의 디딤이 되어 과거와 같은 침략 없이 세계 속에 일등 국가로의 지름길로 승화하기를 기원하며 너나없이 모든 국민이 성실, 정직, 정의로 이해와 용서 배려와 봉사 화합하는 훌륭한 국민성으로 영원히 길이 빛날 미래 지향적인 대한민국이 되기를 간절히 소망합니다.

첨부 자료
1. 서류 봉투에 1면 초대장
2. 2, 3면 아래 사진
3. 4면 무궁화 국민 헌장
4. 제22~26회까지 전단 첨부

원숭이 집단

2014년 2월 12일
사단법인 대한민국 무궁화 선양회
회장 양천규

아름다운 우리나라 국화 무궁화

 대한민국 무궁화 평화대상 시상식

> 평화는 무력으로 유지될 수 없다.
> 오직 이해를 통해 유지될 수 있다.
> _Albert Einstein

2014년 3월 1일(토) 오후 2시, 여의도 국회의사당 헌정기념관에서 제1회 대한민국 무궁화 평화대상 시상식을 개최했습니다.

(사)대한민국 무궁화 선양회는 창립 22주년을 맞아 3·1절 95주년을 기념하고, 독립운동의 고귀한 희생정신을 기리며, 우리 민족의 꽃 무궁화를 널리 알리고자 '2014 제1회 대한민국 무궁화 평화대상' 시상식을 개최했습니다.

그동안 국가 성장 발전에 이바지하고, 무궁화 사랑으로 자유와 평화를 위해 힘써 오신 각 분야의 인재를 선발한 시상식에서는, 참석하신 많은 분이 기쁜 마음으로 영광의 자리를 빛내 주셨습니다. 무궁화꽃이 정신적 문화유산으로 인류의 평화와 화합의 장을 이끄는 데 힘을 모아 주신 여러분의 열정과 사랑에 진심으로 존경을 표합니다.

■ 평화대상 수상자 명단

새누리당 국회의원	새누리당 국회의원	새정민연합 국회의원	안양 시장	영등포 구청장
김을동	**홍문표**	**조경태**	**최대호**	**조길형**
홍천군수	(전)과학기술처 장관	안창호기념 이사장, (전)복지 부장관	대한민국 국회	전 방송위원회
허필홍	**(전)국회의원 이태섭**	**(전)국회의원 서상목**	**5선 의원 김충조**	**상임위원 강동순**
독도수호범 국민운동본부	부산국제 교류재단	한국 출판 협회	우리역사 바로알리기	가수
사무총장 석범봉	**사무총장 김영준**	**부회장 양원석**	**시민연대표 이성민**	**김흥국**
나라사랑 복지재단	자율화산 중학교	김덕수 사물놀이	186통상 빠보로꼬	전라남도 의회
이사장 곽명식	**이사장 심의두**	**교수 김덕수**	**대표이사 이항재**	**의원 천중근**
부산광역시 의회행정	울산숲사랑	국제도자기연합회	(주) 지구코퍼레이션	의정부시 의회
문화위원장 신숙희	**대표 김영진**	**수석부총재 김성걸**	**대표이사 김제두**	**의원 강은희**
도예가 드므 공방	사회복지법인 유일원	우리소리 예술원	(재) 녹색재단	(주) 모아에스엔
대표 손두임	**대표이사 김구**	**원장 박서희**	**이사장 이순영**	**대표 김성규**
대한노인회 복지사업단	(주)그린뉴스 (환경신문)	남서울대학교 (충남천안시 성환읍)	님께서 본회 무궁화나무를 구매하여 무궁화동산을 조성하셨습니다. 무궁화꽃 구경 가 보세요.	
총괄이사 김보겸	**대표 안일만**	**이사장 이재식**		

이상 33인 외 (본회 수석고문 이만섭 전 국회의장 한국 언론인 총연대 **최용국** 부산기장광명석재 대표 **성향숙** 대간작명 철학연구원 원장 **이옥재** (사)독도사랑협회 회장 **김희로** (사)대한장기협회 회장 **김용술** 한국여성단체협

의회 부회장 **조순태** 가수 **김용임**) 8인에게도 홍보를 감사드렸으며, 위 37인도 본회 고문님으로 추대합니다.

2014년 8월 8일 제22회 나라꽃 무궁화의 날 기념행사

무궁화는 우리 민족의 영광과 어려움을 함께해 온 꽃이다.
_광복 후

🏅 2014년 8월 8일 제22회 나라꽃 무궁화의 날 기념행사 기념식

2014년 제22회는 경기도 성남시 산성공원에서 개최

🏅 2014년에 안산에서 경북 구미시로 이사를 하게 된 화근

2014년에 안산에서 경북 구미시로 이사를 하게 된 것은 몇 명의 지인들이 이사한 일과 전국적으로 재정자립도가 높은 지역이 서울의 강남이 아니고 경북의 구미시라는 조선일보의 기사를 보고는 그 발전상이 놀라웠기 때문이다.

"망하려면 짖던 개도 안 짖는다"라는 속담과 같이 또 반은 부동산 사기로, 안산시 사동에 있는 16가구 다세대주택을 7억 원에 판매하게 되었고, 판매하고는 경북 구미시 비산동 경안타운 11세대 다세대주택을 매입하여 이주하였다. 막상 이주하니 부동산과 판매자가 해 준다던 옥상 페인트칠과 옥탑방 건립을 안 해 주려 핑계를 부려 내용증명 세 번 보낸 후 민사 소액 재판으로 500만 원을 청구했다. 반반씩 합의를 요청받아 250만 원 수령으로 550만 원에 공사를 했다.

양도세 2천5백만 원, 취득세 1천8백만 원에 합 4천3백만 원, 세금 완납을 하고 사노라니 낯설고 물선 객지 서울 강남경찰서에서 근무하던 경위 손준평 사회 친구와 서로 가정방문도 하며 故 박정희 대통령님의 생가를 견학하고는 금오산 케이블카로 1공단, 2공단, 3공단을 구경하기도 했다. 김천시 직지사 칠곡호국평화기념관 관람과 대구시 팔공산 케이블카를 타기도 했다. 기차로, 부산시 해운대, 경주 불국사, 포항 호미 고리 등을 1박 2일로 여행하며 놀이동산 등 두루 다니며 즐겼으며, 구미시 노인종합복지관에 회원으로 등록 후 몇 번 가 보니 여성에게 인기남이라 미연에 방지하는 차원으로 다니는 것을 접었다.

구미시로 이사 온 후, 경기도 성남시 산성공원에서 본회 임원, 회원, 친목회 회원, 동창회원들과 산에 오르내리는 인원을 대동하여 층층인 계단에 관객이 옹기종기 모여 앉아 2014년 제22회 국가 상징(나라꽃 무궁화)의 날 국민 대축제를 경기도 성남시 산성공원에서 개최했다. 성남시에 거주하며 매번 본회 행사마다 촌극과 부채춤을 추며 흥을 돋우는 김영자 원장과 음향 장비 설치 스태프와 스마일 실버밴드 모임의 협조로 편한 장소에서 성대하게 개최했다.

행사가 끝나고 점심 대접 후, 제반 물품을 차에 싣고는 필자 부부는 여행 삼아 아름다운 산천초목을 구경하며 휴게소에서 휴식을 즐기며 천천히 달려 구미 주택에 도착하여 많은 눈물을 흘렸다.

애국이란 "이런저런 고생과 힘이 들며 고생도 자신이 사서 한다"라는 만감이 교차하기도 하면서, 옛말에 "노적가리에 불 지르고 싸라기 주워 먹는다"라는 속담이 있듯이, 망하려니 안산시 16세대 구미시 11세대 5세대에 월세가

30만 원씩 150만 원, 일 년에 1,800만 원씩 10년에 걸쳐 1억 8천만 원 손해를 보았고, 이곳으로 이사 온 것을 많이 후회하며 밤잠을 설치는 병이 생겼다.

서울에서 아들 둘이 딸들을 데리고 1박 2일(토, 일) 동안 잠시 다녀갈 적에도 이 먼 곳 이사로, 자식 손녀들을 고생시킨다는 죄책감도 느끼게 되었다.
주택을 팔고 서울로 가려니 주택값이 너무 떨어져 옴짝달싹할 수 없는 처지가 되고 말았다. 지금까지 살아오면서 78년도 운전 면허증 보통 1종 습득으로 첫 자수성가로 자가용 피아트 1·2·4란 첫 번째 승용차 구입으로 가족끼리 토요일 오후에 출발하여 일요일까지 여행을 즐기며, 설·추석 부모님 생신에 선물을 싣고서, 뿌연 먼지를 휘날리며 비포장도로인 천호동, 광주, 이천, 대월, 모가, 설성을 지나 율면 고향집에 가면, 차량이 귀한 시기라서 온 마을 사람들이 차 구경을 하던 시절에, 아버지께서는 설날이니 추석날 자가용 자랑하시려 면내 친구들 만나러 가자 하시고, 충북 증평 음력 10월 첫째 일요일 큰 시제에, 작은 시제는 둘째 주 일요일에도 참석하라시는 명령으로 몇 번을 모시고 갔다가 밤에 상경하기도 하였다.

아버지, 어머니께서는 "우리 집안을 네가 일으켜 세워 줬다"라고 칭찬도 하셨다. 필자로는 한참 일어서려는데 가정에 모두가 달려들고 개기어, 지실이 들어 힘겨워 못 일어서는 계기가 된 모양에 누구 하나 죄책감을 느끼는 자는 없었다.

8남매 중 막내 여동생만이 필자 집 신세 안 졌지, 다들 디딤돌 사다리 버팀목을 밟고 성가(成家)하였다고 생각하면서, 승용차를 몇 번 바꾸어 가며 77세까지 무사고로 자가용을 몰며 편히 살아왔으나, 간혹 정신이 혼미함을 느끼며 어지러움 증상에, 차 사고로 필자가 죽든 타인에게 피해를 줄 것 같은 예감과 염려에서 자신의 신상으로 승용차를 없애고 택시나 대중버스 기차로 생활하려니 많은 불편도 따르지만, 44년간 무사고로 남에게 피해 없이 교통 법규 위반 범칙금 납부통지서 두 장이 전부였다는 것이 축복받은 사람이라 여겨진다.

이때껏 팔십 평생을 살아 보니 필자 내외와 2남 1녀 5명의 식구가 윤택하게 따뜻하고 안전한 가정 만들며 살아오면서 큰 주택에 연연하지 말고, 방 세 개면 편안한 잠을 이루고, 화장실 두 개면 세면, 목욕, 용무를 보는 데 지장이 없고, 거실과 주방에서 식사와 간식 등이 가능하고 대화 창구가 열려 있어 상의가 용이하고, 삼시 세끼 식사만이 되도록 같이한다는 신념만을 가진다면, 가족끼리 돈독한 대화가 오가고 삶의 애로사항 등이 수시로 오가기에 분위기 상승도 되었다. 가족 간에 가장 훌륭하고 아름다웠던 화목의 길이 아니었던가 생각도 해 본다.

아름다운 우리나라 국화 무궁화

애국의 리본 3천여 개 무상 배포하다

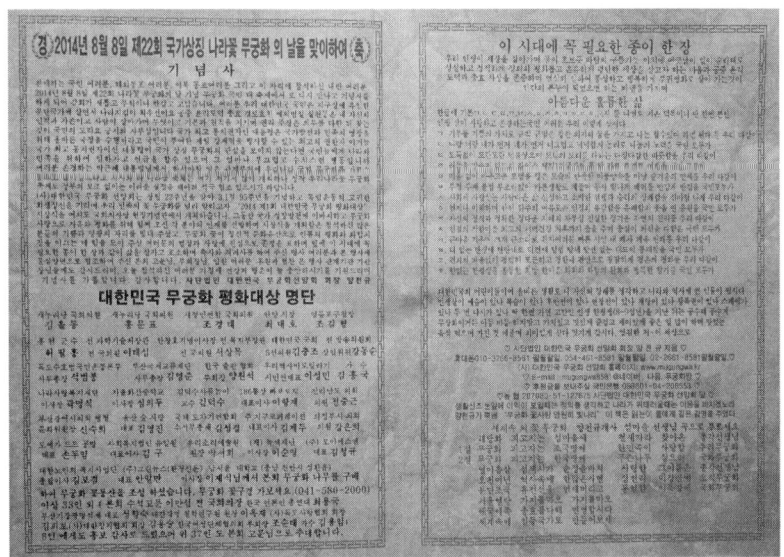

제22회 국가 상징 나라꽃 무궁화의 날 기념 무궁화 국민 대축제

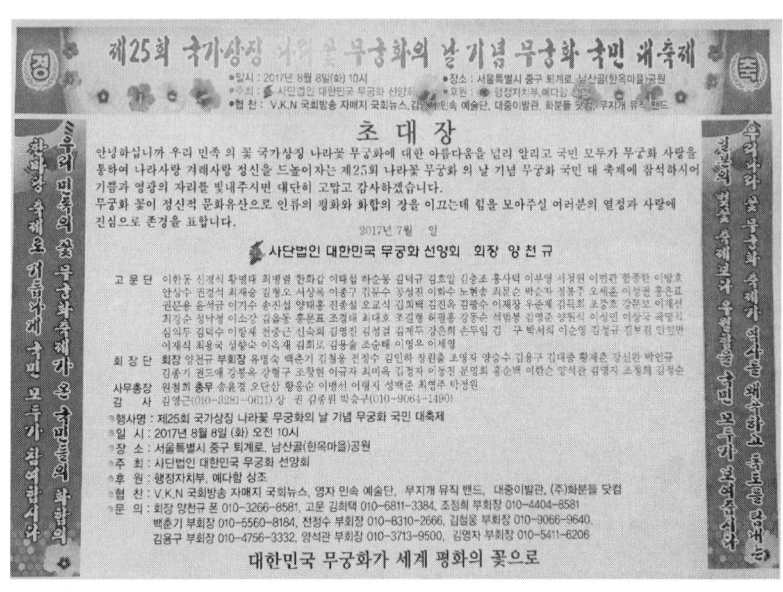
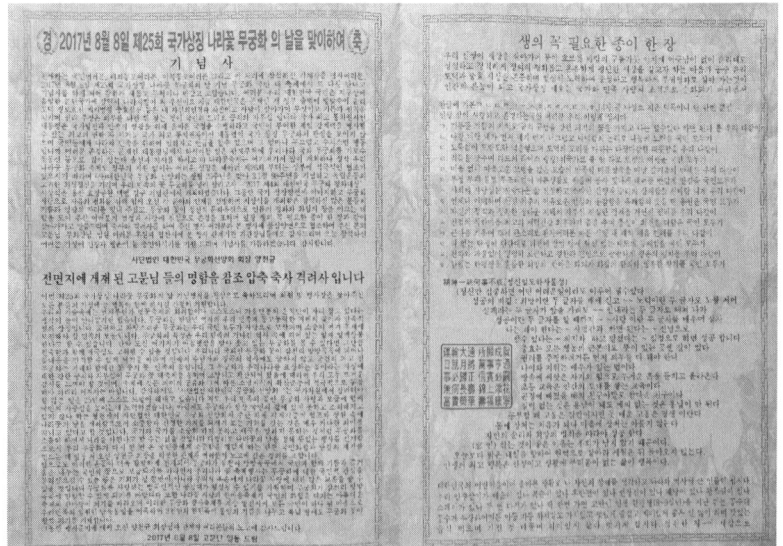

제25회 국가 상징 나라꽃 무궁화의 날 기념 무궁화 국민 대축제

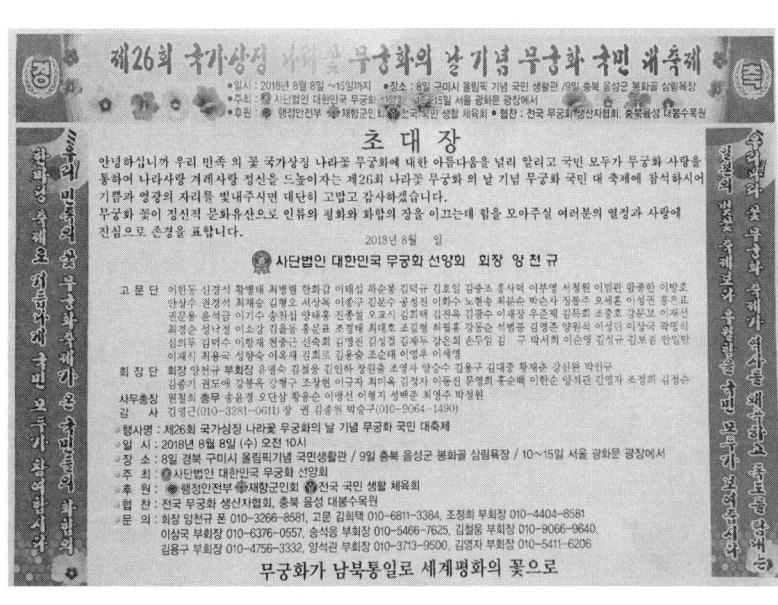

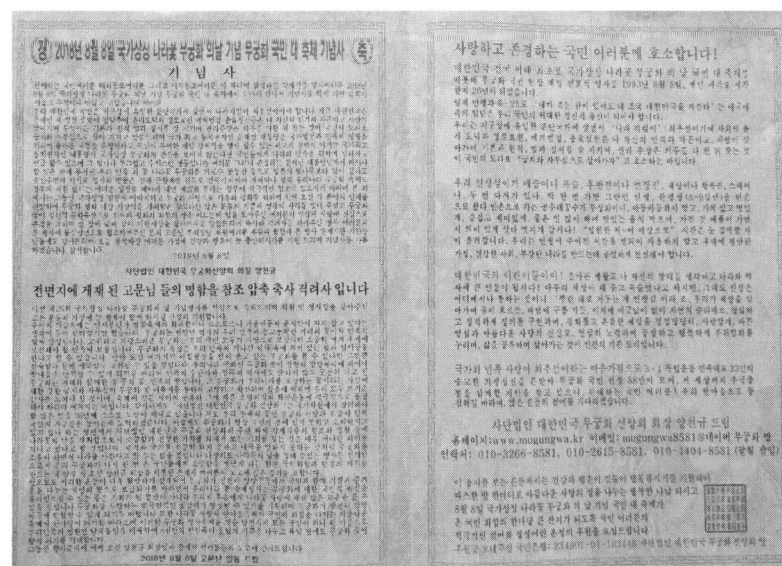

제26회 국가 상징 나라꽃 무궁화의 날 기념 무궁화 국민 대축제

제6회 무궁화 산악회 시산제

제8회 무궁화 산악회 시산제

제14회 강남구청장기 및 연합회장기 배드민턴 대회

제14회 강남구청장기 및 연합회장기 국민생활체육 배드민턴대회
일시:2002.10.3日 장소:경기고체육관 명예대회장 권문용 연합회장 양천규

제14회 강남구청장기 및 연합회장기 배드민턴 대회

 축사자 여러분의 대표적 축사 모음

> 함께 모이는 것은 시작이고, 함께 머무는 것은 진보이며,
> 함께 일하는 것은 성공이다.
> _Henry Ford

 이번 제20회 나라꽃 무궁화의 날 기념행사를 진심으로 축하드리며, 회원 및 행사장을 찾아 주신 모든 분의 가정에 늘 행복이 함께 하시길 간절히 기원합니다.

 우리의 가슴속에는 언제부턴가 벚꽃 축제의 화려함이나 코스모스나 가을 단풍의 운치만이 자리 잡고 있다는 생각이 들어 안타깝기만 했습니다. 무궁화는 반만년 역사의 우리 민족과 동고동락한 겨레의 꽃이자 민족적 얼의 상징입니다. 고귀하고 자랑스러운 무궁화는 우리 모든 국민이 사랑으로 보살피며 소중히 여겨 후세에 보전해야 할 민족의 보물입니다.

 무궁화의 특성은 우리 민족의 기나긴 역사 속에 괴어 있는 얼과 일맥상통한다고 할 수 있습니다. 만약 도심 여기저기 아침 햇살을 받아 웃고 있는 무궁화를 볼 수 있다면 그만큼 친숙함과 함께 애국심도 고취될 수 있을 것입니다. 우리나라 국화인 무궁화꽃이 삼천리 방방곡곡에 피어나 꽃내음을 만끽할 수 있게 되기를 바라며, 민족의 수난사와 질곡의 역사에도 굴하지 않고 굳건히 피고 진 무궁화는 겨레와 함께한 꽃 중의 꽃, 민족의 꽃입니다. 그 무궁화가 우리나라를 표상하는 꽃이라는 사실에 대한 강한 긍지와 자부심

이, 무궁화꽃 대축제를 통하여 고양되고 확산하여 왔음에 대하여 우리 모두 뜨거운 감사를 느껴야 할 것이며, 축제에 깃든 의미의 공유와 그에 따른 소명 의식의 확산 운동에 적극적으로 동참해야 하리라 여겨지는 바입니다.

감사하게도 '사단법인 대한민국 무궁화 선양회'는 국가 차원에서 장려해야 할 많은 일을 20년째 스스로 도맡아 해내고 있습니다. 저도 우리 민족의 꽃인 무궁화 사랑과 보급에 힘써 국민의 자긍심을 높이는 데 노력하겠습니다. 아쉽게도 무궁화가 항상 국민의 곁에 있지 못하고 소외해지고 있지 않나 하는 형편에서 사단법인 대한민국 무궁화 선양회의 주관하에, 각계각층의 협조와 성원 속에 나라꽃의 날을 개최함으로써 소중함과 진정한 가치를 되새겨 보는 기회를 얻는 것은 매우 커다란 의미를 지니고 있다고 할 것입니다.

국기와 국가를 소중히 하지 못하면 애국을 말하지 못하는 것처럼, 무궁화를 소홀히 하면서 나라를 아낀다고 할 수는 없을 것입니다. 다행히도 나라꽃의 날을 정해 뜻있는 행사를 전개함으로써 우리 무궁화가 다시 한번 온 국민들에게 소중함을 깨닫게 하는 한편, 국민 화합과 단결의 계기를 만드는 데 앞장서 오신 양천규 회장을 비롯한 관계자 여러분의 노고에 깊은 사의를 표합니다.

앞으로도 이러한 운동이 더욱 활발하게 전개되어 무궁화가 삼천리 방방곡곡에서 국민과 함께 기쁨과 즐거움을 나누는 국민의 꽃으로 보급되기를 바라면서, 우리나라 꽃 축제 행사는 무궁화에 대한 국민적 관심을 불러일으킬 좋은 기회가 될 뿐만이 아니라 우리의 후손에게 나라꽃 사랑에 대한 많은 교훈을 줄 수 있을 것입니다.

 무궁화를 사랑하는 범국민적인 공감대가 형성될 수 있기를 기원하며, 무궁화가 삼천리 방방곡곡에 만발할 수 있게 되기를 바랍니다. 또한 나라꽃 사랑의 한마음 축제가 국민의 화합을 다지는 아름다운 축제의 한마당이 되기를 바라오며, 이러한 무궁화 행사 축제를 계승 발전시켜 모든 국민이 하나 된 마음으로 우리 민족의 염원인 남북통일을 이룩하여 7천만 한민족이 통일의 기쁨을 나누고, 북녘땅에도 무궁화꽃이 활짝 피기를 기대합니다.

 그동안 행사 준비에 애써 오신 양천규 회장님과 관계자 여러분들의 노고에 감사드립니다.

중전과 같이 우리나라 국화 무궁화 동산에서

# 사단법인 대한민국 무궁화 선양회 임원진

미래는 우리가 현재에서 무엇을 하느냐에 달려 있다.
_Mahatma Gandhi

제21회까지 축사를 하여주신 고문 임원 여러분

 제21회 나라꽃 무궁화 의 날 기념
무궁화 국민 대축제에
축사를 하여 주신 본회 고문 임원 명사 여러분입니다

세계에 민족 꽃 알리려던 책임 의식, 굳건한 소명

제21회 나라꽃 무궁화의 날 기념 무궁화 국민 대축제에

축사를 하여 주신 본회 고문 임원 명사 여러분입니다

제21회 나라꽃 무궁화 의 날 기념 무궁화 국민 대축제에

축사를 하여 주신 본회 고문 임원 명사 여러분입니다

회장		부회장		
	양천규		유병숙	조영자
김영호	양승수	김용구	백춘기	김철웅
김도현	전정수	장원솔	정정순	신현두
정한순	김대중	황재춘	강신완	박인규
김종기	권도애	이규자	최미옥	장진순
강형구	조창현	김정자	이봉진	문영희

세계에 민족 꽃 알리려던 책임 의식, 굳건한 소명

제21회 나라꽃 무궁화의 날 기념 무궁화 국민 대축제에

축사를 하여 주신 본회 고문 임원 명사 여러분입니다

명 사회자 박승구 친구

원주 진광고교 정년퇴직 이상국 친구

8월 8일 제23~25회 나라꽃 무궁화의 날 기념행사

> 희생이 많이 들어갈수록 그 가치는 존중된다.
> _Miguel de Cervantes

🏅 2015년 8월 8일 제23회 나라꽃 무궁화의 날 기념행사 기념식

2015년 제23회는 경북 구미 낙동강 체육공원 무궁화 공원에서 개최, 체육공원 무궁화 마당에서 현수막 부착으로 대행하였다.

🏅 2016년 8월 8일 제24회 나라꽃 무궁화의 날 기념행사 축제 기념식

2016년 제24회는 경북 구미 낙동강 체육공원 무궁화 공원에서 개최, 체육공원 무궁화 마당에서 현수막 부착으로 대행하였다.

🏅 2017년 8월 8일 제25회 나라꽃 무궁화의 날 기념행사 축제 기념식

2017년 제25회는 서울 퇴계로 남산골(한옥마을)공원에서 개최했다.

 **문재인 대통령께 낸 민원**

> 강한 나라는 강한 사람 같아서 부드럽고 강하며,
> 사려가 깊고, 절제되어 있다.
> _Jimmy Carte

국민의 의무·권리는 평등, 억울한 국민이 없는 나라라야!

이런 국가가 나라인가! 국가와 사회를 위해 29년간 오랜 세월을 '국민 서명 236만 8천여 명, 국가 상징 국민 헌장, 무궁화 국민 헌장, 생의 꼭 필요한 종이 한 장 양면 인쇄 25년간 무상 배포'했습니다. 그 좋은 글을 읽어 보고도 올바르게 처사 하나 못하는 공무원들, 옥석(玉石)도 가리지 못하며, 신상필벌(信賞必罰)도 모르고, 동문서답(東問西答)이나 하는 이런 자들이 나랏일을 한다니, 국가가 제대로 굴러가겠습니까.

오직 29년을 국가 상징물인 국화 무궁화에 대한 애착으로 애국한 사람에게, 국가에서 애국자 대접에 훈장 하나 없었다는 것이 얼마나 부끄럽고 수치스러운 일이며 말이나 될 일인가. 이런 나라가 이 세상 어디에 또 있을까 원망스럽습니다.

* * *

광화문 세종문화회관 방면에 볼일로 갔다가 광화문 광장에서 문재인 대

통령 인수위원회 탁자에서 적어 낸 민원입니다

문재인 정부에 바라는 점, 발언 3석 5,200만 조의 효과

　본인은 애국정신으로 29년간 남의 땅을 임대, 우리나라 국화인 무궁화 선양 사업을 해 오며 국가나 기업 누구의 도움 없이 (개인) 사비로 8월 8일 국가 상징(나라꽃 무궁화)의 날 국가 상징 국민 헌장, 무궁화 국민 헌장 제정 선포식, 무궁화 국민 대축제 개최를 1993년 제1회를 시작으로, 지난해 제24회까지 개최해 오면서 국가 보조 없이 격려나 응원에 훈장은커녕 상장 하나 못 받고 국가의 표상인 우리나라 국화 무궁화 선양 사업을 하는 행정 안전부 법인설립허가 제26호 (사)대한민국 무궁화 선양회 단체를 운영하는 만 72세에 단체장 양천규입니다. (2017년 제25회 개최 준비 중)

1. 국가와 민족을 위해 29년간 애국을 해 온 일로 8월 8일을 국가 상징 나라꽃 무궁화의 날로, 국가 상징 국민 헌장, 무궁화 국민 헌장을 문재인 대통령령으로 법제화해 줘야 합니다.

2. 애국의 마음으로 29년간 애써 온 대가로 중병이 든 양천규를 죽기 전에 정부에서 애국자 대우와 훈장을 줘야 합니다.

3. 양천규가 보유하고 있는 무궁화나무가 전부 남의 땅을 임대해 사용 중인데, 토지 주인들이 토지 반환을 요구하니 국가 상징물인 만큼 무궁화나무는 국가에서 전량 조달청 고시가로 수매해 줘야 합니다. '내 것을 두고 남의 빚에 허덕인다'라는 것이 말이나 되며, 이 세상에 이런 나라가 또 어디에 있단 말입니까.

4. 대통령이 국민들의 본보기로, 국가 상징 무궁화 식재와 국민 건강을 챙기는 마음으로, 국민 건강식 약용 나무 심기를 국유림 4대 강변 하천부지, 제방 뚝, 놀리는 유휴지 등에 꾸지뽕, 매실, 복분자, 아로니아, 산자, 호두나무 등을 식재하면, 식목인 관리인 채용 10만 5천여 개의 일자리 창출이 만들어집니다.

인건비는 열매 채취로, 건강식품 제조로, 국민 건강 향상에, 국산품 대체에 수입품 퇴치로, 소득 증대 발생으로, 1석 5천2백만 조의 효과로, 국민 모두에게 문재인 정부가 나라다운 나라 건설에, 사람다운 사람이 잘사는 나라, 성실과 정직, 정의가 승리하고, 애국자가 보상받고, 대접받는 억울한 국민이 없고, 온 국민이 웃으며 잘사는 나라를 만들어 백년대계 사업 발전으로, 국민 인수위에서 가장 값지고 빛날 일이 될 것이니 빠른 조치 바랍니다. 수고하여 주세요.

첨부 서류
1. 국민 2백36만 8천여 명 서명서 사본
2. 무궁화 국민 헌장 사본. 끝.

2017년 7월 4일
사단법인 대한민국 무궁화 선양회 회장
양천규 드림

* * *

존경하고 현명하신 문재인 대통령님과 국민 여러분께 부당함을 알리고자 호소합니다!

애국의 일념으로, 대한민국 건국 이래 최초로 우리 민족의 꽃 나라꽃 무궁화 국민 대축제 개최, 무궁화 국민 헌장 선포식을 1993년 8월 8일 제1회를 시작으로, 지난 8월 8일 제25회를 개최하여 온 사단법인 대한민국 무궁화 선양회 단체장 양천규 애국자는 국가에서 버림받아 몹시 비통함에 밤이면 밤마다 밤잠을 설치며 죽음으로, 내모는 국가가 너무나 원망스럽고 실망에 슬프기만 합니다. 희망의 새 시대 문재인 새 정부 출범인 이 나라가 이명박, 박근혜 정권하고 무엇이 다르단 말입니까?

새로 태어난 문재인 정부는 전 정권보다도 대한민국을 나라다운 나라, 국민이 주인인 나라로 국가를 위한 헌신을 잊지 않고, 애국자를 보답하는 나라로, 국민이 주인으로 대접받는 국민의 나라, 차별과 격차를 해소하는 정의로운 나라, 국민의 민생만 생각하면서 국민의 손을 굳게 잡고 공정하고 정의로운 나라를 위해 열심히 일하겠다는 개혁의 기대로, 당선에 한몫은 익산역 대전 유세장을 내외 동참과 국가유공자, 애국자 생존에 명예롭게 해결해 주고, 애국자 노령 등이 가장 고통받는 일들을 불편함이 없게 국가에서 하여 줌이 최고 급선무인 것을, 왜 자살로 내모는지 너무나 비통함에 나라가 정치인이 원망스럽기만 합니다.

"29년간을 애국정신으로 무궁화 선양 사업을 현재까지 해 오며 속 뒤집히는 일을 많이 봤지만, 꾹 참고 이날까지 살아왔다. 참을 만큼 참았지만 더는 못 참겠다. 목에 칼이 꽂혀도 남의 빚 4억 4천만 원에 허덕이며 이런 환경 이렇게 사느니 차라리 죽음을 택하자는 마음으로 이 글을 올립니다."

수도권에서만 살다가 연고지 없는 낯설은 땅 구미시에 정착, 남에게 피해

나 신세 지지 않고 작은 돈으로 두 늙은이 월세라도 받아 먹고살려고 남의 빚 4억 4천만 원을 안고, 다가구 주택 11세대 중 1세대 거주하며 10세대 임대료로 사는데, 임기가 만료로 새 입주자가 오기 전 방이 안 나가(현재 3세대) 보증금(7천5백만 원)을 반환하여 주지 못하고, 월세 100여만 원이 안 들어와 은행에 마이너스통장 2천만 원에 생활고의 고충과 이자와 빚 독촉을 받는 고난은, 나이 먹은 사람 입장을 어찌 말로 표현하리오.

내 것이라고는 임대 얻은 땅에, 토지주 반환 요구도 이행하지 못하는 땅에 무궁화나무 4천여 주가 있는 고향 땅도 토지주 후배들 부탁칠까 봐 창피해서 못 가며, 그나마 무궁화나무 4천여 주가 재산의 전부이니, 무궁화 담당부서인 산림청에는 몇 번의 민원에서 매수를 하여 줄 수 없다는 반복의 답변뿐이니, 본 무궁화나무를 매수하여 애국자 양천규를 살려 줄 수 있는 곳은 오직 청와대 문재인 대통령님뿐이니, 다급한 지금 본인 소유 무궁화나무 4천 주 담보로 우선 8천만 원을 국가 지원금으로라도 도움 주시어 숨이라도 트이게 하여 주시기를 간곡히 부탁의 말씀을 드리며, 문재인 대통령님이 선거전에 '종북이니, 빨갱이니'라는 누명을 벗는 길도 되고, 대통령이 되셨으니 국민 본보기로 국가 상징물인 무궁화나무를 조달청 고시가로 매수하여, 개방시킨 청와대 앞 도로 중앙 화단과 관내 대통령 기념 무궁화 꽃동산 조성과 대한민국 국보 1호인 남대문에도 무궁화나무 단 한주가 없으니, 숭례문 동대문 주위에도 식재하여 애국자 양천규를 살려 줄 수 있는 길은, 이 막막함에서 본인 소유 주택도 안 팔리니 주택 매수라도 하여 주시던, 무궁화나무 판매뿐이니 문재인 대통령님 손에 죽고 살고는 달려 있으니 구제하여 주시기를 바랍니다.

문재인 새 정부는 나라다운 나라, 애국자가 대접받는 나라건설에 발맞추어 모든 공무원은 억울한 국민이 없게 대통령에게, 나라에 충성하는 마음 자세로 일하자 말씀드리며, 죽기보다도 싫은 민원을 내며 애국정신의 일념으로 29년간 애국의 길을 걸어온 자존심을 죽여 가며 이 글을 쓴다는 것을 잊어서는 안 되고, 남의 빚 이자와 임대차 보증금도 못 내주는 이 고통은 차라리 죽음을 택하는 것이 훨씬 나을 것 같기에 마지막 유서라 생각하시고, 살아갈 수 있도록 도움 주시어 며칠 안 남은 추석 명절이 되기를 기대합니다.

정부 국가 상징 담당 부서 행정안전부 의정담당관실에서 하여야 할 무궁화 국민 대축제를 개인이 단체를 설립하여 25년간이나 하여옴을 부끄럽고 미안한 마음을 못 느끼고 격려나 응원은커녕 별의별 변명을 늘어놓는 공무원은 자격 미달에 국민 혈세 축내는 자가 아닌지 의문이 가며 반성 좀 하라 **충**고합니다.

대한민국헌법 제1장 총강

제1조
① 대한민국은 민주공화국이다.
② 대한민국의 주권은 국민에게 있고, 모든 권력은 국민으로부터 나온다.
제2조
① 대한민국의 국민이 되는 요건은 법률로 정한다.
② 국가는 법률이 정하는 바에 의하여 재외국민을 보호할 의무를 진다.
제7조
① 공무원은 국민전체에 대한 봉사자이며, 국민에 대하여 책임을 진다.

제2장 국민의 권리와 의무
권리 1)평등권 2)자유권 3)참정권 4)사회권 5)청구권적 기본

의무 1)납세의 의무 2)국방의 의무 3)교육을 받게 할 의무 4)근로의 의무 5)환경 보전의 의무 6)재산권 행사의 공공복리 적합의 의무
제10조
모든 국민은 인간으로서의 존엄과 가치를 가지며, 행복을 추구할 권리를 가진다.

'국가는 개인이 가지는 불가침의 기본적 인권을 확인하고 이를 보장할 의무를 진다'라고 되어 있는데, 대한민국 정부 공무원들은 이북 김정은 정권만도 못하지 않는가. 이북 김정은 정권에서 25년간 나라와 민족을 위한 일이라면 좌측 가슴에 쓰러질 정도로 메달이 매달려 있을 것이고, 최고의 대우를 받으며 먹고사는 데도 근심 걱정 없이 살 터인데, 대한민국 공무원이 애국자 죽이는 공무원이 되어서는 아니 되고, 민원도 옥석을 가려 기본과 원칙에 따라 정당성 있게 해결하여 줌이 당연지사인 것을, 경악을 금치 못할 천인공노의 염장을 질러 더 빨리 죽이려는 답변은 금지하여 주기 바랍니다.

하루빨리 청와대 문재인 대통령님이 본인 보유 주택이든 무궁화나무 4천 주를 구매하여 남의 빚 4억 4천만 원 갚고 편히 살게 하여 주심과 무궁화 국민 대축제를 25년간 해 오며 연 10여만 장씩 무궁화 국민 헌장과 생의 꼭 필요한 종이 한 장 아름다운 훌륭한 삶 양면 1장을 인쇄하여 무상 배포한 공적으로 정부 훈장 포상 수상을 요구하며, 이러다가 제가 자살을 하든 명이 다 되어 죽으면 서울이나 대전 국립묘지 현충원 애국자 묘역에 안장을 요구하며, 문재인 대통령님 김정숙 여사님 지금과 같이 초심을 잃지 마시고 임기 5년 국가와 민족을 위한 무한한 발전과 영광이 있게 되시기를 바라며 안녕히 계세요.

파일 첨부
1. 국민 서명서 2백6십8만 6천여 명 사본 1부
2. 무궁화 국민 헌장 사본 1부
3. 생의 꼭 필요한 종이 한 장 아름다운 훌륭한 삶 사본 1부
4. 제25회 기념사 격려사 축사 사본 1부. 끝.

2017년 9월 25일

광화문 1번가 국민 인수위원

사단법인 대한민국 무궁화 선양회

회장 양천규 드림

제1회 나라꽃 무궁화 심포지엄

> 애국심은 당신이 태어난 나라가
> 다른 나라보다 우월하다는 확신이다.
> _George Bernard Shaw

2018년 10월 2일 여의도 국회 헌정기념관에서 국가 상징의 관련, 10개 단체에서 처음으로 '제1회 나라꽃 무궁화 심포지엄'을 개최했다.

국가 상징 관련, 10개 단체

대한무궁화중앙회, 한국근우회, 나라사랑무궁화봉사회, 대한민국국기선양회, 대한민국국기홍보중앙회, 태극기선양운동중앙회, 대한민국무궁화선양회, 무궁화사랑운동본부, 무궁화총연합회, 대한민국국가상징선양회

정부가 있으면 정부를 상징하는 나라꽃인 국화(國花)가 있기 마련입니다. 대한민국은 정부는 있지만, 대한민국 정부 안에 그저 구호가 되어 버린 무궁화(無窮花)를 대한민국 국화로 사용하고 있고, 아직 법제화가 안 되었습니다. 그렇게 불편한 현실 속에서도 무궁화는 대한민국 국화로 불리고 있습니다.

태극기(국기), 애국가(국가), 무궁화(국화), 국새(나라 도장), 나라 문장 등은 대한민국 정부 국가 상징물입니다. 이 다섯 가지는 대한민국을 표현하는 국가 상징물인 동시에 국제사회에 우리나라를 알리는 공식적인 표상입니다.

국가 상징물은 국민의 한 사람으로서 자긍심을 갖고, 나라를 사랑하고, 국민 된 도리를 드러내도록 해 줍니다. 국가의 정체성과 국민의 동질성을 고취해 주는, 없어서는 안 될 소중한 정신적 자산입니다.

우리는 올림픽 등 세계인들이 국가의 명예를 걸고 출전하는 국제 대회에서도 나라의 상징물인 태극기를 접할 수 있습니다. 태극기를 보는 순간, 애국가가 울려 퍼질 때, 우리는 가슴 한 곳이 뭉클해집니다. 그렇게 나라의 상징물을 공유함으로써 나라 사랑하는 마음이 스스로 우러나고, 같은 민족이라는 자부심을 느낍니다. 조국과 한민족이라는 것은 우리가 태어나고 자란 영속적인 관계를 부여합니다. 부모님과 조상님으로부터 물려받은 고유한 전통과 풍습은 국가를 지탱하는 힘이 되어 주고, 나라의 상징물은 나라가 어려울 때 하나로 뭉치는 힘의 원천이 되어 줍니다.

국가 최고 통치권자인 대통령은 국가 발전과 민족의 영광을 위해 올바른 국정을 수행하라고 국민이 부여한, 제일 강제력을 행사할 수 있는 최고의 권한자입니다. 국가 최고 통치권자인 대통령이 국가 상징 무궁화에 관심을 보이지 않는다면, 대한민국헌법 중 국민의 5대 권리인 ▷평등권 ▷자유권 ▷참정권 ▷사회권 ▷청구권적 기본권과 국민의 5대 의무인 ▷납세의 의무 ▷국방의 의무 ▷교육받게 할 의무 ▷근로의 의무 ▷환경 보전의 의무 등을 잘 지키며 일하자고 언급할 수 없습니다. 그 얼마나 부끄럽고 수치스러운 행동입니까. 나라와 민족을 위한 대통령이 되어야 합니다.

국민 여러분!
대한민국은 대통령이 지시만 하면 일사천리입니다. 국회 청문회를 통과

하지 못한 사람도 장관으로 임명됩니다. 그야말로 절대 권력을 가진 대통령이라면, 국민의 지탄을 받기 전에 스스로 나라의 상징물들을 보살피고 관리해야 합니다. 그래야 국민의 사랑을 받고 국제사회에서 나라의 위상도 달라집니다.

나라와 국민을 돌봐야 할 대통령이 나라의 국화인 무궁화꽃을 외면한다는 것은 나라와 국민을 사랑하지 않는 마음을 그대로 드러내는 격이 됩니다.

대통령은 나라를 사랑하고 국민에게 최선을 다하는 모습을 물심양면으로 보여 줘야 합니다. 제19대 대통령인 문재인은 무궁화나무를 많이 심어야 국민에게 존경받을 수 있습니다. 그동안 무궁화나무를 심지 않은 전직 대통령 두 분은 감옥살이하고 있습니다. 오는 식목일에 문재인 대통령령으로 '무궁화나무 심기'를 제의합니다.

나라꽃이란 국가와 민족의 상징으로, 대한민국 국민이면 무궁화가 우리나라를 상징하는 꽃이라는 것을 잘 알고 있습니다. 애국가 후렴 부분에도 '무궁화 삼천리 화려강산~ 대한 사람 대한으로 길이 보전 하세'라는 가사가 있습니다. 그처럼 무궁화꽃은 오랜 역사 속에서 우리 민족과 함께해 왔으며, 앞으로도 함께 할 것입니다.

무궁화꽃이 우리의 오랜 역사를 뒷받침해 주듯 4,200여 년 전 저술된 중국의 고문헌(古文獻) 『산해경』(山海經)에서도 '무궁화가 피고 지는 군자의 나라'로 불렸습니다. 신라도 스스로 근화향(槿花鄕)이라고 해서 '무궁화가 피는 나라'라고 했습니다.

조선 시대는 과거에 급제하면 '어사화(御賜花)'라 하여 보라색, 노란색, 다홍색의 무궁화를 머리에 꽂았으며, 현재 우리나라에서 가장 영예로운 훈장도 '무궁화대훈장'입니다. 이처럼 오랜 세월 우리 민족과 함께해 온 무궁화는 조선 말 개화기를 거치면서 '무궁화 삼천리 화려강산'이란 노랫말이 애국가에 삽입된 이후부터 국민들의 사랑을 듬뿍 받아 왔습니다.

그러다가 우리는 국기도 볼 수 없었고, 국가도 부를 수 없었고, 국사도 배울 수 없었고, 국화도 심을 수 없었던 일제 강점기로 혹독한 세월을 보냈습니다. 그 당시 독립운동가이며 교육가인 남궁억 선생은 '한 그루의 무궁화'로 국민들의 민족정기를 일깨웠지만, 그 유명한 일화를 아는 국민은 그리 많지 않았습니다. 무궁화는 일제 강점기에 우리나라의 민족성을 잘 나타내주는 꽃이있고, 일본인들은 우리의 민족성을 말살하려는 계획하에, 무궁화에 대한 대대적인 압박과 세뇌 교육을 했습니다.

일본인들은 무궁화꽃에는 "벌레가 많이 생긴다"라면서 무조건 중간을 잘라서 후미진 뒤쪽에 심도록 했습니다. 무궁화의 중간을 자르는 것은 우리 민족성을 자른다는 의미입니다. 우리 국화인 무궁화를 후미진 뒤쪽의 화장실 부근에나 심도록 한 것은, 무궁화와 민족성을 같은 맥락으로 보고 학대했다는 증거입니다.

우리 정부는 그 깊은 음모도 모른 채, 독립 이후 70년이란 세월이 지난 오늘날까지도 일본의 세뇌에서 벗어나지 못하고 있습니다. 게다가 무궁화나무에 진딧물이 많다는 이유로 멀리하고 있지만, 사실 장미가 무궁화만큼 진딧물이 많아도 사람들은 다들 장미를 좋아합니다. 이는 진딧물이 끼는 시기에 관리를 잘해 주었기 때문에 표시가 나지 않는 것이지만, 국민들은 그런 세세한 부분들을 전혀 모르고 있습니다. 그만큼 무궁화에 대한 홍보가 열악하기 때문입니다.

무궁화는 아욱과 식물이므로 진딧물이 많이 생기지만, 통풍이 잘되는 곳에 심고 한두 차례 약을 뿌려 주면 잘 자라고, 어느 정도 성장한 이후에는 진딧물이 잘 끼지도 않으며 무성하게 절개 있는 겨레의 꽃으로 잘 자랍니다.

어느 날부터 우리는 봄이면 매화, 벚꽃, 철쭉, 장미축제를 즐기느라 민족의 꽃인 무궁화를 외면했습니다. 민족의 참혹한 역사를 버티어 준 무궁화를 멀리하고, 다들 눈앞의 즐거움에 눈이 멀어 지자체를 비롯한 우리나라 대표적인 식물원과 놀이공원에서조차 무궁화꽃을 제외하고, 그저 화려해 보이는 꽃만 내세워 매년 대대적인 축제 행사를 이어 갑니다.

요즘은 유채꽃도 그 대열에 한몫 끼었고, 가을이면 나라꽃을 대신해서 국화와 코스모스, 단풍이 자리매김합니다. 그래서인지 나라꽃이자 우리 온 국민의 영광과 수난의 역사를 같이 했던 무궁화는 점점 더 그 자취가 사라져 가고 있습니다.

지난 1993년 8월 8일, 처음 시작된 국가 상징 나라꽃 무궁화의 날 행사가 올해로 제26회를 맞이하게 되었습니다. 2018년은 우리나라뿐 아니라 전 세계가 어렵고 힘든 해로 기억될 것입니다.
나라꽃인 무궁화는 끝없이 피고 지는 강인한 생명력을 가진 꽃입니다. 그 어떤 시련의 역사 속에서도 꿋꿋한 생명력을 지켜온 무궁화는 우리 배달민족의 기상과 얼을 상기시켜 줄 정도로 우리 가슴속에 피어 있는, 영원히 지지 않는 아름다운 꽃입니다.

무궁화꽃은 날마다 이른 새벽 태양의 광명과 함께 피어나 새로 피고, 오후가 되면서 오므라들기 시작하면, 해 질 무렵 태양 빛과 함께 반드시 그날로 꽃이 떨어집니다. 매년 6월 말경부터 10월 초까지 백여 일 동안, 끊임없이 가장 오랫동안 꽃을 피우는 것이 무궁화꽃입니다.

매일 새로운 꽃이 연속적으로 "피고 지고 또 피어 무궁화라네"라는 노랫말 그대로 무궁한 생명력을 지니고 있습니다. 100여 일 동안 하루 60~70여 송이가 피면서 한해 2~3천여 송이의 꽃을 피우는 무궁화는, 질 때 꼭지가 송이째 빠지면서 떨어지는 것이 특징으로 뒤가 어지럽지 않도록 깨끗이 끝맺음합니다.

우리 민족을 대표하는 무궁화는 화려하거나 요염하지 않고 짙은 향기도 없습니다. 그저 순결한 영혼을 연상케 하는 꽃입니다. 무궁화는 단순한 꽃으로서가 아니라 그 이면에 간직된 깊은 뜻과 꺼지지 않는 불멸의 정신을 함께해 왔습니다. 무궁화꽃은 그 속에 담겨 내려온 우리 민족의 역사와 정신 그리고 도도히 흐르는 배달겨레의 맥락과 함께 보아야 하기에 대한민국의 국화(國花)이며 나라꽃입니다.

8월 8일은 "국가 상징(나라꽃 무궁화)의 날이다"라고 문재인 대통령령으로 만천하에 제정 선포합니다. 국민 여러분! 무궁화꽃을 우리 민족의 소중한 국화(國花)로 선포할 것을 제의합니다. 고맙습니다. 사랑하는 국민 여러분!

2018.10.2.
국회 헌정기념관에서 낭독
사단법인 대한민국 무궁화 선양회
회장 양천규

* * *

"대한무궁화중앙회, 한국근우회, 나라사랑무궁화봉사회, 대한민국국기선양회, 대한민국국기홍보중앙회, 태극기선양운동중앙회, 대한민국무궁화선양회, 무궁화사랑운동본부, 무궁화총연합회, 대한민국국가상징선양회 등 많이 모이신 단체장과 회원여러분들이 모여 주최 개최의 성과를 가지다."

300여 장 무상 배포하다

문재인 대통령께 드리는 민원

위대한 나라는 위대한 사람을 배출하는 나라다.
_Benjamin Disraeli

역사를 잊은 민족에게 미래는 없으며 법이나 제도란 국민에게 도움을 줄 때야 그 의미가 살아 있다!

1. 문재인 대통령님 내외분 안녕하시고 국사 업무에 불철주야 수고가 많으십니다.

2. 본 민원은 남의 밭을 임대로 무궁화 씨앗을 파종하여 임대료와 인건비를 들여 30여 년 기른 나무밭 토지주가 "토지를 판매하겠다. 직접 농사를 짓겠다"라고 반환하여 달라는데, 국가 상징물 무궁화나무를 문재인 대통령님께서 오는 4월 11일까지 수매로 해결하여 주지 않으면 도저히 살아갈 수가 없습니다. 아주 위급 사항임을 인지하시고 해결하여 주세요!

3. 대한민국 정부에 무궁화의 관련 주무관청인 산림청으로 이첩, 답변은 몇 번 몇 년째 옥석도 못 가리고 순간 변명의 답변으로 돌아오니, 우리나라 농촌 벼농사는 직불제에 수매도 하면서 이건 국가 상징물 무궁화나무를 수매하여 주지 않으면 어떻게 어찌하여야 하나 정답은 죽으면 되죠.

4. 누가 뭐라 해도 역대 대통령 중 지난 2000년 故 김대중 전 대통령께서 "나라꽃 무궁화를 심자"라는 한마디에 국내 무궁화나무가 없어 난리에다, IMF 때 국민의 힘으로 금모으기운동을 일으켜 세운 국민의 결집으로 희생과 헌신이 이룩한 나의 조국 대한민국 땅에 살면서 국민 요구에 즉각 해결하여 줌은 국가 최고책임자 문재인 대통령 뿐이기를 바라며!

5. 국가 최고 통치권자인 문재인 대통령은 국가 발전과 민족의 영광을 위해 올바른 국정을 수행하라고 국민이 부여한 제일 강제력을 행사할 수 있는 최고의 권한자이거늘, 국가 최고 통치권자이신 대통령이 국가 상징 무궁화의 관심을 보이지 않으며, 국민들에게 국가와 민족을 위하여 일하자고 말할 수 있으며 그 얼마나 부끄럽고 수치스러운 행동입니까. 그러니 대통령령으로 무궁화 심기와 심는 모습을 보여 주시기를 바라며, 만약 오는 4월 11일까지 본인 소유 무궁화나무를 수매하여 주지 않는다면, 견마지심도 모르는 직원과 문재인 대통령은 국가 통치권자 자격 박탈에 산림청장 김재현 님은 자격 미달에 하야하라고 권고하며, 국가는 국민이 먹고살기가 힘들어 "나쁜 나라다. 살기 싫은 나라다"라고 원망에 죽음으로 내모는 모든 책임을 져야 하며, 내 것을 두고 남에 빚에 허덕이며 이렇게 구차하게 사느니 차라리 죽자며 자살하게 만드는 것이 국가의 공무원이냐 대통령이냐 말이요? 이북에 김정은 정권만도 못해서야 어찌 대한민국이라 하겠습니까! 당선 수기 값이라도 내야 하는 것 아닌지요.

6. 대한민국 정부는 어디 가고 5년에 한 번씩 대선에서 당선만 되면 당선자 성명 따라 정부! 정부가 아니라 정권이어야지! 이렇게 하니 전직 대통령 박근혜, 이명박 사법부 최고의 수장인 대법원장 양승태 외 행정처 차장 판사 등 구속 수감에다 입법부에 국회의원은 음주 운전에 부동산 투기에다 몇십여 년이 지난 5·18민주화운동을 운운하여 나라를 시끄럽고 어수선하게 만드나요. 지구상에 유일한 분단국가에 살면서 나라 지킴이 최우선이지 애국에 보수 진보를 따지나요. 온 국민이 역지사지로 언행 하며 살아가라고 호소하면서 현행법이 약하니 1. 사형제 도입(소중한 목숨 누구나 하나 한 번이기에 집행과 카톡에 오가는 문자, 우리나라 좋은 나라를 첨부하니 읽어 보세요. 대통령 5년간 하고는 구형 2~30년에 구치소 수감 감방 생활에 고생과 역사에 이름을 더럽게 남기느냐 말입니다. 부끄러운 줄 모르고!

7. 30여 년을 KB국민은행 거래 기간에 단 한 번도 이자를 어겨 보지도 않아

신용이 좋아서 서민이 무담보로 통장 자동 대출 3,000만 원을 금리 6.63%에 사용하라 권고하여 생활의 큰 뒷받침이 되었는데, 늙었다고 한도 1,200만 원 상환 1,800만 원으로 하향, 또 3개월 후 800만 원을 갚아라. 못 갚으면 길은 10년간 원금과 높은 이자 13%로 분할 상환하라고 서류를 작성하는데, 두 늙은이 살아갈 길이 막막하며 앞이 캄캄하여 눈물까지 흘리며 노인에게 이자 덤터기를 씌우니 나이 먹는 것도 서럽거늘 이렇게 푸대접받으면서 살려고 젊어서 그리도 애써 고생하며 애국의 대가가 이뿐인가 싶은 마음에 착잡하며 서러움에 눈물이 나더군요. 노인들은 이제 인격도 체면도 자존심도 없는 천덕꾸러기로 전락하고 죽음으로 내모는 것에 마음이 울적하며 한심하고 노한 일에 이런 것이 내가 그토록 애국을 부르짖던 내 조국 대한민국의 현실이라니 억울하고 서러우며 정말 말세네요. 막돼 가는 세상 세상이 어찌 되려고 이렇게도 변했을까? 대학까지 나오는 세상인데 도대체 가정 대학 사회에서 무엇을 배우고 나왔으며 대한민국 정부는 무엇을 하는 것일까? 남의 토지에 30여 년 길러온 무궁화나무 4천여 주를 못 팔아 빚을 지고 헤매는데, 앞으로는 모든 국민이 매사를 역지사지(易地思之)로 행동(行動)하며 살아가자고 호소하면서, 국가를 위해서라면 아낌없이 몸 바칠 각오로 빚까지 지며 국가 상징 국민 헌장 무궁화 국민 헌장 제정 선포식 8.8 무궁화 국민 대축제 행사를 26년간 하며 살아온 사람이 남의 빚 좀 갚고 얼마 남지 않은 인생길 봉사하며 살다가 죽으려 했는데.

8. 대한민국 공기업 13곳에 기업그룹 314곳에 사회 공헌으로 무궁화 꽃동산 조성 사업에 저희 무궁화를 조달청 고시가 30% 감액으로 정 규격품만을 납품 의뢰를 오는 4월 11일까지 요청한바 해결이 안 되면 국가 최고책임자인 제19대 문재인 대통령님께서 본인 소유 무궁화나무 4천 주를 해결하여 주세요. 본인은 아마 저세상 사람이 될 것이니 본 무궁화나무 대금은 52년간을 같이 살아왔던 불쌍한 부인 조정희 여사에게 주시기를 바라며, 제 죽음이 기업 간 사회 공헌과 국가 발전 일부분에 초석의 디딤이 되기를 희망하며 대한민국 내 조국에 국가 상징 국민 헌장, 무궁화 국민 헌장과 국민께 호소문을

남기고 가는 것으로 생을 마감하니(서울 현충원이나 대전 현충원 애국자 묘역 안장을 부탁드리며), 문재인 대통령 내외분 안녕히 수고하시고 임기 내 역사의 길이길이 빛날 많은 업적 남기시기 바랍니다.

첨부 서류
1. 국가 상징 국민 헌장 무궁화 국민 헌장,
   국민께 호소문 양면 인쇄 1장
2. 제19대 대선 당선 수기 사본 2장
3. 공기업 그룹에 보낸 공문서 사본 1장
4. 우체국 우편 보낸 명세 영수증 사본 2장
5. 제1회 나라꽃 무궁화 심포지엄 낭독문 2018. 10. 2.
6. 우리나라 좋은 나라 오간 문자 사본 1장. 끝.

2019년 3월 19일

양천규 드림

2020 경자년 새해 문재인 대통령님 내외분!

복 많이 받으시고 국정 운영 좀 잘해 주세요?

문재인 대통령님은 애국자의 기준이 어디까지인가를 말씀해 보세요? 지난해 12월 9일 낸 민원이 일언반구의 답이 없으니, 청와대 근무 공무원은 한글도 모르는 사람만 있나요? 궁금합니다.

건의 사항 1

양천규(77세)는 30여 년 애국의 일념으로 남의 밭을 임대로 무궁화 씨앗을 파종하여 기른 2천 주가 있는 6필지 밭을 토지주가 "판매하겠다. 직접 농사를 짓겠다"라고 반환하여 달라는데, 무궁화나무를 문재인 대통령님께서 오는 2020년 3월 31일까지 정부에서 수매하여 주지 않으면 도저히 살아갈 수가 없으니, 아주 위급함을 인지하시고 본 민원을 직접 해결하여 주시기를 바랍니다.

대한민국 건국 이래 최초로 1993년 8월 8일 제1회 우리나라 국화 무궁화 축제 개최를 시작으로 26회까지 (개인) 사비로 하여 오다가 주택담보 대출 3억 원을 받고 구매에 2019년 남의 빚에 허덕여 돈이 없어 행사 개최를 못 한 심정 헤아려 보시기를 바라며, 내 것 무궁화나무를 두고도 은행이자 월 170만 원과 사채 이자며 공과금 병원비 등에 내외 77세, 74세 노년 강박감에 삶을 포기하게 만드는 국가 운영이 정상적인 운영입니까? 청와대는 국민 민원의 기준이 어디까지이며, 국민들 분열에 책임지는 공무원이 없는지요?

먹고살기가 너무 힘들어 빚에 빚을 지며 먹고사는 쪼들림으로 살아갈 수가 없어 비장한 각오로 자살한다면 모두가 행정 수반의 책임이며, 국민의 고귀한 생명을 지켜 주지 못하는 국가 운영 잘못으로 애국자를 죽이려고 하느냐 반문하며, 우리나라 농촌 벼농사는 직불제에 수매도 하여 주고 마늘·양파·무·배추 과잉 생산 시 국가비축으로 수매해 주듯, 이건 국가 상징물 무궁화나무를 수매하여 주지 않으면 어찌하여야 하란 말입니까? 국민의 생명보다 더 고귀하고 소중함이 있습니까. 현명한 판단으로 해결하여 주시기를 바랍니다.

건의 사항 2

2020 경자년 새해를 맞이하여 사회분열을 막고 온 국민 화합에 애국심 결집으로 국가 발전이 될 단어집에서도 찾기 힘든 덕목만을 수록한 국민의 국가 상징기를 3월 1일 국경일부터 문재인 대통령령으로 변화와 혁신의 징신으로 다시 시작하자는 각오로 청와대를 비롯해 전국 국기 게양대에 게양하자는 건의와 (제작 내용: 충(忠), 효(孝), 인(仁), 의(義)의 애국(愛國) 10애 운동 실천으로) 세계 속의 일등 국가 지름길을 문재인 대통령님께서 앞장선다는 마음으로 처리하여 주시기를 바라는 마음으로 민원을 제의합니다. 수고하시고 안녕히 계세요.

파일 첨부
1. 국민의 국가 상징기 사본 1장
2. '태극, 건, 곤, 감, 이'의 뜻과 국민의 국가 상징기 제작 요점 1장
3. 국가 상징 국민 헌장 사본 1장
4. 온 국민의 내용 실천으로 세계 속의 일등 국가 지름길 사본 1장

2020 경자년 1월 15일

양천규 드림

 문재인 대통령께 드리는 민원2

　문재인 대통령님께 돈도 인맥도 없는 사회적 약자가 드리는 민원 내용은 본인이 애국의 신념으로 30여 년간 남의 토지를 임대하여 애지중지 길러 온 무궁화나무 4천여 주 재산을 조달청 고시가로 정부에서 전량 수매하여 주어, 늙고 병든 몸 주택 구매 시 새마을금고 주택담보 3억 원 대출금리 성실 납입자에게 상환금과 가산금리로 남의 빚 1억 좀 갚고 노후를 먹고 살게 하여 달라는 민원입니다. 왜 가산 금리를 요구하는지 이해가 안 되니 감독청에 지시로 해결 좀 하여 주세요.

　남의 토지 임대는 고향에다 주인들의 반납 요구로 자존심과 체면상 민원이 해결되지 않을 때는 시달림이 죽음의 길뿐이니 애국자를 죽음으로 내모는 대통령은 자격 미달자이니 사직하라 권고하며 내 나라 국가 상징물을 나 몰라라 하는 대통령이 국정 운영을 제대로 할 수 있겠습니까? (나로 인하여 남에게 피해를 준다는 것은 양천규 사전에는 있을 수 없는 일이라 고통스러운 슬픔과 괴로움에 더 못 살겠으니 위 두 가지 해결로 살려 주기를 바랍니다.)

1. 28년간이나 8월 8일을 국가 상징 나라꽃 무궁화의 날 무궁화 국민 **대축제** 개최는 국민들께 나라꽃 무궁화 선양과 정통성 품위 유지와 홍보를 지속해서 전개하고, 무궁화 심기는 국토 경관 조성에 기여하며 국민에게 나라꽃에 대한 소중함을 일깨워 주며, 국가 상징물을 각인시킨다는 것은 나라 사랑 민족 사랑을 위한 선도적 역할을 하였음에도 공로로 **애국자로 훈장과 대통령 표창장 수여 하나 없었다는 것은 국가로서 부끄러운 일이 아닌가요.**

2. 28년 봉사한 첨부 서류(무궁화 국민 헌장. 국가 상징 국민 헌장. 존경하는 국민 겨레 동포 여러분께 호소합니다. 국민 서명서. 국가 상징기) 내용을 보시고 기본과 원칙으로 윤리와 도덕적으로 역지사지 신상필벌 견마지성의 마음으로 제의하는 민원이니 나라답게 정의롭게 올바른 처리를 하여 주시기를 바랍니다.

우리나라 대한민국 국민은 지구상에 유일한 분단국가에 살면서 나라 지킴이 최우선이어야 하고, 국가는 애국하는 사람을 대접해 줘야지 죽여서는 아니 되며, **벼랑** 끝에 내몰려 있고 긴 세월 나라를 위해 봉사한 인생이 헛되지 않고 유종의 미를 거둘 수 있도록 **문재인 대통령님께 최후 통첩하니 현명한 판단**을 기다리겠습니다.

대한민국 제19대 문재인 대통령님은 국토에 무궁화를 많이 심어 76회 8·15 광복절에 환한 미소로 아름답게 피어나는 무궁화꽃에 5천2백만이 빠져 봅시다.

2020년 8월 8일
사단법인 대한민국 무궁화 선양회
회장 양천규 드림

행정안전부 사단법인 허가증(제2009-26호) 정관의 등록 사항

제3조(목적)

본 법인은 우리나라 국화인 무궁화 사랑 및 보급을 통하여 나라와 민족사랑 무궁화에 관하여 정확히 알리고 보급 축제를 목적으로 한다.

제4조(목적사업)

본 법인은 전조의 목적을 달성하기 위하여 다음 사업을 행한다.

1. 무궁화 우량품종 육종 보급 및 나라꽃 무궁화 심기 운동 본부 운영
2. 무궁화 꽃동산 조성 사업
3. 8월 8일 나라꽃 무궁화의 날 무궁화 국민 대축제 개최(매년 8월 5일~9일까지 5일간)
4. 무궁화 헌수 국민 운동 전개
5. 청소년 무궁화 그림, 글짓기, 사진 공모, 웅변대회 개최(무궁화 국　민 대축제 기간 내)
6. 무궁화 청소년, 장년 자원봉사단 운영
7. 대한민국 국화 무궁화 선양 사업에 따른 모든 사업 적극 참여

태극마크 아름다운 우리나라 국화 무궁화꽃

 '무궁화꽃'은 나라 사랑, 언론 선도로 바른길 인도 시급

> 궁극적으로 위대한 나라는 측은지심을 가진 나라다.
> _Martin Luther King Jr.

"국가 상징 국화(무궁화) 홀대, 언제까지 무시되어야 하는가?" 정부, 8·15 '제74회 광복절 기념식 나라꽃 무궁화' 축제에 전국 시도에서 출품한 무궁화나무 수백 주 눈앞에 두고도 조화 사용

나라가 어디로 굴러가기에? 가짜가 판치는 대한민국, 진짜로 바로잡자!

문재인 대통령은 "국가란 국민이 먹고사는 민생이 최우선이고, 국민의 권리에 어긋나는 어떤 권력기관도 국민 위에 존재할 수 없다"라고 밝혔습니다. 그러나 청와대 국민 청원이나 국민권익위원회는 대통령의 뜻과 다르게 어긋나는 행위를 하고 있습니다. 국민을 위한 기관이 누굴 위해 존재하는지, 도무지 그 정체성을 알 수가 없습니다.

그 많은 시련과 고난 속에서도 '우리 민족의 꽃 나라꽃 무궁화 심기'와 축제 행사에 사활을 걸고 해 왔으며, 평생 인생철학인 '인권 존중하기'를 바탕으로 국민의 애국심을 고취하고, 평등의 가치와 평화 통일을 염원하며 행복을 추구하기를 28년 동안 하면서 8월 8일 국가 상징(나라꽃 무궁화)의 날,

국민 대축제 행사를 개최했습니다.

10년이면 강산도 변한다고 하는데 "28년간 그렇게 일한 사람이 애국자가 아닌지?" 28년의 그 과정이 공정하고 정의로운지, 옳고 그름으로 엄격하게 심사하고 판단 내려 주시길, 국민 여러분, 기업인 여러분과 언론인 여러분에게 호소합니다.

2019년 8월 15일 제74회 광복절 기념식을 개최했습니다. 당시 대한민국의 독립을 기념하는 천안 독립기념관에 진짜(생화)를 두고 가짜(조화)로 위장한 행사장에 문재인 대통령 이하 정부 고위 관료, 청와대 수석, 입법부 문희상 국회의장 이하 의원 나리, 사법부 김명수 대법원장 이하 나리, 정당 4당 대표 및 참모 나리, 광복회장 독립 유공자 후손 여러분과 각계각층 명사 여러분, 국민, 사회단체 대표, 주한 외교 사절단 등 1,800여 명이 참석한 가운데 전국으로 생중계하는, 상식과 도리에 어긋나는 촌극을 빚었습니다. 그런 정부 행사를 보면서 27년간 국가 상징 국민 헌장, 무궁화 국민 헌장을 인쇄해 무상 배포하고, 축제를 개최하며 선양한 사람으로서 '이래도 되는가!' 하고 울분이 들었습니다.

그 행사장 눈앞에는 대한민국 무궁화 주무관청인 산림청에서 8월 9일부터 15일까지 개최하는 '제29회 나라꽃 무궁화 전국 축제'가 열리고 있었습니다. 전국 시도에서 출품한 화분에 담긴 진짜(생물) 무궁화나무 수백 주가 저마다 자태를 뽐내고 있는데도, 어찌하여 기념 식장 무대 연단 좌우와 뒤로 가짜(조화) 무궁화로 치장하여 연출하는지, 우리 민족의 꽃 나라꽃 무궁화(진짜)가 눈앞에서 천대받았습니다.

나라꽃 무궁화는 100여 일간 개화하며 8월이 최고의 자태를 자랑하는 시기입니다. 정부는 광복절 기념식을 하면서 너무나 큰 실수를 했으나, 누구 하나 잘못된 것을 지적하지 않았습니다. 국민의 애국심 함양으로 실내 행사장에서 실행하면 환영과 응원에 박수갈채를 받을 일인데, 왜 하필이면 현품(무궁화)을 두고 조화가 가득 진열된 가운데 광복의 기쁨을 연출하는지, 이해할 수도 없고 용납할 수도 없는 일이었습니다.

행사에 참석한 국민과 주한 외교 사절단도 사실을 아는 사람이라면, 누구나 진짜(무궁화 생화)를 두고 가짜(조화)가 판치는 대한민국이라고 손가락질과 욕을 했을 겁니다. 문재인 대통령은 국가 최고의 통치권자임에도 8·15 경축사에서 일본과 대립의 각을 세우고 있는 것도 무시한 채, 전국 시도에서 출품한 제29회 '나라꽃 무궁화 전국 축제'에 진열된 무궁화나무를 거들떠보지도 않았습니다.

무궁화나무가 진열된 것을 보고도 "무궁화꽃이 우리나라 광복 기념을 반기며 아름답게도 피었네요. 우리나라 국토에 국가 상징 무궁화나무를 많이 심읍시다"라고 한마디 언급조차 없었습니다. 이렇게 안타까운 일의 참모나 주무관청인 행정안전부, 산림청에서 적극적으로 나서서 바로잡아야 하는데, 그런 일조차 없으니 이런 일을 접하면 당연히 공직자들의 애국심이 의문스럽지 않을 수 없습니다.

8월 15일 광복절 기념식 3일 뒤인 2019년 8월 18일은 故 김대중 대통령 10주기 추모제였습니다. 그날따라, 누가 뭐라 해도 보복 없는 정치를 하고, IMF 극복을 위해 금 모으기 운동을 펼치며, 국민의 화합과 합심을 끌어

내고, 곳곳의 제일 많은 업적을 남긴 일들이 생생하게 떠올랐습니다. 호랑이는 죽어서 가죽을 남기고 사람은 죽어서 이름을 남긴다고 했습니다. 나라와 국민을 위해 일하는 공직자들은 의당히 故 김대중 대통령처럼 "존경합니다. 영원히 잊지 않겠습니다. 감사합니다"라는 말을 들을 수 있어야 합니다.

가짜가 판치는 국가와 사회가 되어 가고, 순간적으로 이기적 잣대만 주장하는 시대가 되었습니다. 한숨만 나옵니다. 기본적인 법과 원칙, 공정성이 무너진 지 오래되어 시류에 따라 흔들리는 판검사에, 온갖 범법과 부정행위를 저지르는 고위공직자와 국회의원이 과반이나 된답니다.

온 국민이 통합과 화합으로, 더 빛나는 대한민국은 언제쯤 올까요. 굶주리며 무주택에 전월세로 전전긍긍하는 빈민들의 한숨은 언제 풀어질지요. 우리 모두 같은 대한민국 국민인데, 국민의 5대 의무와 5대 권리가 무색할 정도로 온갖 불법을 저지르며 날고뛰는 사람들만 잘 먹고 잘사는 세상이 되었습니다. 사람의 생명보다 더 고귀하고 더 귀중한 것이 무엇인지 묻고 싶습니다.

문재인 대통령은 각종 행사마다 애국가를 4절까지 부르면서 애국가 후렴에 "무궁화 삼천리 화려강산, 대한 사람 대한으로 길이 보전하세"라고 네 번씩 반복했습니다. 대한민국을 상징하는 5대 상징은 국기(태극기), 애국가(국가), 무궁화(국화), 국새(나라 도장), 나라 문장입니다. 무궁화는 대한민국의 5대 상징인 국화로 명시되어 있습니다.

주무관청인 행정안전부나 산림청은 '무궁화가 법제화되지 않았다'라는 것을 알고 구호만 사용하고 있습니다. 고위공직, 예비 후보자 신상 자질에, 완벽한 사전 9가지 200종류에, 사전 작성 사항에, 면밀한 검토 후에도 추후 범법의 탄로가 나타나 어긋난 실추 자를 '무사 묵인' 처리한 것은 전무후무한 일이며, '범법자 양성소'가 아닌지 묻고 싶습니다. 고위공직자로서 엄연한 자격 미달자 지명에 국민 편 가르기만을 자행하며, 무궁화를 대통령령으로 법제화해 달라고 대통령과 국회의장에게 민원을 냈지만, 일언반구도 없었습니다. 이런 상황에서 국민의 5대 권리와 5대 의무를 시행하라고 언급할 수 있는지 의문스럽기만 합니다.

2021년 2월 8일
사단법인 대한민국 무궁화 선양회
회장 양친규

품격있는 아름다운 우리나라 국화 무궁화꽃

8월 8일 제26~28회 나라꽃 무궁화의 날 기념행사

신념은 아직 보지 못한 것을 믿는 것이며,
그 신념에 대한 보상은 믿어 왔던 것을 보게 된다는 것이다.
_Saint Augustine

🎖 2018년 8월 8일 제26회 나라꽃 무궁화의 날 기념행사 축제 기념식

2018년 8월 8일 경북 구미시 비산가옥 옥상에서 9일 충북 음성 10~15일 서울 광화문광장에서 개최, 15일 충남 천안에 위치한 독립기념관에서, 국가 상징 국민 헌장, 무궁화 국민 헌장 인쇄물 무상 배포하였다.

🎖 2019년 8월 8일 제27회 나라꽃 무궁화의 날 기념행사 축제 기념식

2019년 제27회는 8일 경북 구미시 비산동 옥상에서 개최 서울 독립공원에서, 9일 국가 상징 국민 헌장, 무궁화 국민 헌장 인쇄물 무상 배포, 15일 충남 천안 독립기념관에서 국가 상징 국민 헌장, 무궁화 국민 헌장 무상 배포하였다.

🏅 2020년 8월 8일 제28회 나라꽃 무궁화의 날 기념행사 기념식

2020년 제28회는 8일 **코로나19**로 경북 구미시 비산 옥상에서 개최, **행사 현수막을 8월 4일~18일까지 16일간 부착했다.**

사람이 사노라면 가정 생활비로 공과금(전기, 가스, 수도, 국민 건강보험, 병원비, 약값, 카드비 등) 월 250만 원에 일 년에 주택 토지 건물 세금 2회에 100여만 원이 버거워, 내 것을 두고 남의 빚에 허덕이므로, 대통령님들께 대한민국의 국화인 본인 소유 무궁화나무를 조달청 고시가에 30% 감액으로 수매하여 달라는, 수차의 민원 제의가 공무원 철밥통 지키기만 급급으로의 답변으로 허사, 많은 고생을 하면서도 국가에 저출산과 인성교육 차원에서 먹고살려고 제작한 자랑거리 인생 탄생 축하 성공 우승기입니다.

탄생 축하 성공우승기 양면사진

 **탄생 축하 성공 우승기**

우리 모두는 초대장도 없이, 비자발적으로 지구에 온 방문객이다.
하지만 나에겐 이 비밀조차 감탄스러울 따름이다.

_Albert Einstein

이 상품을 아들딸 손자 손녀 출생 백일 돌 입학 졸업 결혼 축하 기념에

가정교육으로 그 무엇 하고도 비교나 바꿀 수 없는 축복 사랑의 선물을

아이들 교육적 가치가 훌쩍 클 희망의 귀한 선물로 운수대통 소원성취

[印] 運數大通 所願成就 / 日就月將 萬事亨通 / 事必歸正 信賞必罰 / 無病長壽 錦上添花 / 富貴榮華 壽福康寧

바른길로 인도적 인성교육 양성 응원의 완벽 선물로 일취월잘 만사형통

[印] 運數大通 所願成就 / 日就月將 萬事亨通 / 事必歸正 信賞必罰 / 無病長壽 錦上添花 / 富貴榮華 壽福康寧

인생길 노력으로 완성의 행운이 소중한 행복의 선물 무병장수 금상첨화

[印] 運數大通 所願成就 / 日就月將 萬事亨通 / 事必歸正 信賞必罰 / 無病長壽 錦上添花 / 富貴榮華 壽福康寧

목표 달성 완전 대박에 꿈을 이룰 용기의 종합 선물 부귀영화 수복강녕

한국 저작권 위원회 제C-2016-034558호,

문의 번호 010-3266-8581

앞뒤 양면 1장 3만 원 P 4-1

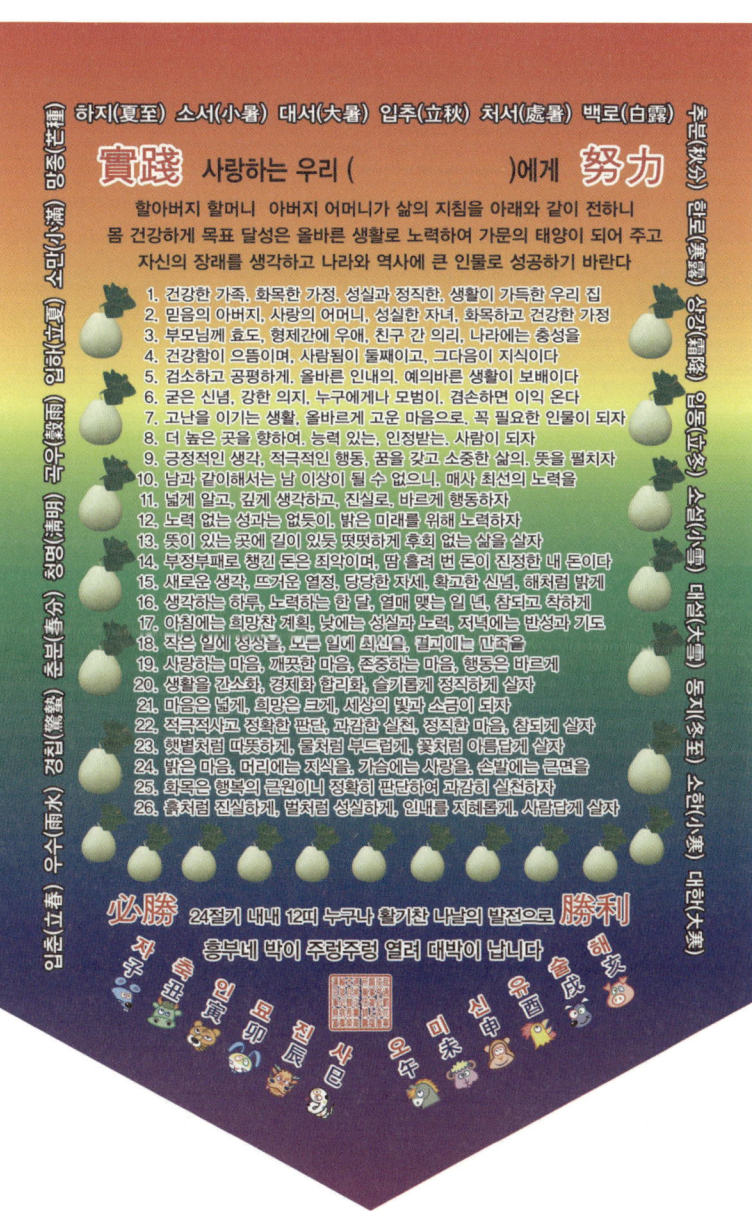

앞뒤 양면 1장 3만 원 P 4-3

가로 30cm*세로 45cm 촛대 1개,
양면 1장 1세트 3만 원 P 4-4

 인생길 탄생 축하 성공 우승기 제작 내용

행운을 만나면 겸손해지고, 불운을 만나면 신중해져라.
_Periander

인생길 성공 우승기 제작 내용

본 상품은 가로 30cm 세로 45cm 양면 1장이며, 바탕색이 귀한 무지갯빛에 쌍용이 좌우에 있고, 바다 양옆 인물 세종대왕님, 인물 이순신 장군님, 청와대 정부 청사 국회의사당, 한국은행 본점 사진에 양옆으로 5만 원짜리, 1만 원짜리 돈다발이 할아버지 할머니 아버지 어머니가 자손에게 직인대로 이루라는 바람의 기도와 평생 덕담을 담았다.

운수대통 소원성취 일취월장 만사형통 사필귀정
신상필벌 무병장수 금상첨화 부귀영화 수복강녕

運數大通 所願成就
日就月將 萬事亨通
事必歸正 信賞必罰
無病長壽 錦上添花
富貴榮華 壽福康寧

12띠 누구나 24절기 내내 달성되기를 바라는 기원에
흥부네 박이 주렁주렁 열려서 대박이 납니다 P 4-4

대통령, 국회의장, 시도지사님들에게 있어 민원은 얼토당토않은 답변 아니면 무응답으로 끝이다. 개인의 노력으로 시청과 세무서를 거쳐 통신판매 허가를 내어 G마켓 외 몇 곳에서 한 의뢰로 제작비 등 손해만을 보게 되었다.

🏵 2021년 8월 8일 제29회 나라꽃 무궁화의 날 기념행사 기념식

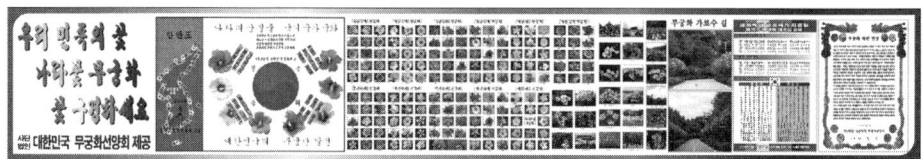

위 현수막은 행사장 입구 양면에 부착도 하였다.

2021년 제29회는 8일 **코로나19**로 경북 구미시 비산 옥상에서 개최, **행사 현수막을 8월4일~18일까지 16일간 부착했다.**

2018년 제26회 8월 8일은 경북 구미시 비산동 옥상에서, 9일은 충북 음성읍 봉학골 산림욕장에서 전국 무궁화 생산자 협회의 협조로 성사되었다.

10~15일 서울 광화문광장, 산림청에서 개최하여 전국 무궁화 생산자 협회의 협조로 진행되었다. 15일은 충남 천안 독립기념관에서 국가 상징 국민 헌장, 무궁화 국민 헌장 인쇄지를 무상 배포하였다.

2019년 제27회 8월 8일은 경북 구미시 비산동 옥상에서 개최. 9일은 서울 독립공원에서 국가 상징 국민 헌장, 무궁화 국민 헌장 인쇄지를 무상 배포했다. 15일 충남 천안 독립기념관에서 국가와 민족을 위하여 헌신하신 순국선열과 호국영령 국가유공자 여러분들의 혁신적 헌신을 잊지 말고 애국 애족하자는 애국의 핀을 제작하여 국가 상징 국민 헌장, 무궁화 국민 헌장 인쇄물과 같이 무상으로 배급하였다.

온 국민이 사랑할 애국의 리본

팔십의 연령이 내일 모래라는 실정을 느끼며 이제껏 살아오면서 이사란 잘못을, 불광동에 이어 두 번째 후회로 느끼며 성급함의 망조 신중함이 없었던 것들을 모두 돌이켜 보며, 팔십을 넘어선 이제 가족과 친구들 만남이 제일의 낙이 되었기에 여러 가지에 후회도 해 본다.

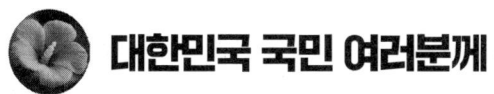 **대한민국 국민 여러분께**

　자연의 조화로 생산되는 바다에서 사는 풍부한 각종 생선과 어산물을 잘 응용하여 먹거리로 하고 넓디넓은 육지에서 자라고 생산되는 각종 곡식 및 과일과 야채를 자급자족하거나 구매하여 건강식으로 섭취하고 수많의 이런저런 식품으로 생활에 활력소가 되듯이 서로 모여 회합과 배려로 이끌며 국가와 국민을 위한 한없는 충성과 헌신 잊지 않고 삶을 살아갑시다.

　한민족 겨레 동포 여러분, 합심하여 하루속히 남북통일을 이루고 더 잘사는 나라로 노력하는 발전의 영광을 누립시다.

　국가 상징기와 국가 상징, 국민 헌장, 무궁화 국민 헌장은 온 국민이 사랑하고 아껴야 할 자산입니다.
　애국민으로 떳떳하고 위풍당당한 자부심을 불태워 봅시다.
　집념에 숙연해지고 내용에 깜짝 놀랄 애국 씨앗 배지 구매를 시범적 모범으로 동참을 의뢰하니 저버리지 마시길 바랍니다. 앞장서 온 처절한 심정은 뜨거운 애정으로, 열정과 집념은 감동의 감탄으로 느껴질 것입니다.

　사랑하고 존경하는 국민 여러분! 애국의 일념 동업자 제의에 간곡한 동참을 바랍니다.
　대한민국은 5천 년 역사상 나라를 수없이 빼앗겼으며 1945년 해방의 기쁨도 잠시 1950년 6·25사변으로 74년이 지난 지금도 지구상에서 유일한 분단 국가가 되었습니다. 60, 70, 80대 이상 어른들은 초근목피로 보릿고개를 넘기면서도 희망을 잃지 않았습니다. 결국 노력의 보상으로 의식주 걱정 없는 문명으로 발달하였으나 대한민국 온 국민의 단결로 나라 지킴이 최우선이어야 합니다.

국민의 의식 수준이 달라지지 않는다면 머지않아 그리스, 아르헨티나, 스페인, 포르투갈, 아일랜드, 인도와 같은 꼴이 안 된다고 누가 장담하겠습니까.

때로는 가뭄, 홍수, 산불, 지진, 풍파와 무력 분쟁과 데모와 내전, 코로나 19와 같은 전염병 등에 고통이 가득하고 지금도 이북은 핵무기 공갈 협박으로 쏘아 대며 으름장을 놓습니다.

가장 먼저 위험 현장에 뛰어들고, 가장 마지막에 현장에서 나오는 국군용사, 경찰, 소방대원들이 있습니다. 각지 재난 현장에 달려가 초기 단계부터 구호물자도 전달하고, 특히 국민이 하루빨리 평범한 일상을 다시 찾을 수 있도록 심리적 정서 치료와 교육 등 다각적인 활동을 펼치고 있는 현지인 교사와 의사가 있습니다. 위기 상황 속, 다시 삶을 계속할 수 있도록, 생존과 안전, 위생, 건강, 교육, 경제적 자립을 위한 통합적이고 중장기적인 계획을 수립하는 정부가 있습니다. 그럼에도 장애인과 의식주 걱정을 하는 국민이 삶의 커다란 위험 앞에 직면하는 경우는 여전히 허다합니다.

전국 국민과 온 겨레 동포께 호소합니다. 30여 년 동안 총 30회 국가 상징(나라꽃 무궁화)의 날 국민 대축제를 개최하며, 애국의 일념으로 앞장선 81세 노령은 남은 여생 내용에 깜짝 놀랄 리본 배지 판매를 통한 이익금으로 취약계층에 대한 봉사자로 앞장서겠습니다.

010-3266-8581로 연락해 주시면 택배로 보내 드립니다.

가슴이나 목에 걸고 다니기를 제의하니 저버리지 마시기를 간곡히 호소합니다

1년 12개월 중 6월 6일 현충일이 되어서야 6월은 보훈의 달이라고 자각합니다. 앞으로는 1년 열두 달 유념성을 가지고 늘 국가와 민족 겨레 동포를 사랑합시다. 밝은 미래의 예쁜 꽃이 내 조국 내 강토에 아름답게 피어나게 세계의 일등 국가로 발전하도록 노력합시다. 함께 그 영광을 누려 봅시다.

대한민국 국민 여러분!

이해와 양보, 희생정신으로 부와 명예가 아닌, 사람답게 순수하고 진실하게, 성실하고 정직하고 검소하게 서로 의지합시다. 정의가 통하여 국민 서로가 국민의 행복과 권익과 민생을 위해 일하는 믿을 수 있는 사회가 되도록 다 같이 노력하여 모두가 잘 살아갑시다.

우리에겐 나라 지킴이 최우선이 아니던가요? 아무리 욕심부려도 여든, 아흔이 지나면 일장춘몽입니다. 낙엽이 지면 저세상 가서도 욕먹는데, 왜 그리 살아서 '이름 석 자' 역사에 더러움을 남기려 하십니까.

돈이 많으면 돈 없어 끼니 굶는 사람이나 병든 사람 장애인들에게 도움 주어 베풀고 더불어 잘사는 사회에 앞장서면 얼마나 좋겠습니까. 욕심은 버리고, 사는 그날까지 정겹게 사시기 바랍니다.

선한 눈빛으로 서로 상부상조 화합의 정신으로 합심하며 인도적 지원을 하여 주시기를 간곡히 바라며 건강히 행복한 나날들 되시기 염원합니다. 고맙습니다, 감사합니다.

2022년 8월 8일 제30회 나라꽃 무궁화의 날 기념행사

2022년 제30회는 8일 **코로나19**로 경북 구미시 비산 옥상에서 개최. 행사 현수막을 8월 4일~18일까지 16일간 부착했다.

가로 18m × 세로 1.8m 현수막 행사장 부착

 **윤석열 대통령님께 청원**

> 국가는 시민의 하인이지 주인은 아니다.
> _John F. Kennedy

대한민국 정부 존경하는 윤석열 대통령님께 청원합니다

　대한민국 제20대 윤석열 대통령님의 당선을 축하드리며, 국민들이 불러내어 당선시킨 대통령, 노인들이 살아온 보수의 경험으로 세운 대통령, 국민이 주인인 정부 공정과 상식의 정직성 회복과 정의가 승리하는 나라로 이끌어 달라고, 문재인 5년간의 폭정에 대한 대국민의 반발로 윤석열이라는 신인 정치인에 대한 국민적 기대가 더 큰 역할을 하라고 생각하는 국민들의 대다수이기에 어긋나지 않게 잘하여 주실 것이라 굳게 믿습니다. 저는 윤석열 대통령 후보 시절 부위원장에 직책을 주고받고 진심으로 지지하였던 양천규입니다. 37년간 애국의 일념으로 밭을 임대하여, 무궁화 씨앗을 파종하여 길러 왔습니다. 그러나 토지주가 "토지 판매하겠다. 직접 농사를 짓겠다"라고 하면서 반환해 달라고 합니다. 이렇게 어려운 처지에 코로나까지 겹쳐서 근심은 더 깊어만 갑니다. 정부에서 어려운 국민의 처지를 헤아려 소상공인과 자영업자에게 재난 지원금을 주고 있습니다.

　하지만 저는 무궁화를 33년간 길러 오며 8월 8일 국가 상징(나라꽃 무궁화)의 날 2022년이 제30회 행사 축제를 앞두고, 돈도 없고 건강도 종합 병동에 먹고살기가 너무나 어려워서 건너뛸 입장에서 무궁화나무 2천 주를 어찌해야 할지 난감하기만 합니다.

내외가 은행과 사채 이자, 각종 공과금과 병원비 등의 강박감으로 삶을 포기할 지경에 이르렀습니다. 국가 운영을 잘못하여 애국자를 모른 척하는 공무원이라면, 반인륜적 인권 말살의 범죄행위가 아닌지요. 농촌에 벼농사는 직불제로 수매도 해 주고 농작물이 과잉 생산되면 국가비축으로 수매해 주고 있습니다. 대한민국 국가 상징 무궁화도 농작물 수매처럼 수매해 주시기를 간곡히 요청하며, 정부에서 본인 소유 무궁화나무를 수매하여 해결해 주지 않으면, 위급한 상황을 도저히 헤쳐 나갈 방법이 없어서 아래 3가지를 특단 처리하여 달라고 존경하는 윤석열 대통령님께 간곡히 청원합니다. (애국자란 모든 내용이 증명할 것입니다.)

1. 용산 대통령 집무실 앞 국민 공원 공사의 본인 보유 무궁화 2천 주 중 오백 주는 기증, 일천오백 주는 국가에서 수매로 구제하여 주시길 바랍니다.

2. 종합 병동에 거동도 불편하고 오로지 애국에 일념으로 제작한 고귀하고 찬란한 애국의 알림이 동행 리본 핀과 타이는, 순국선열과 호국영령 애국자들께 항상 경건하고 엄숙히 정중한 예의범절에 충효 실천 주입과 공중 윤리·도덕에 애국을 실천하자는 뜻이며, 판매자에게는 이익금으로 실업자 탈출도 하며 애국심 고취 함양의 빛날 것이니 윤석열 대통령님 왼쪽 가슴과 대통령실 온 직원이 모두 달아 주어 전국 공무원 온 국민이 달기를 희망하며 제의합니다. (애국의 알림이 동행 리본 핀과 타이 2개가 3천 원입니다.)

3. 저출산 시대에 탄생 축하 기를 대한민국 정부 윤석열 대통령님 하사로 시, 도지사, 군, 구청장이 정부에서 지급하는 어린이 수당과 같이 지급하면, 애국의 길로 인도와 국민이 모두 나라 사랑에 감동과 감탄사의 가치, 화합의 열정이 '윤석열 정권 잘한다'라는 긍정적 지지 평가 상승은 물론, 온 국민의 지지를 받게 될 것이니 조치 바라며, 역대 대통령 중 국민만을 위한 정치 민생에 집중하시어 국민 모두가 잘사는 1등 정치 대통령이 되어 주시길 기원합니다.

내외분 건강하시고, 수고해 주세요.

파일 첨부
1. 윤석열 대통령 후보 임명장 사진 1장
2. 국가 상징, 무궁화 국민 헌장 앞뒤 양면 1장
3. 탄생 축하기 앞뒤 양면 1장
4. 애국의 알림이 동행 리본 핀과 타이 사진 2장

2022년 7월 14일
양천규 드림
경북 구미시 비산동

* * *

    대한민국은 10여 명의 대통령이 지나갔는데, 거의 모두가 감옥살이 아니면 자살했습니다. 거주 주택을 구매 가격 6억 6천5백만 원으로 정부에서 구매하여 주어 시골집 전세로 사는 것만도 못하니, 새마을금고 주택담보 대출 이자 200여만 원 매월 1건당 3번씩 문자를 10번씩 카톡으로 보내와 가슴이 철렁 죄지은 사람처럼 떨리며 심장이 터질 듯 탈진에 우울증으로 밤잠을 설치니 조속히 해결을 강구하며, 수입 지출 명세를 보시다시피 본인 소유 주택과 무궁화나무 2천여 주와 애국의 리본, 탄생 축하기 판매 없이는 도저히 살아갈 힘의 용기와 희망이 없어 매수를 국가에 의뢰하오니 모두가 국가를 위함이요, 국가 상징물이니, 애국자를 죽이지 말아 주시기 부탁드립니다. (양천규 유서 참조)

4월 10일 제22대 총선에서 국민의 힘 당의 당락은 언론과 여론, 공론 몰이에 양천규 행동의 여하에 달려 있을 것입니다. 3월 31일~4월 5일 사이에 죽은 뒤 애국자 재난으로 처리 전, 현재까지 받지 못한 애국자 훈장 수여 등 소기의 청원 관철이 확정되기를 현명하신 판단을 마지막으로 바라보며, 국회의원 당선 과반수 확보도 못 하고 수라장 속 탄핵으로 종지부를 맞지 않으시기를 바라며 수고들 하세요.

2024년 1월 26일
양천규 드림

윤석열 대통령님께 드리는 민원

대통령직을 훌륭히 수행 5년 후 퇴임 시 온 국민들께서 역대 대통령들께서도 못 이룬 업적을 준비된 대통령보다도 "국가와 민족을 위하여 정말 수고하셨습니다. 정말 고생하셨습니다. 정말 고맙습니다. 정말 훌륭하십니다. 참 잘하셨습니다. 정말 투명하였습니다. 정말 깨끗이 하셨습니다. 정말 모범이었습니다. 정말 잊지 않겠습니다. 여러 가지로 감사합니다"라는 온 국민들의 칭송이 세상을 흔들어 주기를 기대합니다.

1. 본회는 대한민국의 대표적 표상인 국가 상징 5개 실체 사랑으로 나라꽃 무궁화를 심고 가꾸고 꽃 축제로 애국심을 고취한다는 취지에서 발족한 사단법인 대한민국 무궁화 선양회(행정안전부 법인설립 허가 제26호)입니다.

벚꽃은 봄이면 진해 군항제를 필두로 전국 각지에서 개최하고 있으나, 정작 우리나라의 국화인 무궁화 축제가 없음을 안타깝게 여겨 대한민국 건국 이래 최초로 무궁화꽃이 한창 피어나는 8월 8일을 국가 상징(나라꽃 무궁화)의 날 국민 대축제 국가 상징 국민 헌장, 무궁화 국민 헌장, 제정 선포식은 우리 민족의 정체성을 바로 세우고 역사상 한 획을 긋는 소중하고, 위대하게 찬란한 행사 개최를 1993년 제1회 국민 대축제를 거행한 이래, 한 해도 거르지 않고 30회에 걸쳐 행사를 시행하였으며 앞으로도 시행할 계획입니다.

2. 30년간 행사를 개최하다 보니, 행사에 직접 참여하신 분이나, 국민 273만 4천894여 서명 운동에 참여하신 분들께서 한결같이 대한민국의 나라꽃인 무궁화 축제가 없어서 아쉬움이 컸는데, 늦게나마 국민들의 자긍심을 심어 줄 축제의 장이 마련되어 무척이나 다행스러운 일이리며 기뻐하셨습니다.

아울러 앞으로는 온 국민이 관심을 가지고 직간접적으로 참여하는 국민 화합의 한마당이 되도록 정부와 기업 등 외부 기관의 지원을 받는 방안을 강구하라는 조언도 아끼지 않았습니다. 실제로 행사를 치러 오면서 몇몇 사람과 단체의 힘만으로는 역부족임을 통감하고 있습니다.

3. 앞에 말씀드린 바와 같이 비영리민간단체에서 현재까지 힘들고 외로이 행사를 개최하여 왔는데, 많은 경비가 소요되어 본인 소유 무궁화나무 2천여 주를 구매하여 달라고 정부에 민원을 제의하면, 국민권익위원회에서 산림청으로 이첩되어 엄폐 회신 매듭으로 늙기도 서럽거니 늙은이 푸대접이란 죽음으로 내모는 정부가 원망스럽기만 하군요.

살고 있는 주택도 구입 시 MG 마을금고에 3억 원 융자에 이자만 월 210여만 원인데, 임대도 투룸이 안 되어 사채에 사채가 죽음으로 내모는구려. 본인 소유 무궁화나무 2천여 주를 판매하지 못하면 자살뿐이니 애국하는 마음으로 36년 동안 긴 세월을 애국하면서 예우를 바란 것은 아니지만, 한 치의 예의도 없었습니다.

애국자가 죽어도 좋다는 나라가 현 정부입니까. 허울 좋은 취임사를 비롯해 모든 기념일에 기념사 모두가 거짓말이었습니까. 산림청도 구호도 "찾아가는 산림청, 도와주는 산림청, 정다운 산림청, 고마운 산림청이 되도록 노력하겠다"입니다.

누가 뭐라 해도 국민의 민생고가 최우선이니만큼 "애국자를 피 말려 죽이려는 정권은 당장 물러가라"라고 권고합니다.

4. 80세 노인에게 인도적으로도, 대승적 차원에서 공무원으로서 사람으로의 도리에 어긋나는 '구차한 변명의 답변'만 늘어놓지 않기를 바라며, 사생결단의 각오로 대한민국 정부에 호소하니, 오는 3월 31일까지 수매해 주지 않는다면, 더는 절망을 마주할 힘이 없어 세상을 하직하고자 합니다.

행여 그런 불상사가 닥치면 서울 국립 현충원이나 대전 국립 현충원 애국자 묘역에 시신을 안장해 주시기를 바라며, 아울러 천안 독립기념관, 서울 국립현충원, 대전 국립 현충원, 서울 송파구 올림픽공원 등 4곳에 국가 상징 국민 헌장과 무궁화 국민 헌장 비석을 설치해 주시고, 5·18 유공자 희생자와 동급으로 대우해 달라고 대한민국 정부에 요청하며, (사)대한민국 무궁화 선양회의 양천규가 30여 년간 지금까지 국가와 민족에 대한 공로와 헌신한 공적이 애국자로 인정되면 대한민국 입법, 사법, 행정 관료 여러분, 정치인 여러분, 국가 원로 여러분, 사회 지도층 여러분, 언론인 여러분, 학자 여러분, 기업인 여러분, 국민 여러분, 국민적 공감대를 이룬 합법적 절차에 올바르고 정직한 지도로 처리하여 주시기를 간곡히 호소드리며, 대한민국의 무궁무진한 발전을 기원하며 건강히 행복하기를 바라며 안녕히들 계세요.

첨부 서류
1. 태극기 의미와 국민의 국가 상징기 뜻과 상징기안 새겨진 덕목의 글
2. 2024년 국경일, 기념일, 추모일 일정표 2장
3. 국가 상징 국민 헌장. 국가 상징 국민 헌장 제작 요점, 양면 1장
4. 무궁화 국민 헌장, 사랑하는 국민 동포 여러분께 호소문, 양면 1장
5. 8.8 축제 국민 서명서 1장
6. 우리 민족의 꽃 유래 1장, 본회 연역 경과보고서 1장
7. 행사장 현수막 (가로 18미터 * 세로 1.8미터) 부착
8. '무궁화 꽃'은 나라 사랑입니다.
9. 대한민국 '무궁화나무 심기 운동'

2024년 2월 6일
사단법인 대한민국 무궁화 선양회

사단법인 대한민국 무궁화 선양회
회 장 양 천 규

 8월 8일 제31~32회 나라꽃 무궁화의 날 기념행사

인류라는 큰 집단이 가진 결점을 상쇄하는 유일한 장점은 각자 노력하는 짧은 순간, 가장 관심 있고 하기 쉬운 일에 늘 충실한 것이다.
_Joseph Conrad

2023년 8월 8일 제31회 나라꽃 무궁화의 날 기념행사 기념식

2023년 제31회는 8일 코로나19로 경북 구미시 비산 옥상에서 개최, 8월 4일~18일까지 행사 현수막을 16일간 부착했다.

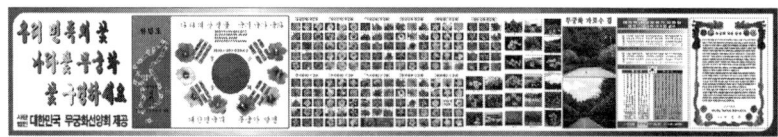

가로 18m × 세로 1.8m 현수막 행사장 부착

🏅 2024년 8월 8일 제32회 나라꽃 무궁화의 날 기념행사 축제 기념식

 2024년 제32회는 8일 경북 구미시 비산 옥상에서 몇 명이 개최, 건강과 금전 압박으로 국가 상징 국민의 기 행사장 현수막을 8월 4일~18일까지 16일간 부착했다.

🏅 2024년 8월 8일 제32회 기념사

 이 무더운 삼복더위 속에 가정을 떠나 먼 곳, 여기까지 찾아 참석하신 여러분! 반갑고 고맙습니다. 오늘 8월 8일 제32회 국가 상징(나라꽃 무궁화)의 날 무궁화 국민 대축제에 참여하시는 국민 여러분께서는 오락과 소비와 향락을 위한 축제가 아니라 철학이 있는 민족정신을 소생시키는 숨 쉬는 역사의 축제이며, 애국애족의 이웃 사랑이라는 정신의 마음으로 참석하시는 축제가 되었으면 하는 바람으로 동참하셨으리라 믿습니다. 고맙고 감사합니다.

 사랑하고 존경하는 국민 여러분! 해외 동포 여러분! 그리고 이 자리에 참석하신 내외 귀빈 여러분! 2024년 8월 8일 제32회 국가 상징(나라꽃 무궁화)의 날 기념 무궁화 국민 대축제에서 또다시 만나고 기념사를 하게 되어 감회가 새롭고 무척이나 반갑고 고맙습니다. 여러분!

 이 메아리가 세상에 울려 퍼지기를 희망하면서, 한 나라를 상징하는 대표적 표상은 국기, 국가, 국화를 제정하여 애국심을 고취하여 모든 공식적인 모임에서 국기인 태극기를 게양하고 국가인 애국가를 제창합니다. 그러나 국화인 무궁화는 어떻습니까. 애국가 후렴구인 '무궁화 삼천리 화려강산'에서만 존재할 뿐 실제로 삼천리 방방곡곡에 몇 주나 식재되어 있습니까. 여러분. 일본인이 좋아하는 벚나무와 비교해 보십시오. 부끄러울 따름입니다. 국민 여러분.

나라를 보존하고 지키기 위해서는 나라의 근본을 바로 세워야 하고, 나라의 근본을 바로 세우기 위해서는 우리 것을 존중하고 소중하게 간직하여야 하지 않겠습니까. 여러분.

우리가 봄이면 일본인이 최고로 즐기는 벚꽃 축제는 진해의 군항제를 필두로 전국 각지에서 개최되고 있으며, 일제 만행을, 아직도 반성 없이 틈틈이 역사를 왜곡하고 독도를 탐내는 일본인의 벚꽃 축제에 열을 올리며, 정작 우리나라의 국화인 무궁화 축제가 없음을 안타깝게 여겨, 대한민국 건국 이래 최초로 1993년 8월 8일을 제1회 국가 상징(나라꽃 무궁화)이 날로 제정하며 국가 상징 국민 헌장, 무궁화 국민 헌장 제정 선포식을, 무궁화꽃이 한창 피어나 자태를 자랑하며 최고로 뽐내는 8월 8일에 무궁화 국민 대축제를 거행한 이래, 한 해도 거르지 않고 31회에 걸쳐 행사를 시행하였다고 말씀드립니다. 여러분.

사랑하고 존경하는 국민 여러분! 선거 때는 나라와 국민을 위하여 편안하게 즐겁게 행복하게 외쳤던 구호가 그 순간뿐이 되지 말고, 진정 국민의 꿈이 이루어지는 세상을 만들기 위하여서는 국가 상징물도 국가 차원에서 장려하여야 할 일을, 비영리민간단체에서 국가 상징인 무궁화 관련 홍보 활동을 조국 발전에 보탬이 되고자 희생과 봉사하는 사람에게 국가가 '나 몰라라' 한다면, 그 어느 누가 국가와 민족을 위하여 일하겠는가를 대통령님 이하 입법, 사법, 행정, 고위공직자, 지도층 여러분, 깊이 생각해 보기를 바라며 국민 여러분께 고합니다. 여러분.

이번 국민이 불러낸 윤석열 대통령께서 하셔야 할 일은, 우리나라 국화 무궁화를 전국 각지 꽃동산 조성과 도로의 가로수로 많이 심고, 타 나라꽃 축제는 여기저기서 많이 개최하나, 정작 우리 나라꽃 무궁화 축제도 정부의 보조 없이는 어려운 실정을 헤아려 기념일로 지정하여야 하고, 대통령이 국가 상징인 무궁화의 관심을 보이지 않으며, 국민들에게 나라와 민족을 위하여 일하자고 말할 수 있으며, 그 얼마나 부끄럽고 수치스러운 행동입니까? 여러분.

무궁화나무를 많이 심어서 애국가의 후렴처럼, 무궁화 삼천리 화려강산의 통일 조국에 세계 속 일등 국가의 지름길로 이끌어 주시기를 바랍니다. 존경하는 윤식열 대통령님!

사랑하고 존경하는 국민 여러분! 우리나라의 국경일(3·1절, 제헌절, 광복절, 개천절, 한글날)은 역사적으로 뜻깊은 날을 기리며 국가의 역사성과 정체성을 확인하는 날이기에 상징적 의미라면, 이에 비해 각종 기념일이란 온 국민에게 그 분야를 상기하며 그날의 뜻을 기리는 것 외에도 국가와 사회의 발전과 성숙을 모색하는 사회 통합의 기능도 있거니와 왜 기념일에 주목해야 하는가는 기념일에는 힘이 있기 때문입니다. 그 힘은 밸런타인데이, 삼겹살데이, 빼빼로데이, 오이데이, 자장면데이 등은 상업주의가 배경인데도 불구하고, 사람들이 쇠는 명절로 자리 잡은 지 오래인 것을 인지하고, 무궁화를 심고 가꾸고 사랑하자 함은 나라와 민족이 맑고 밝게 명랑한 사회를 구축하여 희망과 행복이 넘쳐 통일과 평화의 깃발이 되는 범국민적인 공감대가 형성되기를 기원하기 때문입니다. 여러분.

2025년 식목일에는 우리나라 국토의 우리 민족의 꽃, 대한민국의 국화인 무궁화나무 심기 운동과 삼천리 금수강산 방방곡곡에 무궁화가 만발하고 축제가 계승 발전되어, 온 국민이 하나 된 마음으로 화합의 한마당이 되어 꿈을 이루는 나라가 되기를 바라며, 10년이면 강산이 변한다고 하였는데 30여 년이니 세 번이나 변했습니다.

　국가 상징 나라꽃 무궁화 축제를 32회까지 행사를 개최하여 오면서 축사와 물심양면으로 조언, 감명과 감동의 좋은 글 등으로 협조하여 주신, 각계각층 명사 여러분들과 각 기관장 담당자 여러분, 본회 고문, 부회장, 임원님, 회원여러분, 32년 동안 협조 격려 성원에 고개 숙여 고마움과 감사의 말씀을 드리면서, 본인으로는 32회로 많은 나이와 체력 건강상 종지부를 찍는 마음의 희로애락이 주마등처럼 스치며, 작성하는 자서전 책 머리말이 저 양천규 취지 등 대변으로 알아 주시고, 본 행사가 국가 발전과 사회를 위하여 열심히 일할 수 있는 의욕 고취의 계기가 되었으리라 여겨지며, 기간 내 혹시나 불미스럽게 여겨졌다 하더라도 공적이었던 일이니만큼 너그럽게 모두 이해와 용서하시고, 우리나라 앞날에 크나큰 발전과 영광이 온 국민의 건강과 행복이 가득하시기를 바라며, 오늘 참석하신 여러분, 가정에 늘 건강과 행운이 함께 충만하시기를 기원하며, 기념사를 마칩니다. 고맙습니다, 감사합니다.

2024년 8월 8일

 사단법인 대한민국 무궁화 선양회
　　　　　회 장 양 천 규

* * *

앞으로도 지속적 개최할 것을 말씀드리며, 전국적으로 무궁화 단심계 홑꽃 묘목 30여만 주를 보급하였고, 또한 국민 체력 향상을 위해 무궁화산악회를 운영하며, 해마다 식목일에는 무궁화 묘목 500여 주를 무상으로 보급하였으며, 지난 3·1절 제99주년을 기념, 독립운동의 고귀한 희생정신을 기리고, 우리 민족의 꽃 나라꽃 무궁화를 국민들께 널리 알려 가까이 접할 기회를 제공했습니다. 아울러 사회 각계각층 명사 33인께 제4회 대한민국 무궁화 평화 대상 시상식을, 용산 효창공원 백범 김구 기념관에서 개최했다는 것으로 간략히 경과보고 합니다.

2024년 8월 8일

사단법인 대한민국 무궁화 선양회 회장 양친규

대도 부회장

* * *

국민 여러분의 성원에 힘입어 해마다 잘 개최해 왔다. 2021년 코로나19가 전 세계를 폭풍처럼 휘몰아치며 귀한 생명을 앗아갈 때도 고귀한 뜻을 접지 않고 주택 옥상에 자리한 (사)대한민국 무궁화 선양회에서 자체 제작한 현수막 거치로 대행했다.

국경일과 각종 기념일에는 회원들과 함께 국가 상징 국민 헌장의 앞뒤 내용을 숙지하고 실천에 앞서고 있다. 필자는 30년이 넘도록 세계에 일등 국가가 되는 지름길을 모색하여, 그에 따른 덕목을 국가 상징 국민 헌장과 국가 상징 국민기에 정성스럽게 수록했다.

　무궁화 국민 헌장의 앞과 뒤에는, 사랑하고 존경하는 국민과 해외 동포에게 호소하는 글을 실어, 양면 1장 인쇄물을 무상 배포하면서 정겨운 마음으로 상부상조하고 있다.

　다음 해 내년에 제33회 행사를 앞두고 있는데, 많은 국민과 함께 우아하고 성대하게, 광화문광장이나 여의도 공원에서 찬란한 축제가 되기를 기대해 보며, 사단법인 대한민국 무궁화 선양회 양천규 회장인 필자는 무궁화 사랑에 담긴 소중한 모든 글을 마음속 깊이 간직하고, 그 진솔한 내용을 실천하고 알리는 데 동참할 동행자를 기다리고 있다.

　독립운동 민족 대표 33인의 희생정신을 본받아 국가 상징 국민 헌장, 무궁화 국민 헌장을 위해 88인이 활동하며, 저세상 가는 날까지 우국 충절을 함께할 지인이 되어 주시어 일상이 즐거움의 연속으로.

　인생 한평생, 길 것 같아도 훌쩍 지나간다. 호사유피(虎死留皮) 인사유명(人死留名), 호랑이는 죽어서 가죽을 남기고 사람은 죽어서 이름을 남긴다. 죽어서 귀한 가죽을 남기는 호랑이처럼, 사람은 후대에 물려준 정신적 가치를 남겨야 한다.

The 4th Stage
국회의원, 장·차관, 국가 상징 국민 헌장 받고 끝

> 육체에 꼭 맞는 옷만 입지 말고,
> 양심에 꼭 맞는 옷을 입도록 하라.
> _Leo Tolstoy

국가 국경일 기념일에서 국회의원, 장·차관에게 국가 상징 국민 헌장의 앞뒷면 감동의 글, 양면 1장 인쇄물과 무궁화 국민 헌장 앞뒷면의 국민 여러분께 드리는 호소문, 양면 1장 인쇄물을 손에 쥐여 주었는데도 전혀 관심조차 없고 받기만 하고 그것으로 끝이다.

2024년 4월 10일 제22대 국회의원 당선자 300명 중 필자가 제시하는 대로 한다면, 저출생으로 5,000만 명 밑으로 떨어진 국민이 잘살 수 있고, 1,127조에 달하는 국가채무도 갚을 수 있다.

전 세계는 복지국가 대한민국을 부러워할 것이고, 발의자 국회의원은 2027년 대선 당선을 점찍어 놓은 것과 다를 바 없으니 참조해 소원 성취 이루길 바란다.

태극기, 네 가지 색 의미와
태극·건·곤·감·리 뜻

태극기는 우주 만물의 상징으로 세계에서 가장 철학적인 국기다.
_행정안전부

태극기는 간결하면서도 대자연의 진리를 그대로 나타내고 있다

한가운데 태극 도형과 4괘인 건(乾), 곤(坤), 감(坎), 리(離)와 흰 바탕으로 이루어졌으며, 태극기에는 5가지의 깊은 뜻이 담겨 있다.

1. 창조: 우리 민족의 창조성
2. 발전: 우리 민족이 남에게 의지하지 않고 자주적인 발전
3. 자유: 자유를 사랑하는 우리 민족의 국민성
4. 평등: 4괘가 서로 마주 보는 관계에 있는 것은 우리의 평등사상
5. 무궁: 태극 도형의 청, 홍의 음양 곡선은 우리 민족의 역사가 무궁하게 발전한다는 것을 의미

* * *

태극기의 각 부분에 대한 상징하는 것을 알아보도록 하자

1. 바탕: 평화
- 태극기의 흰색 바탕은 백의민족의 순결성과 광명을 뜻하며, 전통적으로 평화를 사랑하는 한민족의 민족성을 표현하고 있다.

2. 태극 원형: 단일
- 태극 원형의 음과 양의(兩儀)는 전체적으로 둘로 갈라진 것이 아니다. 태일(太一), 즉 '지극히 큰 하나'로서 단일 민족성과 통일의 정신을 나타낸다.

3. 태극 음양: 창조
- 우주의 근본인 태극이 음과 양의(兩儀)로 나누어지고 이 음양의 두 가지 힘으로 우주 만물을 창조하듯이, 우리 민족의 창조성을 나타내고 있다.

4. 건곤: 무궁한 발전
- 건괘는 하늘(天)의 상징이고, 곤괘는 땅(地)의 상징이다. 무궁한 천지를 태극기는 담고 있다. 또한, 태극 도형의 홍, 청의 음양 곡선은 머리와 꼬리를 물고 끝없는 선회를 하는 것으로, 우리 민족의 역사가 무궁하게 발전한다는 것을 뜻한다.

5. 리감: 광명
- 이괘는 태양(日)의 상징하고, 감괘는 달(月)의 상징이다. 일월이 함께 비치니 광명천지를 나타낸다. 우리나라와 민족은 예로부터 광명을 숭상했음을 나타내고 있다.

6. 조화
- 태극의 이론은 만물이 자연의 원칙을 벗어나지 않으면서 서로 방해하지 않는다는 데 있으며, 괘의 3 효(爻)는 천지인의 조화를 상징한다. 이는 예로부터 자연과의 조화를 삶의 원칙으로 여겼던 우리의 민족성을 나타낸 것이다.

7. 평등
- 태극과 4괘가 전체적으로 음과 양이 균등할 뿐만 아니라, 천지일월이 서로 마주 보는 관계에 있는 것은 우리의 평등사상을 말해 주는 것입니다.

태극기의 각 부분이 나타내고 있는 정신을 알아보자

가운데의 태극(太極) 도형은 음(청색)과 양(적색)의 상호작용에 우주 만물이 생성·발전하는 대자연의 영원한 진리를 형상화한 것으로 창조와 발전을 의미다. 태극은 우주 자연의 생성 근본원리이며, 창조적 우주관을 담고 있다.

시상 식장에서 시상자들

 국민의 국가 상징기, 국가 상징 국민 헌장, 제작 요점

> 국가가 좋은 곳이 되지 않으면, 우리 모두에게 좋은 곳이 될 수 없다.
> _Theodore Roosevelt

국가 상징기 안에 새겨진 덕목의 글

국가 상징기, 제작 요점

태극기의 네 가지 색의 의미와 태극·건·곤·감·리의 깊은 뜻의 내용을 아는 국민이 몇 명이나 되는가? 이에 상세한 설명이 필요하다

국가 상징 5개 실체를 한눈에 10애 운동의 노력이 절실히 필요한 이때, 국민의 국가 상징기 한가운데의 태극과 4괘인 건(乾), 곤(坤), 감(坎), 리(離) 안에는 국가와 사회기강 확립에 따른, 국민이 지키며 바라고 원하는 조항만이 담겨 있다.

1석 5조의 애국 실천으로 튼튼한 기반의 상기는 온 국민 이 삶의 정신을 획기적으로 도약시키는 발전의 계기를 구축하는 것이다. 잊어 가는 인간미의 정과 멀어진 인심을 복원하고, 준법정신의 덕목만 수록되었다.

우리 한글의 표면적 명시를 조명 확인으로 엄청난 성장의 효과가 발생하고 태극기 뜻에다 국민의 국가 상징기 뜻을 합치니 더 넓고 더 깊게 더 높은 증폭제가 되어 확산한다. 무한 효력 가치의 기본 상식이 통하고, 법과 원칙에 윤리·도덕을 지키며 사회 기강 확립을 바로 세우고자 함이다.

국민의 국가 상징기

태극기의 태극 문양은 음과 양의 조화를 상징하며,
대자연의 진리와 최고의 지혜를 담고 있다.
_행정안전부

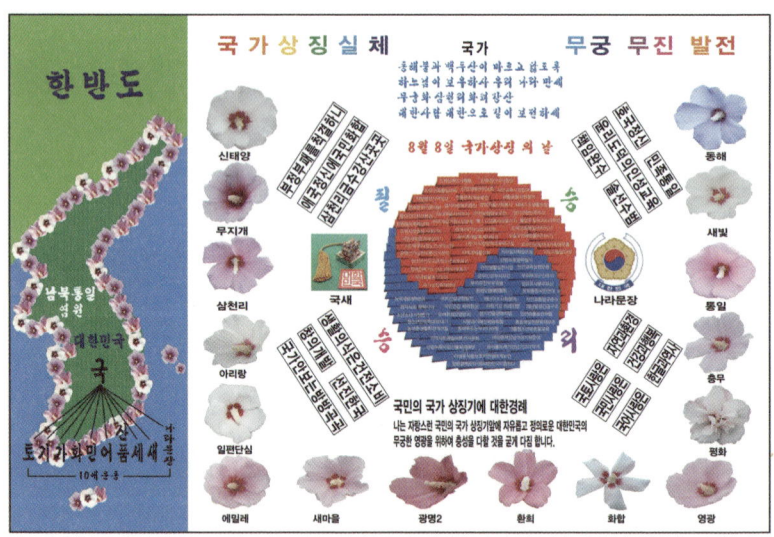

국민의 국가 상징기 제작

온 국민이 내용을 실천 함으로
세계속의 일등 국가 지름길인
국민의 국가상징기 안에 새겨진 글 입니다

국민의 국가상징기   8월8일은 국가상징의 날

"건" 부정부패를척결하니   애국정신에국민화합   금수강산에넘쳐나요
"곤" 국토사랑은 자연과환경   국민사랑은 건강과행복   국어사랑은 한글과역사
"감" 호국정신 민족통일   윤리도덕과인성교육   책임완수 솔선수범
"리" 생활의식은건전소비   창의개발 선진한국   국가안보는방방곡곡

태극안 '88   축 제

빨 : 강 : 색   **파 : 랑 : 색**

대한민국의 어린이들이여 올바른 생활로 나 자신의 장래를 생각하고 나라와 역사에 큰 인물이 됩시다.

국민의 상징기 안에 들어간 단어

 애국심 고취하는 대한민국 무궁화 선양회

모든 국민은 각자 자신의 천직에 전력을 다하라.
그것이 조국에 봉사하는 길이다.
_Johann Wolfgang von Goeth

 대한민국의 대표적 표상인 나라꽃 무궁화를 심고 가꾸고 꽃 축제로 애국심을 고취하려는 취지에서 발족한 행정안전부 법인설립 허가 제26호 (사)대한민국 무궁화 선양회는 '무궁화 알리기'에 최선을 다하고 있다.

 생로병사(生老病死)로 삶을 마감하는 그 순간까지 재미있게 살다가 저세상으로 가는 일, 누구나 소망하는 일이다. 우리나라는 1910년 8월 29일부터 1945년 8월 15일까지 36년간 일본 제국주의에 의한 식민 통치를 당했다.
 일본에는 특별한 국화(國花)가 없지만, 벚꽃의 나라로 불리고 그들이 제일 즐기는 것 또한 벚꽃이다. 그렇게 일본을 상징하는 벚꽃 축제는 진해 군항제를 필두로 전국 각지에서 개최한다.
 정작 우리나라의 많은 사람이 국화인 무궁화 축제보다 실제 축제 규모가 훨씬 큰 벚꽃 축제를 더 선호한다. 아쉬움이 크고 안타까운 일이다. 그런 일을 보다가 필자는 대한민국 건국 이래 최초로 국가 상징 국민 헌장, 무궁화 국민 헌장을 제정했다. 그리고 무궁화꽃이 한창 피어나는 8월 8일을 '국가 상징(나라꽃 무궁화)의 날로 제정'하여 1993년 제1회 나라꽃 무궁화 국민 대축제를 거행했다. 2024년 금년도까지 한 해도 거르지 않고 32회에 걸쳐 행사를 시행했다.

우리 나라꽃 무궁화 축제는 역사를 왜곡하고 독도를 탐내는 일본인의 벚꽃 축제보다도 더 우아하고 화려하게, 찬란하게 애국의 길을 기리며 개최해야 한다.

온 국민의 '조국애 함양'을 계기로 앞으로도 계속 시행할 예정이다. 이에 많은 참여와 격려의 응원을 부탁한다. 애국의 길만이 살길이라고 몸부림치며 살아왔건만, "믿는 도끼에 발등 찍힌다"라고 옛말에 틀린 게 하나도 없다.

사기를 세 번 당하고 사업이 망해 아들딸 공부시키고 생활하느라 눈코 뜰 새 없이 바쁘게 살던 때, 아버지께서 우울증이란 나쁜 병에 걸리셔서 삶을 마감하려다가 한번은 미수로 그치셨는데, 두 번째 광에서 농약을 드시고 아쉽게도 돌아가셨다.

마음이 몹시 무겁고 안타까웠지만, 3일 장으로 선산의 할아버지·할머니 산소 밑에 잘 모셔드렸다.

어머니는 당뇨병 환자였지만, 1993년 8월 8일 제1회 국가 상징(나라꽃 무궁화)의 날, 국가 상징 국민 헌장, 무궁화 국민 헌장 제정 선포식에 참석하셨다.

"노세, 노세, 젊어서 노세… 늙고 병들면 못 노나니, 느 아버지가 살아 계셔서 이 광경을 보신다면 무척이나 기뻐하실 텐데… 못 가르치고 뒷바라지 못 해 줬다고 늘 가슴 아파하시며 아픈 손가락이라 하셨는데, 대견하다." 참 잘한다며 연로한 어머니는 끝내 눈물을 보이셨다.

 삶의 초석·디딤돌 되었건만 사기 세 번과 사업 망하자 '언제 봤냐' 안면몰수

> 사는 것이 문제가 아니다.
> 올바르게 사는 것이 중요한 문제다.
> _Socrates

"이제 더욱더 건강만 하세요."

어깨춤을 추시는 어머니 손을 잡으면서 10만 원은 어머니, 10만 원은 아버지 것이라며 용돈 20만 원을 드렸다. 필자에겐 9남매가 있고 부모님 모시던 여덟째 남동생은 같은 마을에 살아서 행사에 참석했는데, 나머지는 모두 불참했다.

어머니는 제2회 때도 참석하시다가 몇 년 뒤 서울 영등포 성모병원에 입원하셔서 두 번 병문안 며칠 후, 4~5명의 형제와 누이동생이 시골집으로 모셔다드렸다. 그 후 모두 집으로 돌아왔는데, 그날 밤 돌아가셨다고 해서 아들딸 모두 다시 고향집으로 내려가 3일 장으로 장례를 모셨다.

땅이 꺼지는 것처럼 마음이 무거웠지만, 보건복지부 서상목 장관과 국회의원 20여 분이 필자 앞으로 화환을 보내 주셨다. 50여 개의 화환이 바깥마당에 즐비하게 진열되어 있을 정도로 많은 분이 애도를 표해 주시고 조의금도 많이들 내 주셨다. 국회의원 3선을 하시고 장관직을 두 번이나 역임하신 저명인사 이태섭 국회의원님 내외분의 조문과 더불어 200여 분이 다녀가셨다.

장남의 회사 동료·동창 여러분, 필자 둘째의 사회 지인·정계·동창 여러분, 셋째의 동대문 종합시장 상인·동창 여러분, 넷째의 동창 친구·상인 여러분, 다섯째 막내의 동창·친구 등 많은 500여 분이 위로를 표해 주셨다.

차량이 너무 많아서 마을 앞 논바닥을 주차장으로 사용했는데, 시골집에 들어오기 전 면소재지 주유소 대표와 마을 분들이 그 많은 차량을 보고 놀라는 광경까지 벌어졌다. 그렇게 장례를 잘 모시고 남은 돈이 일천만 원이 넘는데, 필자에겐 아무런 연락이 없고 어찌해야 할지 의문이 갔다.

필자가 13평짜리 임대아파트에서 다섯 식구가 살 때, 둘째 매형과 남동생은 비좁은 집에서 한두 달씩 같이 살았다. 중전(부인)은 그래도 싫은 내색 한 번 하지 않았으며 9남매 중 7남매는 예식도 못 하고 사는데, 몇 개월씩 같이 살았다.

우리 부부에게 신세 안 지고 산 사람 없다. 어떻게든 살아 나가게끔 이끌어 줘 삶의 초석 디딤돌 역할을 충분히 했건만, 필자가 사기를 당해서 가게를 정리하고 3남매 교육비가 없어서 쩔쩔맬 때 '언제 봤느냐?'는 식으로 안면몰수했다.

70년대 서울에 잠잘 방 한 칸만 있으면 먹고사는 데 걱정이 없어서 시골 사람들이 '서울! 서울!' 했었다. 이왕 여기까지 얘기가 나온 김에 공치사가 아니라 남남만도 못한 형제 남매지간과 친구들, "사촌이 땅을 사면 배 아파한다"라는 속담이 어쩌면 그렇게 실감 나던지, 실제로 겪어 보니 너무나 딱 들어맞아 신세만 처량해지고 속만 더 상해 갔다.

어려움 당했을 때 믿었던 사람들의 참모습과 품격이 드러난다. '형제지간, 친구 간에 믿을 사람 없고, 오로지 가족밖에 없다'라는 생각이 들어 한동안 쓸쓸하게 지냈다. 돈 많은 사람한테 아부하고 굽신거리며 붙어살다가 망하면 마치 언제 알았느냐는 투로 피하는 사람 때문에 상처가 아주 컸다.

"망했다고 너무 무시하지 마라!"
지구도 둥글어 돌듯이 돌고 도는 게 돈이고 무엇이든 한다면 하는 사람이니 머지않아 복구될 것이다.
언젠가 당신들도 같은 처지에 놓일 날이 있을 것이니 사계절이 돌고 도는 것처럼, 돈도 돌고 돈다는 걸 알아 두었으면 한다.

항상 아름다운 우리나라 국화 무궁화 꽃

 복잡다단한 세상에 무엇을 바라겠는가!

오직 너 자신만을 믿어라, 그러면 아무도 너를 배신하지 않을지니.
_Thomas Fuller

필자의 후대에서 생질이 난생처음으로 시골에 초중고 전교 1등을 했었는데, 1차로 용산고 불합격, 2차 대광고도 불합격했다. 그 후 1년 동안 고시원을 다니고 검정고시에 합격해 1년으로 고등학교 졸업을 했다.

시골에 부모님 농사지어 "너 대학교 보내기 힘들어 못 보낸다"라며 "육군사관학교에 합격해 4년 후 졸업하고 소위로 근무하면서 사고 없이 성실히 잘하면 진급이 빨라 중위·대위·소령 계급장만 따고 소령으로 퇴임해도 군수 정도는 된다"라고 했더니 육군사관학교에 진학해 4년 뒤 졸업하고 소위로 임관했다.

필자의 아내는 어린아이 3남매 키우며 조석으로 새벽밥에 빨래하며 생질을 10여 개월 뒷바라지해 줬다. 그랬더니 매형과 누님이 "자기 아들 조건 없이 10여 개월을 데리고 살았다"라며 고맙다고 농사지은 쌀 한 가마니를 가져오셔서 필자는 그 대가로 매형에게 기성 양복 한 벌과 코트까지 쌀 두 가마니값으로 사 드렸다.

매형은 "평생 처음 입어보는 양복이라고 고맙다"라고 하셨다. 그리고 그 양복과 코트를 입고 다니실 때마다 기분이 좋아서 우쭐해하셨던 모습이 지금도 눈에 선하다.

그렇게까지 잘하며 살았는데, 필자의 깊은 마음을 헤아리지 못하고 저버리는 배신자가 되리라고는 상상조차 못 했다. 물론 사심 없이 가정사(家庭

史) 모두 다 잘되길 바라지만, 복잡다단한 세상에 무엇을 바라겠는가!

세상사 인생사가 복을 주면 복 받는다고 주는 만치 받는다는 말도 있지만, 오히려 잘해 주고 배신당하는 경우도 적지 않게 생긴다. 필자도 힘든 상황에 부닥쳤을 때 실제로 경험했고 주위 사람 중 그런 일로 허탈해하는 사람들을 꽤 봐 왔다.

필자는 본래 원적이 충북 증평군 증평읍 진지래이고, 종중산에 청주 양씨 1대 기(起)자님 묘역 층층으로 11대까지 안장해 모셨다. 음력 10월 첫 번째 일요일에는 1대부터 11대의 조상님 22분께 산소와 시제를 전담하는 관리인의 지극정성 도움을 받으며 시제를 올리고 있다.

12대부터 22대 할아버지 할머니 22분은 증평읍 용문리에 종중산과 전에 계시며 음력 10월 두 번째 일요일에 시제를 모신다. 23대 할아버지, 장남, 호자, 직자 둘째, 형자, 직자 셋째, 선자, 직자 3분이 계시는데 아버지께서 똑똑하시고 영리하시어 사리 판단이 분명하시어 손이 없으신 호자, 직자 큰할아버지께서 희자, 도자 부친을 양자하셨다.

공로패 시상식장

 장손 탈취 종중 싸움 끼어들고 싶지 않다던 판사·변호사

> 사람의 얼굴은 하나의 충경이다. 한 권의 책이다.
> 얼굴은 결코 거짓말을 하지 않는다.
> _Honoré de Balzac

아버지는 24대 종손이 되어 이천에서 증평을 오가시며 종중회와 시제 등을 원만하게 잘 이끌어 오셨다. 그러나 25대가 성격이 옹졸하고 밴댕이 콧구멍이란 별명이 붙어 있기에 종중회장은 셋째 삼촌이 하셨다.

일제 강점기 때 보통학교 5학년으로 이삼십 리 길을 비가 오나 눈이 오나 괘념치 않고 개근하시며 우수한 성적으로 졸업을 하시고, 육군에 입대하시어 상병으로 전역하신 후 초등학교 교사로 근무하셨다.

시제 때는 "종손이 왜 안 오느냐? 장손이 참석을 안 하느냐?"고 선동하던 24대 때, 한 사람이 총무를 하더니 종손이 부러웠는지 얕보았는지 장손 쟁탈전을 했다.

정권 쟁탈은 있다고 하지만, 장손 쟁탈로 가로챈 사실인즉 "150년 전 족보에 오타가 있었다"라면서 자기가 장손이라는 억지 주장과 함께 종중회 회장 임기 후 장손을 가로챘다.

총무를 하던 사람이니 자기 손안에 있던 장부 다루는 것이 얼마나 수월했겠는가. 참으로 어처구니없고 쓴웃음이 나왔지만, 거기서 물러나거나 호락호락 넘길 일이 아니었다. 종중회장을 지내시던 분이 필자의 셋째 삼촌이신

데, 삼촌 두 분, 당숙 두 분이 집안 가족회의를 개최한 결과 이 모두가 분하고 있어서는 안 될 일이기에 법원에 민형사상으로 의뢰한다는 중론을 내렸다.

수임자로는 "사회적으로 덕망이 있고, 아는 사람도 많고, 국가와 민족을 위하여 훌륭히 봉사하는 조카(필자)가 고소인이 되어 주게나!"라고 만장일치로 말씀하셔 수락 함께 변호사 사무실을 찾아갔다.

의회로, 형사 고발 결과 장손 아버지 명의로 세워진 비석을 없애는 장손 탈취로는 형사 처벌이 안 되고 벌금 30만 원으로 처리되었다는 답을 받았다.

민사의 경우 종중 문제는 판결의 시일이 오래 걸리고, "장손이 장애인도 아닌데, 왜 차손이 고소인으로 원고가 되느냐?"라면서 판사와 변호사는 "종중 싸움에 더 이상 끼어들고 싶지 않다"라고 했다. 게다가 더 일하기도 싫고 2년을 넘겼으니 '끝낸다'라는 통보로 매듭이 지어진 상황이었다.

이천에서 증평 시제를 모시러 갔다가 돌아오는 길에 충북 음성군의 외가댁 외사촌, 외조부님 슬하에 외삼촌 5형제, 이모와 어머니 7남매 분속 28명 외 2세 포함, 33~34명의 동향은 시제를 맞추고, 초등학교 폐교 운동장에서 반으로 나누어 축구 경기를 하면서 장손인 형님의 자택에서 맛있는 음식, 원하는 음식과 음주를 준비해 집과 운동장에서 노는 모습은 부러움의 대상이 되었다.

인생에 가장 소중하고 필요한 것은 배려와 사랑

> 마음을 자극하는 단 하나의 사랑의 영약,
> 그것은 진심에서 오는 배려다.
> 남자는 언제나 그것에 굴복한다.
> _Menandros

남이 돌아보지도 않던 찔레 꽃동산이 주인을 잘 만나 가족 묘지로 변경되었고, 오랜 기간을 월 회비 1만 원씩 걷어 거액이 모였다. 외사촌들의 부모님은 돌아가셔서도 한곳에, 사손들도 우애와 협동심, 의리로 뭉치는 가문으로 탄생했다.

이 광경을 보고 좀 늦었지만, 우리 집안도 동생이 부회장 역을 맡으며 우리 집 4형제, 사촌 5명 등 9명이 뭉쳤다. 몇 번씩의 통화로 모임에 늦더라도 전원 참석해 간략한 회칙을 만들어 통과시키고, 음주를 겸한 맛있는 저녁 식사로 다음 달을 약속하며 헤어졌다.

다음 달 2회 때 만남에선 회장(옹졸)이 사촌 동생과 싸움이 벌어지는 바람에 회칙 장부를 사촌 동생에게 집어 던지는 불상사를 겪으며 겨우 두 달 만에 파산하고 말았다.

그 후 몇 년이 지나고 증평에 세분의 묘를 사정상 이장해야 하니 "이참에 이곳저곳에 선조들의 묘를 아버지의 명의 임야로 모셔서 가족묘를 하겠다"라고 동생에게서 연락이 왔다. 필자는 상관 하지 않고 참석도 안 할 테니 알아서 하라고 했다.

"너는 어찌 아무리 형이라 하더라도 옳고 그름도 모르느냐? 무조건 옹호하니까 집안이 엉망이잖느냐?"라며 야단쳤다.

가족묘에도 23대 할아버지 3분을 모셨으면 왜 종손 아버지, 자기 아들 성명을 좌로 한 칸씩 늘려 기재를 하였는가. 정상인이라면 세로로 조부모님 세 분의 나열된 성함 밑으로 나란히 아버지, 당숙, 삼촌 성함 밑으로 자기, 6촌, 4촌 성함이 새겨져 있어야 한다. 육촌, 사촌들과는 화합이 불가능하다.

장남이라는 사람이 둘째 작은아버지, 작은어머니, 셋째 작은아버지, 작은어머니 네 분이 돌아가시자 문상으로 끝냈다. 장지 날에는 단 한 분의 발인에도 참여하지 않고 지난날 사촌 동생과 말다툼하여 불미스러운 관계로 오가지도 않았다. 이천시 가족묘의 할아버지, 할머니 묘소 참배를 사촌 동생들이 하지 않는 실정인데 이러고도 저 혼자 잘한다고 한다.

이런 소갈머리 없는 일에 비협조로 "삼촌 내외 두 분, 당숙 내외 세 분 묘지가 각지에 계시지 아니한가. 청주 양씨 산성 파라는 아버지 슬하 다섯 형제 중 넷째가 사망해 4형제와 2세 아들 중 필자만 2명인데, 작은아들 성함이 없어서 손자는 다 똑같은 손자지 두 명이라 1명 제외는 잘못된 처사다"라고 했더니, 아들 결혼식에 큰아버지·큰어머니라는 사람들이 참석지 않음은 풀리지 않는 수수께끼가 되었다.

예식 치르고 신혼여행을 다녀와 이천 조상 성묘 후, 신혼부부 내외가 소고기 사 들고 인사차 찾아뵈니 "싸우지 말고 잘 살라"라는 덕담을 듣고 나왔다 하여 부모님 제사에 참석지 않고 산소 참배만 하고 있다.

　5형제 친목회 회비 월 1만 원씩 몇 년 납부금과 9남매 친목회 회비 월 1만 원씩 몇 년 납부금 총합계가 얼마인지 나눠 주지 않는 것은 도둑놈 심보들, 자손 복도 끊기어 손자·손녀의 재롱도 못 보고 장손의 대가 끊겨 버렸다.
　8월 8일 국가 상징(나라꽃 무궁화)의 날 국민 대축제 행사에도 형이라는 사람이 딱 한 번 1회 참석해서 "수고하네, 조직을 참 잘 운영하는군!" 하며 인사치레만 했다.
　친구 단 한 명도 안 모시고 왔고, 찬조금 단 한 푼 없는 자가 한 형제냐, 사람이냐 묻고 싶을 정도로 "행동거지 똑바로 하라"라고 전하고 싶은 심정만 든다.

각 시, 도 우리나라 국화 무궁화 출품대회 사진

가요 500곡

다음은 가요 500곡이다. 가사에 우리 인생의 희로애락이 들어 있어 때로는 애환, 푸념을 달래 주며 마음에 안정을 주니, 많은 가수가 흥에 겨워 생계로 노래 부르며 부자로 생활한다고한다. 요즘은 어린이들이 어른 뺨치게 잘 하기도 하지만, 인기 추세가 되어 가는 것이 아닌지 생각해 본다. 이런저런 고민 슬픔 등의 해결로 둔갑이 되기도 하는 가요 유행가가 고맙기도 하지요.

1. 10분 내로-김연자	251. 사랑-강영숙
2. 가는 세월-서유석	252. 사랑-김하정
3. 가버린 당신-최진희	253. 사랑과 인생-김홍조
4. 가슴 아프게-남진	254. 사랑만은 않겠어요-윤수일
5. 가슴앓이-한마음	255. 사랑 밖엔 난 몰라-심수봉
6. 가시나무-시인과촌장	256. 사랑 사랑 누가 말했나-남궁옥분
7. 가을비 우산 속-최헌	257. 사랑아-장윤정
8. 가을을 남기고 간 사랑-패티김	258. 사랑아-김용임
9. 가을 타는 여자-이영희	259. 사랑아-강승모
10. 가인-김난영	260. 사랑 안해-백지영
11. 가지마-조항조	261. 사랑으로-해바라기
12. 갈대의 순정-박일남	262. 사랑은 계절따라-박건
13. 갈매기 사랑-설운도	263. 사랑은 나비인가봐-현철
14. 갈무리-나훈아	264. 사랑은 아무나 하나-태진아
15. 갈색 추억-한혜진	265. 사랑은 연필로 쓰세요-전영록
16. 감격 시대-남인수	266. 사랑을 위하여-김종환
17. 강촌에 살고 싶네-나훈아	267. 사랑을 한번 해 보고 싶어요-하동진
18. 개똥벌레-신형원	268. 사랑의 거리-문희옥

19. 개여울-정미조	269. 사랑의 기도-임주리
20. 거리에서-김광석	270. 사랑의 눈동자-유익종
21. 거위의꿈-카니발	271. 사랑의 미로-최진희
22. 거짓말-조항조	272. 사랑의 밧줄-김용임
23. 거치른 들판에 푸르른 솔잎처럼-양희은	273. 사랑의 배터리-홍진영
24. 겨울 아침 창가에서-이창휘	274. 사랑의 자리-염수연
25. 고독한 연인-김수희	275. 사랑의 진실-어니언스
26. 고래사냥-송창식	276. 사랑의 초인종-LPG
27. 고장 난 벽시계-나훈아	277. 사랑의 트위스트-설운도
28. 고추-유지나	278. 사랑이 메아리 칠 때-안다성
29. 고향 무정-오기택	279. 사랑이 뭐길래-최영철
30. 고향역-나훈아	280. 사랑이여-유심초
31. 곡예사의 첫사랑-박경애	281. 사랑타령-이명주
32. 곤드레만드레-박현빈	282. 사랑하기에-이정석
33. 광화문 연가-이문세	283. 사랑하는 당신께-이호섭
34. 구름 나그네-최헌	284. 사랑했는데-이미자
35. 굳세어라 금순아-현인	285. 사모곡-태진아
36. 귀거래사-김신우	286. 사의 찬미-윤심덕
37. 귀로-박선주	287. 산 너머 남촌에는-박재란
38. 그 겨울의 찻집-조용필	288. 산유화-남인수
39. 그날-김연숙	289. 산장의 여인-권혜경
40. 그대 그리고 나-소리새	290. 삼포로 가는 길-강은철
41. 그대 내 맘에 들어오면은-조덕배	291. 상처-조용필
42. 그대는 나의 인생-한울타리	292. 생일-가람과뫼
43. 그댄 봄비를 무척 좋아하나요-배따라기	293. 서울의 밤-한혜진
44. 그때 그 사람-심수봉	294. 서울 탱고-방실이
45. 그리운 금강산-엄정행	295. 석별-홍민
46. 그리움만 쌓이네-노영심	296. 선남선녀-유지나
47. 그림자-서유석	297. 선생님-조미미
48. 그사람-이승철	298. 선창-고운봉

49. 그 사람 찾으러 간다-류기진	299. 소양강 처녀-김태희
50. 그 아픔까지 사랑한거야-조정현	300. 송학사-김태곤
51. 그저 바라볼 수만 있어도-유익종	301. 순정-코요태
52. 기다리는 여심-계은숙	302. 숨어 우는 바람 소리-이정옥
53. 기러기 아빠-이미자	303. 스잔나-정훈희
54. 기쁜 우리 사랑은-최성수	304. 슈퍼맨-노라조
55. 긴 머리 소녀-둘다섯	305. 슬픈 고백-최진희
56. 길가에 앉아서-김세환	306. 슬픈 인연-나미
57. 꼬마인형-최진희	307. 신라의 달밤-현인
58. 꽃-장윤정	308. 신미아리 고개-채수정
59. 꽃나비 사랑-상번	309. 싫다 싫어-현철
60. 꽃바람 여인-조승구	310. 쓸쓸한 연가-사람과나무
61. 꽃반지 끼-고은희	311. 아내의 노래-심연옥
62. 꽃밭에서-조관우	312. 아득히 먼 곳-이승재
63. 꽃순이를 아시나요-김국환	313. 아름다운 강산-이선희
64. 꽃을 든 남자-최석준	314. 아름다운 사랑-이자연
65. 꽃잎 사랑-최석준	315. 아모르-김수희
66. 꿈꾸는 백마강-이인권	316. 아미새-현철
67. 꿈속의 사랑-현인	317. 아빠의 청춘-오기택
68. 꿈에 본 내 고향-한정무	318. 아쉬움-김미성
69. 꿍따리 샤바라-클론	319. 아씨-이미자
70. 끝이 없는 길-박인희	320. 아직도 못다한 사랑-솔개트리오
71. 나 가거든-조수미	321. 아파트-윤수일
72. 나 같은 건 없는 건가요-추가열	322. 안녕이라고 말하지마-이승철
73. 나그네 설움-백년설	323. 앉으나 서나 당신 생각-현철
74. 나 그대에게 모두 드리리-이장희	324. 알뜰한 당신-황금심
75. 나는 너를-장현	325. 암연-고한우
76. 나는 못난이-딕패밀리	326. 애가 타-장윤정
77. 나는 행복한 사람-이문세	327. 애모-김수희
78. 나만의 슬픔-김돈규	328. 애모-서울훼미리

79. 나뭇잎 사이로-조동진	329. 애수-진시몬
80. 나비소녀-김세화	330. 애수의 소야곡-남인수
81. 나 어떡해샌드-페블즈	331. 애심-전영록
82. 나 하나의 사랑-송민도	332. 애원-진시몬
83. 낙엽따라 가버린 사랑-차중락	333. 애인-태진아
84. 낙인(KBS추노ost)-임재범	334. 애인 있어요-이은미
85. 난 널 사랑해-신효범	335. 애정이 꽃피던 시절-나훈아
86. 난 바람 넌 눈물-신현대, 백미현	336. 애증의 강-김재희
87. 난 아직 모르잖아요-이문세	337. 얄미운 사람-김지애
88. 난 정말 몰랐었네-최병걸	338. 어디쯤 가고 있을까-전영
89. 날 버린 남자-하춘화	339. 어머나-장윤정
90. 남남-최성수	340. 어부의 노래-박양숙
91. 남자는 배 여자는 항구-심수봉	341. 어쩌다 마주친 그대-김현정
92. 남자라는 이유로-조항조	342. 어차피 떠난 사람-한민
93. 남자의 눈물-현철	343. 여고 시절-이수미
94. 남자인데-우연이	344. 여심-최진희
95. 남행열차-김수희	345. 여자는 눈물인가봐-이자연
96. 낭랑 십팔세-백난아	346. 여자 여자 여자-설운도
97. 낭만에 대하여-최백호	347. 여자의 일생-이미자
98. 내가-김학래,임철우	348. 여정-최진희
99. 내가 만일-안치환	349. 연상의 여인-윤민호
100. 내게 남은 사랑을 드릴께요-장혜리	350. 여행을 떠나요-조용필
101. 내 마음 갈 곳을 잃어-최백호	351. 연인-한승기
102. 내 마음 당신 곁으로-김정수	352. 연인들의 이야기-임수정
103. 내 마음 별과 같이-현철	353. 연인의 길-패티김
104. 내 마음의 보석상자-해바라기	354. 열두 줄-김용임
105. 내 사랑 그대여-김용임	355. 열정-혜은이
106. 내 사랑 내 곁에-김현식	356. 영시의 이별-배호
107. 내 삶을 눈물로 채워도-나훈아	357. 영영-나훈아
108. 내 생에 봄날은-캔	358. 예쁜 여우-김혜연

109. 내 아픔 아시는 당신께-조하문	359. 옛 시인의 노래-한경애
110. 내 여자-진시몬	360. 오늘도 난-이승철
111. 내 하나의 사람은 가고-임희숙	361. 오동잎-최헌
112. 너는 내 남자-한혜진	362. 오빠-왁스
113. 너를 사랑하고도-전유나	363. 오리 날다-체리필터
114. 너를 사랑해-한동준	364. 오빠는 잘 있단다-현숙
115. 너무합니다-김수희	365. 옥경이-태진아
116. 너에게로 또 다시-변진섭	366. 옥이-하나로
117. 네 꿈을 펼쳐라-양희은	367. 외나무다리-최무룡
118. 네박자-송대관	368. 용두산 엘레지-고봉산
119. 노란 샤쓰의 사나이-한명숙	369. 우리 사랑-조영남·패티김
120. 누가 울어-배호	370. 우지 마라-김양
121. 누구 없소-한영애	371. 울고 넘는 박달재-박재홍
122. 누나야-강진	372. 울긴 왜 울어-나훈아
123. 누이-설운도	373. 울면서 후회하네-주현미
124. 눈물로 고하는 이별-이호섭	374. 울산 아리랑-오은정
125. 눈물 젖은 두만강-김정구	375. 울어라 열풍아-이미자
126. 눈이 큰 아이-버들피리	376. 웃고 살자-송미나
127. 닐니리 맘보-김정애	377. 원점-설운도
128. 님-박재란	378. 유리 구두-김혜연
129. 님 그림자-노사연	379. 유리벽 사랑-박진도
130. 님의 등불-진성	380. 유리창엔 비-햇빛촌
131. 님의 향기-김경남	381. 유일한 사람-김혜연
132. 다시는-나훈아	382. 이룰 수 없는 사랑-장철웅
133. 다 함께 차차차-설운도	383. 이름 모를 소녀-김정호
134. 단장의 미아리 고개-이해연	384. 이름 없는 새-손현희
135. 당신-김정수	385. 이별-패티김
136. 당신도 울고 있네요-김종찬	386. 이유 같지 않은 이유-박미경
137. 당신만 있어 준다면-양희은	387. 인생-류계영
138. 당신은 모르실꺼야-혜은이	388. 인생-김성환

139. 당신은 몰라-검은나비	389. 인연-하동진
140. 당신의 마음-방주연	390. 일어나-김광석
141. 당신이 좋아-남진·장윤정	391. 일편단심-금잔디
142. 당신이 최고야-이창용	392. 잃어버린 30년-설운도
143. 대전 블루스-안정애	393. 잃어버린 우산-우순실
144. 대지의 항구-백년설	394. 잃어버린 정-김수희
145. 돌고 돌아 가는 길-노사연	395. 잊으리-이승연
146. 돌려줄 수 없나요-조경수	396. 잊을 수가 있을까-나훈아
147. 돌아가는 삼각지-배호	397. 잊지 말아요-백지영
148. 돌아와요 부산항에-조용필	398. 잊혀진 계절-이용
149. 동반자-지다연	399. 자기야-박주희
150. 동백 아가씨-이미자	400. 자옥아-박상철
151. 동숙의 노래-문주란	401. 작은 연인들-김세화·권태수
152. 동행-최성수	402. 잠자는 공주-신유
153. 두렵지 않은 사랑-김진복	403. 잘못된 만남-김건모
154. 둥지-남진	404. 잡지마-문연주
155. 들녘 길에-서신웅	405. 장녹수-전미경
156. 등불-영사운드	406. 장밋빛 스카프-윤항기
157. 땡벌-강진	407. 저 하늘 별을 찾아-유지나
158. 떠나가는 배-정태춘	408. 전선 야곡-신세영
159. 떠날때는 말없이-현미	409. 젊은 그대-김수철
160. 뜨거운 안녕-쟈니리	410. 젊은 미소-건아들
161. 라구요-강산에	411. 정-조용필
162. 라라라-SG워너비	412. 정말 좋았네-주현미
163. 로망-왕소연	413. 정주고 내가 우네-트리퍼즈
164. 립스틱 짙게 바르고-임주리	414. 정말 진짜로-한혜진
165. 마지막 연인-한혜진	415. 정 하나 준 것이-현당
166. 마포종점-은방울자매	416. 제 3 한강교-혜은이
167. 만남-노사연	417. 존재의 이유-김종환
168. 만약에-조항조	418. 종이배-김태정

169. 머나먼 고향고향-나훈아	419. 지금-조영남
170. 멀어져 간 사람아-박상민	420. 진이-하이디
171. 멋진 인생-박정식	421. 진정 난 몰랐네-임희숙
172. 멍에-김수희	422. 짐이 된 사랑-이명주
173. 몇 미터 앞에다 두고-김상배	423. 집시 여인-이치현과벗님들
174. 모닥불-박인희	424. 짠짜라-장윤정
175. 모두가 사랑이예요-해바라기	425. 찔레꽃-백난아
176. 모란동백-조영남	426. 차표 한 장-송대관
177. 모르고-나훈아	427. 찬바람이 불면-김지연
178. 모르나봐-이혜리	428. 찬비-윤정하
179. 목로주점-이연실	429. 찬찬찬-편승엽
180. 모모-김만준	430. 참 좋은 사람-김흥조
181. 목포의 눈물-이난영	431. 찻잔-노고지리
182. 목포의 달밤-이미자	432. 찻집의 고독-나훈아
183. 못잊을 사랑-정의송	433. 창가에-김남훈
184. 무너진사랑탑-남인수	434. 창밖의 여자-조용필
185. 무기여 잘있거라-박상민	435. 처녀 뱃사공-황정자
186. 무시로-나훈아	436. 천년 바위-박정식
187. 무인도-김희갑	437. 천년을 빌려준다면-박진석
188. 무정 블루스-강승모	438. 천상재회-최진희
189. 무정한 사람-성민호	439. 철없던 사랑-홍수철
190. 무조건-박상철	440. 첫사랑-장윤정
191. 무효-신웅	441. 첫차-서울시스터즈
192. 문 밖에 있는 그대-박강성	442. 청실 홍실-송민도
193. 묻어버린 아픔-김동환	443. 청춘을 돌려다오-나훈아
194. 물레방아 도는데-나훈아	444. 청춘의 꿈-김용대
195. 물방울 넥타이-현숙	445. 초대-최유나
196. 물새 우는 강 언덕-백설희	446. 초연-김연숙
197. 물안개-석미경	447. 촛불-정태춘
198. 미움인지 그리움인지-나미	448. 추억의 발라드-장혜리

199. 미워도 다시 한번-남진	449. 추풍령-남상규
200. 미워 미워 미워-조용필	450. 춤을 추어요-장은숙
201. 미워하지 않으리-정원	451. 친구-김경남
202. 민들레 홀씨 되어-박미경	452. 친구야-김범룡·박진광
203. 바꿔-이정현	453. 친구여-조용필
204. 바라볼 수 없는 그대-양수경	454. 칠갑산-주병선
205. 바람 바람 바람-김범룡	455. 카츄샤의 노래-송민도
206. 바람 부는 세상-성민호	456. 카페에서-최진희
207. 바람에 흔들리고 비에 젖어도-최진희	457. 타인의 계절-한경애
208. 바보-유상록	458. 타타타-김국환
209. 바보처럼 살았군요-김도향	459. 타향살이-고복수
210. 바위섬-김원중	460. 태클을 걸지마-진성
211. 밤안개-현미	461. 폼 나게 살거야-배일호
212. 방랑시인 김삿갓-명국환	462. 하루-김범수
213. 방랑자-박인희	463. 하루만-적우
214. 배신자-도성	464. 하얀 나비-김정호
215. 백년의 약속-김종환	465. 하얀 조가비-박인희
216. 백만 송이 장미-심수봉	466. 하이난 사랑-권성희
217. 번지 없는 주막-백년설	467. 한방이야-김혜연
218. 벤치-서주경	468. 해바라기꽃-전미경
219. 별난 사람-최유나	469. 해변의 여인-나훈아
220. 별이여 사랑이여-사랑의하모니	470. 해운대 엘레지-손인호
221. 보고 싶어요-이명주	471. 행복이란-조경수
222. 보고 싶은 얼굴-민혜경	472. 향수-박인수,이동원
223. 보고 싶은 여인아-조용필	473. 허공-조용필
224. 보슬비 오는 거리-성재희	474. 홀로 가는 길-남화용
225. 봄날은 간다-백설희	475. 홀로 된다는 것-변진섭
226. 봉선화연-정현철	476. 홀로 아리랑-서유석
227. 부모-유주용	477. 홍도야 울지 마라-김영춘
228. 부산 갈매기-문성재	478. 화등-김수희

229. 부초-박윤경	479. 화양연화-이대종
230. 불나비-김상국	480. 화요일에 비가 내리면-박미경
231. 분홍립스틱-강애리자	481. 화장을 지우는 여자-강진
232. 불씨-신형원	482. 환희-정수라
233. 불효자는 웁니다-진방남	483. 황성 옛터-이애리수
234. 비 내리는 고모령-현인	484. 황홀한 고백-윤수일
235. 비 내리는 영동교-주현미	485. 황진이-박상철
236. 비 내리는 호남선-손인호	486. 휘파람-길정화(북한노래)
237. 비 오는 날의 수채화-강인원·김현식·권인하	487. 흔적-최유나
	488. 흔들린 우정-홍경민
238. 비와 외로움-바람꽃	489. 흙에 살리라-홍세민
239. 빈손-현진우	490. 희나리-구창모
240. 빈잔-남진	491. Gee-소녀시대
241. 빗물-최은옥	492. Honey-박진영
242. 빗속의 여인-펄시스터즈	493. I love you-포지션
243. 빙빙빙-김용임	494. I'm still loving you-두리안
244. 빛과 그림자-최희준	495. J에게-이선희
245. 빠이빠이-야소명	496. Money-왁스
246. 뿐이고-구윤	497. My way-윤태규
247. 사나이 눈물-조항조	498. Poison-엄정화
248. 사는 동안-이태호	499. Nobody-원더걸스
249. 사람이 꽃보다 아름다워-안치환	500. Tell me-원더걸스
250. 사랑-노사연	

 가요란 가수가 듣는 이들을 흥과 끼의 도가니로 끌어들여 3분여 동안 곱고 예쁜 목소리를 발사하여 울리고, 웃기고, 흥분으로 이끄는 것이다. 어깨춤을 추게 하는 재주꾼이라야 인기 많은 가수이듯이 각 분야에서 각자 일인자가 되도록 노력하라는 당부를 하고자 한다.

대중가요, 소중한 생명의 근원은 자연이다

제목: 자연의 순리

양천규 작사

1	일월에 광명이 솟아나 대자연을 비추고	16자
	대지 위에는 곱고 예쁜 만물이 공존하는 그중	18자
	아름다운 이 세상에 위대하게 찬란히 태어나	18자
	인생으로 길을 걷는 다복한 우리는 만만세라	18자
	국가와 사회의 일원을 역지사지로 살으며	17자
	평탄과 평온한 평화의 길이 열려 영원하리오	18자
2	하늘 아래 축복받은 코리아에 태어나서	16자
	백세인생에 발맞춤의 공정한 양보와 이해로	18자
	선량의 더불어 살아감은 진정한 행복이라오	18자
	봄 여름 가을 겨울 사시사철이 변함없는 땅에	18자
	청춘이 중노년에 거역 없는 수복강녕은요	17자
	성실과 정직에 다져온 운동의 삶이 아니겠소	18자
3	하늘과 땅 사이에 이 강산에 태어난 우리	16자
	잠시 왔다 가는 인생길 이름 석자 남기고 가자	18자
	자손만대 길이길이 빛날 인연 맺고 살다 가자	18자
	시냇물이 흘러 흘러 강으로 바다로 가는 이치	18자
	감수성에 울며불며 눈물 흘린 적도 있지만	17자
	정겨운 기쁜 웃음이 즐거운 재미가 아니었소	18자

위 가사를 작곡자분께서 작곡하여 주시기를 바라기에 공고합니다. 연락 주세요. (연락처 010-3266-8581, 팔월, 팔 일)

인생 살면서 가시밭길에 숱하게 고생도 하지만, 그때마다 절실하게 필요한 것은 배려와 사랑이다. 힘들고 어려울 때 상대방을 헤아리고 위로해 준다면 그것이 크나큰 배려와 사랑이다. 그 힘으로 우리는 어려움을 딛고 다시 일어설 수 있다.

행사 참석하여 하모니카 달인 김철웅 친구 모습

즐거운 음악 감상 여러분

여러분에게 전하는 편지

    대한민국 방방곡곡 구석구석으로 널리 퍼져 나가는 정의감 속에 애국애족의 길잡이로서 희생하며 더욱 건전하고 발전성이 있는 아이디어를 모아 모아서 미래의 희망으로 펼쳐 봅시다.
    천하를 통틀어 저 푸른 하늘 아래 정다운 가족과 다정한 친구와 지인, 이웃과 모여서 산천초목과 소통합시다. 미련 없이, 끊임없이 흐르는 냇물이 강으로, 바다로 가고, 온갖 잡새가 울부짖으며 노래합니다. 세찬 비바람이 불고 억센 눈보라가 닥쳐도 버티고 이기는 시련도 겪었습니다. 해변가 망망 내해를 건넌 쌍쌍파티도, 애정이 꽃피던 첫사랑의 황홀함에 잠긴 채 초년은 초년대로, 중년은 중년대로, 노년은 노년대로의 생활을 만끽하며 이런저런 감상 속에 살아왔습니다.
    개나리, 진달래, 벗, 복사, 능금, 그렇게 아름답고 예쁘게 핀 형형색색 수천 종의 꽃들과 만나고, 여름이 오면 아름다운 금수강산 속 나무 그늘과 시원한 계곡 물속에서 맛난 음식을 먹었습니다. 서늘한 가을에는 오곡백과가 무르익어 풍요로운 먹거리에 취하고, 추운 겨울날에는 눈보라가 휘몰아쳐도 서로 엉겨 붙으며 따뜻하게 버텨 냈습니다. 사계절이 뚜렷한 우리 조국 대한민국에서 태어남을 감사한 마음으로 즐기며 빙글빙글 춤도 추면서 정겹게 잘 살았다고, 씩씩하고 용감하게 배려와 용서로 서로서로 사랑했다고 외치기를 제의합니다. 건강과 진료는 의사에게, 약은 약사에게 맡겨야 빈틈이 없듯이 애국은 온 국민, 겨레, 동포 모두가 합심하여야 합니다. 평화적으로 남북통일을 완수하여 휴전선을 없애고 세계인이 부러워하는 복지국가 대한민국으로 발전하며 전진하자고 천운의 사나이 양천규 필자가 외치니 동의하여 주시기 바랍니다.

합시다, 뭉칩시다, 이룹시다. 한다면 하는 대한민국의 민족성을 발휘하여 우리 모두 기적을 울리며 달려갑시다. 온 국민 모두가 만만세로 살아갑시다.

또한 이런저런 인연도 있지요. 하늘에서 맺어 주고 땅에서 이뤄지는 인연으로 이 세상에 태어나 세상을 살아가면서 때로는 화려하게, 때로는 평탄하게, 때로는 모진 풍파를 겪으며 모질게도 삽니다. 세월을 보내며 고난과 행복을 넘나들며 감당하지 못할 힘겹고 번거로움에 시달리기도 하지만, 때로는 빚만 남긴 채 쫄딱 망할 때도 있지만, 좌절하거나 위축되어 겁내지 말아야 합니다. 올바른 정신을 가다듬고 성공이란 두 자를 위해 고군분투 노력한다면 큰사랑, 큰 기쁨, 큰 행운으로 대승할 수 있습니다. 사람 마음먹기에 달려 있다는 말이 그냥 있지 않으니 명심하고 실천하기를 바랍니다.

젊음도 흘러가는 세월 속으로 떠나보내고 추억 속에 잠자듯 소식 없는 친구들이 새록새록 그립습니다. 필자가 군에 복무하던 시절 같이 근무하던 동료 이상주 병장과 부모님이 계신 고향집으로 1박 2일 외출로 찾아간 적이 있습니다. 반가이 맞아 주신 부모님께서 토종닭을 잡아 주셔서 맛있게 먹었던 생각이 납니다. '진주햄 소세지'에서 같이 근무하던 동료 30여 명 중 박득수 친구는 경기 파주에서 추석날 제를 올리고 이천까지 찾아 주었습니다. 이 친구는 헤어진 지 오십여 년이 지난 지금도 항상 마음속에 보고 싶은 친구로 남았습니다. 어떻게 늙었고 팔십이 넘은 나이에 어디서 무엇을 하는지, 옛날에 출근하면서도 막걸리를 마셨던 그 좋아하던 막걸리를 지금도 마시는지, 건강히 잘사는지, "보고 싶다. 진정한 친구 박득수야."

또 고향집에 놀러 왔던 고 정운영, 나재춘도 떠오릅니다. 어머니가 둘째 아들 친구들이 놀러 왔다고 닭장에서 씨암탉을 잡아 주셨는데 자상하고 인정 많으신 부모님이라고 인사하던 친구들이었습니다.

옛 직장 동료들을 생각하여 조직한 진우회를 운영하다가 한 사람 한 사람이 자주 이 세상을 떠나며 몇 명 남지 않아 회를 파하고 아직도 매일 카톡을 주고받는 차상철 동료는 86세에도 맥주 한 병씩을 마시는 건강한 몸을 가졌습니다. 이따금 주고받는 통화로 옛이야기를 하고, 젊어서 사느라 고생하였어도 이런저런 즐거웠고 재미있던 그 시절 추억을 나누며 웃음꽃을 피우기도 합니다.

펭귄표 대한종합식품 주식회사에 판매사원으로 추천하여 입사한 서울 불광동의 이웃 이운행 친구는 취직시켜 줬다고 중전 양장 한 벌을 선물하였습니다. 고향이 경기 화성인데 연로하신 부모님 봉양한다고 고향으로 내려가 농사를 지으며 살면서도 필자의 아버지가 돌아가셨을 때 먼 거리에서 문상을 다녀간 친구이기도 합니다.

동료와 친구, 옛 젊었던 시절 정겹고 다정한 그 모습들을 회상하며 허심탄회하게 대화하며 마시던 옛 시절로 돌아가고 싶은 심정일 뿐입니다. 친구란 고귀하고 귀중하기에 밥 한 그릇을 반씩 나누어 먹을 수 있는 의리와 정겨움이 있어야 하지요. 참으로 잊지 못할 고맙고 그리운 친구들 생각에 젖으며, 다들 바쁘게 각자의 일터에서 분주하게 하루하루를 지내겠지만, 악인보다는 선인으로 살아가기를 바랍니다.

언제나 어디서나 쓰레기 하나라도 줍는다는 것도 애국이나 다름없습니다. 내 집, 내 나라를 청소하였고 지구상 한구석을 깔끔하고 깨끗하게 했다는 자부심을 갖고 노력하기를 바랍니다. 자연 친화적 습성으로 최상의 자유를 누리며 넓은 지구를 아름답고 빛나게 펼칠 대한민국의 애국민이 되기를 염원합니다.

 8·8 축제 30여 년과 무궁화산악회 12년간의 운영과 타 산악회 관광 등으로 전국 각지의 금수강산 방방곡곡을 탐방하고 음식을 음미한 일이란 매우 값진 일이라 여겨집니다. 이는 여러분의 적극적인 협조로 많은 발전을 이룬 것이니 감사하다는 말을 전합니다.

 이제는 모두가 연로한 관계로 저세상으로 떠났다는 부고를 접합니다. 만감이 교차하며 한 분 한 분의 살아생전 평을 하면은 아름다운 이 세상 즐겁고 재밌게 행복하게 잘들 사셨다는 말씀을 드립니다. 나날로 모든 시름을 잊고 새로운 꿈을 갖고서, 한 가지를 한자리에서 20년 이상 집중하면 기회는 더 큰 기회를 몰고 와 승승장구로 성공의 일인자가 될 것이니 최선의 경주(競走)로 노력하라 전합니다.

국민교육헌장

우리는 민족중흥의 역사적 사명을 띠고 이 땅에 태어났다. 조상의 빛난 얼을 오늘에 되살려, 안으로 자주독립의 자세를 확립하고, 밖으로 인류 공영에 이바지할 때다. 이에, 우리의 나아갈 바를 밝혀 교육의 지표로 삼는다. 성실한 마음과 튼튼한 몸으로, 학문과 기술을 배우고 익히며, 타고난 저마다의 소질을 계발하고, 우리의 처지를 약진의 발판으로 삼아, 창조의 힘과 개척의 정신을 기른다. 공익과 질서를 앞세우며 능률과 실질을 숭상하고, 경애와 신의에 뿌리박은 상부상조의 전통을 이어받아, 명랑하고 따뜻한 협동 정신을 북돋운다. 우리의 창의와 협력을 바탕으로 나라가 발전하며, 나라의 융성이 나의 발전의 근본임을 깨달아, 자유와 권리에 따르는 책임과 의무를 다하며, 스스로 국가 건설에 참여하고 봉사하는 국민정신을 드높인다. 반공 민주 정신에 투철한 애국 애족이 우리의 삶의 길이며, 자유세계의 이상을 실현하는 기반이다. 길이 후손에 물려줄 영광된 통일 조국의 앞날을 내다보며, 신념과 긍지를 지닌 근면한 국민으로서, 민족의 슬기를 모아 즐기찬 노력으로, 새 역사를 창조하자.

1968년 12월 5일
대통령 박정희

자연보호헌장

인간은 자연에서 태어나 자연의 혜택 속에서 살고 자연으로 돌아간다.
하늘과 땅과 바다와 이 속의 온갖 것들이 우리 모두의 삶의 자원이다.
자연은 인간을 비롯한 모든 생명체의 원천으로서 오묘한 법칙에 따라 끊임없이 변화하면서 질서와 조화를 이루고 있다.
예로부터 우리 조상들은 이 땅을 금수강산으로 가꾸어, 자연과의 조화 속에서 향기 높은 민족문화를 창조하여 왔다. 그러나 산업 문명의 발달과 인구의 팽창에 따른 공기의 오염, 물의 오염, 녹지의 황폐와 인간의 부주의한 훼손 등으로 자연의 평형이 상실되어 생활 환경이 악화됨으로써 인간과 모든 생물의 생존까지 위협을 받고 있다.
그러므로 국민 모두가 자연에 대한 인식을 새로이 하여 자연을 아끼고 사랑하며, 모든 공해의 요인을 배제함으로써 자연의 질서와 조화를 회복 유지하는데 정성을 다하여야 한다.
이에 우리는 이 땅을 보다 더 아름답고 쓸모있는 낙원으로 만들어 길이 후손(後孫)에게 물려주기 위해 국민(國民)의 뜻을 모아 자연보호헌장(自然保護憲章)을 제정하여 온 사람 한 사람의 성실(誠實)한 실천(實踐)을 다짐한다.

1. 자연(自然)을 사랑하고 환경을 보전하는 일은 국가(國家)나 공공단체를 비롯한 모든 국민(國民)의 의무(義務)이다.
2. 아름다운 자연(自然) 환경과 문화적(文化的), 학술적(學術的) 가치가 있는 자연자원(自然資源)은 인류를 위하여 보호(保護)되어야 한다.
3. 자연보호(自然保護)는 가정(家庭), 학교(學校), 사회(社會)의 각 분야에서 교육(敎育)을 통해 체질화 될 수 있도록 하여야 한다.
4. 개발(開發)은 자연(自然)과 조화를 이루도록 신중히 추진되어야 하며, 자연(自然)의 보전이 우선되어야 한다.
5. 온갖 오물(汚物)과 폐기물과 약품의 지나친 사용으로 인한 자연(自然)의 오염(汚染)과 파괴는 방지 되어야 한다.
6. 오손되고 파괴된 자연(自然)은 즉시 복원하여야 한다.
7. 국민(國民) 각자의 생활(生活) 주변부터 깨끗이 하고, 전국토(全國土)를 푸르고 아름답게 가꾸어 나가야 한다.

1978년 10월 5일
대한민국 정부 대통령 박 정 희

 세월이 지나도 변하지 않는 진정한 친구들

나의 집이 비록 작더라도
진정한 친구로 채울 수만 있다면 만족하겠노라.
_Socrates

  1957년도 국민학교를 졸업한 필자는 57회 동창회 모임 연락으로 동창회에 여러 차례 참석했다. 필자는 45인승 관광버스 대절 요금을 찬조해 주는 분위기 메이커가 되었고, 동창생들은 감사한 마음을 담아 공로패를 증정할 정도로 돈독하게 지냈다.

  3~40여 명이 모이는 동창회에 득출한 친구 한 명(김철웅)이 있었다. 학교 다닐 때 머리가 총명하고 명석해 상위권 우등생이었고, 3학년 때 어른 뺨치게 하모니카를 잘 불어서 친구들의 부러움을 샀다. 그 친구는 훗날 청계천 전자상가에서 전자제품 장사를 했고 동창생들이 전자제품을 많이 팔아 주었다. 붙임성이 있고 유순해 '재간둥이'라 불렀을 정도로 사회성도 뛰어나 돈도 많이 벌었다.

  그 친구는 사회생활도 잘했고 가정도 잘 꾸렸다. 영등포역 뒤쪽에 있는 자택을 구입해 결혼했고, 슬하에 2남 1녀를 훌륭하게 키워 결혼시키고 현재까지도 마을 유지로 잘살고 있다. 전자제품 사업으로 전자 오르간과 아코디언(손풍금)을 배워서 서울대학교 음대 교수 뺨칠 정도로 잘한다. 동창회에서는 총괄 본부장과 동창회장을 맡으면서 야유회 진행을 즐겁고 재미있게 맡아서 이끈다.

  2003년 11월 8일 용산 전쟁기념관 내, 평화홀에서 김철웅 친구(선생)의 회갑연이 열렸다. 가족 친지들과 동창생 20여 명이 초청되었고 동창 이무섭 친구의 사회로 필자가 축사했다.

"동쪽 하늘에 해가 뜨고 서쪽 하늘에 달이 지며, 일월에 광명이 대자연을 비취고, 대지 위에는 곱고 예쁜 단풍이 산과 들을 화려하게 장식하고, 화중에 절개를 자랑하는 국화가 만발한 이때, 이 유서 깊은 용산 전쟁기념관 평화의 홀에서 우리 김철웅 친구(선생)의 회갑연에 축사하려니 가슴이 벅차고 감개무량(感慨無量)합니다. 이처럼 뜻깊은 날 찾아 주신 가족·친지·친구 여러분! 김철웅 선생 내외분 건강하고 행복해지라는 마음으로 응원의 박수를 부탁합니다!"라면서 진심 어린 축하를 해 줬다.

이에 친구 김철웅 선생은 "인생은 60부터라 합니다. 이제 사모님 손잡고 맛있는 음식 사 먹으며, 경치 아름다운 이곳저곳 구경들 실컷 하고, 즐겁고 재미있게 여행하면서 행복한 여생에 최선을 다하세요"라고 화답했다.

그동안 살아온 인생을 축복하면서 시작된 축사에 이어 철웅이 친구의 전자 오르간 연주가 울려 퍼지고, 평화옥이 떠나갈 듯 흥겨운 음악에 맞추어 "차~ 차 ~ 차" 하면서 가무를 즐겼다. 모처럼 고향 친구들과 함께 흥겨운 시간을 보냈다.

나이 들어 살다 보면 아프지 않은 사람 찾아보기 힘든데, 이 친구도 건강이 악화하여 서울성심병원 비뇨기과에서 방광암 수술을 받으며 힘든 시간을 보냈었다. 그때도 박승구 친구와 같이 식사하면서 위로해 줬다.

필자가 개최하는 '국가 상징(나라꽃 무궁화)의 날' 기념행사를 개최할 때마다 '무궁화 평화 대상 시상식'의 음향 시설 책임자로, 본회 부회장으로 자신의 직분에 성심을 다한 책임이 강한 친구다.

이 친구와는 80세가 넘은 지금도 매일 아침저녁으로 카톡 문자를 주고받고 있다. 하모니카 연주곡을 비롯해 아코디언 연주곡, 전자 오르간 연주곡을 보내 준다. 그 덕분에 하루도 빠짐없이 음악 감상을 잘하고 있고, 카톡 문자와 함께 보내 주는 사진의 차원도 최고 수준이어서 늘 칭찬을 해 준다.

철웅이, 이 친구 회갑연에서 사회를 보던 이무섭 친구는 초중학교만 고향에서 다녔지, 고·대학은 서울에서 다니고 졸업해 강동구에 있는 모 국회의원 사무실에서 보좌관으로 근무하다가 성실하고 정직하게 살며 명일동에서 구 의원으로 출마했다. 당시 사무실에 찾아가 필승 구호를 외치며 적은 금액이라도 주면서 후원했지만, 차점으로 낙선에 고배를 마셨다.

그 후 면내 향우회 총무를 맡으면서 필자가 1993년 8월 8일 개최한 제1회 '국가 상징(나라꽃 무궁화)의 날' 기념행사 개최 시 참석했고 제2회 때도 응원해 줬다. 무궁화산악회에도 참석해 여러 조언을 해 주던 고마운 친구다.

철웅이 친구 병문안을 같이 간 박승구와도 이따금 만나서 막걸릿잔을 기울인다. 그 친구와는 무궁화산악회 산행도 함께 했는데, 이 친구는 산악 대장으로 활약하며 필자가 개최하는 2012년 8월 8일 '국가 상징(나라꽃 무궁화)의 날' 기념행사 때 사회를 본 적도 있다.

그 친구의 아들딸 결혼식에 참가는 못 했지만, 행복하게 살라는 응원을 하면서 축의금은 전달했다. 병원 입원 시에도 병문안을 못 갔지만, 은행 계좌로 병문안 인사를 대신해도 이해하는 친구다.

필자 결혼식에서 사회를 보던 고향 마을 친구이자 동창생인 이상국은 원주 진광고등학교에서 교사 생활을 하다가 정년퇴직하면서 시간이 되어 자주 만나지만, 재직 시에는 어쩌다 마주치는 정도의 안부와 만남뿐이었다. 지금은 매일 아침저녁으로 카톡 문안을 하고, 속내를 너무 잘 아니까 안 보아도 옆에 있는 것처럼 가깝게 느껴진다. 자식들 혼례식 때도 왕래하며 제자가 몇만 명이어서 어디 어디에서 근무한다며 자랑을 많이 하는 친구다.

아! 그 당선만 되면 4년간 장차관 자리도 부럽지 않은 국회의원, 박정하 의원도 안혁 가수에게 작사도 해 주었다. 여러 여성 카톡 친구가 떠나가고 동창 중 유일한 여성 방현숙 친구는 8·8 축제에 몇 번 참여했다. 이 친구와만 카톡을 주고받는다. 학창 시절 예쁘기도 했지만 무척 똑똑한 친구였다. 세월이 지나도 변하지 않는 진정한 친구들, 힘들고 괴로울 때마다 빛이 되어 주는 친구들, 늘 고마운 존재다.

이런 친구들이 있는가 하면, 국민학교 동창생 배추노라는 자는, 두 살 위 말띠가 6학년 때 전교 급장으로 5~6학년 담임이시던 김시중 선생이 지명, 여러 명이 민원을 넣어 큰 고난을 겪었다는 말을 들었다. 힘겹게 맞추고 육군에 입대해 직업군인 상사로 예편한 후, 실업자로 놀아서 농장에서 잘하는 줄 알았더니 언행이 다르고 앞에서만 알랑거렸다. 인건비를 남 주느니 아는 사람 친구에게 준다는 마음으로 일거일동을 24년간 비서 겸 일꾼 겸, 입만 달고 다니며 돈 걱정 없게 써 보니 술에 취하면 온갖 언행을 지어내어 자신도 모르는 행동을 하는 놈으로 믿는 도끼에 발등 찍히고 말았다.

심지어는 필자 집에 세 번이나 영양탕, 보신탕을 얻어먹으러 오면서도 성냥 한 통을 안 사 오는 짠돌이에 이면, 체면도 모르는 아주 나쁜 놈이다.

분당 서울대병원에서 위암 수술 시 병문안 가서 30만 원에 병원비 보태라고도 주고, 시골 논 도지 받아 80킬로 쌀 한 가마를 주고, 이혼당한 딸 외손자 용돈 10만 원도 주는 등 필자는 성심껏 했는데, 별의별 거짓말의 위장 전술을 쓰는 놈일 줄은 몰랐다.

국민학교 여동창과 간통했다고 동창들에게 헛소문 내고 떠들어 대는 이런 몰상식한 놈, 이따위 성격을 쓰니까 홀 아들이 고등학교 졸업 후 총각 시절 교통사고 사망에다, 딸도 결혼 후 이혼당해 혼자 살며 밤에 노래방 도우미로 전전긍긍하며 살고 있다고 한다.

의리 없는 놈이 거머리처럼 달라붙어 24년간 돈 빨아먹는 재미로 붙어살았기에, 남에게 지은 죄는 반드시 되돌아온다는 것을 명심하라고 충고하고 싶다.

직장 동료나 사회에서 만난 친구 지인들은 표면적 부분 그대로를 인정하며 알아주어 큰 부담 없이 다정다감하게 속내 없이 지내고 대하나, 초등학교 동창과 고향 친구들 서너 명은 자기는 필자보다 중학교, 고등학교 또는 대학교까지 나왔다는 우월감을 느끼고 살면서 뒤에서 자주 손가락질했다.

필자가 사회적으로 알아주는 지위인 단체장과 회장에다, 8.8 축제 국가 상징(나라꽃 무궁화)의 날 국민 대축제를 주최하면서 국회의장 故 이만섭, 국무총리 故 이한동 등 여러 인지도가 높으신 국가 거물 정치인들이 축사자로 참석한다는 것을 알고는 면전에서는 "대단하다, 수고한다. 고생한다. 큰일 한다. 최고의 애국자"라고 칭찬하다가 뒤에서는 별의별 거짓 선동 이야기를 지어낸다.

적은 가까이 있다고 그런 동창이 세 명 있었다. 물론 행사에 참석하지도 않았고, 속된 말로 사촌이 땅을 사면 배가 아프다는 속담처럼 남이 잘되면 시샘이 나서 배 아파한다. 자신들은 상업하든 직장을 다니든 돈 벌어서 개인 자기 가족만 알고 사는데, 필자는 벌어서 가족·사회·국가를 위해 살고 있다고 주위에서 자랑들 한다.

선정상록조기회, 삼능배드민턴클럽, 무궁화산악회, 한빛산악회 여러분! 임원란에 게재된 사진으로 호명을 대신하는 것을 넓은 마음으로 이해하기를 바라며, 남을 비방하지 말고 사람이 살면서 하늘을 우러러 부끄러움 없이 살자 제의하고자 한다.

세월이 지나도 변하지 않는 진정한 친구들, 힘들고 괴로울 때마다 빛이 되어 주는 친구들, 늘 고마운 존재다.

 세상의 기준 선한 양심, 도움 되는 사람 되자

> 세상에서 가장 아름답고 소중한 것은 보이거나 만져지지 않는다.
> 단지 가슴으로만 느낄 수 있다.
> _Helen Keller

필자 친구들 이야기만 하면, 평생 살아온 중전(부인)이 싫어하니 조금만 말하려 한다. 중전 덕분에 중전 고향 친구들 8쌍 16명이 친목회를 했는데, 서로가 잘 보이려 시샘하면서도 즐겁고 재미있게 돈독하게 지냈다.

쌍쌍 파티로 어린 젖먹이들을 업고 여행도 다니며, 살아가는 인생길 의논하고 귀한 전화번호 교환도 하면서 지냈다. 친목회 회원 중 제과점을 하는 회원에게 막내 고모의 장남, 고종사촌 동생을 점원으로 취직시켜 주어 그 동생이 성실하게 기술을 연마해 3남매가 제과점 사장이 되기도 했다.

셋째 고모의 차남 고종사촌 동생이 필자 집에 놀러 왔는데, 공교롭게도 그날 중전 친구가 놀러 와 초면에 둘이 만나서 밤새도록 이야기를 나누다가 첫눈에 반해서 정들어 결혼했고, 서울 북가좌동에서 3녀를 낳고 살고 있다.

사람이 그렇게 잘해 줘도 어디가 잘못된 것인지, 덕을 베푼 사람에게 거짓말하면서 인신공격하고 정말 왜들 그런지 모를 일이다. 그 동생을 대한종합식품 회사의 판매 사원으로 취직까지 시켜 줬더니 집에서 잔치하며 아버지, 삼촌들, 고모, 고모부들 계신 곳에서 필자가 취직시켜 주는 조건으로 회사에서 돈을 받았다고 천벌 받을 거짓말을 했다.

거짓말을 지어내는 자는 상종하기 싫어서 집안에 사실을 밝혔고 그 후 거짓말에 대가를 치른 것으로 알고 있는데, 은혜를 베풀어도 악으로 되갚는 못된 자들이 종종 있다. 그런 자들이 마음 아프게도 생각지도 않게 너무 가까이 있다.

선의를 저버리고 거짓말하면서 상대를 욕보이면, 언젠가 자신이 했던 짓들이 반드시 부메랑이 되어 되돌아온다. 양심을 갖고 살아도 짧은 세상인데 무엇 때문에 거짓말을 하는지, 시간이 가면 분명 들통날 텐데, 한 치 앞도 내다볼 수 없는 그 알량함과 인간 됨됨이에 안 된 생각마저 든다.

1940~1950년대, 어려웠을 당시는 돈이 없어 학교를 제대로 다니지 못했어도 그토록 막되어 먹지는 않았다. 그런데 요즘은 대학을 졸업하고도 도대체 대학에서 무엇을 가르치고 무엇을 배웠기에 그리 양심도 없는지 모르겠다.

개인의 삶부터 올바르게 가정을 잘 지키고, 국가나 사회가 어디로 굴러가는가 돌이켜 보고, 잘못된 것이 있으면 반성들하고 고쳐서 양심껏 살아가자고 제의하고 싶다.

행사에서 경과보고하는 부회장 김철웅

 입법·사법·행정 풍전등화(風前燈火)의 대한민국

> 당신이 가진 생각이 딱 하나밖에 없다면,
> 그것만큼 위험한 것은 없다.
> _Émile Chartier

태극기도 아침에 게양하고 오후에 하강하고 극장에서 영화 상영 전 태극기가 휘날리며 애국가를 합창으로 부르던 그 시절이 그립다. 오늘날 애국, 애족, 충·효·예 실천, 공중 윤리·도덕의 지킴이 턱없이 부족하고 엉망이다.

대한민국 국군의 경우 동절기는 17시(오후 5시), 하절기는 18시(오후 6시)에 사이렌을 울렸다. 군악대가 있으면 군악대에서 연주하기도 하지만, 보통은 방송 장비에서 나팔을 불거나 국기 내림 5분 전 국기 내림 방송을 하면서 그다음 애국가를 연주했다.

하기식 나팔과 애국가가 나오는 동안은 태극기가 있는 방향을 향해 국기에 경례하고, 태극기가 안 보이는 장소에서도 부동자세를 하고는 국기가 있는 방향으로 경례했다. 심지어 운전 중에도 잠시 정차하고 차 내에서 차렷 자세를 취했다.

국기 하강식과 같이 영화관에서도 영화 상영 전에 애국가가 울려 퍼지면 방청석 전원이 모두 자리에서 일어나 애국가를 제창했다. 매일 오전 6시, 오후 5시, 방송 시작 전 시행해 오던 애국가가 방송에서도 제창으로 시작과 끝매듭을 지었다. 온 국민 애국, 애족의 운동으로 다시 시작하고 복원해야 한다.

우리나라는 지구상에 유일한 분단국가라는 것을 잊어서는 안 된다. 아무리 잘 살아도 나라 없이 잘 살 수 없고 가족이 온전할 수 없다. 현재 풍전등화(風前燈火)의 나라를 지키려면 국회의원, 공무원부터 바로 서야 한다. 편 가르기 정치 싸움에 놀아나지 말고 정치인 모두 바뀌어야 한다.

대한민국 정부의 입법·사법·행정 삼부 중 제구실하는 부서를 실로 찾아보기 힘들다. 국민이 편하고 행복하게 잘 살 수 있도록 법을 만드는 입법부에는 범법자가 욱실거리고, 범법에 연루된 자들이 국회에 입성만 하면 면책특권으로 끼리끼리 나누어 먹으려고 아귀다툼한다.

축제 행사에서 기념사하는 회장 양천규

 범법자 욱실거리는 입법부, 신이 내린 직업 국회의원

> 당신의 가슴속에 있는 양심의 불꽃을 끄지 않도록 힘껏 노력하라.
> _George Washington

"왜, 국회의원이 되려고 하는가?"

22대 총선 686명 후보 등록 결과, 38.9%에 달하는 237명이 전과자로 집계되었고 최다는 전과 8범이다. 나라와 국민을 개돼지로 생각하는지, 전과자들이 너도나도 국회의원이 되겠다고 설친다.

법을 만드는 입법부에는 범법자가 욱실거린 지 오래되었고, 범법에 연루된 자들이 나라와 국민을 얼마나 우습게 보길래 창피한 줄도 모르고 국회의원이 되려고 안달한다.

"국회의원은 신이 내린 직업이다."

대학교수, 총장, 기업의 사외 이사, 장관까지 지낸 어느 인사는 "국회의원보다 더 좋은 직장은 없고, 신이 내린 직업으로 개 팔자 상팔자와 같다"라고 했다.

장관만 해도 제대로 일하지 않으면 버텨 내지 못한다. 간부를 비롯해 부하 직원들의 눈초리는 매섭다. 그러나 국회의원에게 그런 눈총을 주는 그런 전례가 없다.

국회의원의 근무 성실도를 체크하는 시스템도 기관도 아예 없다. 아무런 규제도 없이 혜택만 어마어마하다. 항공기, KTX도 공짜고 주유비 명목으로 수천만 원을 써도 누구도 탓하지 않는다.

왜 혼자서는 일을 못 하는 것일까? 보좌관, 비서 등 9명이 눈치 보고 받들며 척척 일해 주니, 결과물 받아 들고 세 치 혀만 날름거리면 된다. 어느 대기업 임원의 비서실도 부럽지 않다. 게다가 국회의원 한 번만 해도 죽을 때까지 연금이 나오고, 국민과 나라를 위해 제대로 일을 안 하고도 큰소리 뻥뻥 치는 흔하지 않은 직업이다.

국회의원은 대통령부터 말단 공무원까지 마구잡이로 깔 수 있다. 면책특권까지 있으니, 최고의 직업이다. 어찌 아니 좋을 수 있겠는가! 불만이 있다면 임기가 딱 4년이라는 것, 그러니 공천에 목을 맨다. 속으로야 죽을 때까지 국회의원을 하고 싶을 것이다. 그래서 나나 너나 다 국회의원이 되려고 안달이 나 있다.

전과자들이 날뛰는 데는 유권자들도 한몫한다. 전과자와 종북 좌파를 알고도 표를 주니 어찌 신나지 않을꼬. 우리나라 국회의원 1인이 대표하는 국민 숫자가 16만, 미국은 70만, 일본은 26만 명이다. 미국은 인구 3억 1,000만 명에 달하는 하원 숫자가 435명이고, 인구 1억 3,000만 명의 일본 중의원 지역구 의원이 300명인데 비해, 인구 5,000만 명의 우리는 지역구 의원이 245명이나 된다.

한국은 미국이나 일본에 비해 예산이 적지만, 일도 제대로 안 하고 세비 타 가는 국회의원들 참 많기도 하다. 회사에서 제대로 일 안 하고 월급 타 먹는 것과 같지만, 함부로 자르거나 건드리지도 못한다.

비상식적인 무소불위(無所不爲) 국회의원 권력, 반드시 바로잡고 제지해야 한다. 선거철이 되면 여의도는 공천 신청자들로 미어터진다. 여기서 잠깐 하나만 돌아보자. 기왕이면 공천 신청자들에게 물어보자. 진심으로, 물론 진심 어린 답변이 돌아오리라는 보장은 없지만.

국회의원이 되어야 하는 이유

1. 왜 당신이 반드시 국회의원이 되어야 합니까?
2. 당신 아니면 할 사람이 없을까 봐 그렇습니까?
3. 아니면 당신보다 못한 사람들뿐이라 그렇습니까?

초선 도전자에게

1. 국회의원이 되면 4년 동안 뭐 하시게요?
2. 다른 사람이 하면 안 되는 이유는요?
3. 무엇 때문인가요, 당신을 위해서?
4. 가족을 위해서, 밥그릇을 위해서, 출세를 위해서?

재선 이상에게

1. 그렇다면 지금까지 4년 동안 뭐했습니까?
2. 법안 발의는 얼마나 했나요?
3. 바빠서 못했다고요?
4. 귀하가 그렇게 비중 있는 정치인이었습니까?
5. 이름조차 생소한데요?
6. 권력 주변 빌붙기, 줄 대기, 줄 서기와 돈 냄새 맡는 데는 초인적인 능력을 발휘하지만 정작 4년 동안 조국과 민족, 국가와 사회를 위해서 어떤 족적을 남겼는지요?
7. 족적에 든 시간은 얼마였는지, 설명 좀 해 보시오? 아, 며칠이면 될 일을 4년 동안 했다고 우기지 마시고.

- 지인에게서 받은 카톡 글

선진국 의회는 밤늦도록 불이 켜져 있는데, 우리나라 국회 의원회관에도 밤늦도록 불이 켜진 경우도 있다. 물론 의원들이 일하는 것은 아니다. 보좌관들만 남아 열나게 자료 수집해 정리하는 게 전부다. 그렇게 수집되고 정리되면 열심히 읊어 대는 국회의원들. 지역구를 위해서 열심히 일했다고?

"여보쇼! 지역구 챙기는 일은 구청장이 할 일이오."

국회의원이 지역구 살림까지 챙겨야 한다면 그 시스템은 고쳐야 할 일 아니겠는가? 그거 말고 대한민국을 위해 한 일은 무엇이며, 할 일은 무엇인가? 국가와 민족, 사회를 위해 한 일과 할 일을 말해야 한다. 그리고 그 일을 (다른 사람은 안 되고) 반드시 당신이 해야 할 당위성을 설명해야 한다.

3선 이상의 고령 의원들. 여야 가리지 말고, 진보·보수 가리지 말고, 친윤·친이 가리지 말고 명확하게 말해야 한다. 특히 친이 계열은 솔직해져야 한다. 여야를 떠나 위 질문에 자신 있게 답변하지 못하는 사람에게 공천을 주면 안 된다.

프리랜서로 일하는, 가정을 가진 정직하고 착한 지인 중, 어느 날 꼭 만나자는 모 대표가 있어서 딱히 업무적인 일도 없고 해서 계속 사양하다가 극구 만남을 요청해 만났더니, 자신은 이혼남이라면서 "애인으로 지내자"라는 게 결론이었다고 한다. 그런데 더 기가 막힐 일은 그런 자가 22대 총선 후보로 등록했고 전과까지 있어서 놀랐지만, 다행히 떨어졌다고 한다.

"대부분 전과가 있으면 어떻게든 숨기고 싶어 할 텐데, 그런 것까지 다 밝히면서 후보로 등록하는 걸 보면 보통이 아닌 별종"이라면서 "그런 사람이 국회의원 될까 봐 걱정된다"라고 말했다.

자신의 안위를 위해 국회의원이 되고자 하는 자들. 초선, 재선 모두 국민의 혈세로 4년간 국회 밥버러지 하나 더 키우는 꼴인데, 그런 돈은 건전한 곳에 사용되어야 한다.

난 사람, 든 사람, 된 사람 중에서 된 사람은 보이지 않고 난 사람만 득시글거리는 여의도, 더 이상 여의도를 떠도는 '고품격, 고소득, 고여유, 고한량, 고낭비'를 빌미로 초저효율의 세금 낭비처에 나라 혈세 낭비해선 안 된다.

우리가 사랑하는 사람들과 우리가 함께 꿈꾸는 그런 바른 나라를 위해 여야의 공천 심사(면접) 때 반드시 위 사항들을 필수로 물어봐야 한다.

우리나라 국화 무궁화 관련 꽃다발을 받는 중전

 제22대 국회에서 주택 개혁을 강행하여서

　필자가 팔십 평생을 살아오면서 인생길 마지막을 내달리며 나의 조국 대한민국을 세계가 부러워하는 복지국가로 길이길이 영원히 빛나게 잘살 수 있는 방법으로 단 한 번의 개혁을 제안합니다. 누구나 집 없는 설움이 사라질 것입니다.

　우리 민족성 등을 고려하면 외국인들에게 밀리지 않는 백의민족이 주종(主宗)이 있으니 온 국민이 함께 잘살 수 있고 젊은이들의 결혼, 아이 낳기, 공중 윤리, 도덕, 예의범절, 충효, 예의 실천 등으로 자손만대 영원히 행복할 것입니다.

　세상을 살아가며 의식주(衣食住) 기본 요소가 최우선이고 삶의 안전이다.

　의: 입는 옷에 장난치는 불법자
　식: 먹는 음식에 장난치는 불법자
　주: 주택에 장난치는 불법자

　위 모두를 엄격한 최고형의 범법자로 처리하면 온 국민이 자손만대로 세계가 부러워하는 복지국가 대한민국으로 번영될 것이라 제의합니다.

* * *

21대 대통령을 하고 싶은 4~5선 국회의원 중 다시는 국회의원 안 한다는 각오로 대한민국 백년대계를 내다보고 단 한 번의 개혁으로 온 국민(2024년 8월 기준) 51,256,511명 중 4천만 명 이상의 환영을 받아 21대 대선에서 승리하고 역사에 영웅으로서 길이길이 남고 온 국민이 대대로 잘 살 수 있는 복지국가를 만들 기회는 이번 22대 국회에서 아래 안건을 발의하는 것이다.

1. 1가구 1주택만이 보유 안건, 여야 없이 국회의원 300명 중 200명 이상 찬성표, 예로 집행에 시간이 걸려도 발의만 하여도 성공자다.

　발의에 찬성하지 않은 국회의원은 이번이 마지막이 될 것이며, 극소수의 희생으로 온 국민 80% 이상이 영구히 다 같이 잘살기 위한 법을 개정하자는 것이다.

　다주택자, 투표수 228만×내외 가족 2명=456만 명 외 유권자 4,428만 11명에서 실 투표 80% 명수 35,424,000명-456만 명=3,086만 4천 명 중 60%만 찍어도 18,518,400명 표만 받으면 역대 최고의 득표로 대선 승리하고 세계가 부러워하는 영구히 잘사는 복지국가 대한민국이 된다.

　대한민국 민법에 의거 남자 1인이 여자 1인 1처와 같이 1가구 1주택 보유 시행(결혼, 연령, 가족 수, 수입 내역, 증여 등 상세하고 엄격한 기준의 법을 원칙으로 실행한다.) 1가구 1주택 외 주택은 현 시세로 중과세를 징수한다.

　다주택자 228만 명에 400만 채를 국가로 환수하여 집 없는 국민에게 현 시세의 반값으로 판매하여 집 없는 설움에서 벗어나게 한다. 건설 공사비 400만 채×1채당 5억 원=2,000조가 든다.

2,000조로 정부 빚 1,000조 갚고 1,000조로 온 국민이 같이 잘 사는 복지국가를 만들자. (대한민국 국민이라면 대학까지 무상교육에 장애인 빈민 노인 복지에 잘 살게끔 후하게 대접한다.) 가정이나 국가나 빚이 없어야 잘 살 수 있다.

2. 사형제 집행을 강행하라.
소중하고 귀한 생명은 누구나 다 하나 한 번뿐이니 집행해야 국가가 바로 선다. 범법자도 많이 줄어든다. 엄하게 법을 개정하여 강행하라!

3. 은행 금리 하향 조정하라.
현 이자의 절반 수준으로 하향 조정해야 국민과 기업이 잘산다.

4. 농민, 어민 우대로 농수산물 가격 조정하라.
농민, 어민 우대로 농수산물 가격 조정으로 출산과 육아가 행복한 경험이 되어야만 지금의 인구 위기를 극복할 수 있으며 청년들이 열심히 일하며 행복하게 육아를 병행할 수 있도록 일터의 환경과 문화를 바꿔 나가는 것이 최우선의 과제이다.

주택 지으려는 터에 주택이 남아돌고, 줄어드는 인구 증가 추세도 되고 국민연금 해결도 되어 일석오조의 효과를 얻는다

1949년 6월 21일, 제헌국회에서 농지개혁법(農地改革法)을 단행한 것처럼 제정하면 된다!

이 책을 읽어 보시는 여러분께서는 엄격한 판단의 잣대를 내려 주시기를 바란다.

모든 국민이 지키는 법률, 국민 앞에서 모범이 되어 더 잘 지켜야 함에도 직위를 남용한 결과 죄인이 된 범법자, 날강도, 법률을 어긴 고위공직자, 국회의원, 판·검사, 교수, 언론인 등 수많은 자들이 도둑질하다가 들켜 감방에 갔다. 국가 최고 통수권자인 대통령들이 국민과 나라를 위해 일하다가 범법을 저질러 감옥살이하기도 했다.

세상사 인생길에서 세상이 아무리 신세계 변천한다고 하더라도 나의 조국 대한민국에 대한 애국애족의 사랑이 최우선이어야 하지 않은가?

필자가 대한민국 정부에 일곱 정권 대통령님들께 국가와 민족을 위해 가짜(부정)를 진짜(정의)로 바로잡자는 진리의 민원을 냈어도 변명 아니면 무응답이며, 국가 상징 국민 헌장, 무궁화 국민 헌장의 뜻도 모르는 처사라 지적한다.

우리나라의 국가 상징으로는 태극기(국기), 애국가(국가), 무궁화(국화), 국새(정부 도장), 나라 문장이 있다. 국민 헌장은 국민(國民), 그 나라의 국적을 가진 사람과 헌장(憲章)이란 어떠한 사실에 대해 약속을 이행하기 위해 정한 규범, 헌법(憲法)의 전장(典章)이거늘 이보다 더 고귀하고 엄중한 국가를 위해 무엇이 필요하단 말인가?

필자는 가슴속이 터지도록 소리 내어 울고 싶고 누구를 붙잡고 울며불며 하소연도 하고 마음껏 큰소리도 지르고 싶다. 내 가슴이 이렇게 답답할 수가 없다. 나도 모르게 솟구치는 서러움. 자꾸만 자신도 모르게 흐르는 눈물을 주체할 수가 없다. 무궁화와 남의 빚 고민에 찾는 것이 소주요, 구역질을 하면서도 또 술에 취해 잠이 들고 자다가도 무궁화와 남의 빚 생각에 벌떡 벌떡 일어난다. 잠에서 깨면 또 마시는 소주, 이것이 술 중독자인가. 미쳐 가는 단계인가 보다. 이 인생은 2025년 12월까지 시한부의 각오가 되어 있다. 그래도 지구상의 유일한 분단국가에서 국가에 충성하고 이름 하나 남겨보겠다고 국가 상징 국민 헌장 무궁화 국민 헌장과 8월 8일을 국가 상징(나라꽃 무궁화)의 날로 제정하여 후원사 없이 32년간 개최하여 오면서 훈장은커녕 대통령 표창장 하나 없었다. 그럼에도 국가와 민족을 위하여 묵묵히 해 왔다.

이 나라의 거짓말쟁이와 부정부패 도둑 정치인들이 싫어서 먼저 떠나더라도 저세상에서 지켜볼 것이니 기본과 원칙, 양심을 갖고 살라고 충고한다. 선거 때는 하루에도 몇 번씩 휴대폰 문자로 녹음한 음성을 보내더니 당선 후에는 공약을 물거품으로 만들어 버린다. 국민과 소통하여 국민의 마음을 얻는 것은 정치인과 공무원이 가야 할 정도인데 국민이 국가와 정치인 그 누구를 믿고 살까 염려가 된다.

대통령, 국회의장, 대법원장이 국가 상징물을 나 몰라라 하면서 국민과 공무원에게 국가와 민족을 위하여 일하자고 말할 수 있겠는가? 이를 돌이켜 보고 옳고 바른 행정을 하자고 해도, 부정부패가 국가 구석구석 물들어 썩어 있지 않은가. 천문학적인 금액 몇백억, 몇천억 엄청나게 썩어 있지 않은가. 여러 공직자는 윗물이 맑아야 아랫물이 맑다는 사실을 잊어서는 안 될 것이다. 사랑하는 자식들에게 고기를 잡아 주지 말고 잡아먹는 방법을 가르치라고 충고하며 기본과 원칙, 양심을 갖고 살기를 바란다.

첫째는 국민들 모두 자기도 모르게 친일의 피가 흐르고 있기 때문에 벚꽃 축제는 좋아하고 무궁화꽃 축제는 나몰라라 한다.

둘째는 정부가 무궁화꽃을 사랑하는 모습을 전혀 보이지 않고 있다. 대통령취임식, 각 장관이나 공공기관장 이취임식 등 모든 정부 행사 단상에도 무궁화꽃으로 장식한 모습은 찾을 수 없다.

정부가 앞장서서 무궁화 꽃 사랑하는 모습을 먼저 보여 줘야 한다. 청소년들은 90%가 국화(國花)가 무엇인지 모르고 있다.

우리나라 상훈법엔 "훈장·포장은 국가에 뚜렷한 공적을 세운 사람에게 수여한다"라고 돼 있다. 나라가 국가와 사회에 공(功)을 쌓은 이들에게 훈장·포장을 주는 것은 그렇게 함으로써 공동체가 함께 쌓아 올려야 할 가치(價值)가 무엇인지 국민에게 알리고 많은 사람이 이들의 모범을 따라 하는 분위기를 형성해 공동체를 더 든든한 기반 위에 올려놓기 위해서다.

우리나라 지도 같은 국화 무궁화 꽃다발

상훈 원칙과 기준

　상훈은 대상자의 공적 내용, 그 공적이 국가사회에 미친 효과의 정도와 지위 등을 참작하여 훈장(Orders of Merit)과 포장(Medals of Honor)으로 결정한다. 따라서, 상훈은 공적의 내용뿐만 아니라 대상자의 사회적 지위 및 신망도, 연령, 특정 분야에서 일한 기간 등 매우 다양한 면들을 고려하게 된다.

　또한 상훈은 그 영예성을 확보하기 위하여 동일한 공적에 대하여는 훈장을 거듭 수여하지 아니하며, 전투(대간첩작전을 포함한다)에 참가하여 뚜렷한 무공을 세운 경우이거나, 간첩수사로 국가안전보장에 뚜렷한 공을 세운 경우를 제외하고는 이미 받은 훈장(포장 포함)과 동일 종류의 동일 등급 또는 그 하위 등급의 훈장(포장 포함)을 다시 수여하지 않는다.

　상훈에 대한 이러한 원칙과 기준은 정부표창에도 그대로 적용된다.

훈장과 포장의 종류

　대한민국의 훈장은 12종류이며, 사회 각 분야별로 세분화되어 있다. 무궁화대훈장을 제외하고는 각각 5등급으로 나누어진다. 훈장 간 차등이 없고 다만, 패용 시 우선순위만을 규정하고 있다.

　포장은 훈장의 다음 가는 훈격으로 건국포장을 비롯하여 12종류가 있고, 등급은 없다. 포장은 각 훈장의 이름에 대응하는 것이 원칙이나 무궁화대훈장에 대응하는 포장은 없고, 예비군포장은 대응하는 훈장이 없다.

훈장	1등급	2등급	3등급	4등급	5등급	수여 대상	포장
무궁화 대훈장			등급없음			대통령·우방원수 및 그 배우자	
건국 훈장	대한민국장	대통령장	독립장	애국장	애족장	건국 또는 국기를 공고히 한 유공자	건국포장
국민 훈장	무궁화장	모란장	동백장	목련장	석류장	정치·경제·사회·교육·학술분야 유공자	국민포장
무공 훈장	태극	을지	충무	화랑	인헌	전시(비상사태), 전투참여 유공자	무공포장
근정 훈장	청조	황조	홍조	녹조	옥조	공무원, 사립학교 교원으로서 직무 정려자	근정포장
보국 훈장	통일장	국선장	천수장	삼일장	광복장	국가안전보장 유공자	보국포장
수교 훈장	광화대장광화장	흥인장	숭례장	창의장	숙정장	국권 신장, 우방과의 친선 유공자	수교포장
산업 훈장	금탑	은탑	동탑	철탑	석탑	국가산업발전 유공자	산업포장

새마을 훈장	자립장	자조장	협동장	근면장	노력장	새마을 운동 유공자	새마을포장
문화 훈장 상세 보기	금관	은관	보관	옥관	화관	문화예술발전 유공자	문화포장
체육 훈장	청룡장	맹호장	거상장	백마장	기린장	체육발전 유공자	체육포장
과학 기술 훈장	창조장	혁신장	웅비장	도약장	진보장	과학기술발전 유공자	과학기술 포장

제식과 규격

훈장 및 포장은 정장(正章), 부장(副章), 약장(略章), 금장(襟章)으로 구성된다. 정장(正章)은 수(綬)에 연결되어 어깨를 두르는 대수(大綬)로 된 정장, 목에 거는 중수(中綬)로 된 정장, 가슴에 다는 소수(小綬)로 된 정장으로 구분된다.

수(綬)의 형태는 훈장의 종류 및 등급에 따라 다르다. 1등급 훈장과 2등급인 건국훈장대통령장, 수교훈장흥인장의 정장은 대수(大綬)로, 기타 2등급과 3등급 훈장의 정장은 중수(中綬)이고, 4·5등급 훈장 및 포장은 소수(小綬)이다.

또한 무궁화대훈장은 경식훈장, 정장, 부장, 금장으로, 1·2등급 훈장 및 3등급인 건국훈장 독립장은 정장, 부장, 약장, 금장으로 구성되며, 기타 등급의 훈장과 포장은 부장이 없다.

국가와 사회를 위해 기여한 사람을 훈장·포장으로 표창하는 것은 불의를 저지른 사람을 법(法)으로 다스리는 것과 함께 공동체를 공동체답게 유지하는 근본 동력(動力)으로 작용한다.

자신의 양심도 없고, 신상필벌(信賞必罰)도 모르는 자들이 공무원 협회장들이라니 한심스럽고 앞날에 대한 걱정이 이만저만 아니다. 세상이 아무리 황금만능 시대로 변질되어 간다고 해도, 국가의 기본과 원칙인 법이 흔들려서야 큰일이다.

한 해 정부가 수여한 훈장·포장이 무려 2만 857개였다. 하루 57개씩이다. 이명박 정부는 임기를 한 달 남겨 둔 지난 1월 29일 국가를 위해 무슨 기여를 했는지 알 수도 없는 측근 등 129명에게 훈장을 달아 줬다. 그러자 야당은 보은(報恩) 훈장이냐고 비판했지만, 5년 전 노무현 정부도 비슷한 시기에 47명에게 무더기 훈장을 줬다. 2011년 10월부터 2012년 6월 말까지 4대강 사업과 관련해 정부 포상을 받은 공무원, 산하기관 임직원, 건설업체 관계자가 무려 1,152명이나 됐다.

훈장·포장을 남발하다 보니 별일이 다 벌어진다. 일부 언론에 보도된 바로는 단체의 정부 훈장·포장 훈장은 4,000만 원, 포장은 1,000만 원 이상 찬조금을 협회에 낸 사람만 추천하기로 자기들끼리 기준을 정했다. 작년 6월엔 회의 도중 찬조금을 500만 원 낸 모 협회 회장 대행에게 전화해 2,500만 원을 더 내겠다는 정부 포상 후보자를 추천하는 단체가 108곳이나 된다고 한다. 협회들이 찬조금 징수를 위해 뿌리다시피 하는 훈장, 공무원이나 정부 산하기관 직원들이 돌아가며 받는 훈장·포장의 권위(權威)를 누가 인정해 주겠는가. 이렇듯 애국하지 않고 국정을 운영하니까 장·차관. 시·도지사, 국회의원, 사법부까지도 범법자가 있고 구치소에 감금형으로 구속되고 심지어는 자살까지 하는 것 아니겠는가? 훈장·포장은 누가 봐도 국가와 사회에 뛰어난 공적을 남겼다고 고개를 끄덕이고 환호(歡呼)할 사람에게 수여해야 제값을 하게 되는 법이다.

애국하지 않고 국정을 운영하니까 장·차관. 시·도지사, 국회의원, 사법부까지도 범법자가 있고 구치소에 감금형으로 구속되고 심지어는 자살까지 하지 않았던가?

인생이란 빈 몸으로 태어나 삶 속에서 많은 걸 목격하며 배우고 채워서, 아름다웠다, 고마웠다, 훌륭했다, 고생했다 등 감사하고 고마운 마음을 전하는 것이 미덕인데, 애국하겠다는 마음이 앞서 남의 토지를 임대 내어 '무궁화나무'를 길러서 전국적으로 보급하고자 대통령을 비롯해 국회의장, 국무총리, 시·도지사, 시·군·구청장, 공공 기관장, 기업인, 초교 교장 선생님에게 오직 애국의 일념으로 민원을 제시했지만 일말의 관심조차 없었다.

국가 상징 주무관청인 행정안전부 산림청으로 이관했다는 답변은 얼토당토않고, 오로지 철밥통 지키려는 변명으로 3번의 답변이 끝이다. 그 3번 후로는 어떻게 된 것인지 '나 몰라 무응답'으로 끝이 났다.

현재 역대 대통령으로서 최고의 호화 생활을 하는 문재인 전 대통령은 어찌하여 그 양산 평산 마을에 호화 주택을 지어서 많은 경호 인력의 경비를 세비로 지출하는지, 故 유병언 회장의 재산에 대한 명의 이전 건에 대해서도 소상히 밝혀야 할 것이다.

민심(民心)은 천심(天心)이라고 했다. 국민의 마음을 헤아릴 줄 알아야 한다. 정권 한번 잡았다고 부와 권력, 명예욕에 물들면 반드시 망가진다. 모든 권력의 원천은 국민에게서 나온다. 국민 무서운 줄 알아야 하고 국민과 나라를 이롭게 하는 것이 진정한 정치인의 길이다.

지자체 법인카드 긁어서 생활비로 펑펑 쓰고, 5억이 넘게 썼다는 옷값 의혹받으며 대통령 전용기 혼자 타고 다니면서 여행이나 하면 안 된다.

말로만 애국하는 정치인, 공무원 등 많기도 많다. 사람의 말과 행동은 습관이 되고 인격이 된다. 나라와 국민을 위해 말로만 떠들지 말고, 실제 행동으로 옮겨 결과를 창출해야 한다.

우리나라 국화 무궁화 꽃 축제에서 춤추는 여성 동창들

* * *

대자연의 순리로 땅에서 무거운 흙을 뚫고 솟아나는 수만 종의 씨앗들이 향기를 뿜어내며 우뚝 설 수 있듯이 우리 인생은 부모님의 사랑 속에서 이 세상에 태어난다. 사노라면 누구에게나 구구절절 슬픈 사연이 있는 법이니 참고 이겨 내야 한다. 반듯하고 정직하고 올바른 자세로 서두르지 말고, 공정성과 상식으로 투명하게 판단하며 인격의 기품이 부드럽고 후덕할 수 있도록 진지하게 생각해야 한다. 인생길, 누구나 다 초보 운전자이다. 운전면허를 따기 위해 배운 그대로 침착하고 안전하게 교통법규를 잘 지켜 나가면 된다. 어떠한 위기가 찾아와 난관이 닥쳐도 굴하지 않고 슬기롭게 전심전력을 다하며 투철한 정신으로 시련을 이겨 낸다면 머지않아 성공이란 보물이 찾아와 승승장구로 대박 나는 행운이 올 것이다. 이를 위해 올바르게 행동하자고 제의하며 대한민국의 모든 국민이 한마음, 한뜻으로 뭉치면 못 할 것이 없으니 화합하여 세계인이 부러워하는 복지국가로서 대한민국의 명성을 드높여 주기를 염원한다.

　인생이란 되돌아오시 않는 외로운 길이니 즐겁고 재미있게, 성실하고 정직하게, 밝고 맑은 정신을 갖고 올바른 자세로 웃음 지으며 행복한 생활을 하여 후회 없이 유종의 미를 거두어야 할 것이다. 나를 이 세상에 태어나게 해 주신 부모님과 가정, 국가와 민족, 사회에 충효예를 실천하는 문화에 역점을 두어야 한다. 이 세상 왔다 갔다는 증표는 국민과 역사에게 심판을 받을 것이니 조심 또 조심 하면서 살자고 제의한다.

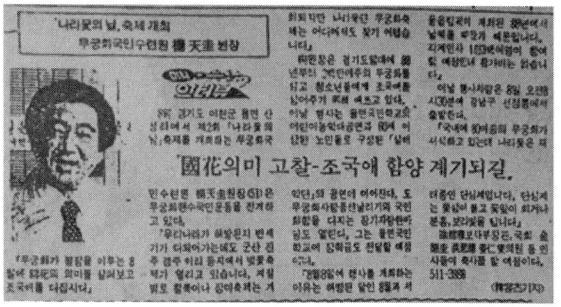

 한숨 나오는 대한민국 세태 속에서 찾는 희망

　나라를 잃었던 일제시대에 남의 나라 군인들에게 청춘의 몸을 던지는 추악한 수난을 참고 견디며 살아온 분들께 과거를 잊고 편안히 사시라 만든 주택에까지 정의라는 간판을 걸고 사리사욕을 챙긴 자가 있다. 횡령자를 대한민국 국회의원으로 당선시켜 준 민주당이나 입법부, 관리를 잘못한 행정부나 범법자를 다루는 사법부가 이 지경까지 썩었다는 사실에 개탄스럽다. 잘못함을 뉘우치고 하루빨리 공정하고 상식적으로 처리하기 바라며 내용은 아래와 같다.

　윤미향 전 의원은 2011~2020년 위안부 피해자를 돕기 위해 모금한 후원금 7,958만 원을 횡령하고, 김복동 할머니의 조의금 명목으로 1억 2,967만 원을 개인 계좌로 모금해 다른 용도로 사용했다. 국고보조금 6,520만 원도 가로챘다.
　위안부 피해자 지원금을 사적인 용도로 횡령하다니 파렴치한 일이다. 피해자 할머니들은 물론 정의기억연대를 믿고 후원한 시민들에게도 씻지 못할 상처를 입혔다. 대법원은 사기·업무상 횡령등 혐의로 기소된 윤 전 의원에게 징역 1년 6개월에 집행유예 3년을 선고한 원심 판결을 14일 확정했다.
　사회적 약자를 돕는다며 실제로는 자기 호주머니 채우기 급급한 위선적 행태는 이제 우리 사회에서 사라져야 한다.
　이번 사건은 2020년 9월 재판에 넘겨진 후 4년 2개월 만에 최종 결론이

나왔다. 검찰이 기소한 지 4년여 만에 나온 결론이다. 재판이 지연되면서 윤 전 의원이 국민 세금으로 세비를 꼬박꼬박 챙기고 임기를 마친 후에야 의원직 상실형이 나왔으니 개탄스럽다.

윤 전 의원은 위안부 피해 할머니들을 위해 써 달라는 국민 기부금을 빼돌려 식사를 하고, 발 마사지 숍으로 보이는 곳에도 갔다. 과자점, 커피숍에서 쓴 것도 있다. 이 파렴치한 범죄는 사용처만 확인하면 되니 복잡할 것이 없다. 그런데도 1심은 2년 5개월을 끌다 횡령액을 줄여 벌금형을 선고하는 '면죄부성' 판결을 내렸다. 2심이 작년 9월 징역형을 선고했지만 대법원에서 또 1년 2개월을 끌다 이제야 확정 판결이 나온 것이다. 그 사이 윤 전 의원은 의원 신분으로 우리 정부를 '남조선 괴뢰 도당'이라 부르는 일본 조총련 주최 행사에 침석하기도 했다. 법원이 만든 일들이다.

이 사건뿐만이 아니다. 조국 조국혁신당 대표 아들에게 허위 인턴 확인서를 써 준 민주당 최강욱 전 의원도 당선무효형인 징역형의 집행유예가 확정되기까지 총 3년 8개월이 걸렸다. 단순한 사건이었는데 대법원에서만 1년 3개월을 끌었다. 결국 그는 4년 임기 중 3년 4개월을 채웠다. 문재인 정권의 '울산시장 선거 개입 사건'으로 기소된 황운하 의원은 1심 징역형 선고에만 3년 10개월이 걸렸고, 아직도 2심 재판이 진행 중이다. 이런 심각한 재판 지연은 대부분 김명수 전 대법원장 시절 벌어졌다.

조희대 대법원장은 취임 초부터 신속·공정한 재판을 강조했다. 하지만 아직 큰 변화를 못 느낀다는 사람이 많다. 자녀 입시 비리와 청와대 감찰 무마 혐의로 기소된 전 서울대학교 교수, 전 청와대 민정수석비서관에다 전 법무

장관이었던 조국 대표는 기소 4년여 만인 지난 2월 2심에서 징역 2년을 선고받았다. 이 역시 당선무효형이다. 그런데 9개월이 지난 지금까지도 대법원 판결이 나오지 않고 있다. 대법원 스스로 사법부 정의를 허물고 있다.

이재명 대표는 경기도지사 시절인 지난 2018년 7월부터 2021년 10월까지 경기도 관용차를 사적으로 사용하고, 법인카드 등 경기도 예산으로 샌드위치, 과일 및 식사 대금으로 지출하는 등 총 1억 653만 원을 사적으로 사용한 혐의를 받고 있다. 수원지검 공공수사부(허훈 부장검사)는 19일 업무상 배임 혐의로 이 대표를 불구속 상태로 재판에 넘겼다고 밝혔다. 검찰은 이 대표가 경기도 공무원들로 구성된 '사모님팀'을 만들어 공무와 무관하게 이 대표 부부의 식사, 과일, 샌드위치 등 음식을 구입하게 하고, 개인 의류를 세탁하게 하는 등 사생활 관리를 전담하게 했다고 봤다. 이들 부부가 75건에 걸쳐 소고기, 초밥 등 음식 75건을 경기도 법인카드로 구입했다고 보고 있다.

22대 300명의 국회의원은 개원한 지 80여 일이 되어도 개원식도 하지 못하고 의사당 안에서 여야 싸움만 하는 모양새다. 온 국민은 어처구니가 없다. 삼권 분립 법치국가에서 이율배반을 밥 먹듯 하는 정치인들을 속히 바꾸어야 한다.

사법부 판결의 처리를 자신의 양심을 속이며 해서야 되겠나. 적반하장을 일삼는 정치는 하지 말아야 한다. 자신이 한 말에 책임지는 실천자가 되어야 한다. 내가 하면 로맨스, 남이 하면 불륜이라는 습성을 버리고 정치인이라면 국가와 사회, 국민을 위하고 역사에 부끄러움 없이 정정당당하고 떳떳한 정치를 하여야 한다. 국민의 권리 보호를 외면하고 사리사욕에만 몰두하는 특권층 정치인을 배격하자고, 소리친다.

2024년 11월 15일 서울중앙지법 형사합의34부 부장판사 한성진 님은 이재명 대표의 공직선거법 위반 혐의에 대해 징역 1년에 집행유예 2년을 선고했다. 대법원에서 이번 판결이 확정되면, 이 대표는 의원직을 상실하게 되고 10년 동안 선거에 출마할 수 없다. 이재명 대표가 징역형을 받은 1심 판결을 두고 최악의 판결이라며 사법부를 향해 목소리를 높인 박찬대 민주당 원내대표는 18일 오전 국회에서 열린 최고위원회의에서 이 대표에 대한 1심 재판부 판결은 누가 봐도 명백한 사법 살인이라며 이번 1심 재판부의 판결은 사법부 역사에 두고두고 오점으로 남을 최악의 판결이라고 지적했다. 김민석 최고위원은 떨어진 대선 후보에 대한 징역형을 어떤 국민이 납득하겠나, 조작 기소를 받아쓴 허술한 법리를 누가 감정이 아닌 합리라고 하겠느냐 말했다. 전현희 최고위원은 이재명 대표 선거법 위반 1심 법원 법리 문제전이라는 제목의 PPT를 띄워 조목조목 재판부의 논리를 반박했다. 전현희 최고위원은 "왜 이 판결이 법치를 무너뜨린 터무니없는 판결인지 정확히 짚고 국민과 함께 앞으로 싸워 나가야 한다"라고 주장했다.

　죄를 지었으면 벌받는 것이 당연함을 숨기려 이런저런 변명을 할 뿐이다. 사법부의 유죄 판결에 대한 불응은 공직자로서 기본도 갖추지 못한 처사로 주위를 시끄럽게 선동으로 부추기는 반항일 뿐이다.

　국가와 사회, 온 국민들에게 신뢰를 바탕으로 하여 역사에 부끄러움 없는 업적을 남겨야 한다는 사명감으로 일하는 사법부를 부정하는 자들이 있어서야 되겠는가. 이 모두가 죄인일 것이다. 현재의 그 자리 그 직책을 영구히 얻고 싶은 아부성 선택일 뿐이니, 성실하고 정직하게, 정의롭고 올바르게 똑똑히 살라고 충고한다. 국민, 국민 하는데 필자 양천규 외 국민 3천여만 명 이상은 판사의 판결이 옳다고 믿으며 이 판결을 부정하는 자들이 대한민국의 국회의원이라는 것이 부끄럽고 국가를 엉망으로 굴리려 한다는 마음에서 후회와 한숨이 절로 나니 앞으로 올바르게 잘들 하기를 바란다.

* * *

국가관도 애국심도 기본적인 인성도, 양심도 없는 정치인들. 잘못된 정책으로 예산 낭비를 일삼는 쓰레기 정치인들은 퇴출하여 정치를 바로잡아야만 한다. 국민이 부여한 대통령직이 장래의 꿈을 찾는 여러분의 귀감과 희망의 활력소가 되기를 기대한다. 나라를 위하여 국민이 감탄할 올바른 정책의 비전을 가진 이가 앞장서길 바란다. '비전'이란 말에는 세 가지 의미가 담겨 있다.

첫째는 길 없는 시대에 길을 찾아 선포하는 것.

둘째는 좌절과 절망에 젖어 있는 사람들에게 희망의 깃발을 올려 주는 것.

셋째는 분열과 다툼이 있는 자리에 밝은 미래를 보여 줌으로써 한마음이 되게 하여 주는 것.

온 국민과 모든 공무원이 각자의 분야에서 맡은 바 책임을 완수하고 최선의 노력을 다하는 국가라야 국가가 발전한다. 국민 화합과 협동으로 뭉치는 과제는 지도자의 책임이다. 지도자는 공정한 상식으로 올바른 정책을 발휘하여야만 한다.

국가 최고 통수권자인 대통령과 국회의장, 대법원장에게 애국애족의 일원화로 법제화하자는 민원을 적절히 판단하지 못하고 동문서답 아니면 무응답을 하는 처사인즉, 8·8 축제 기념사와 대통령, 행정부, 국회의장, 비서실장 이하 보좌관에게 낸 민원이 국가 발전과 인성교육 차원에서 옳은지 그른지를 온 국민들께서 냉정하게 판단하여 주시기를 의뢰한다.

제2009 - 26호

법인설립허가증

1. 법인명칭 : 사단법인 대한민국 무궁화 선양회
2. 소 재 지 : 경기도 안산시 상록구 사동 1260-10 4층
3. 대 표 자
   ○ 성 명 : 양천규
   ○ 주 소 : 경기도 안산시 상록구 사동 1260-10 4층
   ○ 주민등록번호 : 450312-10●●●●●●●
4. 사업내용
   ○ 우리나라 국화인 무궁화에 대한 홍보 및 보급, 무궁화 축제 개최 등 무궁화 선양사업 추진

민법 제32조 및 행정안전부및그소속청소관비영리법인의설립및감독에관한규칙 제4조의 규정에 의하여 위와 같이 허가합니다.

2009년 7월 3일

행 정 안 전 부 장

양천규 귀하

안녕하십니까.
행정안전부 의정관 이지현입니다.

(편지 내용)

2012년 7월
행정안전부 의정관 이지현

행정자치부

수신자: 양천규 귀하 (우135-888 서울 강남구 신사동 대명빌딩 402호)
(경유)
제목: 민원 회신

1. 평소 국정에 깊은 관심을 가져주시는데 대하여 감사드립니다.
2. 귀하께서 대통령비서실에 제출한 민원이 우리부에 이첩되어 내용을 검토한 바 도로변 가로수나 아파트단지 등을 조성 시 국화인 무궁화를 의무적으로 심도록 대통령령으로 제정해줄 것을 건의하는 내용으로서
3. 본 민원은 귀하께서 2003. 10월 국무총리비서실에 제출하였던 민원과 같은 내용으로 동 민원이 우리부에 이첩되어 귀하에게 회신(지역진흥과-225, 2003. 11. 3)한 바 있었음에도 같이 자치단체별로 지역실정에 맞도록 조례로 정하여 추진함이 타당할 것으로 판단되어 각급 자치단체에 검토 조치하도록 통보하였음을 알려드리나 그리 아시기 바라며.
4. 참고로 우리부에서는 국화인 무궁화의 보급 및 선양을 위해 2000~2002년까지 "진국토 무궁화심기" 시책을 추진하여 전국에 총 2,276천그루의 무궁화를 식재한바 있으며 또한, 매년 광복절을 전후하여 "무궁화 전시회" 등을 개최하고 있음을 알려드립니다. 끝.

행 정 자 치 부 장 관

서울시청. 경기도청. 행정안전부. 한국저작권위원회 저작권 등록부

순번	등록번호	제 호 (제 목)	종 류	창작 년월일	작성자 성명	비고
1	C-2008-008562	만복합수기	편집저작물	2008. 05/04	양 천 규	
2	C-2011-011079	무궁화 국민헌장	어문저작물	1993. 08/08	양 천 규	
3	C-2011-011080	훌륭한 삶을	어문저작물	2008. 01/08	양 천 규	
4	C-2011-011081	행복한 가정과 성공의 길	어문저작물	2008. 01/08	양 천 규	
5	C-2014-003559	행사시 무대 뒤	편집저작물	2009. 03/12	양 천 규	
6	C-2015-000513	성공 우승 페넌트	편집저작물	2015. 01/05	양 천 규	
7	C-2016-034557	인생길 성공우승기	어문저작물	2016. 11/11	양 천 규	
8	C-2016-034558	자라나는.아이들.바른 길.인성교육가치관	어문저작물	2016. 11/11	양 천 규	
9	C-2019-032929	국가상징 국민헌장	2차 저작물	2015. 02/08	양 천 규	
10	C-2019-032930	국가상징 국민의기	2차 저작물	2014. 02/17	양 천 규	
11	C-2019-034074	국민의 국가상징기	편집저작물	2014. 02/08	양 천 규	
12	서울시1365호	무궁화 국민 대축제	서울시청	1996. 12/17	양 천 규	
13	경기도 718호	무궁화 사랑 대축제	경기도청	2006. 02/22	양 천 규	
14	행정안전부. 사단법인 허가 제26호 2009년 07월 03일	사단법인 대한민국 무궁화 선양회	행정안전부 2009년 07/03	1993년 ~2019년까지 08월 08일 제27회 행사 개최	양 천 규 08월 08 일국가 상징의 날	국가 상징 의날 국민 대축 제

The 5th Stage
사단법인 대한민국 무궁화 선양회

광화문에서 광복절 기념식 참석사진

하늘을 우러러 의로운 길 찾기 36년

사단법인 대한민국 무궁화 선양회는 우리 민족의 얼이 담긴 나라꽃 무궁화 관련 제반 보급, 심기, 가꾸기, 사랑 8·8 문화축제 행사에 앞장서고 있다.

장래의 꿈을 펼칠 여러분

　장래의 꿈을 안고 찾는 여러분, 세상은 넓고 할 일은 무궁무진하니 다방면에 계획을 잘 세워 끝없는 노력으로 소중한 하루하루를 잘 살아가기를 바란다. 자신이 걸어온 길을 한시라도 헛되이 생각지 말아야 한다. 세월이 흘러 먼 훗날 지난날을 후회한들 참으로 허망하니, 언젠가는 예약 없이 떠나리란 사실을 잊지 말고 항상 가치 있고 멋있게, 보람 있고 값지게, 긍정적으로 후회 없는 인생길로 살자고 제의한다.
　무엇이든 노력에는 대가가 따르기에 곰곰이 잘 생각하여 침착하게 저 하늘의 별이 될 각오를 다져야 한다. 그런 각오로 노력하면 후회가 따르지 않는다는 마음가짐으로 살아가면서 왕왕 믿을 수 없는 거짓말과 공작으로 이 세상을 험난하게 만드는 나쁜 사람들도 있으니 항상 조심히 선택하기를 바란다. 누군가에게 희망이 되기 위해서는 욕심내지 않으면서도 도전정신을 게을리하지 않고 꾸준히 도전의 길을 걸어야 한다. 미래가 창창한 이들의 앞날이 항상 즐겁고, 재미있고, 행복하기를 응원한다.

　어언 80이란 세월을 스치며 살아온 연륜 속 두서없는 글을 이해하시고 보아 주셔서 복들 받을 것입니다.
　항상 머리에서 발끝까지 짜릿하게 행복이 넘쳐나서 건강하시고 부자 되어 대박들 나서 행복한 여생 보내세요.

한산도 이충무공 유적지

독립기념관 설립관에서

 **아름다운 훌륭한 삶**

한글에 기본 14자를 나열하여 지은 덕목이니 단 한 번뿐인 인생살이 사랑하고 존경하는 국민 여러분 우리 이렇게 삽시다.

ㄱ. 기부로 기쁨의 가치를 강한 의지의 꿈을 가지고 나는 할 수 있다 하면 된다를 우리 다 같이

ㄴ. 나랑 너랑 내가 먼저 네가 먼저 너그럽고 넉넉함의 논리로 나눔의 노력을 국민 모두가

ㄷ. 도둑 없이 도란도란 덕을 쌓으며 도덕의 도리를 다하는 다정다감한 따뜻함을 우리 다 같이

ㄹ. 리듬을 맞추며 리드의 라이스 랭킹 1위 국가로 로켓 여행을 랄랄라를 국민 모두가

ㅁ. 미움 없이 마음 고운 모범을 많은 모습의 미풍양속 즐거움을 우리 다 같이

ㅂ. 부정부패, 불법, 부조리 없이 바른 생활로 베풀며 봉사 빛나게 배려를 반갑게 반김을 국민 모두가

ㅅ. 사회에 사랑 심는 사람다운 삶 신성한 소박한 선행과 승리의 상쾌함을 신바람 나게 우리 다 같이

ㅇ. 언제나 이해하며 안전 위주의 여유로운 인정의 용감함을 유쾌함의 웃음 띤 응원을 국민 모두가

ㅈ. 자신의 정직과 정확함, 정다운 지혜의 자부심, 진실한 정겨움, 자연의 진리를 우리 다 같이

ㅊ. 친절의 착한 마음 최고의 체력 건강 최후까지 춤을 추며 최선을 다함은 국민 모두가

ㅋ. 큰마음 키우며 크게 큰소리로 환자 여러분 빠른 시일 내 쾌차 쾌유를 우리

다 같이
ㅌ. 티 없는 탄생에 탄탄대로 터전에 탈법 탈세 탈선 없는 태도의 통쾌함을 국민 모두가
ㅍ. 편파와 파울 없이 평범히 포근하고 평안과 편안으로 팔팔하게 평온의 평화를 우리 다 같이
ㅎ. 한없는 한평생을 훌륭한 희망, 한마음 화해와 화합의 환희와 행복한 향기를 국민 모두가

사랑하고 존경하는 국민 여러분 우리 모두가 위와 같은 마음으로 살자고요. 사랑으로 감싸안으며 이해와 용서로 용기와 희망을 북돋아 주는 미덕으로 우리 다 같이 더불어 잘사는 사회를 만들자고요. 인생살이 예습이 있나 복습이 있나 후반전이 있나 연장전이 있나 재탕이 있나 왕복권이 있나 스페어가 있나 딱 한 번 가면 고만인 인생 한평생(80~90년)을 지난 뒤는 공수래공수거 무상화이니 아등바등 하지 말고 가치 있고 멋있게 즐겁고 재미있게 좋은 일 많이 하며 맛있는 음식 먹으며 가진 것 베풀며 의미 있게 살다 멋지게 갑시다. 영원한 저~어 세상으로….

🏅 사단법인 대한민국 무궁화 선양회 회장 양천규 지음

대표 번호: 010-3266-8581(팔월, 팔 일)
(사) 대한민국 무궁화 선양회 홈페이지: www.mugungwa.kr
E-mail : mugungwa8581@daum.net

격려금 후원금을 보내 주실 계좌

우리은행 1002-659-785106

국민은행 234901-01-103148

하나은행 119-910467-23707

사단법인 대한민국 무궁화 선양회 앞

생활신조: 눈앞에 이익이 보일 때는 정의를 생각하고 나라가 위태로울 때는 이 몸을 바치겠노라.

양천규가 펴낸 "무궁화 꽃사랑 영원히 빛나리" 이 책은 읽는 이들에게 깊은 감명을 주었다.

국가와 민족을 위하신 헌신의 비를 우러러

 자서전 마무리 단계에서 엄청난 사건

자서전 마무리 교정 교열 단계에서 너무 엄청난 사건을 당면해 이를 위해 집필한다.

2024년 12월 3일 윤석열 대통령은 (이진숙 방송통신위원장, 최재해 감사원장, 이창수 서울중앙지검장, 조상훈·최재훈 검사를 탄핵한 민주당은 이재명 대표 방탄에 방해가 되면 국가기관, 헌법기관, 수사기관 할 것 없이 탄핵으로 겁박하고 기능을 마비시키려 저열한 정치적 모략이자 헌정사에 유례가 없는 막가파식 횡포를 히고 있으니) 대국민 담화문으로 하소연해야 할 일을 **계엄선포**라는 실수로, 고위 공무원 수십 명이 구치소에 수감되었다. 대통령, 국무총리, 법무부장관, 국방부장관, 행정안전부장관, 방송통신위원장, 서울중앙지검장, 서울중앙지검차장, 서울중앙지검반부패부장, 경찰청장, 서울경찰청장, 육군참모총장, 방첩사령관, 수방사령관, 특전사령관, 정보사령관, 방첩사 1처장, 방첩사 수사단장 공석이라는 나라가 사실상 마비되어 있지 않은가. 온 국민이 힘을 모아 나라를 수호하자고 외친다.

2025년 1월 15일 잊지 못할 자유민주주의 대한민국 헌정사상 현직 대통령 윤석열을 구속이란 법치가 무너지는 날의 오점을 남기다니, 아 슬프도다. 수사권도 없는 공수처에서 중앙지법이 아닌 서부지법에 영장 청구라니. 형사소송법 110조와 111조가 적용되지 않았다는 의문을 제기한다. 55경비단 직인 문제 등 학자와 변호사 여러분의 논란이 곧 상처이다. 정치란 내

당의 유불리에 따라 법을 어기면서도 넘나들며 감싸야 하거늘, 국격이 무너지는 처사를 일삼는단 말인가. 국민과 역사가 증명하고 말할 것이니, 자라나는 새싹들에게 과연 모범이 될 수 있는가를 돌이켜 보며 정직하고 올바르게 헌법을 준수하라 경고한다.

 # 2025년 대한민국 국경일·기념일·추모일, 24절기, 일정표

(사)대한민국 무궁화 선양회는 온 국민 겨레 동포가 8월 8일 '국가 상징(나라꽃 무궁화)의 날 기념행사'에 적극적 참여와 2025년 국경일·기념일·추모일 일정표를 '국가 상징 국민 헌장, 무궁화 국민 헌장을 국민에게 드리는 호소문'과 함께 무상 배포하니, 우리 다 같이 나라와 민족 사랑하는 마음을 헤아려 민족 화합과 애국심 함양의 고취, 협력의 발전 승화를 이루고 우리 모두가 인생에 모범적 인격의 아름다운 발자취를 남길 수 있도록 많은 관심의 격려와 응원을 부탁합니다.

사단법인 대한민국 무궁화 선양회 회장 양천규 알림

날짜	국경일, 기념일	날짜	국경일, 기념일
1월 1일	신정, 새해 복 많이 받으세요	2월 3일	정기분 등록면허세 납부기한
1월 25일	전년도 2기분 부가가치세 확정납부	2월 28일	경북 대구 민주화 운동 기념일
3월 1일	삼일절 기념일	3월 3일	납세자의 날
3월 8일	민주의거일, 세계 여성의 날	3월 11일	흙의 날
3월 15일	3·15 의거 기념일	3월 19일	상공의 날, 의용 소방대의 날
3월 28일	서해수호의 날 대전국립현충원	3월 31일	12월 말 결산 법인세 신고 납부기한
4월 3일	제주민중항쟁 희생자 추모 기념일	4월 4일	예비군의 날
		4월 7일	보건의 날, 신문의 날
4월 5일	식목일, 예비군의 날	4월 11일	도시 농업의 날
4월 11일	대한민국 임시정부 수립 기념일	4월 19일	4·19 학생·시민의 반독재 민주주의운동 기념

4월 15일	과학의 날	4월 25일	법의 날, 제1분기부가가치세 예정신고
4월 20일	장애인의 날, 4월 21일 과학의 날		
4월 22일	정보 통신의 날, 새마을의 날		
4월 28일	충무공 이순신 탄신일		
5월 1일	근로자의 날	5월 5일	어린이날
5월 8일	어버이날	5월 10일	유권자의 날
5월 11일	동학 농민 혁명의 날, 입양의 날	5월 14일	식품 안전의 날
		5월 18일	5·18 민주화 운동 기념일
5월 15일	스승의 날	5월 20일	세계인의 날
5월 19일	발명의 날	5월 31일	바다의 날, 전년도 귀속 종합소득세
5월 21일	부부의 날		
6월 1일	의병의 날	6월 5일	환경의 날
6월 6일	현충일 국가와 민족을 위해 헌화하신 순국 선열들의 얼을 기리며 참배	6월 10일	민주항쟁 만세운동 기념일
		6월 24일	전자 정부의 날
		6월 26일	마약퇴치의 날
6월 9일	구강의 보건의 날	6월 29일	민주항쟁의 날
6월 14일	세계 헌혈자의 날		
6월 25일	6.25 전쟁일		
6월 28일	철도의 날		
7월 5일	협동조합의 날	7월 7일	도농 교류의 날
7월 9일	정보보호의 날	7월 11일	인구의 날
7월 17일	제헌절	7월 27일	유엔군 참전의 날
8월 8일	제33회 국가 상징(나라꽃 무궁화)의 날 국민 대축제를 광화문 광장이나 여의도 공원에서 온 국민 애국심 함양 계기로 우아하고 성대하게 찬란한 축제 한마당 잔치를 개최. 기념품으로, 국가 상징 국민 헌장, 무궁화 국민 헌장, 부채, 탄생 축하기 무상 배포		
8월 8일	섬의 날	8월 15일	광복절 기념일
8월 18일	쌀의 날		
9월 4일	고향 사랑의 날	9월 7일	곤충의 날, 사회복지의 날, 푸른 하늘의 날
9월 10일	해양경찰의 날		
9월 21일	청년의 날	9월 30일	개인정보 보호의 날, 조달의 날

10월 1일	국군의 날	10월 2일	노인의 날
10월 3일	개천절	10월 5일	세계 한인의 날
10월 8일	재향군인의 날	10월 9일	한글날
10월 10일	임산부의 날, 정신건강의 날	10월 15일	스포츠의 날
10월 16일	부마 민주항쟁 기념일	10월 19일	문화의 날
10월 21일	경찰의 날	10월 24일	국제 연합일
10월 28일	교정의 날, 금융의 날	10월 29일	지방자치 및 균형 발전의 날
11월 3일	학생독립운동기념일	11월 9일	소방의 날
11월 11일	유엔 참전용사 국제 추모의 날	11월 11일	농업인의 날
11월 17일	순국 선열의 날	11월 19일	아동학대 예방의 날
11월 22일	김치의 날	11월 30일	종합소득세 중간 예납기한
12월 3일	소비자의 날	12월 5일	무역의 날
12월 5일	자원봉사의 날	12월 27일	원자력 안전 및 진흥의 날
12월 25일	성탄절, 성당미사 행사	12월 31일	제2기분 자동차세 납부기한

2025년 대한민국 춘하추동(春夏秋冬) 24절기(二十節氣)

날짜	절기	날짜	절기
1월 5일	겨울(冬) 소한(小寒)	7월 7일	여름(夏) 소서(小暑)
1월 20일	겨울(冬) 대한(大寒)	7월 22일	여름(夏) 대서(大暑)
2월 3일	봄(春) 입춘(立春)	8월 7일	가을(秋) 입추(立秋)
2월 18일	봄(春) 우수(雨水)	8월 23일	가을(秋) 처서(處暑)
3월 5일	봄(春) 경칩(驚蟄)	9월 7일	가을(秋) 백로(白露)
3월 20일	봄(春) 춘분(春分)	9월 23일	가을(秋) 추분(秋分)
4월 4일	봄(春) 청명(淸明)	10월 8일	가을(秋) 한로(寒露)
4월 20일	봄(春) 곡우(穀雨)	10월 23일	가을(秋) 상강(霜降)
5월 5일	여름(夏) 입하(立夏)	11월 7일	겨울(冬) 입동(立冬)
5월 21일	여름(夏) 소만(小滿)	11월 22일	겨울(冬) 소설(小雪)
6월 5일	여름(夏) 망종(芒種)	12월 7일	겨울(冬) 대설(大雪)
6월 21일	여름(夏) 하지(夏至)	12월 22일	겨울(冬) 동지(冬至)

우리 민족 고유 명절

음력 1월 1일 (설) 민속 명절	음력 4월 8일 석가탄신일	음력 7월 7일 칠월칠석
음력 1월 15일 정월대보름	음력 5월 5일 단오절	음력 7월 15일 백중일
음력 3월 3일 삼월 삼짇날	음력 6월 6일 유두날	음력 8월 15일 추석 명절

하절기(夏節期) 삼복(三伏)

7월 20일 초복(初伏)	7월 30일 중복(中伏)	8월 9일 말복(末伏)

역대 대통령 영부인 추모일

5월 23일	故 노무현 前 대통령 추모제(경상남도 김해시 진영읍 본산리 21-7 사설묘지, 국가보존묘지 1호)
6월 10일	故 이희호 여사 추모제(국립서울현충원)
7월 18일	故 윤보선 前 대통령 추모제(충청남도 아산시 음봉면 동천리 산34-2, 사설묘지)
7월 19일	故 이승만 前 대통령 추모제(서울특별시 동작구 동작동283-18, 국립서울현충원독립묘역)
8월 15일	故 육영수 여사 추모제(서울특별시 동작구 동작동 290-7, 국립서울현충원 독립묘역)
8월 18일	故 김대중 前대통령 추모제(서울특별시 동작구 동작동 299-13, 국립서울현충원독립묘역)
10월 22일	故 최규하 前 대통령 추모제(대전광역시 유성구 갑동111-27, 국립대전현충원,국가원수묘역 1호)
10월 26일	故 박정희 前 대통령 추모제(서울특별시 동작구 동작동290-7, 국립서울현충원 독립묘역)
10월 26일	故 노태우 前 대통령 추모제(경기도 파주시 동화 경모공원묘지)
11월 22일	故 김영삼 前 대통령 추모제(서울특별시 동작구 동작동, 국립서울현충원 독립묘역)
11월 23일	故 전두환 前 대통령 추모제

대한민국 무궁화 평화대상

사단법인 대한민국 무궁화 선양회

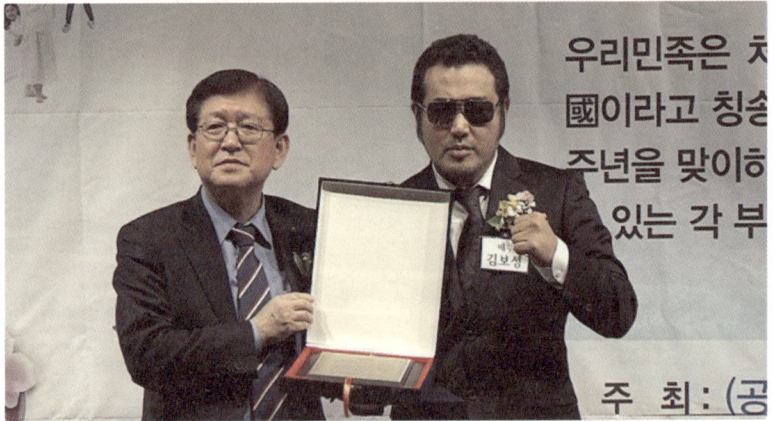

의로운 시상자 여러분의 번창 기원을

나라꽃 무궁화의 날 기념
무궁화 국민 대축제

아름다운 우리나라 국화 무궁화 꽃 자태들

아름다운 우리나라 국화 무궁화 꽃 자태들

천안 독립기념관에서

성남시 산성공원에서

4~50대 여행길에서

우리 민족의 꽃 나라꽃 무궁화 품종명

홍단심계1 무궁화

홍단심계2 무궁화

백담심계1 무궁화

백담심계2 무궁화

적단심계1 무궁화

적단심계2 무궁화

청단심계 무궁화

자단심계 무궁화

배달계1 무궁화

양천규 자서전 애국의 길 36년 이 어마어마하게 엄청난 그 큰일의 진면

목에 88축제 국가 상징의 날과 국가 상징 국민 헌장 무궁화 국민 헌장 제정 선포식을 하면서 다방면으로 머리를 써가며 88이 합치면 16 국가 상징 국민 헌장 무궁화 국민 헌장 양옆 앞 뒤 든든하고 튼튼한 기둥이 버티고 없어서는 아니 될 고귀하고 소중한 일상에 꼭 필요로 하는 모두를 넣고 모여서 전진하는데, 인생사 자연의 위대함 속 만물의 공존으로 이름 모를 잡초도 본분을 알리는데 하물며 만물의 영장인 인간이 왔다 갔다는 발자취로 우리 민족의 꽃이요 자유민주주의 대한민국의 국화를 법치국가에서 법제화를 하지 않고 엉거주춤 그냥 사용만 하는 비겁함을 일곱 정권에게 낸 민원과 88 축제 기념사와 축사자 여러분들의 내용이 법을 지키자는 제의가 거절되었고 애국애족에는 무한 경쟁 속 다수의 가결로 이루어져 집행되었을 때는 찬반에 옳고 그름도 순간 모면을 일삼아 왔기에 오랜 세월이 지난 현재 국민이 반쪽으로 나뉘어 네편 내편 네가 잘했니 내가 잘했니 편가르기로 시간 낭비를 하지 말자. 이번 3월 1일이 대한민국의 국경일이 어떤 기념일인가 3·1운동을 돌이켜 보고 다시는 이런 비극의 국경일이 없게끔 온 국민 겨레 동포 모두가 각자의 주어진 임무에 충실하고 화합의 정신을 발휘하여 경제 강국 행복한 복지 1위 국가 달성을 위하여 앞장서자고 제의하며, 우리 민족의 꽃 무궁화 대한민국의 국화꽃 무궁화 200여 품종이 각자의 이름값을 발휘하여 만복이 깃들 아름다운 삼천리 금수강산에 영원히 자손만대에 길이길이 빛나서 세계를 이끄는 모범적으로 영구히 보존되기를 바라며 온 국민 모두가 통합하기를 염원한다.

특히 8월 8일 국가상징(나라꽃 무궁화)의 날을 영원히 보존하고 기리기 위하여 88 축제 사용 16송이 품종의 이름대로 번창하라는 마음을 기대하며 숭배한 마음 자세로 풀어 본다.

동 해: 동쪽 하늘에서 떠오르고 동해 바다 위에 솟아나는 황금빛 태양이 아름다운 삼천리 금수강산을 비추어 만복이 깃들고 매사가 만사형통되기를 바라는 마음을 가져 보자.

평 화: 지구상에 유일한 분단국가에 사는 우리는 평화적으로 남북 통일을 완수하여 세계 평화가 이루어지게 혼신의 힘을 기울이며 노력하자.

무지개: 보기가 흔하지 않은 빨주노초파남보 일곱 빛깔의 색이 만천하에 비추어 우리 국민 겨레동포 여러분의 건강과 행복을 기원하자.

새마을: 지난 배고프던 50~60년대에 빈민들은 초근목피로 보릿고개를 넘기던 시절 허리끈을 졸라매고 온 국민이 잘 살아 보자는 희망을 갖고 새마을 운동으로 번영하여 부강한 국가 건설로 발돋음시킨 일을 잊지 말자.

광 명: 밝고 환하게 미래의 희망을 상징하듯이 무식한 사람은 캄캄한 암흑과 같으니 지식을 갖춘 스승과 부모님 부처님 예수님 사랑 속에서

광명도 찾고 지난 과거 잘잘못을 양심상 모두 회계하고 범법자와 죄인들 모두가 다 같이 숨어있는 간첩도 자수하여 광명 찾는 절호의 기회를 놓치지 말라고 경고한다.

새 빛: 빛은 항상 고맙고 감사하고 잊지 못하고 바라지만 새 빛이란 더 밝고 밝기에 다시금 고마움을 가지며 새 희망의 꿈을 가지게 하는 용기에 토대를 쌓게 만들기에 고마움을 잊어서는 안 된다.

신태양: 지구가 태양을 한 바퀴 도는 동안에 한 해는 열 두달로 양력으로는 365일이고 음력으로는 354일이니, 늘 고맙고 감사한 태양 중 신태양이란 헌 것을 갈고 새것을 또 받는 느낌 속 과분한 욕심 같지만 새로운 각오로 출발 다시 한번 또 다시라는 마음 가짐을 다지게 하는 후회의 과거를 잊고 신선한 계획의 실행으로 참신하게 성공의 승률로 확산하자.

일편단심: 자신의 할 일을 올바르게 행동하여 선량에서만 행복이 따르기를 염원하며 잊지 말고, 선량한 사람들을 등쳐먹는 무리도 있다는 것을 절대로 잊어서는 안 되며, 선과 악의 양길에서 선량한 마음 한 번으로 쭈~욱 이어가는 정직성으로 고군분투 노력하여 성공이란 단어를 움켜쥐어 만인의 칭찬 속 베풀며 봉사자로 이해와 용서로 살아가는 일편단심에 선구자가 되기를 바란다.

화 합: 결합 융합 대합 형제간 집안이 화목하여야 불화설이 없고 국민과 정치인이 이해와 용서로 목표 의식을 화합하여야 사회가 안정에 취하고 국가가 발전에 디딤돌이 되듯 서로 서로의 영광이 되기를 화합하자.

영 광: 누구나 목표 의식이 달성되어 기쁨에 영광을 누리는 복지국가로 세계의 명성을 떨칠 자유민주주의 대한민국의 영광을 위하여 온 국민이 브라보를 소리 높여 외쳐 보자.

삼천리: 아름다운 삼천리 금수강산에 살으리 났다 온 국민이 화합의 큰 잔치로 이북 땅 동포들도 모두 모여 88축제 국가 상징의 날 대잔치 민족의 축제를 8천만이 즐거움을 느껴 보자.

환 희: 즐거움과 기쁨이 뜻에 알맞은 현상 따위가 사람의 힘이나 지혜 보통의 이론이나 상식으로는 도저히 이해할 수 없을 만큼 신기하고 묘함의 기쁨을 온 국민이 만끽하자.

통 일: 늘 께름하고 시시때때로 불안정 속 생각나던 남북 통일 38선 휴전선을 없애 버리고 평화적 남북 통일로 남북 동포가 서로서로 얼싸안고 이것이 꿈이냐 생시냐 꿈이면 깨지를 말고 생시이면 이대로 멈춰라의 생시의 판명으로 부둥켜안고 우는 이 모습으로 화합으로 똘똘 뭉쳐서 세계 경제 강국으로 승화시켜 세계인이 제일 부러워하는 복지 경제강국 1위라는 명성을 세계 만방에 떨치자고 제의한다.

충 무: 위대하신 이순신 장군님의 숭고하신 업적을 온 국민 재외 겨레 동포 모두가 잊어서는 아니 될 일이고 시대가 변하고 발전상을 생각하여 국가와 사회에 더 나은 미래 지향적 발전에 너, 나 모두가 합심하자, 라 제의하며 우리나라의 무공훈장은 공급에 따라 태극·을지·충무·화랑·인헌의 5등급으로 나누어 있기도 하다.

에밀레: 옛부터 유서 깊이 전해 내려오는 에밀레 종의 곡선은 유려하기로 유명하며 성덕대왕 신종을 일상적으로 이르는 에밀레라고 운다고 하여 이르는 말이 에밀레종은 신라 때의 고종으로 문화적 가치가 높음과 에밀레종의 독특한 양식과 기능미는 신라인의 공 예술을 잘 말해주고 있음이 현재 우리에게까지 내려옴을 고맙고 감사한 마음으로 잘 간직하여야 할 문화유산의 이름을 딴 에밀레이다.

아리랑: 아리랑이란 우리나라의 대표적인 민요의 하나, 후렴에 아리랑이란

말이 들어있는 노래로 기본 장단은 세마치 장단이나 각 지방에 따라 가사와 곡조가 조금씩 다르나 우리 국민 겨레 동포라면 말없이 화합 협심 그리움 울적함도 달래며 서로 마음의 위안도 하기에 교포들은 모임에서 아리랑을 합창하며 위로를 갖는 우리 민족의 아리랑이라 하겠다.

국가상징(나라꽃 무궁화)의 날 국민 대축제를 통하여 나라꽃에 대한 사랑과 국민화합의 계기를 마련하고 나라꽃 무궁화 보급 확대와 애국애족의 소중함을 일깨워 줌으로 국가상징(국기 (태극기), 국가 (애국가), 국화 (무궁화), 국새 (정부 도장), 나라 문장 (경찰마크))은 국가를 대표하는 표면적 기능 외에도 사회적·도덕적 혼란을 예방하고 국민통합을 유도하는 중요한 내면적 기능을 갖고 강제적 통합이 아니라 국민 스스로의 자발적 참여를 유도하여 화합과 조화를 기초로 한 규범적 단결을 지향하고 우리 민족의 꽃 나라꽃 무궁화에 대한 아름다운 꽃 축제로 하여금 온 국민들의 자존심의 긍지와 애국심 함양 상기와 청소년들에게 조국애를 심어주는 취지와 무궁화 사랑으로 국가 발전의 초석으로 미래 지향적 육성사업으로 발전하여 문화의 지속성을 보장함으로써 국가의 영속성을 도모하고자 함이며 평소 국민께 접하는 관공소와 학교에 무궁화 꽃동산을 만들고 2025년 제33회 국가 상징(나라꽃 무궁화)의 날 국민 대축제부터는 정부에서 적극 나서 방송국 신문 매체에 널리 알리어 역사를 왜곡하고 독도를 탐내는 일본인 벚꽃 축제보다도 우아하고 화려하게 우월함에 찬란한 무궁화 축제가 되어 온 국민 화합의 한마당 축제가 되었으면 하는 바람을 가지며, 공직사회에 근본을 모르고 정의가 실종되어 범법과 채용비리의 죄인이 날뛰며 갈팡질팡하는 현대 정치인에 절망과 허점투성이가 언제쯤 정상적 각자의 본분으로 능력을 발휘하여 건설적으로 자신의 책임완수를 할 수 있을지 의문이 가며 기다려진다.

인생이 잠시 잠깐 아름다운 이 세상 소풍 길에 매사를 하늘이 알고 땅이 알고 자신의 양심이 세월이 역사가 알고 말하니 항상 다정 다감한 눈길, 사랑스러운 손길에 따뜻한 눈빛으로 포근한 인간미로 서로서로 돕고 상부상조하며 사는 동안 나누며 베풀며 이해와 용서로 살다가 영원히 돌아오지 못할 아주 머~언 저 세상으로 갑시다.

살아생전 건강히 즐겁고 재미있게 행복하게 보람있게 삽시다. 고맙습니다, 감사합니다.

 사단법인 대한민국 무궁화 선양회
회 장 양 천 규

아름다운 자태의 우리 민족의 꽃 나라꽃 무궁화

온 국민이 내용을 실천 함으로
세계속의 일등 국가 지름길인
만복 수기 안에 새겨진 글 입니다

휘날리는 만복수기

"건" 바르게살기청소년문화   청소년안심학교보내기   뺑소니교통사고줄이기
"곤" 안전운행 양보운전   정직사회 행복나라   정의구현 민주주의
"감" 사랑과이해 신뢰와화합   범법무질서과소비추방   충효예실천 문화재보존
"리" 국민건강체력향상   자원봉사 축복넘쳐   사회기강미래지향

평면 만복수기

"건" 부정부패를척결하니   애국정신애국민화합   금수강산예넘쳐나요
"곤" 국토사랑은 자연과환경 국민사랑은 건강과행복 국어사랑은 한글과역사
"감" 호국정신 민족통일   윤리도덕과인성교육   책임완수 솔선수범
"리" 생활의식은건전소비   창의개발 선진한국   국가안보는방방곡곡

태극안

빨 : 강 : 색 / 파 : 랑 : 색

대한민국의 어린이들이여 올바른 생활로 나 자신의 장래를 생각하고 나라와 역사에 큰 일꾼이 됩시다.

사단법인 대한민국 무궁화 선양회 | 475

칼라 만복수기

국민 여러분 한반도의 만복수기 제작동기 입니다

  지구상에 유일한 분단 국가인 나라에서 국가가 최우선이어야 하고 조국의 발전에 기여하는 일이 급선무로 우리는 시대변화를 따라잡지 못하면 국가도 기업도 국민도 낙오자가 되는 시대의 삶속에서 국경 없는 무한경쟁 속에서 미래를 생각하지 못하면 우리가 지향하는 선진 일류국가를 달성할 수 없고 우리가 꿈꾸는 선진 일류국가는 국민 한 사람 한사람의 삶이 행복한 따뜻한 사회 선진 복지국가가 경제가 충효사상이 살아 숨쉬고 조국에 대한 무한한 충성심과 독도지킴의 애국심이 넘쳐나야 남북통일도 이루기에 칼라이중 만복수기 제작의 동기입니다.

  태극기의(태극)은 우주의 생성원리를 홍·청은 음양을 사쾌(건곤감리)는 춘하추동 천지일월 바탕 흰색은 평화를 상징합니다. 칼라 이중 만복수기는 태극 사쾌·문양 속에 우리 인생이 살아가면서 삼강, 오륜의 필요한 덕목만을 압축하여 넣었으며 무지개 색을 첨부해 행운의 깃발이 될 것이고 애국 없이는 나 너, 가정 사회 국가가 없듯이 나라의 발전과 영광을 기대할 수 없습니다. 나라의 보배인 어린이가 소유하면 자신의 장래를 생각하여 올바른 생활을 하여 국가와 민족 앞에 큰 인물이 될 것이며 성인은 무병장수 운수대통에 소원 성취가 이루어질 것을 믿어 의심하지 않습니다.

만복 수기 안에 새겨진 여러 덕목들이 어우러져 모범 배려 봉사 승리하는 삶을 이루어 갈 것입니다. 만복수기 판매 이익금은 전액 어린이들을 비롯하여 온 국민 누구나가 마음껏 편안히 쉴 수 있는 "대한민국 무궁화 꽃동산"을 조성하는 데에 쓰여 집니다. "대한민국 무궁화 꽃동산"은 무궁화뿐만 아니라 우리나라에 자생하는 모든 식물까지 식재하려합니다.

이곳에 오시면 자연에 취하고 인정에 취하는 아름답고 편안한 장소로 꾸밀것을 약속드립니다. 십시일반의 마음으로 성의껏 성금을 보내 주시기 바랍니다. 현명한 선택과 변함없는 관심과 사랑으로 성원해 주시리라 믿습니다.

하시는 사업 나날이 번창하시고 가내 평안하시기를 기원합니다.

  감사합니다.

만복수기 제작사
대한민국 무궁화 꽃동산 조성 후원금을 보내주실 은행

기업은행 157-212283-01-017
농   협 302-0964-2838-11

사단법인 대한민국 무궁화 선양회 앞
문의전화 : 휴대폰 010-3266-8581 054-461-85810102661-8581 (팔월 팔일)

가치있고 멋있게, 즐겁고 재미있게 살다 의미있게 죽자

국민여러분 나라꽃 무궁화 축제에 우리모두 동참합시다.

언제 : 해마다 8월 8일(기념식. 11시) 일기에 변동없음

어디서 : 무궁화 꽃 동산에서

누가 : 사단법인 대한민국 무궁화 선양회가

무엇을 : 우리나라 민족의 꽃 대한민국 국화인 무궁화 국민 대축제 개최를

어떻게 : 외태 꽃에 밀려 잊혀져가는 우리 나라 민족의 대한민국의 국화인 무궁화 선양을 위함과 온 국민의 화합 차원에 한마당 축제 잔치를

왜 : 우리나라 꽃 무궁화 축제가 특히 역사를 왜곡하고 독도를 탐내는 일본의 벚꽃축제보다도 우아하고 화려하게 우리나라 국화에 대한 의미 고찰로 온 국민의 조국애 함양계기 바램으로

나눔은 곧 사랑, 사랑은 곧 행복
조그마한 관심으로 행복을 나눠 보세요.

우리 민족의 꽃 나라 꽃 무궁화

1. **유 래** 우리의 옛 조상님들은 한반도를 일컬어 근역 또는 근화향이라고 불러왔으며 고대중국 전국시대 지리서인 산해경에도 군자의 나라에는 무궁화가 있어 아침에 피고 저녁에 진다고 기록되어 있으며 국사도 배울 수 없었고 국기도 볼 수 없었으며 국가를 부를 수 없었던 일제치하에서도 오로지 무궁화만은 해마다 자라고 꽃을 피워 우리의 민족혼을 일깨워줌으로써 겨레의 꽃으로 가슴깊이 새겨져왔다. 무궁화 삼천리 화려강산이라는 애국가와 함께 광복이후에는 입법, 사법, 행정 삼부의 표상으로 사용되기에 이르렀다.

2. **특 성** 낙엽성 관목으로 3~4미터 까지 자라며 수형은 반원형이며 영양기관(뿌리, 줄기, 잎)과 생식기관(꽃씨)에 대한 구별과 기능분화가 뚜렷하며 꽃은 새벽에 피어나 저녁에 시들어 떨어지며 내한성, 내음력도 강하고 이식성과 맹아력 공해에도 강하다. 토질은 사질토양 식질양토에 물이 잘빠지는 땅에 잘자라며 연간 50~60cm정도 성장하며 표고 500M 이하지역에 고루 자생함.

3. **종 류** 여러 종류가 있으나 크게는 3가지로 분류할 수 있다. 배달계, 단심계, 아사달계로 배달계는 한가지색의 꽃을 지칭하는데 배달이라는 명칭은 백의민족인 한민족을 지칭하는데 꽃은 꽃잎도 온통 순백색이다. 단심계는 반만년 역사속에서 조국을 지켜온 우리민족의 뜨겁고도 헌신적인 투철한 애국혼에 바탕을 두었으며 꽃은 꽃잎이 희거나 분홍, 보라이면서 꽃심이 붉은 색이다. 아사달계는 무영탑에 얽힌 석공과 아사녀의 애뜻한 사랑속에 간직된 우리겨레의 순결과 빼어난 문화적예지에 배경하여 꽃은 붉은 꽃심에 꽃잎은 좌우 상하에 연분홍 빛깔이 곱게 깔려 있는 특징을 가지고 있다.

4. **용 도** 공원 가로변 등 조경용으로 분재, 가정, 학교, 마을회관 생울타리로 활용하면 아주 이색적이고 근피, 꽃, 열매, 잎은 한약재료로 쓰이며 줄기의 껍질섬유는 직물과 종이 원료로도 쓰임.

5. **심 기** 토양이 사질, 식질 토양으로 수분이 적당이 있는 곳이면 좋고 1~2년생 묘목이나 삽목·접목을 구덩이를 뿌리보다 넓게 판 다음 퇴비나 복합비료를 넣고 식재하면 된다.

6. **가꾸기** 무궁화는 전정을 하지 않으면 여러가지가 뻗어 세력이 분산되므로 나무자체도 잘 자라지 못하고 모양도 좋지않으므로 전정방법에 따라 키와 모양을 자유자재로 조정할 수 있으며 가지를 잘라주면 새싹의 생육이 촉진되어 꽃눈이 많이 생겨 꽃이 많이 피게 된다.

7. **개화기 꽃구경** 개화기 전정시기 방법 정도에 따라 개화시기 개화정도를 조절할 수 있으며 비료의 종류·양을 조절함으로써 개화에 영향을 줄 수 있으며 개나리, 벚꽃, 모란, 목련 등 타 화목이 15~20여일간 개화하는 것과는 비교가 안될 정도로 100여 일간 개화하며 장미는 무궁화보다 개화기가 길지만 한나무에서 1년간 200~300여송이에 불과함에 반하여 무궁화는 1,000~3,000여송이가 개화되며 한여름 개화 최성기 일때 매일 6~70여송이 이상이 이어피는 꽃이라 하겠다.

사단법인 대한민국 무궁화 선양회 회장 양 천 규 제공
010-3266-8581, 054-461-8581, 02-2661-8581
4.19 혁명, 팔월팔일 나라꽃 무궁화의날도 4.19 혁명처럼

자태를 자랑하는 우리 민족의 꽃 나라꽃 무궁화

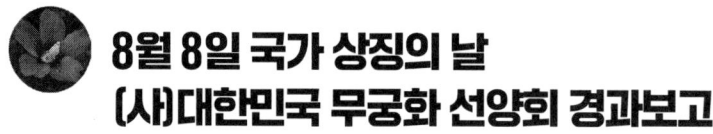
8월 8일 국가 상징의 날
(사)대한민국 무궁화 선양회 경과보고

지금으로부터 본회의 연역 및 경과보고를 말씀드리겠습니다.

우리나라가 해방된 지 50여 년이 지났는데도 타국의 국화, 특히 역사를 왜곡하고 독도를 탐내는 일본의 국화 벚꽃 축제는 진해 군항제를 필두로 치르고, 튤립·철쭉꽃·장미꽃·코스모스·가을 국화·단풍 축제 등은 각 시도에서 개최하여 온 국민이 참가하며 즐겨 왔으나, 정작 우리나라 국화인 무궁화는 심은 곳도 미흡하며 꽃 축제가 없음을 안타깝게 여깁니다. 이에 1988년 9월 10월 무궁화(홑꽃·종자) 씨앗을 채취하여 1989년 4월 초경 종자를 파종하여 성장시키는 노력을 다하여 우리 민족의 꽃, 나라꽃 무궁화를 전국에 널리 보급하고 꽃 축제를 개최한다는 부푼 마음으로 1992년까지 남다른 고생을 해 가며 무궁화를 성장시켰습니다. 대한민국 건국 이래 최초로 본회에서 무궁화에 대한 올바른 이해와 민족의 정통성과 정체성을 바로 세우고 역사상의 한 획을 긋는 소중하고 찬란하며 위대한 국민의 자긍심을 세우기 위하여 1993년 8월 8일 제1회 국가 상징(국기, 국가, 국화, 정부 도장, 나라 문장)의 날을 제정하며 국가 상징 국민 헌장, 무궁화 국민 헌장 선포식에 무궁화 국민 대축제 행사를 양천규 사비로 개최로 진행되고 있다는 것을 경과보고 합니다.

- 1993년 제1회: 경기도 이천시 율면 산성리 본회 무궁화 묘판 장에서 무상으로 1,300여 명이 참석하고 KBS·MBC 방송국, 경향·문화·조선·중앙·서울·세계·경기·부산·대구·전북·농민일보 등 취재. 행사 제반 경비, 45인승 관광버스

20대 대절 비용(기념품·부채·타올·떡·점심·수박·음료·소주·안주까지) 2천여만 원을 회장 양천규 사비로 개최
- 1994년 제2회: 경기도 이천시 율면 산성리 본회 무궁화 묘판 장에서 개최
- 1995년 제3회: 충남 천안에 위치한 독립기념관 내에서 개최
- 1996년 제4회: 서울시 사회단체 제1365호 무궁화 국민 수련원 등록 서대문 독립공원에서 개최
- 1997년 제5회: 5회를 비롯한 6·7·8·9회는 강원도 화천 본회 수련장에서 개최
- 2002년 제10회: 경기도 연천 중부전선 최북단 태풍 전망대에서 개최
- 2003년 제11회: 강원도 화천 본회 수련장에서 개최
- 2004년 제12회: 경기도 광주 세계 도자기 엑스포장에서 개최
- 2005년 제13회: 경기도청 민간 사회단체 제718호로 대한민국 무궁화 축제 참여회 등록하고 충북 음성 무극전적 국민관광지에서 개최
- 2006년 제14회: 경기도 과천에 있는 한국마사회 경마공원에서 개최
- 2007년 제15회: 경기도 이천 세계 도자기 엑스포장에서 개최
- 2008년 제16회: 경기도 광주 조선관요 박물관에서 개최
- 2009년 제17회: 행정안전부 사단법인 설립 허가증 제26호로 (사)대한민국 무궁화 선양회 받고 경기도 여주 세계 도자기 대공연장에서 개최
- 2010년 제18회: 서울 여의도공원 문화마당에서 개최
- 2011년 제19회: 강원도 강릉 경포대 해변에서 개최
- 2012년 제20회: 경기도 화성 궁평 해변에서 개최
- 2013년 제21회: 서울역 광장에서 개최
- 2014년 제22회: 경기도 성남시 산성 공원에서 개최
- 2015년 제23회: 경북 구미 낙동강 체육공원 무궁화 공원에서 개최
- 2016년 제24회: 경북 구미 낙동강 체육공원 무궁화 공원에서 개최
- 2017년 제25회: 서울 퇴계로 남산골(한옥마을)공원에서 개최
- 2018년 제26회: 8일 충북 음성, 10~15일 서울 광화문광장에서 개최. 15일 충남 천안에 위치한 독립기념관에서 무궁화 국민 헌장 배포
- 2019년 제27회: 8일 서울 독립공원에서 무궁화 국민 헌장 배포. 8월 15일

충남 천안 독립기념관에서 국가 상징 국민 헌장, 무궁화 국민 헌장 배포
- 2020년 제28회: 8일 코로나19로 16일간 경북 구미시 비산동 옥상에 행사 현수막 8월 4일부터 18일까지 16일간 부착
- 2021년 제29회: 8일 코로나19로 16일간 경북 구미시 비산동 옥상에 행사 현수막 8월4일부터 18일까지 16일간 부착
- 2022년 제30회: 8일 코로나19로 16일간 경북 구미시 비산 옥상에 행사 현수막 8월 4일부터 18일까지 16일간 부착
- 2023년 제31회: 8일 금전 압박으로 16일간 경북 구미시 비산 옥상에 개최. 행사 현수막 8월4일부터 18일까지 15일간 부착

앞으로도 지속적 개최할 것을 말씀드리며 전국적으로 무궁화 단심계 홀꽃 묘목 30여 만주를 보급하였고 국민 체력 향상을 위하여 무궁화산악회를 운영하며 해마다 시목일에는 무궁화 묘목 500여 주를 무상으로 보급하였으며 지난 3.1절 제99주년을 기념하고 독립운동의 고귀한 희생정신을 기리고자 우리 민족의 꽃 나라꽃 무궁화를 국민들께 널리 알리고 가까이 접할 수 있는 기회를 삼고자 사회 각계각층 명사 33인께 제4회 대한민국 무궁화 평화 대상 시상식을 용산 효창공원 백범 김구 기념관에서 개최하였다는 것으로 간략히 경과보고를 마무리합니다.

2023년 8월 8일
사단법인 대한민국 무궁화 선양회 회장 양천규 대도 부회장
연락처 010-3266-8581(팔월 팔 일)

행사 사용으로 조정예 처제가 도자기 200개 증정

고귀한 국화 무궁화 꽃이 독립기념관에 만발

국민의 국가 상징기

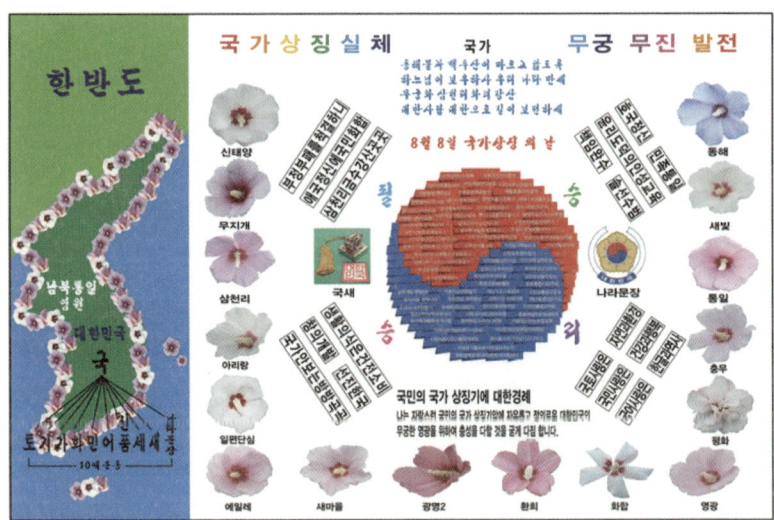

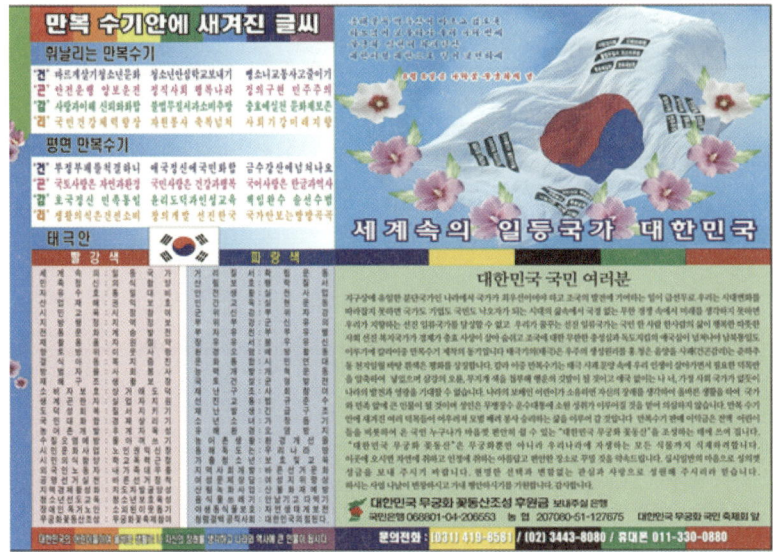

언론 보도

대전 TJB 방송, 사진 오른쪽 양천규 회장

(사)대한민국 무궁화 선양회 양천규 회장은 "대한민국 국민은 지구상에 유일한 분단국가에 살면서 나라 지킴이 최우선이어야 하는데, 국민은 물론 국가 최고 통치권자인 대통령은 국가 발전과 민족의 영광을 위해 올바른 국정을 수행하라고 국민이 부여한 제일 강제력을 행사할 수 있는 최고의 권한자이거늘, 국가 최고 통치권자이신 대통령이 국가 상징 무궁화의 관심을 보이지 않으면, 국민들에게 나라와 민족을 위해 일하자고 언급할 수 없으며, 그 얼마나 부끄럽고 수치스러운 행동입니까. 대한민국 제18대 박근혜 대통령은 이름도 朴 후박나무 박자에, 槿 무궁화 근 자에, 惠 은혜 혜 자인 박근혜는 무궁화나무를 심어야 국민께 은혜받는다는 것을 인지하시고, 다가오는 2016

년 식목일에 5천만 온 국민이 전국적으로 무궁화나무 심기를 제의한다"라고 했다.

- 동아일보, 2015년 3월 3일 자 A29면(열린시선)

양천규 회장은 "무궁화는 우리 민족의 긍지와 자부심의 상징"이라며 "국민 모두가 사랑으로 보살피고 소중히 여겨 후세에 보전해야 할 민족의 보물"이라고 말했다. 이어 양 회장은 "대통령과 정치인 등 국가 지도자들이 국화인 무궁화에 관심을 갖고 청와대와 국회 주변부터 무궁화를 심기 시작해야 한다"고 강조했다. 양천규 회장은 "박근혜 대통령의 이름을 풀이해 보면 후박나무 박(朴), 무궁화 근(槿), 은혜 혜(⊠) 자로, 대한민국 최초의 여성 대통령인 박근혜 대통령이 탄생 기념으로 청와대에 무궁화나무를 심으면 국가적으로도 뜻깊은 일이 될 것"이라며 "이를 통해 앞으로 더욱 국민에게 은혜받는 대통령이 되시기를 기원한다"고 말했다. 양 회장은 또한 "국가 최고 통치권자 대통령이 애국 애족의 본보기도 되고 국가 상징물 애호 홍보의 의미도 고양하는 동시 박근혜 대통령의 업적으로 남을 것"이라며 "임기 내 '무궁화심기운동'을 제안한다"고 말했다.

- 뉴스메이커, "무궁화는 한민족의 얼을 지키는 주춧돌",
2015년 8월 6일 자

무궁화의 신품종을 육성·개발하고 체계적이고 지속적인 보급의 기반이 되는 무궁화 연구를 위해 경기 이천에 무궁화 꽃동산 조성도 계획하고 있다는 양 회장은 무궁화가 우리민족을 대표하는 겨레의 꽃이라는 것을 부정하는 국민은 단 1%도 없을 것이라고 주장했다.

더구나 무궁화가 언제 어떻게 나라의 꽃으로 정해졌는지 아는 사람이 그리 많지 않다며, 나라꽃이면서도 나라꽃이라는 정확한 근거가 없는 무궁화에 법적인 지위를 부여하기 위해서는 우선적으로 무궁화의 범국민적인 보급운동이 펼쳐져야 할 것이라고 주장했다.

- 폴리뉴스, 평생을 무궁화보급에
헌신하는 (사)대한민국무궁화선양회장 양천규, 2012년 3월 5일 자

TV 채널 999번 HCN 새로넷 방송국에서 제13회 출연 인생 영상자서전에서

지난 2024년 8월 26일 TV채널 999번 HCN, TV 방송국 인생 영상자서전 13회 출연자 양천규가 8분여 녹화 방영에서 간추린 추억의 지난 옛이야기가 가족 친지 친구들에게서 많은 위로와 격려의 칭찬을 받은 좋은 프로이기에 70~80세대라면 공감할 이야기가 담긴 영상 자서전 010-9505-0969, 010-5096-3063으로 신청하여 자신이 살아온 지난 과거사 자랑거리 국가와 사회에 표현하고픈 이야기도 하면서 멋진 발자취를 남겨보시라 추천합니다.

젊디젊어서 그립던 3~40대를 생각하며 되돌아가고픈 옛 모습 속 사진

애국의 일념으로 무궁화 사랑 보급 심기 축제로 명성을 떨치던 시절

8월 8일 국가 상징(나라꽃 무궁화)의 날 국민 대축제 개최로 공로상을 받으며

8월 8일 국가 상징(나라꽃 무궁화)의 날 국민 대축제 개최 제32회를 자랑하다

8월 8일 축제와 국가 상징 국민 헌장 무궁화 국민 헌장 제정 공포 선포식의 자랑을

연애 3년 동거 3년 후 결혼생활 48년이 되었어도 가정사 책임은 중전이라오

기쁨을 주는 우리나라 국화 무궁화꽃이 만발

에필로그

만물의 소생으로 공존하는 대자연 속 이 세상에 태어난 만물은 때가 되면 되돌아간다. 만물의 영장인 인간은 생각과 대화를 나누며 다른 동물에게서 볼 수 없는 고도의 지능을 소유하고 독특한 삶을 영위하는 고등동물이다. 조직 사회를 이루고 언어와 도구를 사용하면서 생활한다. 다른 동식물도 우리 인간과 대화를 나누지 못할 뿐이지 어떠한 환경에 처해 있어도 본분은 잊지 않는다. 제아무리 영리하고 똑똑하다고 자부하는 인간일지라도 기암괴석에는 발붙이고 살기 어렵다. 그런 곳에도 잡초가 자태를 자랑하며 벌과 나비를 유혹해 씨족을 보존한다. 이 세상 만물의 영장인 인간의 80~90여 년 길에서 씨족의 장래가 없이 끊어 놓는 것은 불효 중의 불효이며 인간의 도리가 아닌 것을 인지해야 한다. 젊은이들이여, 국가 없이는 가정이 없고, 가정 없이는 내가 존재할 수 없다. 용기를 갖고 국가와 사회에 공헌하며 위풍당당하게 결혼하여 대를 이어 가는 옳은 길을 걸어 주길 바란다.

인생이란 각자의 삶이 담긴 모습이다. 부정부패와 반칙 없이 남 비방이나 원망하지 않고 성실하고 정직하게 정의롭고 정당하게 희망의 빛으로 밝고 맑게 살아가야 한다.

본 자서전은 필자가 1944년 10월에 태어나 2024년 5월 가정의 달 81세에 작성하면서 살아온 인생길을 돌아본 것이다. 우리 모두 희로애락을 즐기며 살아가기에, 단 한 번뿐인 인생사 가치 있고 멋있게 즐겁고 재미있게 행복한 나날로 건강하게 99881234(99세까지 팔팔하게 살다가 1, 2 3일만 아프다 죽자)를 목표로, 운동, 배려, 봉사, 이해와 용서로 친근함으로 베풀며 살아야 한다. 선의의 경쟁으로 아름답고 적절하게 각 없이, 이목구비 (耳目口鼻) 눈, 귀, 코, 입의 오장육부에 부담 없이 말이다. 귀중한 머리통은 매사를 생각하며 판단하는 부여와 머리카락을 잘 기르며 가르마를 타서 외관상에 면모를 자랑하며, 머릿속에는 나쁜 놈 좋은 놈 두 놈이 같이 공존하며 사는데, 무엇이고 문제가 들어오면 순간 싸움으로 나쁜 놈이 이기면 나쁜 짓을 허용하고 좋은 놈이 이기면 좋은 짓을 허락하여 잠시 잠깐 순식간에 진행이므로 실행 후에는 뼈저린 후회를 하기도 한다. 하라, 하지 말라 잘 잘못을 구분하며 이왕이면 다홍치마의 즐거움으로 선과 악이니 선의에 길로 가라 주장하여 칭찬받을 수 있는 것이다.

이제 무엇이고 보며 느끼는 양 눈은 상상조차도 못 했던 이런저런 대자연의 모두가 아름답고 예쁜 금수강산, 산천초목 동식물에다 남이 건축한 온 천하에 건물에 감탄을 느끼며 만끽한다.

그 밑에 코는 좋은 인상을 보이려, 오뚝한 데다가 이미지 상승을 보여 주며, 두 구멍은 생명에 원천으로 숨을 쉬며 온갖 냄새를 맡으며 건강에 좋고 흡족한 옳고 그름을 판단하면서 맛있는 음식을 눈과 교감하면서 손으로 이익을 추구한다.

양옆에 두 귀는 모든 소리를 들으며 옳고 그름을 흡수하여 자존심의 인격 상승에 신분의 귀중함, 명예 등을 세상사 돌아가는 모든 내용을 뇌로 전달해 주는 역할을 충실히 수행하며, 명랑하고 듣기 좋은 상쾌하고 신명 나는 소리를 전달하며 신명이 절로 나 흥겨움을 느낀다.

다음에 입은 삶의 연장으로 영양 보충과 의사 전달을 하면서 나의 이익을 위해 노력을 하며 3분간의 연기(노래)로 토해 내 많은 이들로부터 칭찬과 인기를 차지하고 사랑을 하고 즐겁고 재미있는 광경이나 온몸에 전율이 흐르면 뽀뽀하면서 확인한다.

아래로 내려가면 양팔이 있다. 양팔은 깨끗한 치장을 하고, 입속에 음식을 운반하고, 반가운 표정으로 악수도 하고, 끌어안기도 하고, 가려울 때 긁어 주기도 하고, 주고받는 활동을 하며 의사, 간호사 역할도 하면서 머리에다 알려 주면 즉시 행동으로 임하는 만능 심부름꾼이 되기도 한다. 그 밑에 대소변 담당도 오장육부에서 전달만 하면 반응 없이 즉시 해결사 역할을 충실히 이행한다.

맨 아래 발은 가고 싶다 하면 거역 없이 머나먼 곳도 다녀오고 산꼭대기도 피곤도 하련만 다녀온다. 필요하다고 지시만 내리면 거리 등에 구애하지 않고 이유나 거역 없이 무조건 복종하는 귀중한 일을 묵묵히 잘하는 이 모두의 귀중함은 아버지, 어머니 사랑이 잉태되어 어머니 뱃속에서 10개월을 먹고 자고 있다가 아름다운 이 세상에 탄생 되어 부모님이 물려주신 이목구비, 오장육부를 무상으로 받고 태어난 덕분이다. 마른자리 젖은 자리 갈아 뉘시며 기저귀 갈아 채우시고 모유를 먹이시며 밥물로, 밥으로 먹이고 입히시며 한글을 가르치고 초·중·고·대학교를 졸업시키신 아버지, 어머니께 이 은혜를 평생 잊지 않고 살아야지, 어찌 하늘보다 높고 바다보다도 깊고도 넓은 은혜를 잊겠는가. 주신, 이 몸이 뼈가 가루가 된들 잊으오리까!

옛말에 자식 사랑은 내리사랑이라 했다. 자식을 낳아 기를 때는 부끄러움으로 잘 못 느꼈는데, 손자 손녀 사랑은 어찌 말로 표현을 다 하겠는가.

온 세상 풍파를 다 겪으며 천년만년 지지 않는 꽃은 아들딸, 손자 손녀로 이어지는 대물림 꽃이니 이 꽃보다 더 소중하고 고귀함이 있을까 싶다. 사노라면 이런저런 고난 속 고생이 있으나 잠시 왔다 가는 인생사 편하기만 하면 무슨 재미로 살겠는가. 이런저런 노력으로 성공이란 목표 의식도 달성하고 쟁취하며, 자연의 순리로 아침 일찍 동에서 해가 솟고 서산마루로 달이 지며 아름다운 구름과 저녁노을도 보아 가면서 사는 느낌이란 어찌 말로 표현을 다 하겠는가.

지나가다 스치는 이런저런 사연 속 인연으로 차 한 잔 막걸리 한잔 마시며 정다움과 정겨움으로 해 지는 줄 모르며, 나의 사랑으로 내 가족 보듬으며 행복이란 두 글자를 가슴에 안고서 나라 걱정, 사회 걱정, 자식 걱정 없이 사는 게 기쁨인 것이다. 세상사 주고받는 덕담 속에 삼시 세끼 먹다 보니 흐르는 세월 못 붙들고 잡는다고 잡히지도 않고, 저 혼자 흘러가는 청춘은 중년, 노년이 되니, 공짜로 얻은 인생, 이 소풍 길은 즐거운 여행이 아니겠는가.

살아생전 자식 먹이랴 입히랴 고생하신 은혜 잊지 않고 항상 감사하고 고마움을 기억해야 할 아버지, 어머니가 더욱 그리움에 눈물이 난다. 고이 영면들 하시길 바라며 이 자식도 어언 팔십을 넘긴 세월이니 몇 년 후에 뵈오리다. "편히들 영면 잠드시옵소서!"

팔십 평생을 살아오면서 보고 느낀 체험의 경험을 공유하고 싶다. 인생이란 남녀가 초년, 중년, 노년을 서로 어우러져 살면서 '뿌리 넷'만 조심하면 실수 없이 잘 살 수 있다. 역지사지(易地思之)라고 매사 처지를 바꾸어서 생각하다 보면, 상대편 주장에 귀를 기울이게 된다. 그러면 다툼과 실수가 없다.

첫째, 입 뿌리 조심

한번 나온 말은 주워 담을 수가 없으니, 언행을 항상 고귀하고 심중하게 내뱉어야 한다. 단 한 번의 실수도 없어야 한다. 먹는 음식을 잘못 먹으면 식중독에 걸리고, 특히 술을 마시고 실수하면 생명과 밀접한 연관이 있어, 평생 신세 망치고 후회하며 살게 된다. 조심, 조심, 또 조심하면서 실수하지 말아야 한다.

두 번째, 손 뿌리 조심

어떠한 고난이 닥쳐도 참고 이겨 내야 한다. 성실하고 정직하지 않아 잠시 개인 욕심을 차리려고 도둑질, 강도질하면 안 된다. 자신에 성질을 못 이겨 살인, 폭행 싸움질에 말리면 안 된다. 불같이 끓어오르는 성질을 단 10초만 억제하면서 먼 산이나 하늘을 보며 '참을 인(忍)' 자를 생각하며 '참자, 참자, 참자'를 몇 번만 반복하면 죄를 면하게 된다.

단 10초만 참고 견뎌 내면 후회 없이 가치 있고, 멋있게, 즐겁고, 재미있게, 아름답고, 훌륭한 삶을 살 수 있다. 구치소 가서 고생하면서 손가락질받을 필요도 없고 자유로이 평생을 즐길 수 있다.

세 번째, 남자는 고추 일팔육(一八六), 여자는 음경 뿌리 조심

착각 속에 뿌리를 잘못 사용했다가는 패가망신에 신세를 망치게 된다. 욕심 없이 주어진 임무에만 충실해야 한다. 예쁜 마음으로 사랑을 쌓고 쌓은 정이란 무엇일까? 주는 걸까, 받는 걸까, 생각해 본다. 오순도순 재미와 즐거움을 느끼며, 행복이란 두 글자를 감싸안는다. 정에 취하고 사랑에 취해 살다가 한 사람이 저세상에 먼저 가면 어찌하겠는가.

안타까워서 6~70년을 같이 먹고, 자고, 서로 껴안고, 비비고, 위로하며 살다가도 어떤 때는 죽기 살기로 싸움도 한다. 다시는 쳐다보지도 않을 것처럼 돌아서서 냉정하게 지낸 적도 있었지만, 다시는 볼 수 없는 한 줌의 흙이 된다는 사실에 마음을 되돌린다.

사랑하던 남편, 부인, 부모, 형제, 자식, 손자, 일가친척, 친구, 지인 등 모두 땅속으로 사라진다. 내 조국, 국민, 아름답던 산천초목과 자연, 모두와의 안녕이란 두 글자만 남기고 눈감으며 떠나서 하늘나라로 간다고 그 누가 말했던가? 사실일까, 아닐까, 시간의 흐름과 죽음의 허무에서 벗어나지 못하는 것이 우리의 인생인 것을 팔순이 되어 절실하게 느끼면서 지낸다.

네 번째, '발 뿌리' 조심
발 뿌리란 자유로이 움직일 수 있기에, 넘을 선과 넘지 말아야 할 선을 잘 구별해야 한다. 인간으로의 기본과 원칙이 있듯이 뿌리 넷이 다 귀중한 뿌리여서 잘 사용하면 국가, 사회, 직장, 가정 등 어느 곳이든 귀한 대접을 받을 수 있다. 인간이 만족의 행복을 추구하면서 발 뿌리를 잘못 사용해 가지 말아야 했을 곳에 간다면, 스스로 운명을 재촉한 결과가 된다. 이런저런 사연이 많겠지만, 구치소나 병원, 세상 하직의 길을 걸을 수 있으니, 발 뿌리를 조심해야 한다.

허니 첫 번째 이목구비 입 뿌리, 두 번째 손 뿌리, 세 번째 고추·음경 뿌리, 네 번째 발 뿌리를 조심해 백세시대라 하지만, 잠시 왔다 가는 아름다운 이 세상을 인생 소풍 길이라 생각하고 네 뿌리를 조심해서 즐겁고 재미있게 편안히 행복하게 살다 갔으면 한다. 사서 고생할 필요 없고 순간 잘못으로 평생 후회하며 살 일도 하지 말아야 한다.

일이든 지식이든 아니면 경험이든 작은 것들을 모으고 모아서 큰 것으로 만들어야 한다. 내 삶의 곡간에 양식을 쌓고 나의 인생을 엮어 가야 한다. 그

것이 '살아가는 것'과 '살아지는 것'의 차이라 할 수 있다.

본 자서전이 자신의 관심 속 애국 애족의 길이 사회의 일인자가 되는 데에 대한 관심의 징검다리가 됐으면 하고 바라며 단 한 번뿐인 인생 소풍 길 아름다운 대자연을 만끽하며 즐겁고 재미있게 떠났으면 한다.

부모님 사랑의 축복 속 이 세상에 태어나 만물이 자생하며 공존하는 지구상에서 한평생 8~90년 동안 그 많은 대자연 속 각양각색 동식물을 접하고, 인간의 지능지수 지혜로 위대한 건축물들과 이의 제작과 설립을 눈으로 보고 코로 숨 쉬며 입으로 먹고 귀로 듣고 손으로 만지며 발로 밟고 느끼며 만끽할 수 있지 않은가. 한 편의 영화를 보는 듯 얼마나 인간답고 정정당당하게 아름답고 즐겁고 재밌게 이해와 봉사로 살아왔으며, 죽음 뒤에도 손가락질에다 욕 안 먹고 어긋나지 않은 바른 양심에 부끄러운 짓 하지 않았고 후회 없는 각오로 돌이켜 보기를 바라마지 않는다. 만약에 범법이나 양심상 잘못이 있었다면 모두 올바른 마음으로 성찰하고 실토의 반성과 용서로 뉘우치고 죽기를 바란다는 각오로 새사람으로 살아야 한다. 죄를 감추고 거짓된 삶이라면, 저세상 가서도 이름 석 자에 욕먹으며 역사가 증명하고 말할 것이다. 동쪽 하늘에 솟아오르는 햇빛에 정기를 받고 서쪽 하늘에 맑고 밝게 아름다운 달이 지며 대자연 위에는 곱고 예쁜 만물이 소생 공존 속에서 인간으로 우리의 만남은 하느님의 은총으로 모두가 건강하시고, 액운이란 모두 다 씻어 내 바다에 없애 버리고, 꿈과 희망이 샘솟는 용광로가 되었다. 2024년 제33회 프랑스 세계올림픽 대회에서 '이겼노라, 승리했노라'의 애국가와 쾌감의 종소리가 울려 퍼져 기쁨의 환희로 애국 애족의 메아리가 울려 퍼지는 경제 강국 대한민국이 되었다는 기쁜 마음이 길이길이 보전할 것이며, 자국민 겨레 동포 여러분, 뭉치자 이겼노라 승리했노라 얼싸안고 춤추며 노래 부르자. 자, 소리치자. 8.8 축제 국가 상징 큰잔치 대박으로 번영하라고 대한민국 만세, 온 국민 겨레 동포 건강 성공 만세, 8.8 축제 만세라고.

* * *

국민 여러분, 우리 인생길 아름다운 이 세상을 살아가며 무한한 잠재력을 가능성이 눈앞에 꿈이 펼쳐질 때, 그때 그 순간을 움켜쥔다면 승리라는 걸 쟁취하듯 눈앞에는 많은 기회가 놓여 있으니 '세계 최고 일인의 성공자가 내가 된다'라는 일념으로 전진 또 전진 고군분투 노력하여 그 순간이 내게 주어지기를 맹활약하며 희망의 꿈이란 목표달성(目標達成)의 글자를 움켜쥐는 기회가 되길 바랍니다.

아울러 8월 8일 국가 상징(나라꽃 무궁화)의 날 국가 상징 국민 헌장 무궁화 국민 헌장이 국민 겨레 동포 여러분들의 귀감이 되기를 바라면서 용기와 희망을 드리는 자서전을 마무리합니다. 모두 건강하시고 행복한 나날들 되시어 세계를 모범으로 이끌고 빛나는 대한민국이 되기를 기원합니다.

* * *

회갑 선정상록조기회 성낙중 회원 5, 7 동창회 김철웅 친구 외 60명에게 축사를 진우회 오늘 고희연을 맞이한 변영중 선생은 충남 공주에서 고인들이 되신 부친 변 승자 식자 모친 정 태자 윤자의 3남 4녀 중 장남으로 1939년 11월 16일 태어나 성실하고 정직하게 정의의 살아라, 라는 가훈 아래 우수한 성적으로 학업을 마치며 성장하여 1967년 4월 6일 부친 도 효자 형자 모친 홍 순자 례자의 2남 2녀 중 그 귀한 막내 따님 도상윤 여사와 백년가약을 맺어 슬하에 2남 1녀를 낳아 유년 시절부터 심성이 착하고 곱고 성실하고 올바르게 잘 자라 명문 대학까지 다 졸업시키고 각자 가정을 꾸며준 보답으로 그 자식 3남매가 이 유서 깊은 서울의 땅 이런 유명한 장소에서 부모님의 고희연을 차려 드리는 것을 보아 가희 그 자식들의 효도의 됨됨이가 짐작이 가며 또한 변영중 선생께서는 젊어서부터 현재까지 근검절약 정신의 일인자로 화목은 행복의 근원이요 노력 없이는 성공할 수 없으며 우리의 최대 소망은 건강이다, 라는 신조 아래, 가정에는 화목, 친척에게는 친절과 우애, 친구들에게는 우정과 의리, 나라에는 충성심에 불타고 따뜻한 가슴을 나눌 줄 아는 인정에 찬 사나이 중에 사나이라고 말씀드리며 이 외 많은 자랑거리가 있습니다만 시간 관계상 여기까지로 간략하면서 끝으로 변영중 선생 내외분 항상 건강하게 만수무강을 바라는 마음으로 기원의 박수를 부탁드리겠습니다.

찾아주신 여러분. 생을 다하는 그날까지 변영중 선생과의 의리 변치 마시고 여러분 가정에도 건강과 행운이 늘 같이하시기 바라며 이것으로 변영중 선생 고희연의 축사를 가름하겠습니다. 두서없는 축사 경청해 주서서 대단히 고맙고 감사합니다. 건강들 하세요.

2010년 10월 24일 축사자 양 천 규

* * *

🎉 축사

방금 소개받은 양천규입니다.

오늘 고희를 맞이한 조남호 선생과는 60여 년 전부터 잘 아는 초등학교

선후배 사이에 처남 매부 되는 사이입니다.

　제가 몇 분의 주례와 회갑 고희연 등에 주례나 축사 때보다도 더욱 가슴이 떨리며 설레이는 벅찬 마음입니다.

　우리가 어린시절 우리들 부모님께서나 회갑연, 고희연 등이 있지, 우리들에게 있을 것이라고 상상조차 못하고 천진난만하던 시절이 엊그제 같은데 말입니다.

　조남호 선생 지금 이 시대는 인생이 칠십부터라 합니다.

　조남호 선생 내외 고희연을 마음 깊이 축하드리며 몸 건강하시고 만수무강을 기원하는 마음으로 여러분 격려의 박수를 부탁드리겠습니다.

　동쪽 하늘에 해가 뜨고 서쪽 하늘에 달이지며 일월에 광명이 대자 연속을 비추고 대지 위에는 곱고 예쁜 푸르름에 생물들이 생동감 넘치게 산과 들을 화려하게 장식하는 이 좋은 계절에 오늘 고희연을 맞이한 조남호 선생께서는 경기도 이천시 율면 고당리 풍양 조씨 가문에 현재는 고인들이 되신 부친 조, 양자 구자 모친 민, 병자 희자 내외분의 2남 1녀 중 막내로 1942년 6월 11일 이 세상에 태어나 부모님의 애틋한 사랑에 귀여움을 듬뿍 받으며 성실하고 정직하게 정의에 살자. 어디에서도 없어서는 아니 될 인물이 되자, 라는 가훈아래 초중고를 우수한 성적으로 졸업 후 사회에 진출하여 맹활약 하면서, 1969년 12월 19일 부친 이 인자 세자, 모친 김 학자 순자의 4남 2녀 중 귀한 첫째 따님 이종선 여사와 결혼하여 슬하에 3남을 낳아 다복한 가정을 꾸려왔으며 슬하에 자녀들을 명문대학까지 다 졸업시키고 막내만 아직 미혼이고 아들 둘은 각자 가정을 꾸미게 한 보답으로 그 자식들이 유서 깊은 분당의 땅, 이 유명한 장소에서 부모님의 고희연을 차려드리는 것을 보아 가히 그 자식들의 효도의 됨됨이가 짐작이 가며 또한 조남호 선생께서는 젊어서부터 현재까지 근검절약 정신의 일인자로 화목은 행복의 근원이요 노력 없이는 성공할수 없으며 우리의 최대 소망은 건강이다, 라는 신조 아래, 가정에는 화목, 친척에게는 친절과 우애, 친구들에게는 우정과 의리, 사회에도 많은 업적과 나라에는 충성심에 불타고 따뜻한 가슴을 나눌 줄 아는 인정 많은 의리의 사나이 중에 사나이라고 말씀드리며 이 외 많은 자랑거리가 있습니다만 시간 관계상 여기까지로 간략하면서 끝으로 조남호 선생 내외분 항상 건강하게 무병장수를 바라는 마음으로 기원의 박수를 부탁드리겠습니다. 찾아주신 여러분. 생을 다하는 그날까지 조남호 선생과의 의리 변치 마시고 여러분 가정에도 항상 건강과 행운이 늘 같이하시기 바라며 이것으로 조남호 선생 고희연의 축사를 가름하겠습니다. 감사합니다.

2011년 6월 11일 축사자 양 천 규

* * *

🌑 주례사

　자연의 순리로 동쪽 하늘에 해가 뜨고 서쪽 하늘에 달이 지며 일월에 광명이 대자연을 비추고 대지 위에는 곱고 예쁜 단풍이 산과 들을 화려하게 장식하고 화중에 절개를 자랑하는 국화가 만발한 천고마비 수확의 계절에 더욱이 오늘은 세종대왕님께서 한글을 창조하신 한글날에 이보다도 더 좋은 길운이 없는 날 신랑 김형명 군과 신부 김정연 양 결혼식에 주례를 맡게 된 것을 매우 기쁘게 생각하며, 본 주례를 맡게된 동기는 성실하고 정직하고 정의와 의리에 찬 신랑 아버지 김영식 사장과는 30여 년 전 직장 동료로 친구 사이라서 이 자리에 서게 되었습니다.

　신랑 김형명 군은 경주 김씨 대안군파 44대 장손으로 대한민국의 최고 명문 대학인 고려대학교 경제학과를 우수한 성적으로 졸업하여 현 학원강사로 활약중인 아주 장래가 총망되는 미남의 건실한 청년이며, 신부 김정연 양 역시 같은 명문대를 나와 일본의 최고 기업체로 알아주는 주식회사 쏘니 한국지사에 근무하며, 아름답고 예쁘기도 하지만 양친 부모님 슬하에 1남 3년 중 둘째 딸로 품행이 단정한 성품에 가정교육도 잘 받은 미모가 뛰어난 신부입니다.

이 신랑, 신부가 어떻게 만났는지 몹시 궁금들 하실 텐데요. 연애결혼입니다.

연애 기간이 자그마치 20여 년이라고 합니다. 긴 세월을 서로 사랑하며 아끼게 된 사연은 초등학교 동기 동창생이었기에 가능하리라 봅니다.

이야말로 신랑 김형명 군과 신부 김정연 양은 하느님이 맺어주신 인연이 아니고야 초, 중, 고, 대학 사회생활에까지 서로가 너무 잘 아는 성격 등을 고려 사랑에 빠져 오늘 결혼식을 갖게 된 것입니다.

이 배필이야말로 천생연분이 아니겠습니까? 서로가 서로를 잘 알고 학식 등이 풍부한 신랑, 신부이지만 이 주례자가 사회 선배로서 몇 가지를 당부하니 꼭 실천하여 주시기 바랍니다. 우리가 옛날에는 혼례식을 올릴 시 살아있는 기러기 한 쌍을 상위에 놓고 맞절을 하며 혼례를 올렸는데, 살아있는 기러기를 구하기가 힘드니까 나무로 만든 기러기를 놓고 예절을 하는 것은 기러기가,

첫째로 질서를 잘 지킨다 하여서며 질서란 웃어른을 잘 공경하고 부모님께 효도하고 자식을 사랑하고 형제간에 우애를 친구 간에 의리를 나라에는 충성심을 잘 지킨다 하여서며,

둘째로는 자기가 왔다 갔다는 표적을 꼭 남기고 간다 함입니다.

날아가다가 쉬어가는 장소에 따라 밭이나 산기슭에는 흙구덩이를 파놓고 물가나 바위에는 자기 생명에도 소중한 날개 깃털을 뽑아 놓아 왔다 간 표

적을 확실히 남기고 가기 때문입니다.

셋째로는 기러기 생명이 150년부터 200년을 장수하며 살아가는데 40~50년이 되어서야 짝짓기를 하는데, 짝짓기를 한 뒤에는 암·수컷 중 하나가 병들어 죽든 포수의 총에 맞아 죽든 혼자서 남은 여생을 수절하며 산다는 것을 알고 우리 인간이 혼례식에 기러기를 놓고 혼례를 한다고 합니다.

신랑 김형명 군은 오늘부터 한 가정의 가장으로 신부 김정연 양은 한 가정의 내조자로 서로 상부상조 협력하고 인격을 존중하며 날짐승인 기러기보다도 더 훌륭한 목표를 가진, 어디에서도 없어서는 아니될 인물이 되어 사회와 국가에서 꼭 필요로 하는 봉사와 충성심에 불타고 역사 앞에 떳떳함과 인간미가 넘치고 기본을 잘 지키는 자로 서로 아껴주고 사랑하며 효행은 백행의 근본이요, 화목은 행복의 근원이며, 노력 없이는 성공할 수 없으며, 우리의 최대 소망은 건강이니 건강에 유의하기 바라며, 부부란 상대방을 위해서라면 촛불이 자기 몸을 불사르며 세상을 밝히듯 희생정신을 발휘하고 아들, 딸 많이 낳고 양가 부모님께 효도하면서 행복이 가득 찬 가정을 꾸미라는 마음과 위와 같이 실천하라는 마음으로 하객 여러분 응원에 박수를 부탁 드리겠습니다.

끝으로 공사다망하신 가운데도 오늘 신랑 김형명 군과 신부 김정연 양 결혼식에 참석하신 하객 여러분께서는 이 두 사람 앞날에 혹 부족한 점이 보일 때는 앞에서 이끌어 주시고 뒤에서 밀어주시기를 당부드리며, 하객 여러분 가정에도 건강과 행운이 늘 같이하시길 바라며 신랑 김형명 군과 신부 김정연 양의 후회 없는 인생 가치 있고 멋있게 즐겁고 재미있고 보람차고 행복하게 살아가는 데 최선을 다하길 바라며 이것으로 주례사를 가름하겠습니다. 감사합니다.

2016년 2월 20일 주례자 양 천 규

경기 김문수 도지사에게서

국가와 사회를 위하고 많은 회원 여러분의 지도 편달의 도움으로 몇 단체를 이끌고 자신을 생각하며 베풀고 배려로 공로패 감사패 80여 개를 받았습니다. 배드민턴을 초보로 배우며 회원 입회로 시작하여 강남구배드민턴 연합회 회장직을 하고 노년까지 전국, 서울시, 강남구 연합회 대회에서 금, 은, 동메달 120여 개를 타는 선수가 됐다는 것도 생의 보람입니다. 젊은 청춘 남녀의 결혼식에서 주례 5번을 서고, 사회 선후배, 친구들의 환갑, 고희, 팔순 잔치에서 60여 분께 축사를 남기며 건강하시고 즐겁고 재미있게 남은 여생 행복하게 즐기시라는 덕담을 드린 것을 많은 분이 부러워하고 잘 살아왔다고 자랑할 거리가 아닐까 합니다. 많은 여러분들의 덕분이라고 생각하며 고마움을 우리 다 같이 나누고 싶으니 받아 주시고 혹시나 뵙고 만나게 된다면 찻값 막걸릿값은 필자 양천규가 대접하고 싶으니 받아 주시기를 바라며, 사시는 날까지 건강하시고 황홀하게 행복하시기를 기원합니다.

끝으로 온 국민에게 행운의 삶이 참고서가 되기를 바랍니다. 신호등처럼 해답을 비춰 성공의 길로 나날이 다가가 복 받고, 대박들 나서 근심·걱정·욕심 다 버리고 천사 같은 마음으로 웃음꽃이 피어나는 행복 누리길 바랍니다. "건강들 하세요. 고맙습니다. 감사합니다. 행복들 하세요." 무궁화 사랑이 감동과 감명이 되기를 바랍니다. 장애인 여러분이 안정 속에서 편안히 살아갈 수 있는 복지가 있기를, 환자 여러분께서 완쾌하시어 항상 활짝 웃는 나날이 되기를, 약자를 돌보며 배려에 힘쓰는 온 국민 겨레 동포가 한마음 한뜻으로 국가 발전의 전통이 살아 숨 쉬어 세상의 경제 1위의 강국으로 승화되기를 바라는 마음속 온 국민의 애창곡으로 모두가 손에 손잡고 세계의 꽃 무궁화 노래 합창으로.

우리나라 대한민국 국경일

3·1절 (3월 1일) 국권회복을 위해 민족자존의 기치를 드높였던 선열들의 위업을 기리고 3·1 독립정신을 계승·발전시켜 민족의 단결과 애국심을 고취할 수 있는 날입니다.

제헌절 (7월 17일) 자유민주주의를 기본이념으로 한 대한민국 헌법의 제정을 축하하고 그 이념수호를 다짐하며 준법정신을 앙양할 수 있는 날입니다.

광복절 (8월 15일) 잃었던 국권의 회복과 대한민국의 정부 수립을 경축하고 독립정신의 계승을 통한 국가 발전을 다짐하는 계기가 되는 날입니다.

개천절 (10월 3일) 홍익인간의 개국이념을 계승하고 유구한 역사와 전통을 지닌 문화민족으로서의 자긍심을 고취하고 통일의 의지를 세계만방에 알리며 자손만대의 무궁한 번영을 기원하는 날입니다.

한글날 (10월 9일) 우리 민족사에 가장 빛나는 문화유산인 한글을 반포하신 세종대왕의 위업을 선양하고, 한글의 우수성과 독창성을 대내외에 널리 알려 문화민족으로서 국민의 자긍심을 일깨우는 날입니다.

"국민 서명서"

본인은 우리나라 국가상징 국민 대축제가 아직도 반성 없이 역사를 왜곡하고 독도를 탐내는 일본인들 보라는 듯이 (사)대한민국 무궁화 선양회에서 매년 8월 8일 국가상징(나라꽃 무궁화)의 날 국민 대 축제 행사 개최에 정부에서 경비지원과 기념일로 지정하는 것을 가족과 같이 찬성하기에 서명 날인 합니다.

순위	성 명	주 소	연락처	이메일	날인
1	현재	국민서명 273만 4천 894명 입니다			
2					
3					
4					
5					
6					
7					
8					
9					
10					
11					
12					
13					
14					
15					
16					
17					
18					
19					
20					

사단법인 대한민국 무궁화 선양회 회장 양 천 규 귀하

서울 사무소: 07645 서울특별시 강서구 방화대로 8길 20 (공항동) 302호 휴대폰 010-3266-8581 팔월 팔일
경북 사무소: 39258 경상북도 구미시 비산로1안길11(비산동) 경안타운 501호 휴대폰 010-3266-8581 팔월 팔일
홈페이지 : 사단법인 대한민국 무궁화 선양회. www.mugungwa.kr
E-mail : mugungwa8581@naver.com. 무궁화짱

세계의 꽃 무궁화 노래입니다.

양천규 개사

	해당화	피고지는	섬마을에
(1)	무궁화	피고지는	조국땅에
(2)	무궁화	피고지는	한국땅에

섬마을 선생님
곡으로 부르세요

	철새따라	찾아온	총각선생님
(1)	한민족이	사랑할	국화무궁화
(2)	무슨나무	심으랴	국화무궁화

	열아홉살	섬색시가	순정을바쳐
(1)	오천여년	역사속에	한많은사연
(2)	분단조국	휴전선을	없애버리고

	사랑한	그이름은	총각선생님
(1)	삼천리	이강산에	오직무궁화
(2)	통일한	이북땅에	국화무궁화

	서울엘랑	가지를마오	가지를마오
(1)	애국애족	충효를다해	번영합시다
(2)	세계속에	일등국가로	만들어보세

2024년 10월 29일

사단법인 대한민국 무궁화 선양회

회장 양천규

전국 국도 지방도 고속도로가 무궁화 꽃길로 가로수 조성

우리나라 국화 무궁화 200여 품종이 위 사진과 같이 전국 지방도 국도변 고속도로 양면에서 각자의 자태를 자랑하며 아름답게 피어나기를 바라며 세계 1위 경제 강국의 복지국가를 기원하며 온 국민이 건강들 하시고 하시는 일 모두 만사형통 되시고 행복들 하세요. 고맙습니다. 끝